浙江省新型重点专业智库——浙江财经大学政府监管与公共政策研究院资助

政府管制研究系列文库
The Research Archive on Regulation

中国省域金融风险监测预警机制研究

——以浙江省为例

A Study on Monitoring and Early Warning Mechanism of Financial Risks in China's Provinces
—A Case Study of Zhejiang Province

张安军◎著

经济管理出版社
ECONOMY & MANAGEMENT PUBLISHING HOUSE

图书在版编目（CIP）数据

中国省域金融风险监测预警机制研究——以浙江省为例/张安军著. —北京：经济管理出版社，2018.7
ISBN 978-7-5096-5853-6

Ⅰ.①中… Ⅱ.①张… Ⅲ.①金融风险—风险管理—研究—浙江 Ⅳ.①F832.755

中国版本图书馆 CIP 数据核字(2018)第141148号

组稿编辑：张 艳
责任编辑：张 艳 韩 峰 乔倩颖
责任印制：黄章平
责任校对：王淑卿

出版发行：经济管理出版社
（北京市海淀区北蜂窝8号中雅大厦A座11层 100038）
网 址：www.E-mp.com.cn
电 话：（010）51915602
印 刷：三河市延风印装有限公司
经 销：新华书店
开 本：720mm×1000mm/16
印 张：19.5
字 数：371千字
版 次：2018年10月第1版 2018年10月第1次印刷
书 号：ISBN 978-7-5096-5853-6
定 价：69.00元

联系地址：北京阜外月坛北小街2号
电话：（010）68022974 邮编：100836

浙江省社科规划课题成果（项目编号：16NDJC153YB）

总 序

英文 Regulation，通常被译为“管制”、“规制”或者“监管”。在学术界，国内学者翻译国外论著以及自己撰写论著时，同时使用“管制”或“规制”，两者不存在实质性的区别；而实际生活中广泛使用的“监管”则可分为狭义监管与广义监管，其中，狭义监管的概念和范围基本等同于“管制”，而广义监管通常被理解和分拆为“监督与管理”。因此，政府机关的所有行政监督与管理行为都被泛称为监管。我们认为，被泛化的广义监管是对管制的误解。这是因为，管制不同于一般的行政管理。首先，从对象上看，行政管理发生在政府部门内部，其管理对象主要是政府部门的下级（下属）单位；而管制的对象则是独立的市场主体（企业和个人）。其次，从主体与客体的相互关系来看，行政管理是政府部门与政府部门的关系，主体和客体之间往往是上下级关系，并不是完全独立的；而管制实际上是政府与市场主体（企业和个人）的关系，其主体与客体之间是完全独立的。最后，从手段上看，行政管理可以依靠（主观的）行政命令来直接控制下级（下属）单位；而管制主要依靠（客观的）法律来规范和约束经济上、法律上独立的市场主体。

尽管不少国内外学者对管制有不同的定义，但不难发现管制至少具有这样几个构成要素：①管制的主体（管制者）是政府行政机关（简称政府），通过立法或其他形式对管制者授予管制权；②管制的客体（被管制者）是各种经济主体（主要是企业）；③管制的主要依据和手段是各种法规（或制度），明确规定限制被管制者的什么决策、如何限制以及被管制者违反法规将受到的制裁。根据这三个基本要素，管制可定义为：具有法律地位的、相对独立的管制者（机构），依照一定的法规对被管制者（主要是企业）所采取的一系列行政管理与监督行为。由于管制的主体是政府，所以管制也被称为政府管制。

管制经济学是一门新兴学科。虽然在 20 世纪 70 年代以前，经济发达国家的许多学者就发表了不少有关价格管制、投资管制、进入管制、食品与药品管制、反托拉斯管制等方面的论著，但这些论著各自在较小的领域就特定的对象进行研究，缺乏相互联系；而且，运用经济学原理研究政府管制的论著更是少见。到了20世纪70年代，一些学者开始重视从经济学角度研究政府管制问题，并试图将已有的研究成果加以系统化，从而初步产生了管制经济学。其中，美国经济学家施蒂格勒发表的《经济管制论》等经典论文对管制经济学的形成产生了特别重要的影响。自20世纪80年代以来，美国、英国和日本等经济发达国家对一些垄断产业的政府管制体制进行了重大改革，并加强了对环境保护、产品质量与安全、卫生健康方面的管制。这些都为管制经济学的研究提供了丰富的实证资料，从而推动了管制经济学的发展。

政府管制的研究内容比较广泛，但大致可以归纳为经济性管制、社会性管制和反垄断管制三大领域。其中，经济性管制领域主要包括那些存在自然垄断和信息严重不对称的产业，其典型产业包括有线通信、电力、铁路运输、城市自来水和污水处理、管道燃气、金融等产业。社会性管制的内容非常丰富，通常可以把社会性管制分为卫生健康、安全和环境保护三个方面，因此又可以把社会性管制简称为HSE管制（Health，Safety and Environmental Regulation）。反垄断管制是一个相对独立的研究领域，其主要研究对象是竞争性领域中具有市场垄断势力企业的各种限制竞争行为，主要包括合谋、并购和滥用支配地位行为。

管制经济学是以经济学原理研究政府管制科学性的一门应用性、边缘性学科。从管制经济学产生和发展的过程来看，它是因实践需要而产生与发展的，其理论研究紧密结合现实经济实际，为政府制定与实施管制政策提供了理论依据和实证资料，其研究带有明显的政策导向性，显示出应用性学科的性质。同时，管制经济学涉及经济、政治、法律、行政管理等方面的内容，这又决定了管制经济学是一门边缘性学科。

经济学是管制经济学的基础性学科。这是因为，管制经济学不仅要研究政府管制本身的需求与供给，包括需求强度和供给能力，而且要分析政府管制的成本与收益，通过成本与收益的比较，以确定某一政府管制的必要性。同时，管制政策的制定与实施也要以经济学原理为依据，如经济性管制的核心内容是进入管制与价格管制，进入管制政策的制定与实施要以规模经济、范围经济、垄断与竞争等经济理论为重要依据，以在特定产业或领域形成规模经济与竞争活力相兼容的有效竞争格局；而价格管制政策的制定则以成本与收益、需求与供给等经济理论为主要依据，对每一项社会性管制活动都要运用经济学原理，进行成本与收益分析，论证管制活动的可行性和经济合理性。

行政管理学与管制经济学具有直接的联系。因为管制的基本手段是行政手段，管制者可以依法强制被管制者执行有关法规，对他们实行行政监督。但是，任何管制活动都必须按照法定的行政程序进行，以避免管制活动的随意性。这就决定了管制经济学需要运用行政管理学的基本理论与方法，以提高管制的科学性与管制效率。

政治学是与管制经济学密切相关的一门学科，从某种意义上讲，管制行为本身就是一种政治行为，任何一项管制政策的制定与实施都体现着各级政府的政治倾向，在相当程度上包含着政治因素。事实上，管制一直是发达国家政治学研究的一个重要内容，管制是与政治家寻求政治目的有关的政治过程。

法学与管制经济学也紧密相关。这是因为，管制者必须有一定的法律授权，取得法律地位，明确其权力和职责；同时，管制的基本依据是有关法律规定和行政程序，管制机构的行为应受到法律监督和司法控制。这就使管制经济学与法学存在必然联系。

管理学与管制经济学也有较大的联系。管制者与被管制者之间通常存在着较为严重的信息不对称性，管制者如何引导被管制者尽可能地采取有利于社会公众利益的行为，这是一个复杂的多重博弈过程，要求管制者必须掌握管理学知识，具有较强的管理能力。

管制经济学具有的边缘性学科性质，需要学者进行跨学科的协同研究。事实上，发达国家就是从多学科对政府管制进行多维度研究，并强调跨学科研究。

中国对管制经济学的研究起步较晚，据我们所掌握的资料，最早介绍中国管制经济的著作是施蒂格勒所著的《产业组织和政府管制》（潘振民译，上海三联书店 1989 年版），在这部文集中，有 4 篇是关于政府管制方面的论文。随后，我国出版了日本学者植草益所著的《微观规制经济学》（朱绍文、胡欣欣等译，中国发展出版社 1992 年版），这是第一本介绍到中国并且专门讨论管制经济的专著，在中国有很大的影响。20 世纪 90 年代以来，国内学者在借鉴国外管制经济学理论的基础上，结合中国实际，出版了许多论著，为管制经济学在中国的形成与发展奠定了基础。但从总体上来看，中国对管制经济学的研究还处于起步阶段，在许多方面需要结合中国实际进行深入研究。

在计划经济体制下，中国不存在现代管制经济学所讲的管制问题，不能把计划理解为管制，不能把计划经济体制理解为传统管制体制。因为市场是对计划的替代，而管制是对市场失灵的校正和补充。管制是由法律授权的管制主体依据一定的法规对被管制对象所实施的特殊行政管理与监督行为。管制不同于一般的行政管理，更不同于计划，否则就没有必要讨论管制经济学在中国的发展，也没有必要讨论如何通过改革建立高效率的管制体制问题。从国际经验看，就垄断性产业而言，美国等少数发达国家主要以民营企业为经营主体，与此相适应的是，这些国家较早在垄断性产业建立了现代管制体制。而英国、日本和多数欧洲国家则曾对垄断性产业长期实行国有企业垄断经营的体制，只是在 20 世纪 80 年代才开始对垄断性产业实行以促进竞争和民营化为主要内容的重大改革，并在改革过程中，逐步建立了现代管制体制。

中国作为一个从计划经济体制向市场经济体制过渡的转型国家，政府管制是在建立与完善社会主义市场经济体制过程中不断加强的一项政府职能。传统经济理论认为，自然垄断产业、公用事业等基础产业是市场失灵的领域，市场竞争机制不能发挥作用，主张直接由国有企业实行垄断经营，以解决市场失灵问题。在实践中，中国对这些基础产业长期以来实行政府直接经营的管理体制。但是，新的经济理论与实践证明，国有企业垄断经营必然导致低效率，因此强调在这些产业发挥竞争机制的积极作用。自20世纪90年代以来，中国像世界上许多国家一样，对这些产业逐步实行两大改革：一是引进并强化竞争机制，实现有效竞争；二是积极推行民营化，让一定数量的民营企业成为这些产业的经营主体，在这些产业形成混合所有制的经营主体，以适应市场经济体制的需要。这样，政府就不能用过去管理垄断性国有企业的方式去管理具有一定竞争性的混合所有制企业或民营企业，而必须实行政府职能转变，建立新的政府管制体制，以便对这些产业实行有效管制。同时，在经济发展的基础上，中国日益强调对环境保护、卫生健康和工作场所安全等方面的管制。这些都使政府管制职能呈现出不断强化的趋势。

为适应不断完善社会主义市场经济体制的需要，党的十六大明确提出政府的四大基本职能是经济调节、市场监管、社会管理和公共服务，首次把市场监管（政府管制）作为一项重要的政府职能。党的十八大进一步强调市场监管问题，在深化改革过程中，一方面要大大缩小政府行政审批的范围，另一方面要加强市场经济体制所必需的政府监管（管制）职能。党的十九大及其三中全会更是对完善市场监管体制、健全金融监管体系、创新监管方式、新设国有自然资源资产管理和自然生态监管机构、完善生态环境管理制度、统一行使监管城乡各类污染排放和行政执法职责等方面提出了更高的要求。在简政放权、放管结合、强化事中事后监管等一系列政府行政体制改革中，加强政府有效监管已成为一项重要的改革内容。

浙江财经大学是国内较早的系统研究政府管制经济学的高等学校，在政府管制领域承担了国家社会科学基金和国家自然科学基金重大、重点和一般项目30多项，国家重大科技专项子课题3项，省部级研究项目80多项，在政府管制领域已出版了50多部学术著作，在《经济研究》等杂志上发表了一批高质量的学术论文，其中一些成果获得了“孙冶方经济科学著作奖”、“薛暮桥价格研究奖”、“高等学校科学研究优秀成果奖（人文社会科学）”等。特别是近年来，已有30多个有关政府监管的咨询报告获得了国家级和省部级领导批示，其中国家级领导批示10多项。学校已形成了一个结构合理、综合素质较高、研究能力较强的研究团队。为适应政府管制经济学研究的需要，更好地为政府制定与实施管制政策服务，学校成立了跨学科的浙江财经大学中国政府管制研究院，其中包括政府管制与公共政策研究中心（浙江省哲学社会科学重点研究基地）、管制理论与政策研究团队（浙江省重点创新团队）、城市公用事业政府监管协同创新中心（浙江省“2011协同创新中心”）等研究平台。中国政府管制研究院的主要研究方向包括：政府管制基础理论研究、城市公用事业政府管制理论与政策研究、垄断性行业管制理论与政策研究、能源管制理论与政策研究、环境管制理论与政策研究、食品与药品安全管制理论与政策研究、反垄断管制理论与政策研究、金融风险监管理论与政策研究、政府管制绩效评价理论与政策研究等。为系统出版学校教师在政府管制领域的学术著作，反映学科前沿研究成果，我们将持续出版《政府管制研究系列文库》，这也是我们对外开放学术交流的窗口和平台。欢迎专家学者和广大读者对文库中的学术著作批评指正。

孙冶方经济科学著作奖获得者
中国工业经济学会副会长、产业监管专业委员会主任委员
浙江财经大学中国政府管制（监管）研究院院长
王俊豪
2018年6月于杭州

序言一

在中国人民大学从教33年，记忆中写过几次书稿的序言，有企业家，有工艺大师，有学者型官员，但从没有给学生作过序，包括自己指导的硕士和博士。如今，由我指导的2013年毕业的现在从教于浙江财经大学的张安军博士发来这本沉甸甸的计划出版的电子版书稿《中国省域金融风险监测预警机制研究——以浙江省为例》，请我作序，我是高兴的，由衷的高兴，非常的高兴，因为这是作为老师的骄傲，也是作为老师的快乐，尤其在年近花甲而临近退休之际，虽然内心不承认年龄的“老”！

开始安军说，老师给你发个摘要，简单写个序，多少字都行。我知道他是要减轻我的负担，但是我的性格要求必须“知己知彼”，我就说，你还是把整个书稿发给我吧！当下很多书稿的序言，其实很多是由作者代劳的，作序者只是签个名而已，这是公开的秘密。然而，我不愿意这样做。我必须通读全书，虽然不一定完全读懂，但我的序必须一个字一个字地敲出来，虽然需要花费时间！

首先，安军的这部书稿有比较厚实的基础。因为他的博士学位论文《中国宏观与中观金融安全监测预警动态研究》与现在的书稿有非常密切的关系。在以前的那篇博士论文里，安军在深入分析国家金融安全与国内区域金融安全内涵与现状特征的基础上，基于先导性与免疫性分析框架构建了后金融危机时代国家金融安全预警指标体系，构建了国家金融安全框架下的区域金融安全监测评估方法，对我国1992～2011年总体与区域金融安全度进行了定量监测与趋势预警动态分析，动态解读并归纳总结了我国金融警情警度变化规律，对我国金融安全监测与预警之间的内在关系进行了定量实证检验，在国内外首次对中国31个省（自治区、直辖市，不包括港、澳、台地区）的金融安全程度进行了全面系统的定量监测评估分析。

其次，安军的这部书稿有比较真实的论证。他从金融安全条件（我国面临的外源性直接或间接的风险冲击威胁）与金融安全能力（内源性金融运行风险或体制脆弱性风险）两大逻辑维度出发，从省域对外经济风险、外资性银行机构进入风险、短期国际热钱冲击风险、地方政府外债偿还风险、省域宏观经济运行风险、银行机构运行风险、金融资产价格泡沫风险与地方政府内债偿还风险八大重点领域精选了重要监测评估指标，构建了我国省域金融风险监测指标体系；在此基础上，通过 AHP 层次分析法与熵值法相结合测算了各监测指标的相应权重，并集中了国内外专家学者的智慧成果与他自己对我国近 20 多年来金融经济发展的实情判断，科学、合理设定了各监测指标的临界警限区间，并对 2011 ~ 2016 年的浙江省域金融风险程度与各重要领域的风险程度进行了一次全面动态监测评估分析，对影响浙江省金融风险程度的条件与能力因果关联度进行了定量检验，而且通过 H – P 滤波法与有增长上限的修正指数模型对浙江省域金融风险指数的演进过程进行了动态计量测度分析。

最后，安军的这部书稿有比较扎实的功底。安军在读书期间就很认真，对自己要求很严格。这部书稿的话题是很有难度的，定性和定量必须相结合，国内和国际必须相结合，历史和逻辑必须相结合，运行和制度必须相结合，宏观和中观必须相结合，长期和短期必须相结合，年度、季度和月度必须相结合。因此，做好省域尤其是浙江金融风险的监测预警，是很有挑战性的。迎接这样的挑战，必须依靠扎实的功底。

当然，作为学者，主要职能不是点赞，成绩属于过去，更需要新的建议，面向未来。这些建议并不只是希望安军进一步思考，也是对我自己的要求，因为优秀是没有止境的。第一，基本概念要持续地抠，没有不变的标准答案。比如，直到今天，关于何谓经济学都没有标准答案，更不必说书稿里所涉及的那些金融类基本概念。就书稿而言，金融风险、金融稳定、金融警情、金融安全、金融问题、金融危机、金融恐慌等这些概念，都要不断地探索下去。这些概念之间究竟是什么关系，不必为了强调某个概念放大其外延，轻视或是忽视其他概念。第二，定量分析是必需的，但定量分析不等于就是数学分析，数学分析不等于就是高等数学分析，高等数学分析不等于就是高深数学分析。本人的硕士专业就是数量经济学，本人认为当下的经济学对数学有滥用、误用和错用的问题。社会科学，比如经济学，还是要多做逻辑分析，多做调查研究，多做专家咨询，尤其是预测的可靠性和数学的难度之间没有关系。第三，无论预测如何的不准确，无论预测如何的艰难，都必须坚持做预测，但预测必须多条腿走路。凡事预则立，不预则废。依据逻辑和经验，预测模型对历史模拟得再准确，也不能保证对未来的预测就准确，未来不是历史的重复，虽然未来和历史有类似性。尤其是，预测模型建立和运用中的一些工具，包括格兰杰检验、协整分析等，学术界本身也是有不同看法的。第四，面对开放经济，作为巨国经济，如何坚持国际性而不被国际化，如何坚持国家安全、国家经济安全、国家金融安全，这些都需要持久的动态研究。

安军在浙江从教，浙江是中国经济的四强之一，浙江经济本身就是经济学研究的基点，吃透搞懂浙江经济就是对中国经济学发展的很大贡献。安军的这部书稿已经对浙江经济，主要是浙江金融经济做了很好的分析研究，这是一个起点，一个很好的起点，我希望安军百尺竿头更进一步，浙江的虚拟（线上）经济和实体（线下）经济，浙江的市场经济和绿色经济，浙江的正规经济和影子经济，浙江的大企经济和小微经济，浙江的市县经济和镇村经济，浙江的内向经济和外向经济，浙江的区域经济和区际经济，浙江的制度经济和运营经济，所有这些都有无限的研究空间，我相信安军会利用好这个舞台，会奉献最美的作品。

顾海兵

2018 年 6 月 25 日于北京世纪城阳光书舍

（作者为中国人民大学经济学院教授）

序言二

张安军博士发来《中国省域金融风险监测预警机制研究——以浙江省为例》书稿，邀请我为之作序，我欣然答应了。与他沟通就像与久别的故人重逢，是一种难得而温暖之事，我愿意读他的最新成果。

人生路长而相逢苦短！张安军博士曾经是我带的第一位正式弟子，回忆他在读硕近 3 年期间学习刻苦上进、认真踏实，曾跟随师门参与完成了多项纵向与横向课题研究，并且合作发表了多篇具有一定水准的研究论文，而安军也提前将近一年完成了硕士毕业论文，并且在硕士论文答辩过程中获得了校优秀毕业论文的殊荣。安军读硕期间在师门内严肃活泼，在学弟学妹中间树立起良好榜样。后来安军去中国人民大学攻读博士学位，我们的联系就渐渐少了，但只要相互联系总有一种特别的师生亲切感。回忆最近两次我和安军见面的情景，第一次是在2010年临近暑期安军考上人民大学之后回到母校，我们在南昌大学北校区学术交流中心碰面，正好其他弟子也在，我请安军为在场的学弟学妹们讲一下如何做好学术研究和考博成功的经验分享交流，并在交流之后我们师门集体进行了一次合影。第二次是在 2015 年的国庆节期间，安军和爱人来南昌办事并抽空专程来学校看望我，我专程开车去前湖校区接他们，并请他们去城开国际学园附近的餐馆一起吃饭，而后到学校学术交流中心叙谈学术和生活方面的情况，安军也就学术当中遇到的一些国家课题申报等难点问题向我请教，我们师生那次聊得比较愉快，至今一晃已过去近 3 年了。

张安军博士新著《中国省域金融风险监测预警机制研究——以浙江省为例》是他主持浙江省自然科学基金项目和浙江省哲学社会科学基金项目期间的主要研究成果，全书近 30 万字，从界定中国省域金融安全的基本内涵入手，并以浙江省为例对我国省域主要经济与金融风险特征进行了深入剖析，在此基础上张安军博士对我国经济深入对外开放环境下的省域金融风险的现状特征与影响因素进行了横向省际定量与定性相结合对比总结分析，并以此作为后面定量实证的基础。本书用两大章内容分别构建了我国省域金融风险同步监测模型机制和趋势预警模型机制，并以浙江省10多年的季度与月度高频统计数据为样本进行了动态计量实证分析。最后，本书还就我国2017年11月以来中央层面建立的“一委一行两会”金融监管体制构架，分别从监管机构主要职能、内设机构职责权限和监管机构的权力运行机制等方面进行了介绍分析。更为可操作的是，作者在总结2008年国际金融危机以来世界主要国家金融监管改革经验基础上，提出了今后时期我国从中央到省域地方的金融监管改革的可行性思路方案，并对省域金融风险的应急监管一般路径进行了探讨分析。

全书逻辑严谨，从界定省域金融安全内涵的最基本理论问题入手，指出金融安全与独立的金融主权相联系。全书基于经济新常态以来我国省域面临的经济金融风险实情和金融市场深入改革开放趋势背景条件下，尝试系统构建了我国省域金融风险监测模型机制与趋势预警模型机制，并以我国东部沿海典型外向型民营经济大省——浙江省10多年的季度与月度样本数据为例，进行了深入动态计量实证分析等。不仅如此，发现金融风险并不是监测预警的最终目的，而如何防范化解省域系统性金融风险才能使研究更具有现实价值且更接地气，作者基于我国最新金融监管改革情况和2008年以来国际金融监管改革经验教训，提出了未来一段时期我国从中央到省域地方宜采用“改进的牵头监管模式”，并对为什么采用该监管模式的内在原因与改革要点等进行了深入分析，使本书的现实价值更进一步凸显，同时本书还提出了省域金融风险警情的应急监管一般路径模式，使得本书研究内容更具现实意义。

何为国家金融安全？何为区域或省域金融安全？如何对国家系统性和区域性金融危机进行提前预警分析和金融监管防范？这些一直是国内外理论界和实务界所关心的话题，当然其中存在见仁见智的情况，但有讨论才有改进，有争议才有创新，对金融安全问题的研究是一个历久弥新的话题，而本书的作者显然对此话题进行了多方面深入的思考探讨。

于我而言，作者曾经是我的弟子，我关心其在学术道路上的成长。作为同行，当年轻人每次在学术道路与真理求索之途上取得良好成绩时，我都感到非常欣慰。

是为序！

刘耀彬

2018年6月24日

（作者系南昌大学教授，教育部长江学者）

前　言

“十三五”和未来一段时期是我国经济发展战略机遇期，也是各种经济金融风险矛盾凸显时期：一方面，我国提出“一带一路”倡议并积极实施“人民币国际化”战略以深入推进对外开放，对内深入推进供给侧改革、创新驱动战略和区域经济协调发展战略等，国家有能力保持国民经济平稳向好发展态势；另一方面，金融与实体经济失衡严重，部分重要城市房价增长过高、过快，多数省域政府债务偿还压力较大，互联网金融风险监管难度增大，资本市场风险监管仍不完善，金融市场深入开放下跨境资金流动和国际资本市场波动对我国形成的风险联动冲击增强等，对我国防范系统性与区域性金融风险形成了严峻挑战。从我国地域视角看，国家金融系统是由除港、澳、台之外31个省（区、市）所组成，省域金融系统运行态势会对国家整体金融安全产生影响，尤其是改革开放40年来，我国区域经济发展呈现出极大不平衡性，广东、江苏、山东、浙江、上海等沿海经济大省（市）经济与金融运行态势对国家整体金融安全的影响程度尤为显著。因此，以战略发展眼光来研究金融市场开放环境下我国省域金融风险问题，对于查找国家金融风险的区域来源，维护区域和国家金融稳定，促进国民经济平稳健康发展具有重要现实意义。我国作为世界上最大的发展中国家，呈现出大国经济、欠发达经济和转轨经济等特征，因此研究中国区域或省域金融风险问题，在国际上具有重要学术价值。当前，我国金融市场深入扩大对外开放，包括放宽境外投资者对证券、基金、保险公司等持股比例限制，取消对中资银行和金融资产管理公司的持股比例限制，并深入利率市场化改革和汇率形成机制改革，逐步放松资本项目管制等，将会对我国外汇市场和省域金融市场形成较大的风险冲击挑战。在金融市场扩大开放的环境背景下，如何识别我国省域内外源性金融风险冲击传导效应，并对省域金融系统风险进行科学定量监测预警和监管防控研究，是本书的学术价值和应用价值所在。

在我国经济进入新常态、金融市场继续深入扩大对外开放的时代背景下，本书基于国家经济安全的视角并以浙江省为例，对我国省域金融风险的主要问题进行了探讨：

第一，对我国省域金融安全的内涵与浙江省域金融风险的主要特征进行了分析，并得出了省域金融风险是金融活动常态的结论。因为省域金融安全与独立的经济主权相联系，在我国省域金融安全与国家金融安全是紧密联系在一起的，当省域自身金融风险防范能力薄弱，或受到各种直接或间接的外部冲击而面临金融风险，并影响到国家总体金融安全时，就存在省域金融安全问题。本书从经济总量与人均规模指标、三大需求对省域经济增长的拉动贡献、经济内部结构和经济增长方式、省域市场主体结构特征等方面对浙江省域经济发展的主要特点进行了分析，并基于SWOT分析框架，对浙江省域金融风险的优势、劣势、面临的发展机遇和存在的威胁挑战因素分别进行了定量与定性相结合的深入分析总结。

第二，以浙江省为例，对我国省域的经济风险、金融市场风险、银行类金融机构风险、民间金融风险、互联网金融风险、政府债务风险等分别进行了定量与定性相结合的分析。同时内外因相结合，从我国省域在金融市场开放过程中面临的外源性金融风险和内源性金融风险两大维度，对经济新常态以来我国省域金融风险的主要影响因素进行了归纳总结，并为后文的省域金融风险监测与预警分析提供了前期现实基础。

第三，本书在国内外关于区域或省域金融风险监测评估研究成果的基础上，结合经济新常态以来我国省域金融系统面临的传统金融风险新变化和新兴金融风险影响因素的调查分析结果，从金融安全条件（即我国面临的外源性直接或间接的风险冲击威胁）与金融安全能力（内源性金融运行风险或体制脆弱性风险）两大维度出发，在省域对外经济风险、外资性银行机构进入风险、短期国际热钱冲击风险、地方政府外债偿还风险、省域宏观经济运行风险、银行机构运行风险、金融资产价格泡沫风险与地方政府内债偿还风险八大重点领域精选了重要监测评估指标，构建了我国省域金融风险监测指标体系。在此基础上，通过层次分析法（简称AHP）与熵值法测算了各监测指标的相应权重，并集中了国内外专家学者的智慧成果与笔者对我国20多年来金融经济发展实情判断，科学合理地设定了各监测指标的临界警限区间，并对2011～2016年浙江省域的金融风险程度与各重要领域的风险程度进行了全面动态监测评估分析，对影响浙江省金融风险程度的条件与能力因果关联度进行了定量检验，而且通过H－P滤波法与有增长上限的修正指数模型对浙江省域金融风险指数的演进过程进行了动态计量测度分析。

第四，在前面的分析基础上，基于季度与月度样本频率数据特征，运用两种方法对浙江省域金融风险状况进行了预警对比分析：一是采取传统预警方法，即在综合国内外学者的预警指标体系研究成果并对我国省域宏观经济金融运行特征进行深入分析的基础上，从先导性与免疫性两大逻辑维度，在宏观经济风险、金融市场运行风险、政府财政运行风险、银行类机构风险和政府机构内债风险五大重要领域构建了我国省域金融安全预警指标体系。在此基础上，通过经熵值法调整的 AHP 法测度了各预警指标的相应权重，并集中了国内外专家学者的研究成果与笔者 20 多年来对我国省域金融经济发展实情的判断，科学合理地设定了各预警指标的临界警限区间，并对浙江省 2004 年第一季度至 2016 年第四季度的金融风险警情警度与各重要领域的警情警度进行了一次全面动态趋势预警分析。二是通过构建我国省域金融风险先行预警指标系统和省域金融风险压力指数，并以浙江省 2004 年 1 月至 2016 年 12 月的月度样本数据为对象，通过门限自回归模型（简称 TAR 模型）对省域金融风险压力指数、门限个数与门限值进行了测算与检验。进一步，本书在单位根检验和格兰杰因果关系检验对预警指标的先行显著性效果作进一步检验筛选的基础上，构建了基于 Ologit 的省域金融风险排序概率预警模型，并以未来 12 个月的样本外数据对模型预警的准确度进行了检验分析，实证研究结果表明基于 Ologit 排序概率预警模型的金融风险大类区制预测准确度达到了 50%，明显优于传统的金融风险概率预警模型。

第五，基于 2017 年 11 月我国新成立的国务院金融稳定发展委员会和中央政府“一委一行两会”的国家金融监管体制构架安排，分别从监管机构的主要职能权限、内部监管部门的职权安排和监管机构的权力运行机制三方面详细介绍中央层面传统“一委一行三会”和省域地方层面的“一办一行三局”的金融监管体制构架。同时在对国际上主要金融监管模式和 2008 年国际金融危机以来美国、英国、澳大利亚、法国、比利时等主要国家和欧盟的金融监管改革实践经验进行分析总结的基础上，本书提出未来一定时期我国省域金融风险宜采用“改进的伞形监管模式”，并对选择此监管模式的理由与省域金融风险监管改革的要点进行了详细分析。与此同时，本书在对我国省域金融风险应急监管理论进行分析的基础上，提出了我国省域金融风险监管响应的一般机制与路径，并且根据对浙江省域金融风险监测预警实证分析的结果，提出了未来一段时期内浙江省域金融风险监管的具体对策建议。

本书应该是国内第一本系统探讨我国省域层面金融风险监测预警机制的相关专门著作，也是对发展中大国内部区域金融风险监测预警机制与监管路径进行系统深入理论与实证探讨的专门著作，因此肯定有不足之处，恳请各位读者不吝批评指正，以使本书相关问题研究质量不断提高！

目 录

第1章　导论

1.1　研究意义

国际上，世界经济与金融发展形势错综复杂，主要发达国家经济发展面临较大不稳定性风险，而新兴市场国家金融体系面临较大脆弱性与外部不确定性冲击风险。1998 年亚洲金融危机给东南亚快速成长的新兴经济体留下的深刻历史教训，2008 年国际金融危机导致中国外向型贸易企业与金融体系受到的严峻冲击，以及 2014 年 12 月俄罗斯卢布在短期内大幅度贬值引发的当地货币危机及社会恐慌，对新时期我国防范全国性与区域性金融风险起到了鲜活的警示作用。2018 年 3 月以来美国特朗普政府对中国不断挑起的贸易战对我国对外经济金融风险形成了重要考验。当前我国以建设上海国际金融中心为契机，正在加快构建新型大国金融体系，防范全国与区域系统性金融风险对更好地促进经济金融体系健康平稳发展尤为重要。

从全国特别是浙江省的情况来看，自 2011 年以来，经济发展过程中面临一系列重要突出问题：沿海用工成本上升明显，人口红利逐渐消退，低附加值产品出口竞争力下降；传统行业产能严重过剩，高耗能高污染依然严重，产业结构转型升级比较艰难；杭州、温州等城市的经济发展对房地产投资依赖严重，房价高企难下，而国家对房地产调控政策仍面临较大不确定性；民营资本进入传统银行领域，互联网金融与影子银行快速兴起，以及利率市场化改革深入推进对传统银行业务形成较大风险冲击等。这一切使包括浙江省在内的省域金融系统在当前及未来一段时间既面临难得的发展机遇，也面临严峻的经济金融风险考验。

2015 年 5 月 27 日习总书记在杭州调研时强调“要清醒认识面临的风险和挑战，把难点和复杂性估计得更充分一些，把各种风险想得更深入一些，把各方面情况考虑得更周全一些，搞好统筹兼顾”。国家“十三五”规划纲要明确指出，要防止发生系统性区域性金融风险。党的十九大报告指出防范重大风险是到2020年全面建成小康社会决胜期三大攻坚战的首要任务，而防范金融风险是防范重大风险的重点，也是金融工作的生命线。当前，我国正处于继续扩大对外开放与深化经济金融体制改革的关键时期，采取了一系列措施，包括稳步推进利率市场化改革，人民币国际化与汇率形成机制改革，对资本账户继续放松管制，加快国有企业改革与传统金融机构市场化的进程，进一步放宽境外投资者对证券、基金、保险公司等持股比例限制，取消对中资银行和金融资产管理公司的持股比例限制等。未来一段时期是我国经济金融发展关键时期，也是内外金融风险凸显激增时期。浙江省既是我国金融改革试验先行区，也是经济金融风险冲击集聚地。浙江省邻近上海市，作为民营经济活跃、市场化程度较高的沿海开放大省，在民营金融与互联网金融发展方面走在全国前列。以浙江省为案例深入研究新时期新常态下我国省域金融系统风险监测与预警内在机制，并根据区域经济发展变化规律，提出如何防范金融风险以促进包括浙江省在内的我国省域经济更好更快发展的路径模式，具有较好的理论研究价值，更具紧迫的现实意义。

1.2 国内外研究现状

金融风险与人类经济金融活动不确定性相伴而生，但国外学者真正关注金融风险所引发的危机破坏是在1929~1933年大萧条之后，并试图对金融危机产生的原因进行理论解释（Irving Fisher，1933；John Maynard Keynes，1936）。以美元货币主导的布雷顿森林体系瓦解加剧了世界金融市场的动荡，从20世纪70年代石油危机爆发、日本房地产泡沫到20世纪90年代墨西哥、东南亚、俄罗斯等金融危机频发，国外学者一直高度关注，并从各个角度探讨金融危机产生的根源（Kindleberger，1978；Stiglitz & Weiss，1981；Minsky，1983；Bernanke & Gertle，1989；Mishkin，1996），逐渐形成了具有代表性的四代货币危机理论（Paul Krugman，1979；Obstfeld，1986，1996；Mekinnon，1997；Paul Krugman & Aghion，1999）。与此同时，国外学者试图对金融危机的发生进行预警分析，这主要集中在主权国家或国际区域。1994年墨西哥金融危机后IMF经济学家Morris Goldstein（1995）首次提出了7项经济预警指标。刘遵义教授（1995）在南非召开的联合国世界经济预测项目秋季年会上，通过使用10项危机预警指标来对东南亚金融危机的爆发可能性进行了预测。Frankel和Rose（1996）运用105个发展中国家

1971～1992年的季度数据，建立了FR概率模型来预测金融危机的发生。之后，Sachs、Tornell和Velasco（1996）以月度数据作为样本数据，利用线性回归的方法建立了STV回归模型。Kaminsky、Lizondo和Reinhart（1997）选取了15个月度指标建立了金融危机预警的KLR信号分析模型，经过Kaminsky在1999年作的进一步完善，已成为国际上比较受欢迎的危机预警模型。此后国外学者在以上经典预警模型基础上进行改进，并提出了新的预警模型，如Andrew Berg和Catherine Pattillo（1999）针对新兴市场国家在KLR模型基础上改进后提出了DCSD模型。同时，Berg和Pattillo（1999）比较了以上经典的预警模型后发现，KLR信号分析模型能够产生较好的预警效果，并且长期预警模型要优于主观推测和中介机构信评预测（Berg et al.，2004）。Nag Mitra（1999）使用人工神经网络建立货币危机预警系统，突破了传统模型的线性范式，其优势在于灵活的规则与捕捉变量间复杂关系的能力。Kumar、Moothy和Perraudin（2002）提出了基于滞后宏观经济和金融数据的Simple Logit模型，构建了投机冲击的预测模型。Bussiere和Fratzscher（2006）提出了一种多项Logit选择回归预警模型，并区分了平静期、危机爆发期与后危机时期3个时段。2008年国际金融危机爆发对传统的金融风险或危机预警模型形成了巨大挑战，并引起了国外学者的反思，相关研究可分为三类：一是比较传统经济金融先行指标的显著性或预警效果（Llaudes et al.，2010；Frankel & Saravelos，2012；Berkmen et al.，2012；Frost & Saiki，2014；Gianfelice et al.，2015；Purificación et al.，2016；Desai et al.，2016；Ryan，2016）。二是对现有的预警模型的实际预警效果进行比较分析，如Beckmann等（2006）使用20个国家1970年1月到1995年4月的样本数据发现参数预警系统比非参数预警系统对金融危机事件的预警效果更好。Cumperayot和Kouwenberg（2013）应用极值理论和46个国家1974～2008年的样本数据，对3种货币危机方法和18个预测危机中常用指标的尾部依赖性特征进行了评估，并发现了现有的货币危机预警系统表现较差的原因。Comelli（2014）利用参数与非参数预警系统EWS对新兴市场国家货币危机发生可能性进行了样本内与样本外的预测分析，发现参数预警系统在样本外预测效果要优于非参数预警系统。Candelon等（2014）使用动态Logit预警模型和最大似然估计法对16个国家的货币危机进行样本内与样本外预测时，发现动态Logit预警系统模型相比传统静态预警模型表现出了更好的预测能力。三是试图利用新的技术方法构建金融风险或危机预警模型。Oet等（2013）在宏观和微观审慎预警系统的基础上，考虑金融系统结构特征和反馈放大机制提出了混合预警模型。Sevim等（2014）利用土耳其1992年1月至2011年12月的经济数据，并通过ANN、决策树和Logistic回归模型构建了货币危机预警系统模型。

国内学者对我国国家与省域金融风险问题进行系统性探讨是在 1998 年东南亚金融危机之后，其中沿海发达省份因对外贸易显著、市场化活跃且易受国内外风险冲击而成为关注重点。蔡则祥（1999）首先提出了建立我国金融安全区以防范金融风险的构想；姜建华等（1999）对我国经济发展非均衡格局下的区域金融风险形成传导原因进行了分析；陈松林（2000）对我国区域金融安全的内涵进行了探讨。随着 2001 年我国加入 WTO，外商投资与国际资本大量进入我国境内，在促进地区经济发展的同时也带来了区域经济与金融不确定性风险，如何监测预警区域金融风险以维护区域金融安全稳定成了关注的重点。一是构建评价指标体系对我国区域金融风险或稳定状态进行定量评估分析。艾洪德（2005）从银行体系、资本市场状况与金融制度变迁三方面对辽宁省金融风险状态进行了探讨；易传和等（2005）、殷兴山等（2005）构建了区域金融稳定评价指标体系；汪祖杰等（2006）从区域金融安全内在微观、宏观、生态环境监测指标和外在影响性指标两方面构建了我国区域安全衡量指标体系，并对苏州市 2003～2004 年金融安全状况进行了实证分析；孙清等（2008）从区域经济环境、区域银行机构、区域证券机构和区域保险机构风险四个方面构建了我国区域金融风险评价指标体系，并对江浙沪三个地区的金融风险进行了实证分析；郭俊峰等（2015）从经济因子、信用法律因子、金融因子和制度干预因子四方面构建了江苏省域金融稳定评价指标体系，并对江苏省金融稳定与经济增长关系进行了实证分析。二是构建区域金融风险预警指标体系和模型方法对区域金融风险进行预警分析。仲彬等（2002）从微观审慎和宏观先行视角构建了我国区域银行预警指标体系，并通过 ARIMA 模型对预警指标进行了预测分析；谭中明（2010）从外部与内部影响因素出发构建了区域金融风险预警指标系统，并通过综合加权法对江苏省 2007 年的风险状况进行了实证分析；文洪武（2011）利用系统方程模型构建了检测我国区域金融稳定状况的金融稳定指数，并以河北省为例进行了实证分析。同时，周才云（2006）、王立平等（2007）、姚星垣等（2008）也对区域金融风险或稳定预警体系进行了探讨。

通过研究以上文献，发现存在以下问题：①在研究地域上，尽管国外对金融风险问题研究较早，并且对主权国家（如美国、日本、墨西哥、俄罗斯等）或东南亚地区、拉美地区、欧盟等国际区域而言金融风险或危机的预警问题是研究热点，但对于国家内部区域，尤其是经济发展非均衡国家的内部区域而言，金融风险监测预警问题研究则相对不足。②在样本数据与指标选取视角上，虽然国内部分学者对江苏、浙江、河北等沿海部分省域金融风险监测预警问题进行过探讨，但受我国省域重要经济金融风险指标统计数据滞后或残缺不全等因素影响，多以个别省域年度样本数据定性分析为主，缺乏对大样本省域高频统计数据的全面深入计量实证检验分析，这与我国近些年来以沿海省份为代表的地区加快内外金融市场开放的战略和省域庞大经济体量的影响力不相符，同时在区域监测预警指标体系设计上，目前国内学者主要考虑了常规性风险指标，如区域宏观经济风险、微观银行机构经营风险等，而结合当前我国“一带一路”开放战略和建设上海国际金融中心的契机，在深入扩大金融市场对外开放趋势下，将区域外源性金融风险冲击威胁（如外资银行大量进入风险、利率完全市场化对传统银行等业务模式冲击风险、民间金融风险与互联网金融风险监测监管等）纳入考察范围进行重点深入研究方面还存在严重不足。③在预警准确性上，目前国内外还没有一套成熟的预警体系与模型方法能对一国或区域金融风险程度及危机爆发可能性进行准确预测。国外虽然对金融风险或危机问题关注较早，风险预警模型方法也渐趋复杂，但总体预警成功概率较低，且20世纪90年代以来世界各地频发的金融危机和2008年国际金融危机的爆发及其蔓延深化，表明新时期对金融风险的认识与对预警模型方法的研究还需进一步深化。④在预警模型方法改进上，传统概率预警模型的因变量主要是二元选择变量1（发生危机）或0（不发生危机），无法体现出自变量预警指标包含信息连续性变化所带来的金融风险状态的连续变化，而多元选择概率模型则将各选择行为视为平等，无法体现金融风险变化的风险压力排序递进特征。由于我国没有出现如西方国家所遭受的真正意义上的金融危机，我国国家和省域地区更多表现为金融风险的持续压力变化而未见到有突破临界值的危机发生。为了能够更加准确地测量金融风险压力信号强度，迫切需要在原来的二元或多元选择模型的基础之上进行多元压力概率预警模型的设计来对我国区域或省域金融风险进行动态预警分析。⑤在浙江省域金融风险监测预警研究上，笔者通过期刊网检索发现，目前与浙江省金融风险监测预警相关的研究仅有2篇（姚星垣等，2008；李建军等，2013），分别从民间金融风险与总体常规金融风险视角进行了探讨。而结合浙江省经济新常态，将非正规民间金融风险、正规民营金融风险与新兴互联网金融风险等一起纳入监测预警风险机制考察范围，深入研究浙江省域金融风险监测预警内在机制，并构建相应省域经济金融系统健康发展的监管路径模式，还存在较大欠缺。

1.3 研究目标与研究内容

1.3.1 研究目标

对省域金融安全的内涵进行科学界定，对浙江省域金融风险特征进行深入归纳分析，以浙江省为例研究经济新常态下我国省域金融风险同步监测机制系统和金融风险趋势预警机制系统，同时探讨金融市场开放环境下我国省域金融风险监管模式和金融风险应急监管的一般路径。

1.3.2 主要研究内容

（1）省域金融安全内涵与金融风险特征。根据金融安全理论与区域经济发展理论，通过文献检索与实地调研深入研究经济新常态下浙江省域金融安全内涵与新的风险特征，并对浙江省域金融风险监测与预警相互作用机制进行深入分析。

1）经济新常态下省域金融安全内涵分析。根据经济新常态的特点，从时间、空间、逻辑维度等对省域金融安全的新内涵及其与国家金融安全的相互关系展开深入分析，并以此作为后面分析的基础。

2）经济新常态下省域金融风险特征分析。通过文献检索与实地调研，借助SWOT分析方法等，以我国沿海典型经济大省——浙江省为对象对经济新常态下省域金融市场面临的新风险特征进行深入分析，揭示其面临的优势与劣势、机遇与威胁。

3）省域金融安全监测与预警互动机制。根据金融安全监测预警理论与经济发展周期理论，从内涵、时效性、方法、目的等方面对我国监测与预警差异性进行分析，同时从内在逻辑联系、省域金融安全的内在要求、经济发展运行的演变关系等视角对我国省域金融安全监测与预警之间的互动关系机理进行深入分析。

（2）浙江省金融风险现状与影响因素分析。通过文献检索、实地调研与专家调查法，多视角地对经济新常态下浙江省金融风险现状及重点影响因素进行深入分析。

1）浙江省金融风险现状分析。从宏观经济风险、金融市场风险、正规金融机构风险、民间金融风险、互联网金融风险、资本流动风险、内外债务风险等对浙江省10多年的金融风险现状变化进行了一次全面定量分析。

2）浙江省金融风险影响因素分析。通过文献检索、实地调研与专家调查法，对浙江省传统风险影响因素及面临的新变化、经济新常态下新兴金融风险冲击等进行深入分析，并以此作为后文基础。

（3）浙江省金融风险同步监测机制分析。根据系统科学理论与区域经济发展理论，从金融安全条件与金融安全能力双维度构建经济新常态下浙江省金融风险同步监测指标评估系统，同时借助经熵值法改进的AHP法和线性综合加权法等构建浙江省金融安全综合评估模型，并以最新样本数据对浙江省域金融风险程度进行了一次定量监测评估与检验。

1）浙江省域金融风险同步监测指标系统。根据经济新常态下省域金融风险的一般特征，从外源金融风险冲击（开放金融条件下浙江省面临的直接或间接的外源性风险冲击，如外资银行进入风险、国际资本流动风险、对外债务偿付风险、互联网金融风险等）与内源金融安全能力（通过加强自身体制机制建设以抵御内外金融风险冲击的能力，内外金融风险包括宏观经济风险、银行机构风险、民间金融风险、互联网金融风险、政府债务风险等）响应双维度构建浙江省域金融风险监测评估指标系统，同时对经济新常态下风险监测评估指标面临的新安全阀阈值进行设定分析。

2）浙江省金融风险动态监测评估模型。通过经熵值法改进的 AHP 法在对监测指标系统权重进行测定基础上，利用功效系数法、主因子分析与线性综合加权法等多视角方法途径建立浙江省金融风险同步监测评估模型。

3）浙江省金融风险程度动态监测评估检验（最近 10 年样本数据）。在前面基础上，通过调研收集最新样本统计数据，对浙江省最近 10 年来的金融风险程度进行了一次全面定量监测评估分析，对省域金融安全条件与能力的内在关联性进行检验分析和综合指数模型预测。

（4）浙江省金融风险趋势预警机制分析。根据金融安全预警理论与经济发展周期理论，通过改进 KLR 信号分析法与 Ologit 排序概率动态计量模型，构建浙江省金融风险动态趋势预警模型，并对未来 12 个月进行了预警实证分析。

1）浙江省金融风险趋势预警指标系统。根据金融安全预警理论与经济发展周期理论，在经济新常态下，根据预警指标先行、显著性与数据可获得性特点，从先导性（在金融安全形势恶化之前发出预警信号）与免疫性（对浙江省金融安全起到免疫保障的功效）出发，然后在同步风险监测领域基础上构建浙江省域金融风险趋势预警指标系统。

2）浙江省金融风险动态趋势预警模型。先定义浙江省金融危机多阶段压力指数，在对样本内数据进行有效性检验的基础上，以 2004 年 1 月至 2016 年 12 月的月度数据为样本，通过 Ordered Logit 排序概率计量模型构建浙江省金融风险动态趋势预警模型，最后以后 12 个月的历史数据为样本进行样本内有效性检验、反馈，并对该模型进行调试修正。

3）浙江省金融风险趋势预警分析（未来 12 个月）。在前面基础上，通过调查收集最新高频统计数据，对浙江省未来 12 个月的金融风险程度进行定量预警分析，并对重要风险环节进行提前识别分析。

（5）新常态下省域金融风险监管路径。省域金融风险监测预警机制系统包括前期的风险预识别、中期的监测预警定量实时分析和后期的监管防范路径。结合我国“十三五”区域发展规划与浙江省中长期经济金融发展规划要求，提出经济新常态下基于浙江省金融安全的应急监管路径模式。

1）省域与国家总体金融风险协同监管机制。根据我国特殊的中央与地方集分权的体制安排，将省域金融安全纳入国家总体金融安全研究构架，从金融监管分权视角探讨国家层面与省域协同金融监管的互动作用机理模式。

2）浙江省域金融风险应急监管路径。根据前文定量监测预警分析结果和浙江省内部金融监管权限安排，从防范外源风险冲击与优化内源安全能力视角提出浙江省域金融安全监管的内在一般路径模式与对策建议。

1.4 研究思路与研究方法

1.4.1 研究思路

本书遵循着问题识别→风险解析→同步监测→趋势预警→监管路径的研究思路，有计划地制定了相应研究步骤。

首先，通过文献检索掌握前期相关研究资料，同时课题组成员赴杭州、宁波、温州、台州、金华等地进行实地深入调研并获取金融风险数据资料，建立浙江省金融风险调查资料数据库，且与调查所需重要数据的提供单位保持一定联系，以利于获取最新动态数据资料。

其次，从经济新常态下我国省域金融安全内涵与基本特征入手，对新时期浙江省传统金融风险变化与新兴金融风险进行揭示和衡量，同时对面临的主要金融风险影响因素进行深入分析，并以此作为后文基础。

再次，从外源性金融风险与内源性安全能力双维度，构建经济新常态下浙江省金融风险同步监测指标系统。同时通过 AHP 改进熵值法测定指标系统内部权重，并借助因子分析、线性综合加权模型等构建浙江省金融风险同步监测模型，且以最新 10 多年的数据对模型进行拟合与有效性检验。

又次，根据金融安全预警理论与经济发展周期理论，在同步监测基础上构建浙江省金融安全预警指标系统。通过改进的 KLR 信号分析法与 Ologit 排序概率计量模型构建浙江省金融风险趋势预警模型并进行有效检验分析，对浙江省未来 12 个月金融安全进行趋势预警实证分析。

最后，根据区域经济发展理论与浙江省中长期发展战略规划，在对省域与国家金融安全监管相互作用机理模式进行分析的基础上，提出建立浙江省域金融风险应急监管的一般路径模式与对策建议。

1.4.2 研究方法

（1）定性与定量相结合。定性是进行定量研究的前期基础。本书的定量方法主要体现在：①通过熵值法改进的 AHP 法对国家金融安全监测预警指标系统权重进行测定；②通过综合评价法对国家金融风险程度进行综合定量评判；③通过线性综合加权模型对我国金融风险程度进行同步监测分析；④借助 KLR 分析法与 Ologit 排序概率模型对浙江省金融风险程度进行定量预警分析。

（2）调查研究法。调查法是重要的科学研究方法，在本书中得到了充分体现：一是向文献调查，通过到各级图书馆、档案馆、报刊室等阅读相关研究著作文献资料，掌握与研究问题相关的重要材料；二是向互联网调查，通过现代互联网技术对相关统计数据、文献资料等进行检索、查询、收集；三是亲自到统计局、金融监管部门等进行实地走访了解实情，并索取相关统计资料、文字材料、图表资料等；四是向专家调查，在课题研究前期与中期，笔者和课题组邀请国内金融安全领域的专家对本课题进行了意见反馈与查缺校正。

（3）分析与归纳相结合。分析与综合法在本书中亦得到了体现：①在对浙江省金融风险影响因素的分析中，通过比较分析不同因素的影响程度大小，归纳出当前与未来一段时期重要突出的风险影响因素；②通过比较同一重要风险的不同评估指标的优劣，从中选取较好的同步监测评估指标；③通过比较不同预警指标效果的优劣，结合我国国情归纳出适合浙江省的金融风险预警指标；④通过考察不同国家金融监管模式与金融监管改革实践，分析总结出国家金融监管模式的一般经验教训。

（4）静态与动态分析相结合。静态分析是对研究对象在某一时空截面上的状态特征进行的分析，而动态分析是对研究对象发展变化的连续性在时空上的表现所进行的比较分析。本书对我国经济金融运行变化的分析和对金融风险监测预警指标系统的定量实证分析主要从动态发展的视角进行展开。

1.5 本书的创新之处

（1）理论层面上：对经济新常态下我国省域金融安全的内涵与金融风险特征进行了深入分析；以浙江省为例，对金融市场深入扩大开放环境下我国省域金融风险监管模式与应急监管的一般路径进行了理论与实践相结合的分析。

（2）研究视角上：基于金融安全条件与金融安全能力双维度视角构建了省

域金融风险同步监测机制系统，不仅关注省域内部常规性金融风险因素，更将外源性金融风险冲击因素（如外资类金融机构进入冲击、国际热钱流动冲击、对外债务偿付风险等）纳入省域监测范围，同时将民间金融风险与新兴互联网金融风险纳入省域内部风险监测范围，弥补了以往研究的不足。在样本数据上，本书利用月度高频样本统计数据，可以更加及时灵敏地捕捉省域金融系统风险变化状态，克服了以往学者研究样本的信息滞后不足问题。

（3）研究方法上：传统 Logit 或 Probit 概率预警模型因变量主要是二元或多元，该模型无法捕捉自变量预警指标所包含信息的连续变化或无法反映金融风险变化的风险压力递阶变化特征。本书首次将 Ologit 排序概率选择模型应用于省域金融风险实证预警中，能够更加准确地捕捉金融风险压力程度信号，可丰富国内外关于金融风险预警模型方法的研究内容。

（4）研究地域上：单独对浙江省金融风险程度进行了一次系统定量监测评估分析（2004Q1 ~ 2016Q4），通过月度高频统计样本数据单独对浙江省金融风险进行了趋势预警实证分析（未来 12 个月）。

第2章　中国省域金融安全内涵与金融业风险特征

研究我国省域金融安全或风险监测预警机制问题的基本前提是，必须清楚揭示我国省域金融安全的内涵及其风险特征。因此，本章将以浙江省为例，首先揭示我国省域金融安全的内在含义，随后以浙江省为例对近些年来，特别是经济新常态以来我国省域金融风险的主要特征进行深入归纳分析。

2.1　经济新常态下省域金融安全内涵分析

1998年东南亚金融危机之后，我国区域金融安全问题逐渐引起了学者的关注和探讨。陈松林（2000）认为区域金融是指一个国家金融结构与金融运行在空间上的分布状态，在外延上表现为具有不同形态、不同层次和金融活动相对集中的若干金融区域，而该区域内的金融安全未出现问题，即表现为区域金融安全。刘清江等（2001）认为金融安全区是按金融权力的空间结构划分的区域，区域范围内无严重金融危机，无金融财富重大损失，金融市场稳定，金融机构健全，金融运行有序、正常发展，金融监管主动有效，未因客观的经济金融因素而使金融政策偏离既定目标，金融运行也未对政治、经济、军事等安全状况造成负面影响，即为区域金融安全状态。张汉飞等（2010）认为区域金融安全是指某个地区的金融安全问题，描述的是某个地区的金融体系是否处于稳定、有序和规范的运行状态，其实质是国家金融安全的空间表现。研究发现，目前国内对于区域金融安全的内涵还处于零散探讨阶段而没有形成一定共识，而现有学者往往就区域论区域，忽略了我国金融机构特殊的从中央到地方垂直条块运行体系与金融监管机构特殊的体制安排，割裂了区域金融安全与国家金融安全之间的内在联系，而对于区域金融安全进行系统定量研究亦存在严重不足。

如果从自然地域的角度出发，国家金融活动是由区域金融活动组成的，因此理论上国家金融活动可以按区域进行划分，区域研究法就是从省域或区域角度来研究国家金融安全。然而，由于金融安全的特殊性，如同不能简单地说存在区域经济安全的提法一样，我们也不能简单地类推说存在区域金融安全，比如说存在江苏金融安全、浙江金融安全、宁夏金融安全等。

首先，国内各区域之间的经济金融活动存在广泛密切的联系，特别是经济发展较好的省份，尤其是区域性或全国性中心城市因存在强大的经济溢出效应和对周边区域资金、人才和技术的虹吸效应等而超出了原有地域界线。例如上海作为全国经济与金融中心，其金融活动的溢出效应可辐射整个长三角地区乃至全国，因此有时候经济活动很难按行政区划来机械地进行地域分割。

其次，我国金融监管机构采取的是从中央到地方的垂直纵向管理体制。在我国传统的“一行三会”分业监管模式下，中国人民银行总行派驻到各省、市、县等分支行，例如中国人民银行武汉分行、江西省南昌中心支行等，地方政府无权干预中央派驻地方的监管机构履行其职权义务。同时证监会、银监会、保监会，国家外汇管理局等主要分业监管机构管理体制亦类似，中央政府在监管全国金融系统运行以维护国家金融安全方面具有绝对的资源优势与行政主导权，地方政府在这方面权限则受了很大的限制。

再次，从占全国和各省域金融市场主体的金融企业来分析，银行类金融机构目前还占据金融市场的主体地位。数据显示，银行业占全国金融业资产比重，2007 年为 68%，而到 2016 年为 81.1%，近十多年来比重不仅没下降反而缓慢上升。在各省域银行业内部，大型国有商业银行、股份制商业银行与城市商业银行则占据主体地位，而大型国有商业银行和股份制商业银行总部多集中在北京，其次为上海、深圳、广州等，实行的是从总行到省、市域分支行的多层级垂直管理体制。我国主要商业银行（如长期以来占我国银行业主体的工、农、中、建、交五家大型国有商业银行以及主要股份制商业银行等）都已经被国家独资企业（如中央汇金）或财政部等直接或间接控股，因此对省域金融市场主体的控制力主要集中在中央层面。

最后，也是最重要的是，我国省域地方政府没有经济主权，包括对本地经济金融政策的独立制定权、经济与金融活动的独立管辖权，对本地区经济金融活动重要战略性资源的独立控制权、在国外各种重要经济金融组织活动中代表本省域独立参与并发表言论和缔结各种经济金融关系的自主权等。在当前我国从上至下的行政体制中我国地方政府的经济金融自主权受到极大限制。因此，中国内地 31 个省份很难有独立的区域金融安全的概念，主要表现为影响国家金融安全的区域金融风险因素，即存在区域金融风险并可能影响到国家总体金融安全。

我国目前还处于欠发达发展中转轨经济时期，国内区域经济金融活动发展的极不平衡性，使得某些区域或省域经济金融活动对全国总体金融安全的影响尤为突出（如广东、江苏、山东、浙江、北京、上海等重要经济大省、市以及长三角地区、珠三角地区等国内重要城市群或区域等）。但是国内区域或省域金融不安全不一定等于国家金融总体不安全，关键要看区域或省域金融风险对国家总体金融安全的影响力程度。可能情况是存在较大区域金融风险（如广东省出现金融风险问题），并可能给该区域和国家总体金融安全构成较大威胁。只有当国家金融安全基本取决于某一个或某几个区域的时候，区域金融安全的概念才可能存在。因此我们认为：金融安全与独立的经济主权相联系，我国区域金融安全与国家金融安全是紧密联系在一起的，当区域自身金融风险防范能力薄弱，或受到国外各种直接或间接的外部冲击而面临金融风险，并能够影响到国家总体金融安全时，就存在区域金融安全问题。由于我国特殊的从上至下的行政权力体制，因此研究区域金融安全问题需要立足于我国国情并从国家总体金融安全的视角来考察。

2.2 经济新常态下省域金融业风险特征分析

要科学合理监测预警省域金融风险问题，首先要对整体经济特点及省域范围内金融风险的基本特征进行科学的把握分析，因为金融活动主要服从与服务于当地实体经济活动，金融活动的性质与范围也不可能脱离当地实体经济活动而独立存在。故本书以浙江省为例，首先对浙江省的经济特点进行简要归纳分析。

2.2.1 浙江省经济发展的主要特点分析

（1）从经济总量与人均规模上看，浙江省均位于全国前列。从全国31个省（自治区、直辖市，不包括港、澳、台地区，下同）的GDP总量上看，浙江省2015年GDP为4.29万亿元，2016年为4.73万亿元，近七年来均位居全国第四，仅次于广东省、江苏省与山东省（见图2-1）。从全国31个省份的人均GDP来看，2015年浙江省人均GDP为7.64万元，2016年为8.45万元，均位居全国第五，仅次于北京、上海、天津和江苏（见图2-2）。从全国31个省份的城镇居民人均可支配收入与农村居民可支配收入上看，2015年与2016年，浙江省城镇居民人均可支配收入分别为4.3714万元与4.7237万元，农村居民人均可支配收入分别为2.1125万元与2.2866万元，仅次于上海市与北京市，连续多年位于全

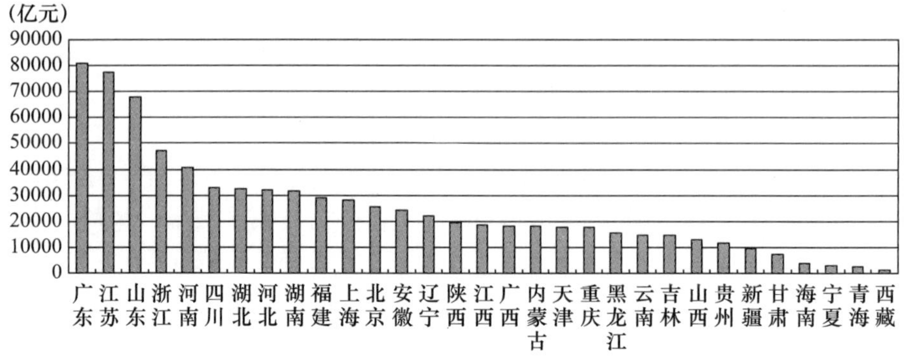

图 2－1　全国各省份 GDP 排名（2016）

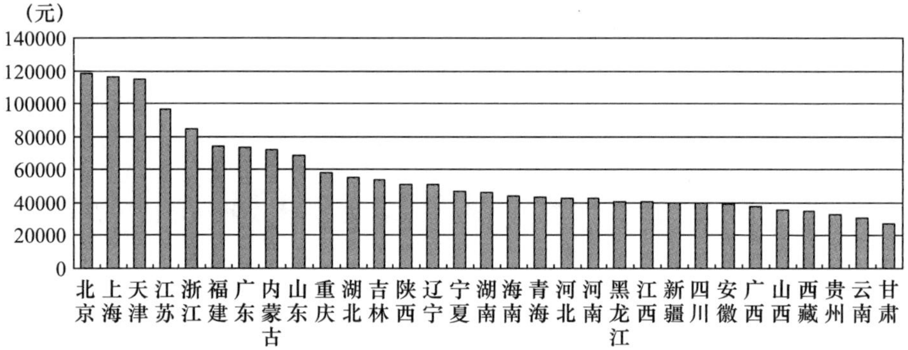

图 2－2　全国各省份人均 GDP 排名（2016）

国省级前列。

（2）从三大需求对浙江省经济发展的贡献率来看，消费与投资需求是浙江省经济增长的主要拉动力，但相比全国其他发达省份，净出口对省域经济增长的贡献当中浙江省排在全国前列，而消费投资需求对省域经济增长的贡献当中浙江省排在全国中下游。2016 年全国 31 个省份中，广东、浙江、江苏与上海进出口对本省 GDP 的贡献率排在全国前四位，其次为福建、山东与北京，而其余 24 个省份皆为负贡献率；从投资需求对各省 GDP 的贡献率来分析，全国仅有北京、上海、江苏、广东、辽宁、四川与浙江在 50% 以下，其余皆在 50% 以上，其中，青海、宁夏与西藏分别为 138.6%、120.8% 与 101.0%，投资额均超过当年该省的 GDP 总额，表明当地 GDP 增长对投资拉动过度依赖。而消费对各省 GDP 的贡献率相比投资与进出口而言，差距相对较小，其中浙江省消费对浙江省 GDP 的贡献率为 48.2%，位居全国第 22（见表 2－1）。

表 2－1 三大需求对全国 31 个省份 GDP 的贡献率（2016）

地区	支出法 GDP（亿元）	最终消费支出（亿元）	资本形成总额（亿元）	货物和服务净流出（亿元）	消费对 GDP 的贡献率（%）	投资对 GDP 的贡献率（%）	进出口对 GDP 的贡献率（%）
北京	25669.1	15406.5	10074.1	188.5	60.0	39.2	0.7
天津	17885.4	8012.0	10584.1	－710.8	44.8	59.2	－4.0
河北	32070.5	14536.1	18636.5	－1102.2	45.3	58.1	－3.4
山西	13055.6	7451.5	9464.3	－3860.2	57.1	72.5	－29.6
内蒙古	18128.1	8030.9	12617.8	－2520.6	44.3	69.6	－13.9
辽宁	22246.9	13149.5	9682.0	－584.6	59.1	43.5	－2.6
吉林	14776.8	5567.1	10152.9	－943.1	37.7	68.7	－6.4
黑龙江	15386.1	9580.0	9360.3	－3554.2	62.3	60.8	－23.1
上海	28178.7	16177.0	11321.2	680.4	57.4	40.2	2.4
江苏	77388.3	39499.9	33123.3	4765.1	51.0	42.8	6.2
浙江	47251.4	22751.7	21393.8	3105.9	48.2	45.3	6.6
安徽	24407.6	12112.8	12507.8	－212.9	49.6	51.2	－0.9
福建	28810.6	11614.4	16633.8	562.4	40.3	57.7	2.0
江西	18499.0	9362.7	9303.6	－167.4	50.6	50.3	－0.9
山东	68024.5	32149.7	34637.3	1237.6	47.3	50.9	1.8
河南	40471.8	20777.0	29560.1	－9865.3	51.3	73.0	－24.4
湖北	32665.4	15255.0	18786.3	－1375.9	46.7	57.5	－4.2
湖南	31551.4	16122.6	16737.3	－1308.5	51.1	53.0	－4.1
广东	80854.9	40885.9	34647.1	5321.9	50.6	42.9	6.6
广西	18317.6	9834.5	12363.9	－3880.7	53.7	67.5	－21.2
海南	4053.2	2489.6	2577.1	－1013.5	61.4	63.6	－25.0
重庆	17740.6	8444.5	9551.6	－255.5	47.6	53.8	－1.4
四川	32934.5	17237.9	16165.3	－468.7	52.3	49.1	－1.4
贵州	11776.7	6746.0	8195.0	－3164.3	57.3	69.6	－26.9
云南	14788.4	9592.7	13903.3	－8707.6	64.9	94.0	－58.9
西藏	1151.4	901.0	1162.8	－912.4	78.2	101.0	－79.2
陕西	19399.6	8790.9	12907.7	－2299.0	45.3	66.5	－11.9

续表

地区	支出法GDP（亿元）	最终消费支出（亿元）	资本形成总额（亿元）	货物和服务净流出（亿元）	消费对GDP的贡献率（%）	投资对GDP的贡献率（%）	进出口对GDP的贡献率（%）
甘肃	7200.4	4751.4	4875.1	-2426.1	66.0	67.7	-33.7
青海	2572.5	1676.4	3565.5	-2669.4	65.2	138.6	-103.8
宁夏	3168.6	1891.6	3827.9	-2550.9	59.7	120.8	-80.5
新疆	9649.7	6155.3	8670.1	-5175.7	63.8	89.8	-53.6
全国平均	25163.7	12805.0	13773.8	-1415.1	53.9	65.1	-19.0

数据来源：《中国统计年鉴》（2017）。

（3）从经济结构上看，第一产业与第二产业所占比重逐渐下降，而第三产业所占比重逐渐上升，经济发展正面临转型升级。2013～2016年浙江省第一产业所占比重从4.8%下降到4.2%，第二产业所占比重从49.1%下降到44.9%，第三产业所占比重从46.1%上升到51%。

从全国各省三次产业尤其是第三产业对经济增长的贡献分析，北京、上海、天津、山西、海南、黑龙江、西藏、广东、辽宁、甘肃与浙江排在前11位（见图2-3）。除了海南省主要依靠房地产等拉动，西藏地区经济总量小，严重依赖固定资产投资，以及产业发展受银行政策性贷款倾向影响外，浙江省第三产业增加值贡献率位居全国第十，2014年第三产业贡献率为47.9%，首次超过当年的第二产业贡献率（47.7%）；2015年浙江省第三产业对GDP的贡献率上升至51%。虽然与北京（80.2%）、上海（69.8%）相比还存在较大的差距，但浙江省第三产业增加值所占比重呈现不断上升的势头。

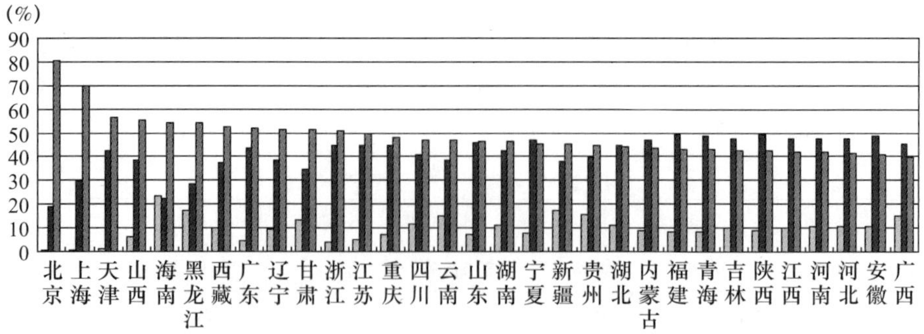

图2-3　全国各省份三次产业所占比重排名（2016）

从浙江省近 17 年来三次产业增加值所占比重的变化趋势来分析，可以明显发现：第一产业所占的比重在缓慢下降，到 2016 年仅为 4.2%；第二产业所占的比重也在缓慢下降，到 2015 年为 44.8%；第三产业所占的比重逐步上升，于 2014 年首次超过第二产业增加值比重，2015 年第三产业增加值所占比重上升到 51%（见图 2－4）。

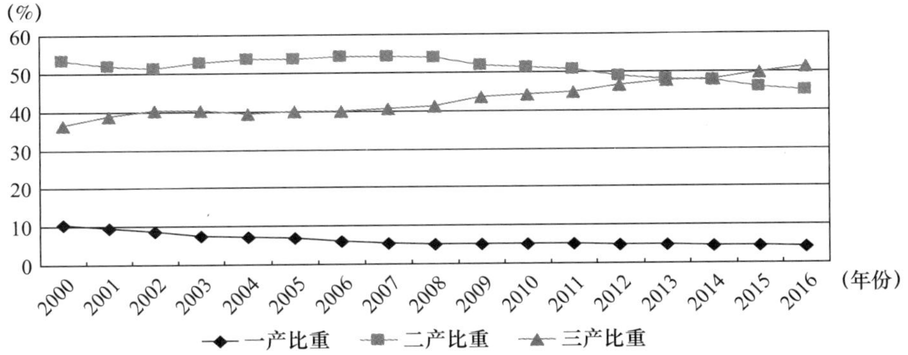

图 2－4　浙江省三次产业所占比重变化趋势（2000～2016）

（4）从经济增长方式来看，浙江省外向型经济特征明显，对海外贸易依赖严重。从 2011～2016 年浙江省对外贸易依存度分析，浙江省对外贸易的依赖程度基本上位居全国前 5 位，仅次于上海、北京、广东与江苏，其中 2014 年浙江省对外贸易依存度首次超过了江苏省，跃居全国第四位。浙江省 2011～2016 年平均对外贸易依存度为 54.2%（见表 2－2），单纯从经济风险的角度考虑，浙江省对外贸易依存度已经达到了危机状态（一般认为 20% 左右为极高度安全，40% 以上为重度不安全）。这表明改革开放后大力发展海外贸易对本省经济增长做出重要贡献，同时也在一定程度上体现了我国沿海主要经济大省对海外贸易发展的严重依赖程度。

表 2－2　全国各省份对外贸易依存度对比（2011～2016）　　单位：%

年份 地区	2011	2012	2013	2014	2015	2016	2011～2016
上海	147.2	136.6	125.3	121.6	111.4	101.7	123.9
北京	154.8	144.1	134.2	119.7	86.4	72.7	118.6
广东	110.9	108.8	108.2	97.5	87.5	78.0	98.5
江苏	71.0	64.0	57.1	53.2	48.5	43.4	56.2

续表

年份 地区	2011	2012	2013	2014	2015	2016	2011～2016
浙江	61.8	56.9	55.1	54.3	50.4	47.0	54.2
天津	59.0	56.6	55.1	52.3	43.0	37.9	50.7
福建	52.8	50.0	48.0	45.3	40.5	35.9	45.4
全国平均	45.1	42.3	40.6	38.6	34.1	31.2	38.7
重庆	18.8	29.4	33.3	41.1	29.5	23.3	29.3
山东	33.6	31.0	29.9	28.6	23.8	22.8	28.3
海南	32.7	31.7	29.2	27.8	23.5	18.5	27.2
辽宁	27.9	26.4	26.1	24.5	20.8	25.7	25.2
新疆	22.3	21.2	20.2	18.3	13.1	12.1	17.9
江西	17.4	16.3	15.8	16.7	15.8	14.3	16.0
西藏	14.5	30.8	25.2	15.0	5.5	4.5	15.9
广西	12.9	14.3	14.1	15.9	18.9	17.2	15.5
黑龙江	19.8	17.3	16.7	15.9	8.7	7.1	14.2
安徽	13.2	14.4	14.7	14.5	13.5	12.0	13.7
四川	14.7	15.6	15.2	15.1	10.6	9.9	13.5
云南	11.6	12.9	13.2	14.2	11.2	8.9	12.0
河北	14.1	12.0	12.0	12.5	10.8	9.6	11.8
吉林	13.5	13.0	12.3	11.7	8.4	8.2	11.2
河南	7.8	11.0	11.5	11.4	12.4	11.6	11.0
湖北	11.0	9.1	9.1	9.7	9.6	8.0	9.4
甘肃	11.2	9.9	10.0	7.8	7.3	6.2	8.7
陕西	7.6	6.5	7.7	9.5	10.5	10.2	8.7
宁夏	7.0	6.0	7.7	12.1	8.0	6.8	7.9
山西	8.5	7.8	7.7	7.8	7.2	8.4	7.9
湖南	6.2	6.3	6.3	7.0	6.3	5.5	6.3
贵州	5.5	6.1	6.3	7.1	7.2	3.2	5.9
内蒙古	5.4	4.5	4.4	5.0	4.4	4.2	4.7
青海	3.6	3.9	4.1	4.6	5.0	3.9	4.2

从近17年时间序列趋势比较，浙江省进出口贸易总体呈现较快增长势头，其中对外贸易依存度从2001年的39.4%上升至2007年最高值71.7%，之后缓慢

下降到2016年的47.0%（见表2-3），浙江省对外贸易总量与依存度一直位居全国前列，经济发展对外贸依赖显著，但自2008年受到国际金融危机冲击之后有缓慢下降的态势。

表2-3 浙江省进出口贸易增长与对外贸易依存度变化趋势（2001~2016）

年份	进出口总值（亿美元）	出口（亿美元）	进口（亿美元）	GDP（万亿元）	人民币对美元汇率	对外贸易依存度（%）
2001	328.0	229.8	98.2	0.7	8.28	39.4
2002	419.6	294.1	125.5	0.8	8.28	43.4
2003	614.1	415.9	198.2	1.0	8.28	52.4
2004	852.1	581.5	270.7	1.2	8.28	60.5
2005	1073.9	768.0	305.9	1.3	8.19	65.6
2006	1391.5	1008.9	382.5	1.6	7.97	70.6
2007	1768.6	1282.7	485.8	1.9	7.60	71.7
2008	2111.1	1542.7	568.4	2.1	6.95	68.3
2009	1877.3	1330.1	547.2	2.3	6.83	55.8
2010	2535.3	1804.6	730.7	2.8	6.77	61.9
2011	3093.8	2163.5	930.3	3.2	6.46	61.7
2012	3124.0	2245.2	878.8	3.5	6.31	56.8
2013	3357.9	2487.5	870.4	3.8	6.19	55.1
2014	3550.5	2733.3	817.2	4.0	6.14	54.3
2015	3461.9	2756.8	705.2	4.3	6.23	50.3
2016	3342.5	2659.7	682.8	4.7	6.64	47.0

数据来源：根据《浙江省统计年鉴》（2012~2017）整理而成。

（5）从市场主体结构上看，浙江省以中小民营企业为主，民营经济在全省所占比重较大。

从全国各省份民营企业的法人单位数量来进行分析，通过表2-4可以发现，2016年浙江省私人控股企业数量在浙江省法人企业总量中占比为95.51%，从私人企业数在本省所有法人企业数量中所占比重来进行分析，浙江省在全国31个省份中最高，山西省为91.66%，从2014年的全国第八位跃居第二位，江苏省私人企业数占比为90.23%，位居全国第三。从全国各省的情况分析，私人控股企业依然是各省企业法人的绝对主体，对各省经济发展起到了巨大的促进作用。

从全国各省国有控股企业所占比例分析，2016年浙江省国有控股企业占浙江全省总法人企业数量的比重为0.93%，位居全国倒数第一。横向对比近些年浙江省的相关数据发现，浙江省国有控股企业数量在本省占比基本上都处于全国最低水平，而集体控股企业在本省占比也位于全国中下游，表明浙江省是典型民营经济大省，浙江民营企业主要靠自身抓住机遇努力经营发展壮大；相比今天浙江省涌现出大量优秀民营企业的良好态势，我国西藏、新疆、青海、甘肃、以黑龙江为代表的东北三省和山西的国有企业在本省的占比一直走在全国前面，本省经济发展依赖国有大中型企业推动的“坐吃国家饭”的模式在部分省份并没有发生根本性的转变。

表2-4　全国各省份按控股情况的企业法人单位数量占比（2016）　单位：%

地区	国有控股	集体控股	私人控股	港、澳、台	外商控股	其他
浙江	0.93	1.59	95.51	0.62	0.68	0.67
山西	2.92	1.69	91.66	0.05	0.06	3.62
江苏	1.22	0.97	90.23	0.69	0.97	5.93
北京	2.61	2.87	89.36	0.91	1.36	2.88
广西	2.01	1.42	89.25	0.22	0.16	6.95
宁夏	2.31	0.89	88.74	0.10	0.09	7.88
安徽	2.28	1.28	87.06	0.18	0.19	9.00
贵州	3.22	1.65	86.96	0.10	0.08	8.00
湖北	2.14	1.31	85.92	0.23	0.21	10.19
河北	1.76	1.33	85.55	0.10	0.16	11.10
福建	1.89	1.41	85.48	1.49	0.70	9.03
重庆	1.60	0.88	85.27	0.16	0.15	11.94
山东	1.55	1.06	84.59	0.19	0.56	12.04
陕西	3.43	2.73	84.36	0.13	0.22	9.13
江西	2.65	1.94	84.25	0.34	0.17	10.64
辽宁	2.76	3.08	84.01	0.38	0.94	8.84
上海	2.63	2.28	83.95	2.90	4.66	3.57
内蒙古	3.11	1.28	82.94	0.08	0.10	12.50
湖南	2.80	1.86	82.42	0.21	0.14	12.57
新疆	5.59	1.56	82.13	0.10	0.14	10.49
四川	3.14	2.23	81.78	0.25	0.29	12.31
广东	1.66	2.03	81.78	2.93	1.04	10.56

续表

地区	国有控股	集体控股	私人控股	港、澳、台	外商控股	其他
吉林	4.04	2.23	81.77	0.16	0.35	11.46
天津	2.43	1.63	79.62	0.55	1.22	14.56
海南	3.81	2.10	79.39	0.56	0.36	13.77
甘肃	3.85	2.95	78.51	0.08	0.07	14.54
青海	4.31	2.39	78.18	0.14	0.16	14.83
云南	2.67	1.65	77.83	0.13	0.15	17.57
河南	2.69	1.76	77.18	0.12	0.10	18.15
黑龙江	5.01	2.76	76.83	0.18	0.25	14.97
西藏	10.16	7.70	71.66	0.21	0.22	10.05
全国平均	2.13	1.66	85.76	0.71	0.68	9.05

数据来源：根据《中国统计年鉴》（2017）整理而成。

从各省民营企业吸纳的就业人口数量占全国比重情况分析（见图 2－5），广东（13.1%）、江苏（12.8%）、浙江（9.8%）位居全国前三，山东（7.2%）、上海（6.3%）、北京（5.3%）、四川（4.5%）、重庆（4.4%）、福建（4%）、湖北（3.4%）位居全国前十，对全国吸引城乡人口就业的贡献最大。

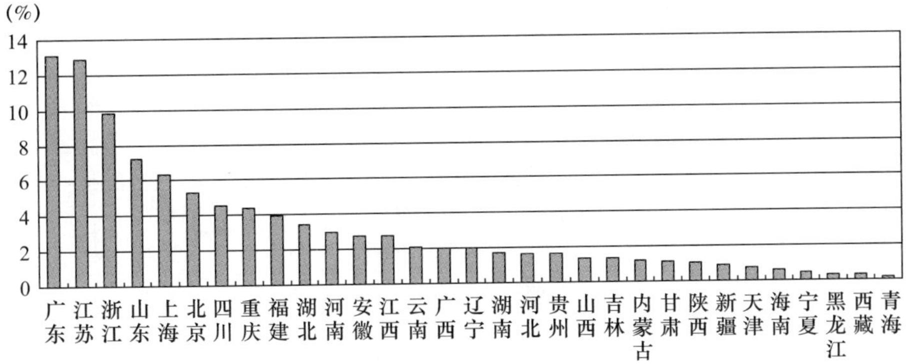

图 2－5　各省份民营企业吸纳就业人数占全国比重（2016）

从规模以上工业企业的主要财务指标（见表 2－5）分析，规模以上工业企业数量以江苏、广东、浙江与山东为全国前四强。浙江省的单位企业总资产规模（1.73 亿元）与单位企业净资产规模（0.78 亿元）位居全国倒数第二，仅好于安徽省，表明浙江省规模以上工业企业数量虽多但相比全国其他省份工业企业的规模相对较小，虽然纳入规模以上工业企业统计范围，但更多属于轻工业企业；单位企业主营业务收入（1.63 亿元）与单位企业利润总额亦位居全国倒数第二，仅高于西藏自治区，表明浙江省工业企业总体营业能力不强，相比近些年部分优秀省市工业企业上市潮涌现并积极开拓海外市场，浙江省工业企业呈现出较大的经营劣势。

表 2-5 全国各省份规模以上工业企业的主要财务指标（2016）

地区	企业单位数（个）	单位企业总资产（亿元）	单位企业净资产（亿元）	单位企业营业收入（亿元）	资产负债率（%）	总资产利润贡献率（%）	净资产利润贡献率（%）
江苏	47900	2.39	1.15	3.27	51.9	9.2	19.2
广东	42688	2.47	1.08	3.03	56.2	7.9	18.1
浙江	40128	1.73	0.78	1.63	55.1	6.4	14.3
山东	39567	2.65	1.22	3.81	54.1	8.4	18.3
河南	23679	2.55	1.34	3.36	47.6	8.7	16.6
安徽	19838	1.69	0.73	2.13	56.7	6.7	15.4
福建	17262	1.86	0.89	2.46	52.3	9.0	18.9
湖北	16296	2.33	1.08	2.81	53.6	7.2	15.4
河北	14764	3.02	1.36	3.20	54.9	6.3	14.0
湖南	14386	1.77	0.85	2.72	52.3	7.9	16.7
四川	13819	3.00	1.25	3.01	58.4	5.6	13.5
江西	10931	2.00	1.03	3.29	48.4	11.2	21.7
上海	8351	4.77	2.42	4.11	49.2	7.3	14.4
辽宁	8025	4.50	1.60	2.75	64.5	1.6	4.5
重庆	6782	2.98	1.16	3.46	61.2	8.2	21.0
吉林	6003	3.16	1.51	3.90	52.4	6.7	14.0
陕西	5862	5.26	2.29	3.59	56.4	5.2	11.8
广西	5464	2.93	1.13	4.07	61.3	8.7	22.5
天津	5203	4.82	1.86	4.98	61.4	8.2	21.1
贵州	5123	2.80	1.02	2.18	63.4	5.9	16.1
内蒙古	4289	7.20	2.67	4.68	62.9	4.4	11.7
云南	4194	4.64	1.68	2.42	63.8	1.7	4.8
黑龙江	3946	3.79	1.66	2.88	56.2	2.0	4.5
山西	3548	9.48	2.27	4.01	76.1	0.9	3.7

续表

地区	企业单位数（个）	单位企业总资产（亿元）	单位企业净资产（亿元）	单位企业营业收入（亿元）	资产负债率（%）	总资产利润贡献率（%）	净资产利润贡献率（%）
北京	3340	12.90	6.97	5.91	45.9	3.7	6.9
新疆	2894	6.75	2.42	2.87	64.1	2.0	5.5
甘肃	2105	5.83	1.99	3.73	65.9	0.6	1.7
宁夏	1174	7.26	2.34	3.11	67.8	1.7	5.2
青海	593	10.36	3.27	3.78	68.4	1.3	4.1
海南	337	8.20	3.64	4.95	55.6	3.7	8.3
西藏	108	10.28	5.19	1.59	49.6	1.5	3.0

从各省民营工业企业数量与单位企业总资产分析（见表 2－6），2016 年浙江省民营工业企业数量为 27502 家，位居全国第二，仅次于江苏（30122 家），高于山东（25871 家）与广东（17225 家），超出全国平均值 20589 家。从省域民营工业企业总资产上分析，浙江省位居全国前三，为 2.37 万亿元，仅次于江苏省（3.54 万亿元）和山东省（3.15 万亿元）。但从单位企业的总资产规模分析，浙江省为 0.86 亿元，排到了全国倒数第五位，低于全国平均值（1.44 亿元）。浙江省域单位民营工业企业净资产为 0.34 亿元，位居全国倒数第一；单位主营业务收入为 0.98 亿元，位居全国倒数第三；单位企业利润总额 0.05 亿元，并列位居全国倒数第三，仅高于甘肃与青海。而私营企业总资产利润贡献率和净资产利润贡献率均位居全国中下游。这说明浙江省虽然民营工业企业数量众多，排在全国前两位，但是单位企业总资产、净资产以及营业收入与利润总额等都较为低下，并在全国排名靠后。浙江省民营工业企业多为中小型企业，总体规模较小，企业盈利能力较差，整体抗风险能力较弱。

表 2－6　全国各省份民营工业企业主要财务指标（2016）

地区	企业单位数（个）	单位企业总资产（亿元）	单位企业净资产（亿元）	单位企业营业收入（亿元）	单位企业利润（亿元）	总资产利润贡献率（%）	净资产利润贡献率（%）
江苏	30122	1.17	0.56	2.16	0.14	11.9	56.2
浙江	27502	0.86	0.34	0.98	0.05	6.1	33.6
山东	25871	1.22	0.69	2.64	0.17	13.7	68.8
广东	17225	1.04	0.41	1.73	0.09	8.9	40.9
安徽	14016	0.66	0.34	1.34	0.07	11.3	34.4

续表

地区	企业单位数（个）	单位企业总资产（亿元）	单位企业净资产（亿元）	单位企业营业收入（亿元）	单位企业利润（亿元）	总资产利润贡献率（%）	净资产利润贡献率（%）
河南	10826	1.47	1.05	2.64	0.21	14.7	104.9
湖南	10650	0.90	0.51	2.09	0.12	12.9	51.0
河北	9626	1.44	0.81	2.39	0.16	11.1	81.1
福建	8886	0.75	0.40	1.64	0.10	13.0	40.4
湖北	8857	0.80	0.45	1.79	0.09	11.4	44.7
四川	7786	1.03	0.53	2.03	0.12	11.2	52.7
江西	5633	1.15	0.69	2.51	0.19	16.5	69.5
辽宁	4366	1.39	0.56	1.06	0.03	2.5	56.4
重庆	4242	1.31	0.60	2.25	0.16	12.5	60.0
上海	3534	1.25	0.58	1.08	0.07	5.3	58.2
广西	3013	1.22	0.51	2.63	0.16	13.1	50.6
贵州	3007	0.85	0.35	1.28	0.08	9.4	34.7
吉林	2997	0.94	0.52	2.31	0.11	11.4	51.9
天津	2458	1.39	0.57	2.79	0.25	18.2	57.3
陕西	2150	1.22	0.63	1.70	0.14	11.3	62.9
山西	2015	3.01	0.77	1.86	0.05	1.7	77.5
云南	1962	1.23	0.47	1.16	0.06	4.5	46.8
黑龙江	1759	0.93	0.47	1.70	0.08	8.5	46.7
内蒙古	1740	2.30	0.96	3.17	0.21	9.3	95.7
新疆	1145	2.41	0.83	1.51	0.17	7.0	83.4
北京	1047	1.48	0.69	0.99	0.08	5.1	68.7
宁夏	771	3.41	1.06	1.65	0.05	1.5	105.7
甘肃	759	1.24	0.57	0.94	0.03	2.5	56.9
青海	267	3.20	1.16	1.98	0.02	0.5	115.6
海南	45	1.60	0.49	1.26	0.05	3.4	48.8
西藏	32	1.63	0.70	0.70	0.12	7.3	69.9

数据来源：根据《中国统计年鉴》（2017）整理而成。

2.2.2 浙江省金融业风险的基本特征分析

对我国省域金融业发展风险的基本特征进行总体定性与定量相结合的分析是

对省域金融风险进行定量深入实证分析的必要前提。因此，本书以浙江省为例，基于金融安全视角对近些年来金融业发展的基本风险特征进行了一次全面动态的分析总结。

（1）浙江省金融业发展的优势特征分析。

第一，从金融总量上分析，浙江省无论是金融机构总资产规模、银行类机构总资产规模、本外币存贷款与人均存贷款规模还是金融行业机构数与从业人员数，均位居全国前列，表明浙江省金融业发展比较活跃，金融市场化程度及金融机构竞争力相对较强，总体抗风险能力较强。

从全国各省份的金融机构资产总量上进行分析（见图2-6），容易发现，北京、广东、江苏、上海与浙江的金融资产总规模明显高于其他省份，其中浙江省2014~2016年金融机构总资产规模已经分别达到了10.57万亿元、11.91万亿元与13.24万亿元，一直位居全国第五。除北京与上海外，浙江在全国省份中紧跟在广东与江苏之后，走在了其他省份前列。从2005~2015年的数据来看，浙江省银行类金融机构总资产与净资产规模一直处于稳步上升的态势，在可预期的未来一段时间内，这种趋势还将继续。由于我国金融资产主要集中在银行业，尤其是大型、股份制和城商行，且多为政府直接或间接控股，近十多年来无论是不良资产还是资本充足风险都在安全可控范围内，一般省域金融机构资产规模越大，越具有资源竞争优势和影响优势，该省域金融机构的整体抗风险能力越强。

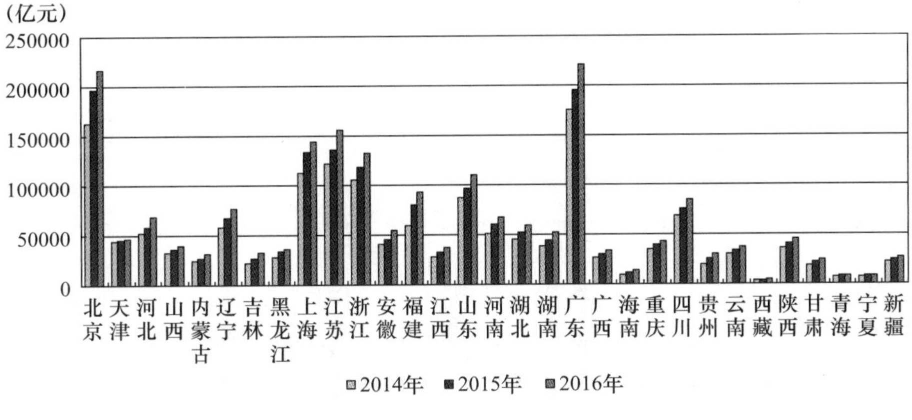

图2-6 全国各省份银行类金融机构总资产对比（2014~2016）

从全国各省份金融机构网点数量分析（见图2-7），2014年浙江省金融机构网点总数为12299个，仅次于广东省、山东省、四川省、江苏省，位居全国第五；2015年和2016年浙江省金融机构网点总数分别为12385个和12840个，少于广东、山东、四川、江苏与河南，位居全国第六。从时序变化分析，2005～2016 年浙江省金融机构网点数量一直处于不断上升的态势。

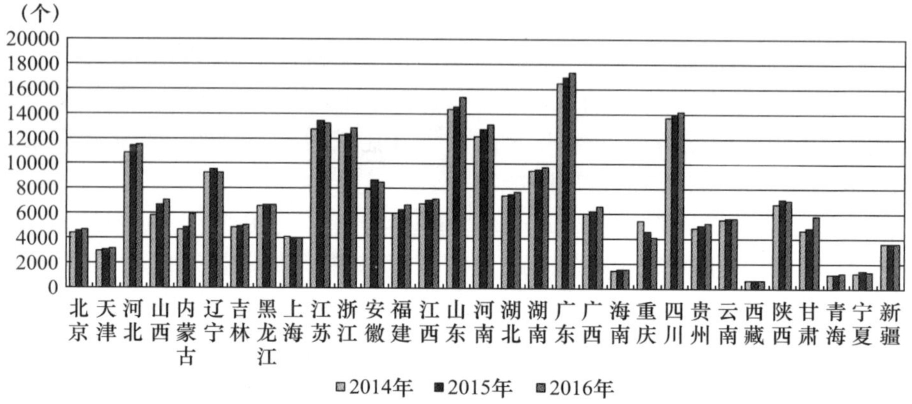

图 2－7　全国各省份金融机构网点数量比较（2014～2016）

从金融机构从业人员数量分析（见图 2－8），2014 年浙江省金融机构从业人员数为 24.48 万人，仅次于广东省（34.75 万人），位居全国第二；2016 年浙江省金融机构从业人员数为 24.45 万人，仅次于广东省（34.76 万人）与山东省（24.87 万人），位居全国第三。从金融机构从业人员数变化趋势来分析，2005～2016 年浙江省处于不断上升的态势。

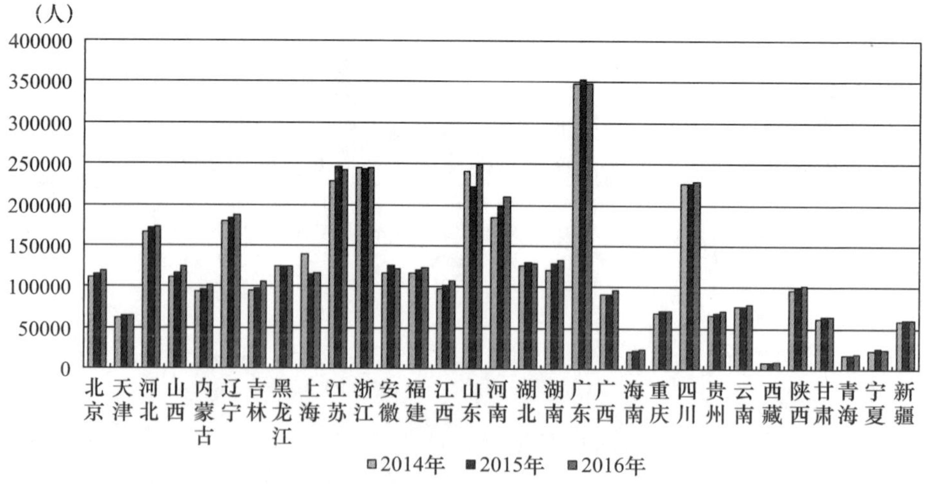

图 2－8　全国各省份金融机构从业人员数对比（2014～2016）

从全国各省份金融机构存贷款与人均存贷款余额分析（见表2-7），我们发现，2014~2016年广东、北京、江苏、上海、浙江与山东本外币存款余额明显高于全国其他省份，排在全国前列；从本外币贷款余额比较，广东、江苏与浙江位居全国前三；从人均本外币存款余额比较，北京、上海、天津、浙江、广东与江苏位居全国前六，其中2014~2016年浙江省人均本外币存款余额为14.39万元、16.30万元和17.81万元，均位居全国第四，仅次于北京、上海与天津；从人均本外币贷款余额分析，2014~2016年浙江省分别为12.96万元、13.81万元和14.63万元，仅次于北京、上海与天津，排在全国前四位，位列全国非直辖省份第一。这表明浙江省的人均居民金融财富程度仅次于北京、上海与天津，也表明浙江省的社会财富吸纳与拥有程度仅位居北京、上海和天津三个直辖市之后，排在全国非直辖省份前列。

表2-7　全国各省份本外币存贷款与人均存贷款余额比较

地区	本外币存款余额（万亿元）			人均本外币存款余额（万元）			本外币贷款余额（万亿元）			人均本外币贷款余额（万元）		
	2014年	2015年	2016年	2014年	2015年	2016年	2014年	2015年	2016年	2014年	2015年	2016年
北京	10.01	12.86	13.84	46.52	59.24	63.69	5.37	5.86	6.37	24.94	26.98	29.33
天津	2.48	2.81	3.01	16.34	18.20	19.25	2.32	2.60	2.88	15.31	16.80	18.41
河北	4.38	4.89	5.59	5.93	6.59	7.49	2.81	3.26	3.77	3.80	4.39	5.05
山西	2.69	2.86	3.09	7.39	7.82	8.38	1.66	1.86	2.04	4.54	5.07	5.53
内蒙古	1.63	1.82	2.12	6.50	7.24	8.43	1.51	1.73	1.95	6.01	6.88	7.72
辽宁	4.21	4.78	5.17	9.58	10.90	11.81	3.30	3.63	3.87	7.52	8.28	8.84
吉林	1.65	1.87	2.12	6.00	6.79	7.74	1.27	1.53	1.72	4.61	5.56	6.30
黑龙江	1.94	2.14	2.24	5.07	5.62	5.89	1.38	1.66	1.81	3.60	4.37	4.76
上海	7.39	10.38	11.05	30.46	42.96	45.67	4.79	5.34	6.00	19.75	22.10	24.79
江苏	9.69	11.13	12.56	12.18	13.96	15.70	7.25	8.12	9.30	9.11	10.18	11.62
浙江	7.92	9.03	9.95	14.39	16.30	17.81	7.14	7.65	8.18	12.96	13.81	14.63
安徽	3.01	3.48	4.13	4.95	5.67	6.67	2.28	2.61	3.08	3.74	4.26	4.97
福建	3.19	3.68	4.05	8.37	9.60	10.45	3.01	3.37	3.78	7.90	8.78	9.75
江西	2.18	2.50	2.91	4.79	5.49	6.34	1.57	1.86	2.18	3.46	4.07	4.76
山东	6.92	7.68	8.57	7.06	7.80	8.61	5.37	5.91	6.52	5.48	6.00	6.56
河南	4.19	4.83	5.50	4.44	5.09	5.77	2.76	3.18	3.71	2.92	3.35	3.90

续表

地区	本外币存款余额（万亿元）			人均本外币存款余额（万元）			本外币贷款余额（万亿元）			人均本外币贷款余额（万元）		
	2014年	2015年	2016年	2014年	2015年	2016年	2014年	2015年	2016年	2014年	2015年	2016年
湖北	3.65	4.13	4.73	6.27	7.07	8.03	2.53	2.95	3.45	4.35	5.04	5.87
湖南	3.03	3.62	4.20	4.49	5.34	6.16	2.08	2.42	2.75	3.08	3.57	4.04
广东	12.79	16.04	17.98	11.92	14.78	16.35	8.49	9.57	11.09	7.92	8.82	10.09
广西	2.03	2.28	2.55	4.27	4.75	5.27	1.61	1.81	2.06	3.38	3.78	4.27
海南	0.64	0.76	0.91	7.11	8.39	9.95	0.54	0.67	0.77	5.97	7.30	8.38
重庆	2.52	2.88	3.22	8.41	9.54	10.55	2.06	2.30	2.55	6.90	7.61	8.37
四川	5.39	6.01	6.69	6.63	7.33	8.10	3.48	3.87	4.35	4.27	4.72	5.27
贵州	1.53	1.95	2.38	4.36	5.54	6.70	1.24	1.51	2.38	3.55	4.28	6.69
云南	2.25	2.52	2.79	4.78	5.32	5.85	1.84	2.12	2.35	3.90	4.48	4.92
西藏	0.31	0.37	0.44	9.73	11.33	13.23	0.16	0.21	0.30	5.10	6.56	9.21
陕西	2.83	3.27	3.57	7.49	8.62	9.36	1.92	2.21	2.42	5.08	5.83	6.35
甘肃	1.40	1.63	1.75	5.39	6.27	6.71	1.11	1.37	1.59	4.28	5.28	6.10
青海	0.45	0.52	0.56	7.78	8.88	9.42	0.43	0.51	0.57	7.38	8.71	9.64
宁夏	0.42	0.48	0.55	6.39	7.22	8.09	0.46	0.52	0.57	6.97	7.71	8.44
新疆	1.52	1.78	1.93	6.62	7.55	8.05	1.22	1.37	1.52	5.32	5.78	6.34

数据来源：根据WIND资讯数据库与《中国统计年鉴》（2017）整理而成。

第二，从金融行业内部结构来分析，银行业占主体地位，而从银行类金融机构内部结构分析，各类型银行机构资产比重差异较大。大型国有商业银行、股份制商业银行、城市商业银行与农村商业银行占全省银行业主导地位，外资银行等比重很低。

从浙江省银行业、保险业与证券基金业的相对资产规模对比分析，由于目前各省缺乏省内银行业、证券业和保险业的总资产、净资产等重要财务统计数据，故无从准确知晓包括浙江省在内的金融业内部结构比重，但根据我国总体金融业内部总资产结构数据与银行业、证券业和保险业所占比重（见表2－8），我们发现2007～2016年间，我国金融业、银行业和保险业总资产一直处于快速稳步上升态势，金融业从2007年的77.39万亿元上升到2016年的286.22万亿元，十年间翻了3.7倍；银行业总资产从2007年的52.6万亿元上升到232.25万亿元，十年间翻了 4.4 倍；保险业总资产从 2.9 万亿元上升到 15.12 万亿元，十年间翻了 5.2 倍；相比之下，2007 年证券业总资产为 4.98 万亿元，而在 2016 年为 4.48 万亿元，十年间不但没有提升，反而下降了 0.5 万亿元。从金融业内部各行业占比情况分析，银行业在我国金融业处于主导地位，从 2007 年的 68.0% 上升到 2017 年的 81.1%，表明近十年来我国银行业在金融业的主导地位不但没有下降反而得到了增强。而保险业在我国金融业所占的比重从 2007 年的 3.7% 上升到 2016 年的 5.3%，虽然无法与银行业相比，但所占比重处于缓慢上升态势。相比之下，证券业在我国金融业所占比重从 2007 年的 6.4% 下降到 2016 年的 1.6%，证券业近十年所占比重不但没有提升反而下降，无法与银行业相比。与西方发达国家直接融资所占比重较高，具有较完善发达的资本市场，银行、证券基金与保险业多足鼎力抗衡的局面相比，我国金融业内部基本上一边倒向银行业，这说明我国要建立多层次资本市场、不断提升直接融资比重、解决大量中小企业融资难的问题，还有很长一段路要走。我国金融业总体内部结构也是全国各省域金融业内部结构的缩影，因此，各省域内部金融业也基本上呈现银行业所占比重一边倒的情况，维护省域银行类金融机构的安全是维护省域金融系统稳定的重点所在。

表 2－8　我国金融业内部总资产及其所占比重（2007～2016）

年份	金融业（万亿元）	中央银行（万亿元）	银行业（万亿元）	证券业（万亿元）	保险业（万亿元）	中央银行比重（%）	银行业比重（%）	证券业比重（%）	保险业比重（%）
2007	77.39	16.91	52.6	4.98	2.9	21.9	68.0	6.4	3.7
2008	87.62	20.7	62.39	1.19	3.34	23.6	71.2	1.4	3.8
2009	108.35	22.75	79.51	2.03	4.06	21.0	73.4	1.9	3.7
2010	128.25	25.93	95.3	1.97	5.05	20.2	74.3	1.5	3.9
2011	148.97	28.1	113.29	1.57	6.01	18.9	76.0	1.1	4.0
2012	171.53	29.45	133.62	1.11	7.35	17.2	77.9	0.6	4.3
2013	192.89	31.73	151.35	1.52	8.29	16.4	78.5	0.8	4.3
2014	219.18	33.82	172.34	2.86	10.16	15.4	78.6	1.3	4.6
2015	247.36	31.78	199.35	4.4	12.36	12.8	80.6	1.8	5.0
2016	286.22	34.37	232.25	4.48	15.12	12.0	81.1	1.6	5.3

数据来源：《中国金融稳定报告》（2008～2017）。

从浙江省银行类金融机构内部结构对比分析来看（见表 2－9），大型商业银行一直是浙江省银行业的主体，2005 年浙江省大型商业银行总资产占全部银行机构总资产的 49.5%，2005～2016 年该比重缓慢下降，到 2016 年降为 33.8%，但依然是浙江省银行机构的主体；在此之后的是股份制商业银行，2005～2016年所占比重相对稳定，2005年总资产所占比重为20.6%，到2016年所占比重为18.6%，一直是浙江省银行业的重要组成部分；浙江省城市商业银行在2005～2016年所占比重一直稳步上升，2005年所占比重仅为7.3%，到2016年已上升到20.5%，是浙江省银行业新起的市场力量；农村商业银行在浙江省资产规模中所占比重比较稳定，2005年为15.3%，2010年为14.4%，到2016年为16%，是浙江省银行业的重要组成部分之一；政策性商业银行在浙江省所占比重较低但呈缓慢上升态势，2005年总资产规模所占比重为3.4%，到2016年为5.5%；浙江省邮政储蓄银行十多年来比重一直稳定在2.5%左右；而财务公司与信托公司资产规模所占比重一直比较低，十多年来合计不到1%；值得一提的是浙江省外资类金融机构，2005～2016年资产规模所占比重一直变化较小，2005年所占比重为0.2%，2010年为0.4%，到2016年仍为0.4%，表明浙江省银行业市场的国际竞争程度低下，外资类金融机构无论是总资产规模、净资产规模还是机构网点数与从业人员数等均难以与本土银行类机构进行竞争，今后一段时期对外资类金融机构不应限制，而是要适当放宽准入门槛，引进更多“狼”来促进本地“羊”更好地成长！

表2－9　浙江省银行类金融机构总资产规模所占比重比较（2005～2016）

单位:%

年份	大型商行	政策性银行	股份制商行	城市商行	农村商行	财务公司	信托公司	邮储银行	外资类金融机构	新型农村金融机构	其他
2005	49.5	3.4	20.6	7.3	15.3	1.5	0.0	2.2	0.2	0.0	0.0
2006	48.4	3.5	21.5	7.8	15.3	0.4	0.3	2.4	0.2	0.0	0.1
2007	47.3	3.5	22.8	8.5	14.9	0.4	0.0	2.2	0.3	0.0	0.0
2008	44.2	3.9	24.2	9.2	15.2	0.3	0.0	2.4	0.3	0.2	0.0
2009	46.9	4.1	20.9	10.5	14.0	0.3	0.0	2.6	0.3	0.4	0.0
2010	45.9	4.1	20.3	12.0	14.4	0.3	0.0	2.4	0.4	0.3	0.0
2011	44.3	4.3	20.3	12.4	14.5	0.3	0.1	2.4	0.5	0.4	0.6
2012	40.8	4.4	21.9	13.7	14.8	0.3	0.1	2.5	0.4	0.5	0.6
2013	39.4	4.9	21.1	14.6	15.2	0.5	0.1	2.4	0.5	0.6	0.6
2014	37.3	4.8	21.3	16.1	15.5	0.6	0.1	2.5	0.4	0.7	0.7
2015	35.2	5.1	20.7	18.4	15.3	0.6	0.2	2.4	0.4	0.7	1.1
2016	33.8	5.5	18.6	20.5	16	0.7	0.2	2.6	0.4	0.7	1.1

数据来源：WIND资讯数据库。

从浙江省 2016 年银行业内部金融机构情况来看（见表 2 – 10）：其一，大型商业银行无论是机构网点数量、从业人数，还是资产总额都处于领先地位，其中 2016 年大型商业银行金融机构数占全省的 30. 4%，从业人员数占全省的 39. 1%，总资产规模占全省的 33. 8%；从 2005 ~2016 年的变化趋势来看，大型商业银行的网点机构数量、总资产规模与从业人员数占浙江省的比重都处于缓慢下降的态势，但目前仍处于浙江省银行业的主要地位。其二，小型农村金融机构的网点数最多（2016 年占全省的 33%），从业人员数 2016 年占全省的 21%，但总资产额占全省的 16%，法人机构数占全省的 42. 5%；法人机构数量占比处于全省第一位，表明浙江省小型农村类金融机构数量非常多，所吸纳的从业人员数亦非常多，法人单位占全省最多（2016 年为 82 家，占全省的 42. 5%），但总体资产规模相对不大，市场化程度相对较低。其三，股份制商业银行机构，2016 年网点机构数占全省的 8. 8%，从业人员数占全省的 14. 1%，资产规模占全省的 18. 6%，2005 ~2016 年浙江省股份制商业银行网点机构数与从业人员数占全省的比重处于缓慢上升的态势，但总资产所占比重变化较小，法人机构在 2016 年之前只有 1 家，为浙商银行，股份制商业银行在我国代表市场化程度较高的银行机构组织。其四，城市商业银行机构 2016 年网点机构数占全省的比重为 11. 8%，从业人数占比为 17. 9%，资产总额占比为 20. 5%，法人机构数 13 家，占比为 6. 7%，2005 ~2016 年各类主要指标在浙江省所占比重处于上升的态势，是浙江省银行机构的新起市场化力量。同时注意到，外资类金融机构无论是机构网点数量（0. 2%）、从业人数（0. 3%）还是资产总规模（0. 4%）占比都比较低下，而且法人机构均不在浙江省内，难与本土银行机构竞争抗衡，表明浙江省域在银行业机构国际化竞争程度方面目前还比较低。

表 2 – 10　浙江省银行业金融机构情况对比（2016）

机构类别	营业网点			法人机构数（个）
	机构个数（个）	从业人数（人）	资产总额（亿元）	
大型商业银行	3897	95514	44763. 39	0
政策性银行	61	1953	7230. 89	0
股份制商业银行	1131	34377	24683. 44	0
城市商业银行	1511	43723	27127. 34	13
城市信用社				
小型农村金融机构	4236	51338	21175. 61	82
财务公司	1	277	955. 83	7

续表

机构类别	营业网点			法人机构数（个）
	机构个数（个）	从业人数（人）	资产总额（亿元）	
信托公司	0	965	223.44	5
邮政储蓄	1741	9215	3446.46	0
外资银行	28	761	484.34	0
新型农村机构	228	5699	867.57	81
其他	6	758	1445.15	5
合计	12840.00	244580.00	132403.46	193.00

数据来源：《中国区域金融运行报告（2017）》。

第三，从浙江省金融企业类型分析，传统金融行业稳步发展，互联网行业蓬勃兴起，目前浙江省已经形成了传统金融与互联网金融相结合，多类型、多层次的比较全面的金融企业类型体系。从传统金融企业发展情况分析，浙江省内已经形成了大、中、小等多层次类型的银行类金融机构。对于证券业，2011～2016年浙江省证券公司数与基金公司数总体上处于稳步上升的态势（见图2－9）。2010年总部设在浙江省内的证券公司有3家，到2016年上升至5家；2010年总部设在浙江省内的基金公司有1家，到2015年上升至2家。2010年，浙江省证券营业部有358家，证券投资咨询机构4家，证券经营机构家数位居全国第三，到2016年，证券期货经营机构大幅度增长，证券公司分公司有61家，证券营业部有842家，期货公司有12家，期货营业部有181家。2010年浙江省的国内上市公司共有186家，2013年有246家，到2016年已上升至329家，实现了平稳较快增长的良好态势。从保险业情况分析，2010～2016年总部设在浙江省内的保险公司数呈不断上升的态势，2010年总部设在浙江省内的保险公司有2家，到2016年上升至7家，其中总部在浙江省内的财险公司一直为1家，但期间寿险公司从1家增加到5家，尤其是2016年增加了3家。从浙江省内的保险公司分支机构数量分析，2010年省内共有61家，到2014年已经上升至76家，到2015～2016年实现了大幅度的突破，分别为3748家与3798家。其中，2010～2016年财险公司分支机构由28家增加到2210家，寿险公司分支机构由33家增加到1588家。保险收入呈现出平稳较快的增长态势，2010年保险总收入为834.4亿元，到2016年上升为1784.9亿元（见表2－11）。同时，浙江省域保险深度和保险密度也呈现了平稳较快的增长态势。

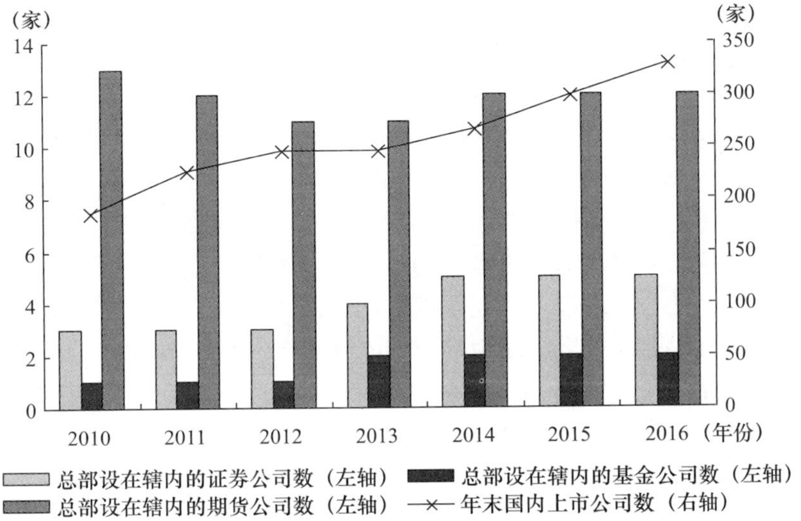

图2-9 浙江省证券行业机构数变化趋势(2010~2016)

表2-11 浙江省保险业机构数变化趋势(2010~2016)

项目 \ 年份	2010	2011	2012	2013	2014	2015	2016
总部设在辖内的保险公司数(家)	2	2	3	3	3	4	7
其中:财产险经营主体(家)	1	1	1	1	1	2	5
寿险经营主体(家)	1	1	2	2	2	2	2
保险公司分支机构(家)	61	104	112	119	76	3748	3798
其中:财产险公司分支机构(家)	28	54	58	64	35	2188	2210
寿险公司分支机构(家)	33	50	54	55	41	1560	1588
保费收入(中外资,亿元)	834.4	879	984.6	1109.9	1258	1435	1784.9
其中:财产保险费收入(中外资,亿元)	334.5	398	444.5	512	602	647	696.6
人身险保费收入(中外资,亿元)	499.9	481	540.1	597.9	656.1	789	1088.3
各类赔款给付(中外资,亿元)	216.1	256	342.6	451	474.7	559	633.2
保险密度(元/人)	1612.3	1609	1797.7	2018.7	2288.1	2604	3207.6
保险深度(%)	3.1	3	2.8	3	3.1	3	3.8

数据来源:《中国区域金融运行报告》(2011~2017)。

从浙江省互联网金融等新兴金融业态分析,浙江省是全国互联网金融发展最为活跃的地区之一,2013~2015年全省互联网金融总体呈现快速发展的态势。

一是互联网支付继续保持行业领先优势。截止到2014年末，浙江全省网络支付机构账户数达10.07亿户，共处理网络支付业务10.95万亿元，同比增长205%，其中支付宝共处理网络支付业务10.87万亿元，同比增长207.8%，占全国网络支付业务的99.3%。二是网络理财产品更加多元化和个性化。2014年末，支付宝公司的"余额宝"用户达1.76亿户，"天猫宝"用户达776万户，基金规模达5789.35亿元，同比增长212%。保险理财、票据理财、P2P、众筹等个性化、多元化理财产品成为省内的新热点。2014年末，浙江省有众筹平台10家，数量位居全国第四。三是网络银行、互联网征信等新兴业态加快孕育。2014年9月，阿里巴巴网商银行正式获批，成为继深圳前海微众银行后国内第二家获批筹建的网络银行。此外，阿里巴巴小微金融服务集团旗下的"芝麻信用"已上线，针对个人征信市场，通过分析网络交易及行为数据，对用户进行信用评估。P2P全省运营的众筹平台达224家，位居全国第二。

第四，从出口创汇规模数量与能力分析，抵御外源债务与汇率波动冲击风险的能力较强。如表2-12所示，浙江省2016年净出口额为1992亿美元，占全国净出口额的39.1%，仅位于广东省（47.5%）之后，排在全国第二位，而广东、浙江与江苏（25.3%）三省的净出口能力高居全国前三位，是我国对外贸易与出口创汇的主要大省，其次为福建省（9.9%）与山东省（7.8%）。如果考虑各省每年的实际利用外资创汇能力在内，即净出口与净外资流入的情况下的全部创汇占全国的比重，浙江省在全国所占的比重为33.8%，仅位于广东省（40.0%）之后，依然排在全国第二位，而广东、浙江与江苏（23.3%）依然高居全国前三位。其次为福建省（9.0%）与山东省（7.2%）。出口与利用外资创汇能力越强，越有利于对外债务偿还，有利于抵御外源性金融风险的冲击威胁和保护本省与本国金融安全。

表2-12 全国各省净出口与实际利用外资创汇能力比较（2016）

地区	进出口（亿美元）	出口（亿美元）	进口（亿美元）	净出口（亿美元）	净实际外资流入（亿美元）	净出口+净外资流入（亿美元）	净出口创汇全国占比（%）	全部创汇全国占比（%）
北京	2823	520	2303	-1783	-25	-1808	-35.0	-29.9
天津	1027	443	584	-141	-78	-219	-2.8	-3.6
河北	467	306	161	145	43	188	2.8	3.1
山西	167	99	67	32	18	50	0.6	0.8
内蒙古	116	44	72	-28	22	-6	-0.6	-0.1
辽宁	866	431	435	-4	11	7	-0.1	0.1

续表

地区	进出口（亿美元）	出口（亿美元）	进口（亿美元）	净出口（亿美元）	净实际外资流入（亿美元）	净出口 + 净外资流入（亿美元）	净出口创汇全国占比（%）	全部创汇全国占比（%）
吉林	185	42	143	-100	21	-80	-2.0	-1.3
黑龙江	165	50	115	-65	47	-18	-1.3	-0.3
上海	4338	1834	2504	-671	-55	-725	-13.2	-12.0
江苏	5093	3191	1902	1288	123	1411	25.3	23.3
浙江	3366	2679	687	1992	53	2044	39.1	33.8
安徽	444	284	160	125	137	262	2.4	4.3
福建	1568	1037	531	505	41	546	9.9	9.0
江西	400	298	102	196	95	290	3.8	4.8
山东	2344	1371	973	398	37	435	7.8	7.2
河南	712	428	284	144	129	273	2.8	4.5
湖北	394	260	133	127	88	215	2.5	3.6
湖南	262	177	86	91	108	199	1.8	3.3
广东	9553	5986	3567	2419	4	2423	47.5	40.0
广西	476	229	247	-18	-5	-23	-0.3	-0.4
海南	113	21	92	-71	17	-54	-1.4	-0.9
重庆	628	407	221	186	8	194	3.6	3.2
四川	493	279	214	66	71	137	1.3	2.3
贵州	57	47	10	38	31	69	0.7	1.1
云南	199	115	84	31	-7	24	0.6	0.4
西藏	8	5	3	2	0	2	0.0	0.0
陕西	299	158	141	17	42	59	0.3	1.0
甘肃	68	41	28	13	-7	6	0.3	0.1
青海	15	14	2	12	-1	11	0.2	0.2
宁夏	33	25	8	17	-3	14	0.3	0.2
新疆	176	156	21	135	-8	128	2.7	2.1
全国	36856	20976	15879	5097	958	6055	100.0	100.0

数据来源：根据《中国统计年鉴》（2017）和 WIND 数据库整理而成，其中进出口值按经营单位所在地核算。

（2）浙江省金融业发展的劣势分析。

首先，浙江省与优势省份在金融总量指标上仍存在较大差距。浙江省无论是从金融机构总资产规模、银行机构资产规模，还是银行类机构存贷款规模，都位于北京、上海、广东与江苏之后，排在全国第五位；在人均 GDP、人均存贷款规模等人均财富指标上，浙江省仅位于北京、上海与天津之后，排在全国第四位。

浙江省金融机构总资产规模与东部优势省（市、区）相比，如表 2－13 所示，2005～2016 年浙江省金融机构的总资产规模在持续稳步上升，从 2005 年的 2.4 万亿元上升到 2016 年的 13.24 万亿元，12 年间翻了 5.52 倍。但期间浙江与北京、广东绝对差距明显（2016 年北京市金融机构总资产为 21.60 万亿元，广东省为 22.11 万亿元，而浙江省为 13.24 万亿元），但与江苏（15.62 万亿元）、上海（14.39 万亿元）的差距相对较小。从绝对差距时间序列比较，2005～2016 年浙江与北京、广东、江苏以及上海的绝对差距在扩大，但与北京、广东的相对差距保持相对稳定，与上海的相对差距有缓慢缩小态势，而与江苏的相对差距有缓慢扩大之势。

表 2－13　浙江省与东部四大省（市）金融机构总资产规模差距对比（2005～2016）

单位：万亿元

年份	金融机构总资产规模					浙江省与优势省份的绝对差距			
	北京	上海	江苏	广东	浙江	北京	上海	江苏	广东
2005	3.78	3.00	2.60	4.25	2.40	1.38	0.61	0.21	1.85
2006	4.44	3.62	2.87	4.98	2.84	1.60	0.78	0.03	2.14
2007	5.16	5.20	3.69	6.08	3.39	1.77	1.81	0.30	2.69
2008	6.16	5.35	4.43	7.00	4.21	1.96	1.14	0.23	2.80
2009	8.03	6.20	5.79	8.59	5.41	2.62	0.80	0.38	3.19
2010	9.31	6.84	7.16	10.53	6.44	2.88	0.40	0.72	4.09
2011	11.22	8.60	8.19	12.10	7.55	3.66	1.04	0.63	4.55
2012	13.14	9.03	9.66	14.27	8.50	4.65	0.53	1.16	5.78
2013	13.58	9.79	10.86	15.80	9.59	3.99	0.20	1.28	6.22
2014	16.33	11.27	12.21	17.53	10.57	5.77	0.70	1.64	6.96
2015	19.66	13.39	13.64	19.56	11.91	7.75	1.47	1.73	7.65
2016	21.60	14.39	15.62	22.11	13.24	8.35	1.15	2.38	8.87

从本外币存款余额与人均存款余额分析，2014～2016 年浙江省与北京市的绝对与相对差距在逐渐扩大（见表 2－14）。2014 年北京市本外币存款余额多出浙江省 2.1 万亿元，到 2016 年差距扩大到 3.9 万亿元；2014 年浙江省人均本外币存款占北京市的 79%，到 2016 年下降到 72%。从本外币贷款余额与人均贷款余额分析，2014～2016 年浙江省本外币贷款绝对余额均高于北京市，但相对差距在缩小；从人均贷款余额比较，北京市明显高于浙江省，2014～2016 年数据显示绝对差距与相对差距有扩大之势。

表 2－14　浙江省与东部六大省（市）本外币存贷款差距对比（2014～2016）

地区	本外币存款余额（万亿元）			人均本外币存款余额（万元）			本外币贷款余额（万亿元）			人均本外币贷款余额（万元）		
	2014 年	2015 年	2016 年	2014 年	2015 年	2016 年	2014 年	2015 年	2016 年	2014 年	2015 年	2016 年
北京	10.01	12.86	13.84	46.52	59.24	63.69	5.37	5.86	6.37	24.94	26.98	29.33
天津	2.48	2.81	3.01	16.34	18.2	19.25	2.32	2.6	2.88	15.31	16.8	18.41
上海	7.39	10.38	11.05	30.46	42.96	45.67	4.79	5.34	6	19.75	22.1	24.79
江苏	9.69	11.13	12.56	12.18	13.96	15.7	7.25	8.12	9.3	9.11	10.18	11.62
浙江	7.92	9.03	9.95	14.39	16.3	17.81	7.14	7.65	8.18	12.96	13.81	14.63
山东	6.92	7.68	8.57	7.06	7.8	8.61	5.37	5.91	6.52	5.48	6	6.56
广东	12.79	16.04	17.98	11.92	14.78	16.35	8.49	9.57	11.09	7.92	8.82	10.09
地区	浙江省占东部六省的相对比重（%）											
北京	79	70	72	31	28	28	133	131	128	52	51	50
天津	319	321	331	88	90	93	308	294	284	85	82	79
上海	107	87	90	47	38	39	149	143	136	66	62	59
江苏	82	81	79	118	117	113	98	94	88	142	136	126
浙江	100	100	100	100	100	100	100	100	100	100	100	100
山东	114	118	116	204	209	207	133	129	125	236	230	223
广东	62	56	55	121	110	109	84	80	74	164	157	145

浙江省与上海市比较，2014～2016 年浙江省本外币存款与上海比较接近，2014 年浙江省本外币存款高于上海市，但到 2015 年上海市存款余额超过浙江省；但从人均本外币存贷款余额分析，上海市明显高于浙江省，2014 年浙江省人均存款是上海市的 47%，到 2016 年下降到 39%；从本外币贷款比较，2014～2016 年浙江省明显高于上海市，但从人均贷款比较，上海市明显高于浙江省，2016 年浙江省人均贷款占上海市的 59%。

浙江省与天津市相比，浙江省本外币存贷款绝对余额明显高于天津市，但从人均存贷款余额比较，天津市则略高于浙江省。

浙江省与广东省比较，浙江省在本外币存贷款绝对余额上明显低于广东省，2014 年广东省本外币存款余额是浙江省的 1.6 倍，2016 年上升到 1.8 倍；2014 年广东省贷款额是浙江省的 1.2 倍，到 2015 年上升到 1.4 倍；从人均存贷款余额比较，浙江省略高于广东省，但 2014 ~ 2016 年数据显示差距在缩小。

浙江省与江苏省比较，江苏省本外币存贷款余额略高于浙江省，且数据显示有缓慢扩大态势；从人均本外币存贷款余额比较，浙江省明显高于江苏省，但 2014 ~ 2016 年数据显示有逐渐缩小态势。

其次，从浙江省内区域金融发展的差异分析。从浙江省内各地级市域的金融业发展情况来分析，主要地级市金融业发展差异明显，如表 2 – 15 所示，2014 ~ 2016 年杭州市无论是在金融机构年末存款余额，还是在贷款余额上都处于明显的领先优势地位，2016 年杭州市年末存款余额占浙江全省总存款余额的 33.7%，贷款余额占全省的 31.9%，而且近三年来有进一步上升的态势，表明杭州市作为浙江省的省会城市和我国长三角南岸的主要中心城市，其在浙江省和长三角南岸地区总体金融中心的实力得到了进一步增强。宁波市在金融机构年末存贷款余额上明显领先于杭州市以外的其他城市，2016 年宁波市年末总存款为 1.6 万亿元，占全省当年全部存款的比重为 16.8%；贷款为 5689 亿元，占全省当年比重为 19.8%，且 2014 ~ 2016 年所占比重保持相对稳定。宁波市作为浙江省经济发展的双雄城市和长三角南岸重要的金融、航运和贸易中心城市，城市整体经济与金融实力一直在全国地级城市中走在前列，且保持相对稳定地位。浙江其他城市金融机构贷款余额排名依次为温州市、金华市、绍兴市、台州市、嘉兴市、湖州市、丽水市、衢州市和舟山市。

表 2 – 15　浙江省各地级市金融机构存贷款余额占全国比重的比较（2014 ~ 2016）

单位：%

地级市	金融机构年末存款余额			金融机构年末贷款余额			城乡居民储蓄年末余额		
	2016 年	2015 年	2014 年	2016 年	2015 年	2014 年	2016 年	2015 年	2014 年
杭州市	33.7	33.2	31.05	31.9	30.2	29.69	21.9	22.0	21.83
宁波市	16.8	17.6	17.25	19.8	20.2	19.85	15.0	15.5	15.59
温州市	10.6	10.4	10.29	10.0	10.2	10.54	13.5	13.1	12.66
金华市	7.8	7.8	8.49	7.7	8.2	8.24	10.4	10.3	10.48
绍兴市	7.5	7.8	8.50	7.6	8.0	8.49	9.0	9.1	9.15

续表

地级市	金融机构年末存款余额			金融机构年末贷款余额			城乡居民储蓄年末余额		
	2016 年	2015 年	2014 年	2016 年	2015 年	2014 年	2016 年	2015 年	2014 年
台州市	7.2	7.1	7.27	7.2	7.3	7.16	9.5	9.2	9.43
嘉兴市	6.9	6.6	7.15	6.5	6.4	6.41	8.6	8.6	8.81
湖州市	3.6	3.5	3.57	3.4	3.4	3.39	4.6	4.5	4.47
丽水市	2.1	2.1	2.26	1.9	2.0	2.05	3.1	3.0	3.06
衢州市	2.0	2.0	2.11	2.1	2.1	2.12	2.6	2.6	2.58
舟山市	1.9	1.9	2.08	1.9	2.0	2.07	1.9	1.9	1.95

数据来源：《浙江省统计年鉴》（2015 ~2017）。

浙江省各地级市人均金融机构存贷款余额横向对比，如表 2 – 16 所示，2014 ~2016 年杭州市无论是在金融机构年末人均存款余额，还是在人均贷款余额上都处于明显的领先优势地位。2016 年杭州市年末人均存款余额为 35.39 万元，人均金融机构贷款余额为 27.72 万元，而且近三年来有进一步上升的态势，表明杭州市的人均财富平均拥有程度位居全省前列。宁波市在金融机构年末人均存、贷款余额上明显领先于杭州市以外的其他城市，2016 年宁波市年末人均存款为 20.57 万元，人均贷款为 20.07 万元，且 2014 ~2016 年有稳步上升态势，表明宁波市的人均财富平均拥有程度位居全省第二，但近几年与杭州市的绝对差距有进一步扩大态势。2016 年舟山市人均存、贷款分别为 15.61 万元和 12.82 万元，人均储蓄存款为 6.18 万元，位居全省第三。舟山市虽然在金融机构存贷款绝对数量上位居全省最后，但在人均存贷款指标上却位居全国第三，是浙江省乃至我国地域面积小、人口规模少但人均财富走在前列的岛屿地级城市。值得注意的是，温州市在金融机构存贷款绝对量上位居全国前三，但在人均存贷款和储蓄存款上却位居全省第九，这与大家心目中温州人有钱的印象不相符。如果从浙江省各地级市的人均可支配收入比较，2016 年浙江省为 46116 元位居全省第一，宁波为 44641 元位居第二，后面依次为舟山 41564 元排在第三，绍兴为 41506 元排在第四，嘉兴为 40118 元排在第五，而温州为 39601 元排在全省第六；如果从浙江全省城镇常住居民人均可支配收入对比，2016 年杭州市为 52185 元排第一，宁波为 51560 元排第二，绍兴为 50305 元排第三，嘉兴为 48926 元排第四，而温州市为 47785 元排第五。而近些年衢州市和丽水市无论是全市人均可支配收入还是城镇常住人均可支配收入均居全省最末位，是浙江省经济欠发达地区。

表 2-16　浙江省各地级市金融机构人均存贷款余额比较（2014～2016）

单位：万元

地级市	人均金融机构年末存款			人均金融机构年末贷款			人均金融机构年末储蓄余额		
	2016 年	2015 年	2014 年	2016 年	2015 年	2014 年	2016 年	2015 年	2014 年
杭州市	35.39	32.16	26.93	27.72	24.83	22.89	9.05	8.32	7.53
宁波市	20.57	19.68	17.04	20.07	19.13	17.42	7.22	6.78	6.12
舟山市	15.61	14.71	13.99	12.82	12.66	12.36	6.18	5.74	5.22
绍兴市	14.56	13.73	13.22	12.25	11.97	11.75	6.83	6.27	5.66
嘉兴市	14.37	12.60	12.07	11.24	10.29	9.61	7.03	6.43	5.91
金华市	13.55	12.45	12.04	11.17	11.08	10.39	7.14	6.43	5.91
湖州市	11.69	10.29	9.41	9.21	8.51	7.93	5.86	5.25	4.68
台州市	11.39	10.23	9.33	9.47	8.98	8.17	5.91	5.20	4.81
温州市	11.13	10.01	8.75	8.73	8.26	7.97	5.60	4.92	4.28
丽水市	9.41	8.59	8.17	7.13	6.97	6.59	5.47	4.81	4.40
衢州市	8.77	8.07	7.65	7.64	7.43	6.85	4.59	4.19	3.72

数据来源：《浙江省统计年鉴》（2015～2017），人口按全市年末常住人口统计。

最后，从浙江省与优势省份的金融市场国际化竞争程度比较，浙江省与北上广一线省份差距较大（一般本地区外资类金融机构数量越多，法人机构越多，外资资产规模越大，可近似反映该地区的金融市场国际化竞争程度越高），金融市场国际化竞争程度比较低下。从全国各省域外资金融机构总数量对比分析（见表 2-17），2005～2016 年浙江省与国内其他省份的外资银行类机构数量总体处于不断上升的趋势，表明国内金融市场的开放程度在逐步提升。而从各省份外资金融市场国际化程度比较，广东、上海与北京一直保持绝对数量优势的前三位，表明广东、上海与北京凭借各自的区位与政策优势，在我国金融市场中处于中心地位。从浙江与优势省份的差距分析，浙江与广东、上海和北京差距明显，2014 年广东外资金融机构数量为 259 个，上海为 219 个，北京为 114 个，而浙江仅为 34 个；2016 年差距进一步扩大，浙江仅为 28 个。浙江与辽宁、天津、福建、山东对比差距相对较小，但与江苏有逐渐扩大之势。

从全国分省份的外资银行类法人机构数量比较，如图 2-10 所示，上海、广东与北京保持绝对领先。2014 年上海市外资法人金融机构数量占全国总数的 49%，2016 年占到了 45%，仅上海全市占到了全国近一半的外资法人金融机构数量；北京市 2014 年占到 20%，2016 年为 20%；广东省 2014 年为 11.1%，

2016 年为 11.3%；2014 年江苏省所占比重为 13.3%，2016 年为 13.6%；而同期浙江省所占比重分别为 2.2% 与 0%；表明浙江省与上海、北京、广东和江苏的差距很大，而上海、北京、广东与江苏目前在全国处于绝对领先的数量地位。从变化趋势分析，浙江省外资法人机构数量所占比重一直处于下降态势，这不利于浙江省建设全国金融强省和杭州市建设全国区域金融中心城市。

表 2-17 全国金融市场开放优势省份的外资银行类金融机构数量对比（2005~2016）

单位：个

主要省份＼年份	2005	2006	2007	2008	2009	2010	2011	2012	2013	2014	2015	2016
广东	99	51	138	146	148	156	181	221	246	259	261	265
上海	84	100	131	157	174.5	192	201	200	215	219	212	213
北京	124	117	158	153	81	92	94	100	100	114	121	122
江苏	13	16	17	30	26	35	52	52	65	79	78	77
天津	20	14	22	30	23	20	46	24	26	56	56	52
山东	10	11	15	22	25	27	29	18	40	41	45	44
辽宁	17	21.5	26	37	40.5	44	36	41	45	44	44	40
福建	16	18	26	30	33	35	36	41	23	34	39	40
浙江	4	7	9	14	14	22	27	33	34	34	16	28
重庆	4	4	9	12	16	20	24	28	28	29	31	28
四川	5	7	13	17	18	20	22	24	26	29	29	28
湖北	2	5	5	6	8	8	10	12	13	13	14	14
陕西	1	3	4	6	8	9	10	11	11	12	12	13
黑龙江	0	0	0	1	2	4	5	6	7	7	7	7

数据来源：WIND 数据库与《中国区域金融运行报告》（2006~2017）。

从全国分省份的外资银行类金融机构总资产规模比较，如表 2-18 所示，可以明显发现，2009~2016 年上海、广东与北京三省（市）的外资银行类金融机构总资产规模始终保持绝对领先。2016 年上海市外资银行类总资产为 13824 亿元，占全国总资产规模的比重为 48%，接近全国总资产规模的一半；广东省 2016 年外资银行类总资产规模为 5640 亿元，占全国的比重为 19.5%；北京市 2016 年为 3757 亿元，占全国的比重为 13%。2016 年上海、广东与北京三省（市）外资银行类金融机构总资产规模之和占全国的 80%。这表明中国外资银行类机构主要集中在上海、广东与北京。相比之下，浙江省 2016 年外资银行类总资

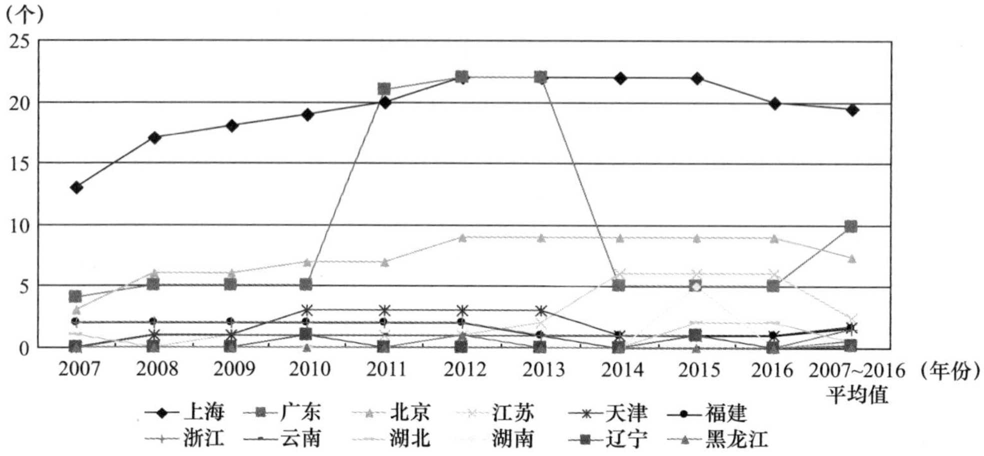

图 2-10　浙江省与全国金融市场化优势省份的外资法人机构数量对比（2007~2016）

产为484.34亿元，占全国的比重为1.68%，2009~2016年平均占比为1.5%，在全国位于第九。浙江目前与上海、北京和广东存在绝对的规模差距且短期内难以超越。同时数据显示浙江与天津、江苏的差距依然较大，但与辽宁、山东的差距相对较小。从2009~2016年变化趋势分析，主要省份的外资银行类总资产规模都处于增长上升趋势，但上海、北京与福建占全国的比重在缓慢下降，而江苏、山东与浙江等占全国的比重则在缓慢上升。

表 2-18　全国分省份外资类金融机构总资产规模比较（2009~2016）

单位：亿元

年份 地区	2009	2010	2011	2012	2013	2014	2015	2016	2009~2016
上海	7293	8657.3	10020	10860	11897	13215	12653	13824	11052.4
广东	2433	3450	4292	4749.3	5205	5463	5290	5640	4565.3
北京	2724.4	2424.9	2911	3140	3091	3198	3224	3757	3058.8
江苏	374.9	388.1	564	726.3	911	1038.7	1175.5	1300	809.8
天津	480	644	779	901.1	1028.3	848.8	869.2	847.6	799.8
福建	453.7	667.2	789	1327	397	413.9	420.9	442	613.8
辽宁	291	352	397	503.9	503	570	576	535	466.0
山东	186	249	283	414.7	484	455	482	593	393.3
浙江	161	249.3	346	308.2	445.3	442	430	484.34	358.3
四川	131	225.6	265	312.1	334	320.53	294	343.8	278.3

续表

年份 / 地区	2009	2010	2011	2012	2013	2014	2015	2016	2009 ~ 2016
重庆	76	106	127	169.8	202.3	216.5	245	226	171.1
陕西	81	92	109	109.5	140.1	153.9	167.3	166.1	127.4
湖北	43	74	93	136	167	147	184	173	127.1
安徽	25	25	33	40.6	69	81	90.8	122	60.8
湖南	6.1	16.9	24	45.8	88	68	65.48	69.59	48.0
河南	8	19.84	42.6	48	60	72.8	56.5	40.2	43.5
云南	3	14	25.7	33.5	45.7	56.6	79	52	38.7
黑龙江	16	14	16	36.6	30.4	37.8	41.4	35.5	28.5
广西	7	19.07	12	24.9	34.3	40.12	40.4	40.7	27.3
河北	1	3	11	17	34.8	33.1	31.9	65.6	24.7
新疆	20	17	25	34.5	37.46	27	18	14	24.1
江西	11	13	21	25.1	24.9	28.9	28	41	24.1
海南	4	14.8	23.6	13.8	28.2	11.4	14.9	45.7	19.6
山西	0	6	12.2	16.4	22.2	28.9	23	13.9	15.3
吉林	5.1	4	5	12.2	11	10	16	10	9.2
内蒙古	0	2	8	8.9	12	6	3.7	4	5.6
贵州	0	2	3	3.1	2.9	3.3	2.6	3	2.5
西藏	0	0	0	0	0	0	0	0	0.0
甘肃	0	0	0	0	0	0	0	0	0.0
青海	0	0	0	0	0	0	0	0	0.0
宁夏	0	0	0	0	0	0	0	0	0.0
全国	14834.2	17750.01	21237.1	24018.3	25305.86	26987.25	26522.58	28889.03	23193.0

（3）浙江省金融业防范金融风险的机遇分析。

第一，从浙江省区位优势发展的机遇上看，浙江省地处东南沿海，在全国拥有活跃的民营经济与金融以及优美的自然地理环境与历史人文环境，正吸引着大量金融科技等领域的高智力人才。

浙江省是我国发达的沿海开放省份，自改革开放以来就吸引着大量外来人才来浙江务工、投资兴业。浙江省位于长三角南岸腹地，拥有紧临上海大都市的区位优势，海陆空交通非常便利。同时浙江省主要城市均分布在沿海地区，包括嘉兴市、钱塘江入海的杭州市、宁波市、舟山市、台州市与温州市等，这些也是浙江省活跃的对外贸易开放城市，在21世纪大力发展蓝色海洋经济与绿色生态经济的趋势背景下，这些城市依然保持着较大的地理区位优势。其中，杭州市与宁波市已被定位为长三角南岸重要的金融中心城市。2016年CDI中国金融中心城市综合竞争力排名中，浙江省杭州市与宁波市分别排在全国主要金融中心城市的第6位与第20位。其中，北、上、深、广四个一线城市充分体现了整体生态环境的优良，得分也遥遥领先；杭、宁、津、苏、渝、蓉、汉等区域金融中心，依靠其在经济总量、行政地位、发达程度、知名度等各方面的优势，也取得了较好的竞争优势。

第二，民间金融一直是游离于正规金融监管而存在较大风险的灰色和黑色区域，以浙江温州为代表的民间金融风险尤其突出，而《浙江省温州金融综合改革区总体方案》与《温州市民间融资管理条例》的正式实施，对于探索与规范监测浙江省民间金融风险提供了政策实验机遇。2012年3月28日国务院常务会议正式批准实施《浙江省温州金融综合改革区总体方案》，2014年3月1日我国首部民间融资管理条例——《温州市民间融资管理条例》正式施行，这给以浙江为代表的民间融资体制机制改革、引导民间金融业的规范发展、防范民间金融等隐性金融风险提供了良好的实验机会。

第三，浙江省互联网金融的快速发展，为浙江省防范应对省域金融风险提供了先觉先行的防范应对机遇。以第三方支付、P2P网络借贷、股权众筹融资、金融产品网络销售平台、大数据金融以及互联网金融门户等为代表的新兴业态的快速发展，成为区别于传统金融业态的新兴金融发展模式，其中北京、上海、广东与浙江在互联网金融快速兴起的浪潮中走在全国前列，引领着全国互联网金融业发展趋势，塑造着互联网金融业发展格局，探索着互联网金融与传统金融的业态融合、互联网金融的规范化发展与风险防范措施。2015年，浙江省互联网金融行业在政府的政策支持和引导下，现存各类互联网金融企业约366家，同比增加142家，交易金额1765亿元，同比增长253.21%。2015年浙江省P2P和网络理财公司共366家，年交易额达到1765亿元，实现100%的增长，涌现了铜板街、挖财等一批在全国有影响力的公司。网络借贷产品丰富，具体产品有政府平台融资、汽车贷、学生贷、电商贷以及供应链融资等，传统银行无法涉及的领域也涉及了，补充丰富了金融生态，推进了金融普惠。以阿里金融为代表的互联网金融企业不仅对浙江省乃至全国的互联网金融行业发展产生了巨大影响，同时在电子商务消费、网上支付、B2B网上交易市场及云计算等方面保持了全国领先优势。阿里巴巴作为国际性旗舰型互联网企业集团，以其影响力在杭州等城市汇集了一大批互联网金融企业。2014年7月25日与9月26日，温州民商银行和浙江网商银行分别获批筹建，这为我国民营银行与互联网银行阳光化与规范化发展提供了良好的发展时机。从 2014 年 11 月开始，在浙江乌镇举行的一年一度世界互联网大会，对于以互联网与现代通信技术为依托的互联网金融风险问题的发现、讨论与防范应对提供了零差距的信息资讯与平台交流的机会。浙江省互联网金融的快速发展为集聚互联网金融智力人才、探索创新型金融发展模式，以及防范互联网金融风险与民间金融风险提供了良好的基础。2016 年 12 月 20 日审议并原则通过的《钱塘江金融港湾发展规划》及《关于推进钱塘江金融港湾建设的若干意见》，旨在借鉴伦敦、纽约、香港、上海等全球港湾型金融中心发展经验，结合浙江和杭州的金融发展条件和区域特质，进一步推动金融与实体经济、金融与生态环境、金融与创业创新的融合。在依法合规、风险可控的前提下，开展业务、产品、运营模式和服务方式创新，形成浙商总部金融、私募金融、互联网金融等领域特色优势。其中，钱塘江金融港湾设立钱江财富管理核心区、钱江私募基金走廊、钱江金融大数据创新基地、钱江新金融众创空间四大功能区块，力争通过努力，构建起金融机构总部、金融要素市场、私募基金、互联网金融、金融大数据产业协同发展的财富管理产业链和新金融生态圈，成为一流的金融要素集聚高地和交易中心，形成一流的金融要素辐射能力。

（4）浙江省金融业防范金融风险的威胁挑战分析。

第一，自 2013 年以来互联网金融在全国各省份快速发展，其中北京、上海、广东与浙江凭借各自的优势，在互联网金融业发展方面走在全国前列。随着江苏、湖北、四川、天津互联网金融的快速发展，浙江能否保持其在新一轮互联网金融领域的规模与数量优势地位面临着不确定性。

第二，传统银行类金融机构以柜台业务为主，虽然计算机和互联网技术的发展使得各主要银行机构均开通了网上转账支付等网上金融业务，但它们对计算机的互联网技术依赖性较低。而互联网金融主要依托现代计算机与通信技术、移动互联网技术、大数据与云计算技术的支持发展起来，对现代通信与信息技术的要求要高许多。而随着互联网金融模式、客户需求以及互联网金融风险的变化发展，目前的大数据技术与云计算处理技术能否适应社会需求变化，能否有效监测和防范金融风险仍面临较大的不确定性。

第三，中小民营企业是浙江省融资需求的主要群体，但它们固有的脆弱性特征容易导致放贷银行出现不良贷款风险。而互联网金融因其网络化、货币虚拟化的特点以及国内信用管理不够规范等，容易出现金融违约、欺诈等行为，从而容易发生金融风险。

第四，浙江省民间金融一直活跃于地下金融市场当中，它游离于正规金融监管之外，一般数额大、利率高，经常存在贷款链条隐性担保现象，风险隐秘性较强，难以获取相关数据及时进行监测预警，相比正规金融存在较大的裙带式借贷风险，容易引起区域性金融风险。

第五，浙江省传统大型银行类金融机构凭借其垄断性行业优势和地区优势而坐收利润，随着互联网金融的兴起以及城市商业银行、农村商业银行、网商银行的产生发展而面临前所未有的经营挑战。而互联网金融企业由于具有网络化、货币虚拟化、成本低、管理扁平化以及匹配效率高等特点发展迅速。由于移动互联网的兴起，小微型客户需求众多，互联网金融企业之间容易出现激烈竞争，同时由于网络交易无地域实体网点限制，容易出现恶性竞争局面，进而导致马太效应金融风险。

2.3 省域金融安全监测与预警互动机制分析

金融安全监测是指以金融运行过程为对象，对金融安全状况进行实时动态的监测分析，以做出全面完整评价的过程。金融安全监测可分为国家金融安全监测、区域金融安全监测与金融机构金融安全监测。它既可以对某一时点进行监测，也可以对某一时段进行监测（如年度、季度、月度等），通过对连续时点或时段的监测可以体现安全监测的动态性。由于国家、地区或金融机构的金融安全状况既会随着时间推移而逐步变化，也会受突发性因素（如政局变动、社会动乱、战争爆发、自然地理因素等）的影响，因此金融安全监测可分为常规性监测分析与突发性监测分析。由于金融风险的易变性与突出性特点，常规性监测与突发性监测之间没有明确的界限，当某一常规因素发展变化到一定极端水平（即突破一定阈值之后），也会对金融安全造成全局性的影响。

金融安全预警是根据预警的基本理论与技术方法，对国家、地区或金融机构可能出现的金融不安全状况进行定性判别与定量测度分析，以提前作出预告警示的动态过程。对国家金融安全情况进行预警，一般包括明确警情、寻找警源、分析警兆与预报警度四个阶段（顾海兵，1999）。明确警情，是指明确预警的对象，警情包括警素与警度，警素是指构建警情的指标，警度是指警情的程度；寻找警源是指调查导致警情发生变化的内在原因；分析警兆是进行预警的关键环节，是对警素指标进行分析，这需要进一步分析警兆与警素之间的数量关系，找出与警素中警限相对应的警兆区间，然后借助警兆的警区进行警素的警度预报；预报警度是预警的目的所在，即在金融安全状况可能发生变化之前发出预警信息。其中，明确警情是预警的大前提，是进行预警研究的基础，而寻找警源、分析警兆则是对警情内容进一步深入的定性与定量分析，预报警度是这项工作的目的。

金融安全监测与金融安全预警存在着较大区别：首先，内涵不同。监测旨在对待评估对象作出较为完整的综合性的观测、分析和评价，比较注重整体对象的即时运动状态；而预警则注重对待评估对象运行中的关键指标进行趋势性的观测和评估，从而预报和提供对象系统升“峰”落“谷”的重要信息。其次，时效性不同。监测是与待评估对象安全同时进行的并行过程性测试，是对整个对象系统的即时性观测与评价。而预警（英文翻译为“Early Warning”），具有对待评估对象未来可能进行的状态转变进行时点估计与预测的意思，在时效上具有超前性。再次，使用的方法不同。监测过程更加注重金融系统的整体全面性，故多使用系统性综合性定性或定量评价方法，尤其是近些年，定量方法如线性综合评价法、非线性综合评价法、主成分综合得分法、多目标模糊综合评价法等被广泛采用；而预警过程主要是针对和金融系统直接相关、灵敏性强、历史检验预警效果显著的少部分关键指标，近些年偏重使用多元回归分析、概率回归分析、KLR 信号分析、马尔科夫区制预测、人工神经网络预警等方法。最后，过程目的不同。虽然监测与预警的最终目的都是防范金融风险、维护国家或区域金融安全与稳定，但在过程目的上，监测过程主要是对已经发生的金融行为，并通过即时观测指标数据的变化来显示当前的风险状态程度，以便及时作出风险防范应对措施，而预警过程则更加强调提前性，通过预警机制对一些先行性指标的风险状态变化进行处理，发出预警信号并提前预测可能导致的金融风险，是对未来可能发生的风险进行提前预测并提前作出应对防范的过程。

从理论上来看，金融安全监测与金融安全预警是密切相关的，是同一金融安全系统中的两个不同阶段，工作上可以相辅相成，相互支持。金融安全预警是建立在金融安全监测工作的基础之上，而金融安全预警又是金融安全监测的目的和延续。但是，两者在任务与要求方面各有侧重。金融安全监测是对现时的金融安全状况作出全面科学的测度与合理评估，因此在选取金融安全监测指标时既要体现全面性也要有侧重性，而金融安全预警指标的选取则要体现指标的先行性与灵敏性特点，以便对金融安全预期的变化提前发出预警信号，做好充分的防御准备。

第3章　中国省域金融风险现状与影响因素分析

浙江省是我国改革开放以来经济发展走在前列的省份，不仅外向型经济显著，民营个体经济活跃，以温州为代表的民间金融资本活跃，而且以阿里巴巴为代表的网商经济与电子商务的兴起对浙江省经济发展形成了重要支撑，与此同时是中国互联网金融发展最活跃的地区之一。因此浙江省在我国省域经济发展中具有典型代表作用，而探讨浙江省域金融风险现状及其防范应对，不仅对浙江省具有重要现实意义，而且对我国其他省份具有重要的借鉴启发意义。与浙江省金融业快速发展不相符的是，浙江省当前面临金融风险现状研究的滞后，尤其是定量实证研究严重不足。浙江省重大金融风险防范机制研究课题组（2008）从市场风险、信用风险、操作风险与流动性风险对浙江省银行类机构风险进行了简要概述。孙清和蔡则祥（2008）构造评价指标体系并通过模糊层次分析方法对长三角地区的金融风险进行了一次定量分析。然而浙江省金融风险不仅表现为银行类机构风险，经济新常态以来浙江省传统金融风险领域还面临新的风险特征，而以互联网金融为代表的新金融业态则呈现出新的风险形式。因此有必要对经济新常态以来浙江省金融风险进行一次全面深入的分析总结。探讨我国省域金融风险监测预警机制问题，既离不开我国省域面临的共性风险因素，也要针对如浙江省经济发展实际，深入探讨浙江省金融风险面临的特殊性因素，将一般共性风险因素与特殊个性风险因素相结合是本书的基本要求。因此，本章立足国际视角，同时紧密结合浙江省金融发展实际，对2008年国际金融危机以来，特别是2010年我国经济发展进入新常态以来浙江省面临的内外风险现状进行一次全面的定量与定性相结合的归纳分析，同时对浙江省域金融主要风险影响因素进行一次深入分析总结，以便为下文机制探讨做铺垫。

3.1 浙江省域金融风险现状分析

3.1.1 金融的经济风险分析

经济最终决定金融，实体经济发展好坏直接影响该地区金融市场的最终发展水平与风险程度，地区实体经济发展水平一般是该地区金融市场发展水平风险变化的前兆，因此有必要对影响省域金融安全的宏观经济风险因素进行一次度量分析。本书从衡量区域宏观经济变化的三大指标（GDP 增长率、通货膨胀率与社会实际失业率）出发来综合判断地区实体经济发展程度。

（1）GDP 总量及其增长率。GDP 总量及其增速是对浙江省全年经济增长成果的最综合定量反映。如图 3－1 所示，1978 年到 2016 年改革开放近 40 年来，浙江省 GDP 总量一直保持上升的良好势头，从 123.72 亿元增长到 2016 年的 47251.36 亿元，增长了 382 倍；如果按 1978 年不变价格计算，2016 年相对于 1978 年增长了 78.6 倍。与此同时，1978～1999 年浙江省 GDP 增长速度一直保持较大幅度波动，最高增速在 1993 年，达到了 22%，经济增速中存在一定泡沫；最低增速 －0.6%，存在经济萎缩现象。从 2000 年开始，浙江省经济一直保持平稳快速增长，“十二五”时期（2011～2016 年）的平均增速达到 8.2%，处于高度安全的经济增速范围。

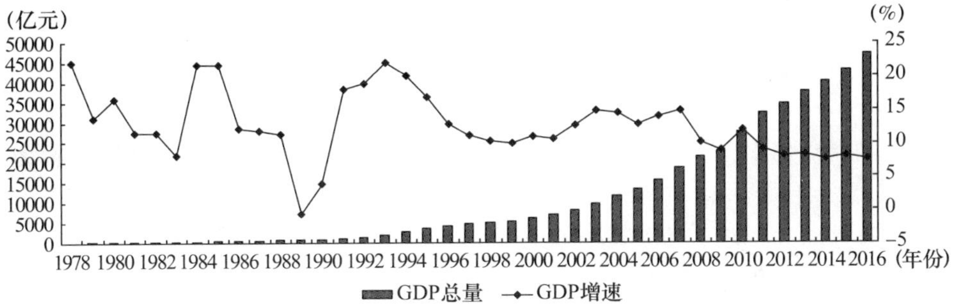

图 3－1 浙江省 GDP 总量及增长速度（1978～2016）

（2）三大需求对浙江省经济增长的贡献率。由上文 2.2.1 中全国 31 个省份横向对比分析可知，消费需求与投资需求仍然是全国各省经济增长的主要拉动力，但相比之下，北京、上海、广东与浙江对投资需求的依赖程度较低。同时广东、浙江、江苏与上海经济增长对进出口贸易需求的依赖程度较高。通过纵向时序对比（见图3－2）可以发现，2009～2016年，最终消费需求对浙江省经济增长的贡献率一直保持在45%以上，且呈缓慢上升的态势；同时资本形成对浙江省经济增长的贡献率一直保持在44%以上，但有缓慢下降的态势；而净出口需求对浙江省经济增长的贡献率保持比较平稳，在7%～8%之间。表明浙江省经济增长的驱动力由资本形成需求逐渐过渡到消费需求上来，经济增长向更高级方向发展。同时横向对比发现浙江省经济依然依赖净出口贸易需求拉动，受国际市场需求变化影响大，受人民币汇率风险波动影响较大。

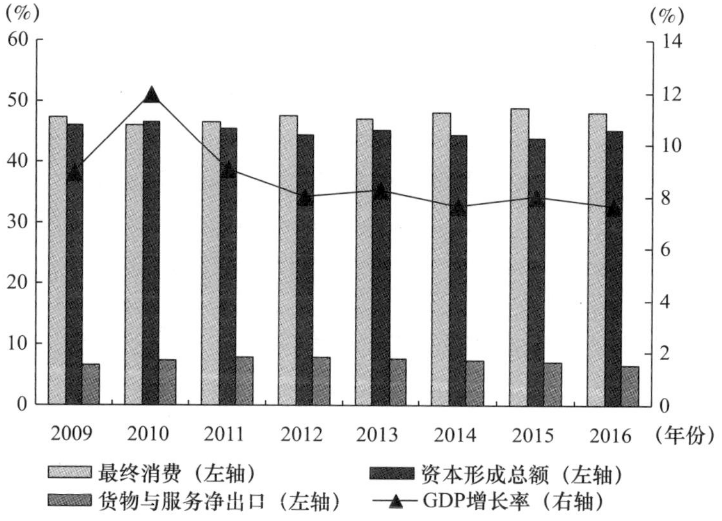

图3－2　浙江省三大需求对GDP增长的贡献（2009～2016）

（3）通货膨胀率。通货膨胀率是反映宏观经济是否存在过热风险的重要指标，也是衡量国家与地区金融经济风险的常用指标。如图3－3所示，浙江省在1996年及之前通货膨胀率波动幅度较大，通货膨胀率在1994年达到24.8%的最高值，全省经济呈现出飞奔式通货膨胀的严重过热风险。其中1985年、1988～1989年、1993～1995年分别出现经济增长过热的通胀风险；通货膨胀率最低年份为1990年，全省价格指数处于爬行式通货膨胀的合理安全范围。1997年以来浙江省物价指数基本保持在安全合理的区间范围。最低通胀年份2009年为－1.5%，最高年份2011年为5.4%，均处于国民经济发展可承受的合理安全区间范围。

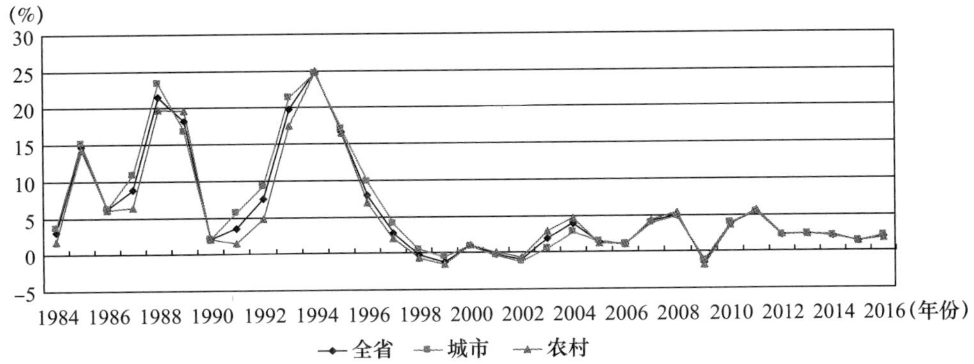

图3－3 浙江省居民消费价格指数变化（1984～2016）

（4）失业率。失业率是宏观经济运行三大评价指标之一。全社会真实失业率指标不但是衡量区域经济运行情况的重要依据（即失业率与国家宏观经济运行周期紧密联系在一起，当宏观经济运行态势健康向好时，社会失业率下降，就业人数增加，而当宏观经济步入下滑态势时，社会失业率上升），而且通过菲利普斯曲线与通货膨胀率联系在一起。不仅如此，失业率还与社会安全和稳定密切联系在一起，由于我国当前大量的农村剩余劳动力涌入东部沿海省份务工，一旦经济下滑或衰退造成大量工人失业，这些闲散在社会中无稳定经济收入来源的失业人口，将会严重影响地区和国家宏观经济发展，甚至影响国内社会的不稳定等。由于城镇登记失业率只登记城镇户籍人口中自愿在政府相关机构上报登记的失业人口（一般是参加了城镇失业保险的那部分人），那些没有参加城镇失业保险的城镇户籍的人口，大量外来务工的非城镇户籍常住人口被严重遗漏了，显然这与浙江省近十几年来大量流动务工人口的实际情况不符。本书采用国际惯用方法，统计的是有工作意愿，也找过工作，却依然长时间无法就业的城镇常住失业人口，具体方法参照中国社科院2008年12月15日发布的《社会蓝皮书》中对2008年我国城镇调查失业率数据与城镇登记失业率数据关系进行类比核算。根据国际通行标准，1.5%～2.5%为自然失业率状态，7%为国际警戒线，7%～8%为高度风险，9%以上则处于危机状态。

从图3－4可以得知，在1978～2016年期间大部分年份，浙江省的社会实际失业率处于不安全状态。其中1978年为14.4%，处于危机状态，而2001～2006年则处于重度不安全状态；2007～2016年基本上处于6%～7%的中度不安全或中度风险状态。

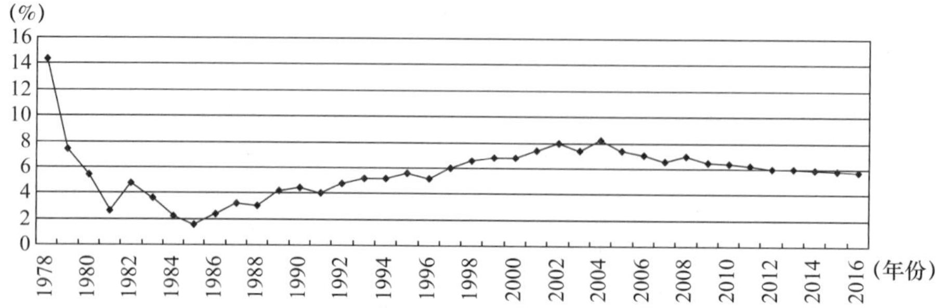

图3-4　浙江省社会实际失业率（1978~2016）

（5）财政赤字率。充裕的财政收支状况是地区国民经济平稳健康运行的重要保障，如果地区出现适当财政盈余而经济社会发展良好，表明该地区财政实力充足，能够较好支持地区各项事业的运行发展；如果地区出现财政赤字但在合理的范围内，表明财政经济运行在正常轨道，经济社会在合理向前发展；如果地区出现严重的财政赤字，表明该地区经济运行的负担过重，难以维护国民经济的长期平稳向前发展。按照国际上通行《马斯特里赫特条约》的标准，财政赤字率的国际安全线一般为3%。浙江省自1993年分税制改革以来的财政收支风险情况如图3-5所示，1994~2016年期间，浙江省一直出现财政赤字情况，但财政赤字率基本上保持在3%以下的国际安全区间范围，值得注意的是自2008年国际金融危机爆发以来，浙江省财政赤字率一直没有向降低改善的方向发展，而是继续向进一步加大财政赤字方向发展，尤其是2012年以后浙江省财政赤字进一步扩大，表明浙江省社会各项事业的发展需求对财政支出需求的压力越来越大，特别是2015年（4.28%）与2016年（3.54%）的财政赤字率已经超出3%的安全警戒线，处于危机状态，需警惕可能出现的财政风险。

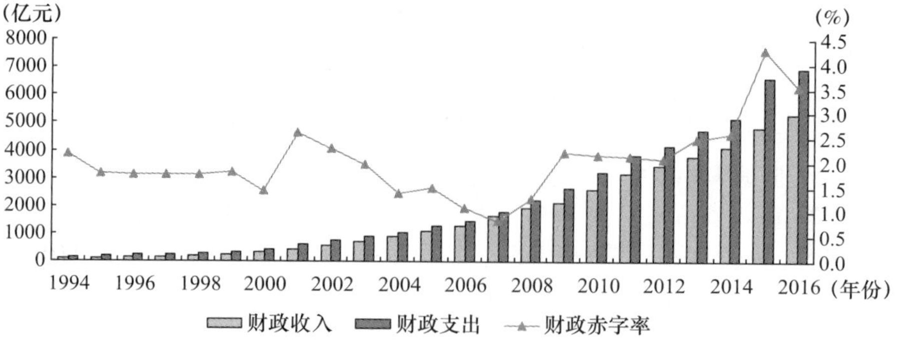

图3-5　浙江省地方财政收入、支出与财政赤字率（1994~2016）

3.1.2 金融市场风险分析

金融市场风险主要从影响省域金融安全的金融市场变化因素出发来研究，一般从该省的实体经济货币化程度、利率变化风险、汇率变化风险、股票市场变化风险、房地产市场风险以及政府债务风险出发来对省域金融市场风险进行归纳分析。

（1）金融相关率（FIR）。金融相关率（FIR）是反映一国或地区经济货币化程度的重要指标，由美国经济学家雷蒙德·W. 戈德史密斯（Raymond. W. Goldsmith）提出。金融相关率=金融机构总资产/GDP，一般金融相关率越大，表明该国家或地区经济的货币化程度越高，泡沫化越严重；而金融相关率低则表明该国家或地区没有合理利用金融工具来促进当地实体经济更好地发展。

从2011~2016年金融相关率数据可知，浙江省金融深化程度在不断提升，从2011年的2.34倍上升到2015年的2.80倍，金融相关率超过国际上限2.5倍的标准，表明浙江省经济发展存在潜在金融泡沫风险。2011~2016年期间，北京市的金融相关率最高，平均为7.62倍，远超国际上限2.5倍的标准，表明北京市经济发展的金融深化程度高，而且远超过一般发达经济体（2009年国际金融危机期间美国的金融相关率为60%，日本为160%，韩国为150%）。上海市金融相关率在2011~2016年的平均值为4.78倍，仅次于北京市，经济发展的金融深化程度亦超过国际上一般发达经济体。北京与上海的金融深化度较高，这与两市作为全国的经济与金融中心密不可分，它们汇聚了全国大部分金融资源，依靠全国实体经济来支撑其发展。2011~2016年天津、广东、山西、重庆四省（市）的平均金融相关率在2.5倍以上，超过了国际警戒线，存在一定的金融货币泡沫风险。值得注意的是西藏、海南、青海与甘肃的金融相关率亦超出2.5倍的国际上限标准，而这些省份的经济发展程度与金融市场化程度相对较落后，但金融相关率高表明西部这些省份经济发展过程中亦存在一定的金融货币化风险倾向。

（2）人民币汇率波动风险。浙江省是我国排名前二的净出口大省，根据浙江省近五年的统计公报可知，浙江省出口地区主要是欧盟、美国、东盟与日本，人民币对欧元、美元、日元等主要国际储备货币的汇率变化直接影响浙江省对这些地区的出口竞争力。首先，人民币对欧元的汇率变化。2002~2008年期间，人民币对欧元的汇率处于欧元相对升值而人民币相对贬值的过程，欧元对人民币汇率最高值为2007年的1欧元=10.42元人民币，随后欧元处于缓慢贬值而人民币处于相对升值的过程，2015年欧元对人民币汇率达到最低值，即人民币相对欧元汇率最高值为1欧元=6.91元人民币，2016~2017年欧元对人民币汇率出现

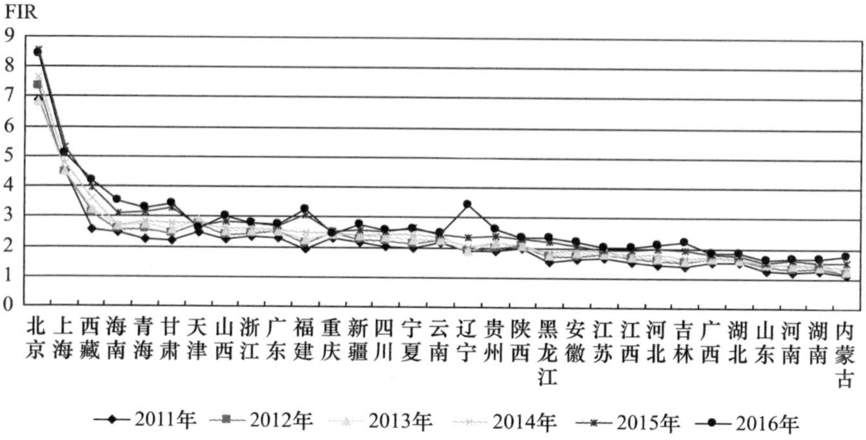

图3-6　浙江省与其他省份金融相关率对比（2011~2016）

反弹上升，2017年平均1欧元=7.62元人民币。欧盟是浙江省乃至中国的主要出口地区，人民币相对欧元的升值将会对浙江省乃至我国对欧盟的贸易出口产生一定的负面影响，近两年人民币的相对贬值有利于对欧盟的出口贸易。其次，人民币对美元的汇率变化。如图3-7所示，2002~2014年期间人民币对美元汇率处于人民币相对美元不断升值的过程，2015~2017年人民币对美元出现了相对贬值的反弹趋势，其中美元对人民币汇率最高值为2002年的1美元=8.28元人民币，最低值为2014年的1美元=6.14元人民币，而到2017年为1美元=6.75元人民币。2002~2014年人民币对美元的相对升值，是我国经济发展仍然强劲，相对美国综合国力提升的外在表现，但不利于浙江等省市对美国的贸易出口。而2015年以来人民币相对美元出现不同程度的贬值，主要受到美联储加息预期、美国政府推行企业减税政策、中国经济转型期出现不确定性等的影响，不利于我国对美国的进口和人民币走向国际化，但人民币相对美元的短暂贬值有利于浙江、广东等省的贸易出口。从长期趋势来看，只要我国经济发展仍然保持强劲势头，人民币稳步推进国际化，人民币对美元就会以相对升值为主，将会对浙江省贸易出口造成不利的影响。最后，人民币对日元的汇率变化。2002~2017年人民币对日元汇率处于起伏变化当中，2002~2004年日元相对人民币升值，2005~2007年日元相对人民币贬值，2008~2012年日元相对人民币又处于相对升值状态，2013~2015年日元对人民币处于相对贬值过程，但2016~2017年日元又有升值的趋势。日本一直以来是浙江省的贸易净出口国，近两年人民币对日元汇率相对贬值将有利于浙江省对日本的出口贸易，降低对日本出口的外贸经济风险。

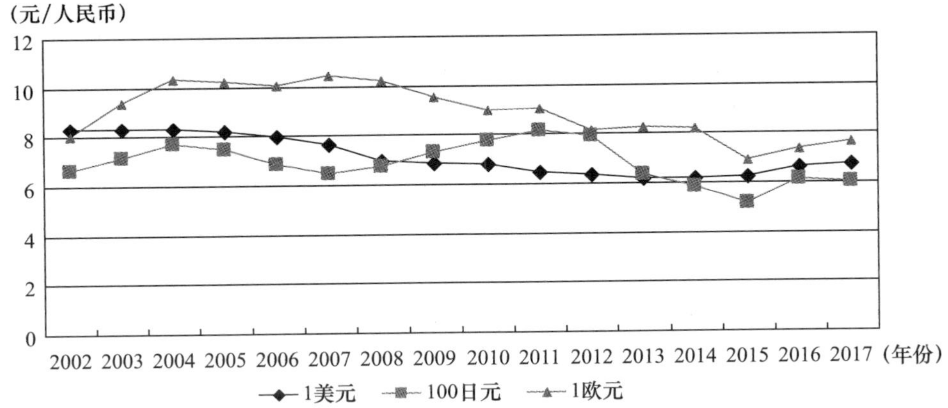

图3-7 人民币对欧元、美元、日元的直接汇率变化趋势（2002~2017）

（3）利率变化风险。利率风险是指市场利率变动的不确定性给商业银行造成损失的可能性。巴塞尔委员会（1997）发布的《利率风险管理原则》中将利率风险定义为：利率变化使商业银行的实际收益与预期收益或实际成本与预期成本发生背离，使其实际收益低于预期收益，或实际成本高于预期成本，从而使商业银行遭受损失的可能性。巴塞尔银行监管委员会将利率风险分为重新定价风险、基差风险、收益率曲线风险和期权风险四类。

从基准利差风险分析，2003年1月~2016年12月期间浙江省一年期存贷款利差经历了由上升到下降的过程，最高利差出现在2007年5月和6月，达到4.5%，之后一直处于缓慢下降的态势，最低利差出现在2014年11月，此后基本上维持在3.25%。而2003年1月~2016年12月期间浙江省三年期基准利差则处于先逐步下降再缓慢上升的态势，从2003年1月的最高利差2.97%一直降到2011年的2月和3月的1.6%，然后缓慢上升到2014年11月的2.0%并维持到现在。从浙江省银行类机构实际存款与贷款利率变化分析，2003年1月到2016年12月期间在中央银行指导下存贷款利率基本上实现了同步调整，以避免因时间调整不一致而出现的银行利率风险；在这期间存、贷款利率经历了先波动上升再波动下降的过程，包括由经济事件而导致的央行加息与减息变化的过程。从近14年的总体变化走势分析，传统银行类金融机构各时期的存、贷款实际利率不断降低，其中还出现了实际存款利率为负的情况（如2003年2月、2005年2月、2016年2月）。实际存款利率不断降低导致百姓存款积极性下降，越来越多人通过其他投资理财形式转移资产，如通过互联网金融进行投资，购买基金理财产品、投资股票债券或房地产等。而近14年传统银行类金融机构的存贷款利差总体上呈现缓慢下降的趋势，这与我国积极推进利率市场化改革的初衷是相符的，也与近些年互联网金融的持续渗透冲击、影子银行与民营银行的涌现竞争相关联。

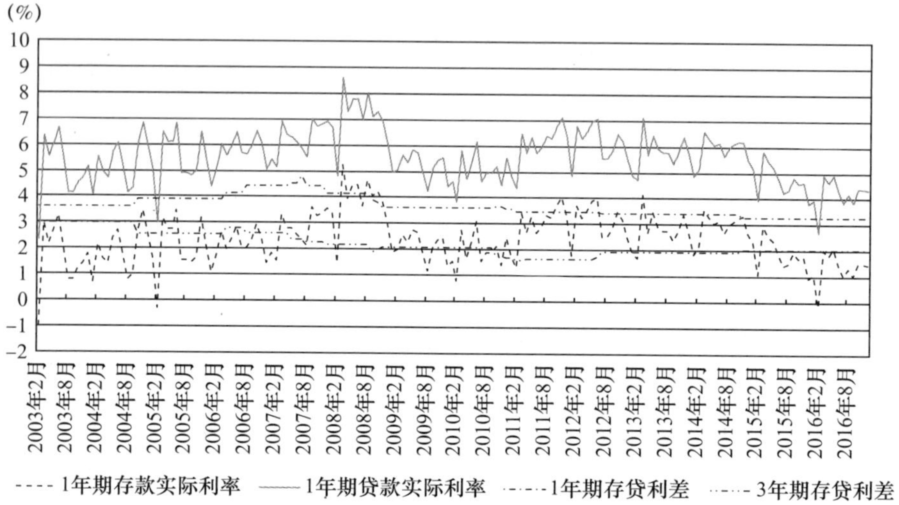

图 3-8　浙江省存贷款实际利率及存贷款利差走势（2003 年 1 月 ~ 2016 年 12 月）

从我国国债与地方债收益率曲线来分析，2007 年 1 月到 2016 年 12 月近 10 年间我国 1 年期国债到期收益率在 4% ~ 0.9% 之间变化，其中 2009 年 1 月 ~ 6 月期间我国国债到期收益率普遍出现了一路下跌态势。1 年期国债到期收益率从最高的 3.96%（2007 年 12 月），一路下跌到最低的 0.93%（2009 年 3 月），之后一路缓慢上升，在 2013 年 12 月达到了 4.08% 的新高，之后再次一路下行到新近的 2.67%。相比之下，2015 年 10 月以来我国主要商业银行一年期定期存款收益率 1.5% 毫无吸引力。国债作为我国稳定性最高的金边债券，其收益率是我国资本市场投资最低要求，如果其他理财产品的投资收益率相比国债收益率没有优势可言，那么其他理财产品就容易丧失投资者的青睐。与国债相比地方政府债券存在一定的风险，但因为其有地方政府法律强制的税收作为保证，不同于西方国家，故我国地方政府债券亦是投资安全性较高的理财产品。相比同期国债，地方政府债券到期收益率普遍较高，这符合风险与收益对等的原则。如图 3-9 所示，从 2015 年 9 月开始，我国地方政府债券到期收益率纳入数据统计范围。地方政府 1 年期国债到期收益率基本维持在 2.4% ~ 2.9% 之间，高于同期国债收益率，且明显高于同期银行存款利率。虽然这期间我国国债与地方政府债券到期收益率都面临下行态势，但相对银行机构名义存款收益率而言仍有较大投资吸引力。浙江省商业银行一方面面临存款利率吸引力的下降与利率市场化走势下存贷利差总体缩窄的问题，另一方面面临互联网金融的渗透冲击，未来时期将存在较大的经营风险压力。

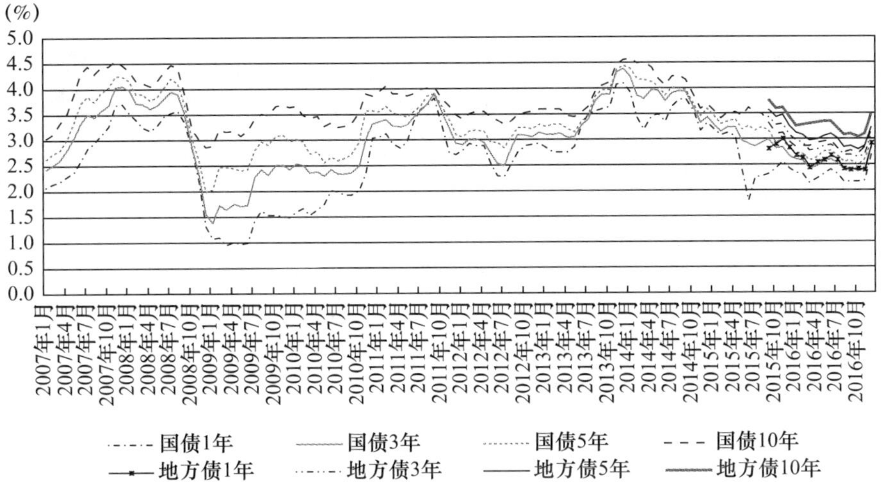

图3-9 中债国债与中债地方政府债券到期收益率对比（2007年1月~2016年12月）

（4）股票市场风险。股票市场风险主要是指由各种内外因素造成的上市公司股价虚高，从而引起股票价格脱离实体支撑或脱离企业实际内在价值的脱实向虚的股市泡沫风险。股票市场风险一般可通过地区证券化率与地区平均市盈率来衡量。证券化率＝股票总市值/地区 GDP，是衡量地区证券市场发展程度的重要指标，一般地区证券化率越高，表明该地区证券市场越发达，经济发展水平越高，金融市场越活跃。纵观世界范围内的证券市场，一般发达国家由于市场机制比较完善、证券市场发展历史较长且发展较为充分，证券化率整体上要高于发展中国家。根据世界银行提供的数据计算，1995年末，发达国家的平均证券化率为70.44%，其中美国为96.59%，英国为128.59%，日本为73.88%；发展中国家的平均证券化率为37.29%，其中印度为39.79%，巴西为25.46%。我国证券市场起步晚，发展相对滞后，证券化率一般要低于发达国家水平。

经济发展程度较高的浙江省与国内其他主要省份的证券化率如表3-1所示。2006~2015年期间，浙江省证券化率在13%~96%之间并处于不断上升过程，与国际上认同的70%~80%的合理证券化率水平相比，还相对较低，表明2015年之前浙江省经济的证券市场化水平偏低，还有继续上升的空间。值得注意的是，2007年与2015年浙江省及全国其他主要省份的证券化率普遍偏高，主要是因2007年与2015年我国股票市场牛市行情的虚高表现所致。横向比较来看，北京市与上海市在国内的证券化率相比欧美发达国家证券市场明显偏高，如北京市2015年为578%，上海市2015年为244%，均大于100%。这与两市作为我国经济与金融中心的重要地位密不可分，但也表明北京市与上海市存在明显虚高的股市泡沫风险。相比之下，广东省的证券化率不断上升，除2007年与2015年受大盘整体行情影响外，其余年份均处于合理的区间范围。而我国主要经济发展大省（市）如江苏省、陕西省、天津市、湖北省与山东省整体的证券化率与同期全国平均水平相比偏低，这表明我国大部分省份资本市场整体发展水平比较低，还有很大的发展空间。

表3-1　浙江省及国内代表省份证券化率比较（2006~2015）　　单位：%

年份	北京市	上海市	广东省	浙江省	江苏省	陕西省	天津市	湖北省	山东省	全国
2006	0	113	0	13	12	10	25	20	16	41
2007	2072	353	108	37	31	23	170	58	31	121
2008	691	109	33	15	11	12	31	16	12	38
2009	1079	196	76	34	26	13	50	3	25	70
2010	834	144	71	51	32	31	43	32	28	64
2011	652	101	45	33	23	22	23	19	20	44
2012	608	106	49	32	21	15	22	18	18	43
2013	490	125	52	39	22	14	25	20	18	40
2014	741	183	76	53	30	27	34	27	21	58
2015	578	244	114	96	52	39	38	38	30	78

数据来源：根据《中国金融年鉴》（2007~2016）各地统计篇数据整理而成。

浙江省与主要省份证券市场的平均市盈率水平分析，如表3-2所示。

从时间走势分析，自1990年我国成立上海证交所与深圳证交所以来，我国主要省份股市的整体市盈率经历了跌宕起伏的过程。1993~1994年我国主要省份股市整体市盈率从上市的高点开始下跌，随后1995~2016年的22年间经历了4次整体股市的高点与低谷时期。我国股市大体划分为8个阶段。第一阶段为1995~2001年，各主要省份整体市盈率一路上升到40倍以上市盈率；第二阶段为2001~2005年，各主要省份从40倍以上市盈率下跌到30倍以下市盈率；第三阶段为2005~2007年，我国股市经历了一轮最大的牛市行情，上证综合指数上升到6124.04点；第四阶段为2007~2008年，受国际金融危机影响，我国各主要省份市盈率从股市高点下跌到底谷 1664.93 点；第五阶段为 2008～2009 年，我国股市走出金融危机的阴影，开始反弹，但相对幅度较小；第六阶段为 2009～2013 年，我国各主要省份股市呈震荡缓慢下行行情，整体市盈率维持在 30 倍以内；第七阶段为 2013～2015 年，我国股市又经历了新一轮的牛市行情，虽然这次的牛市行情没有 2007 年行情上升幅度大，但也表现突出，上证综合指数一度上升到 5178.19 点；第八阶段为从 2015 年到现今，我国股市整体维持在 40 倍以内市盈率的合理变化范围。

从浙江省市盈率变化情况来看，1993～2016 年平均市盈率一直处于较大的震荡波动状态，其中 2000～2001 年达到省域最高值为 56.43 倍与 52.41 倍，处于中度不安全状态，2002 年为 43.25 倍处于轻度不安全状态，2007 年和 2015 年分别为 43.11 倍和 46.1 倍，亦处于轻度不安全状态，其余年份均维持在安全到极高度安全的合理变化区间。

将浙江省与各主要省份之间的年度市盈率进行横向对比发现：陕西省上市公司整体市盈率连续多年走在其他省份前列，近 10 年来陕西省平均市盈率为 57.31 倍，处于中度不安全状态，其中 2000～2001 年、2007 年、2009～2010 年、2014～2015 年均处于危机状态。其次为四川省、江苏省、湖北省、辽宁省和天津市，近 10 年来省域整体市盈率平均水平在 30 倍以上，其中 2007 年四川省处于危机状态。相比而言，浙江省近 10 年平均市盈率维持在 29.5 倍，处于高度安全状态。随后按平均市盈率由高到低依次为重庆市、山东省、广东省、上海市、福建省和北京市，这些省（市）均维持在高度安全状态。值得注意的是北京市与上海市，它们作为我国的经济与金融中心，无论是上市公司数量还是市值都排在全国前列，而且近 10 年来两市整体平均市盈率都维持在 20 倍以内的变化范围，处于极高度安全状态。这表明在我国资本市场逐渐完善的情况下，地区经济越发达，上市公司数量越多，则区域上市公司整体平均市盈率越趋于合理变化范围。

表 3－2　浙江省与国内主要省份年末整体市盈率比较（1990～2016）

年份	陕西	四川	江苏	湖北	辽宁	天津	浙江	重庆	山东	广东	上海	福建	北京
1990	0	0	0	0	0	0	0	0	0	0	661.4	0	0
1991	0	0	0	0	0	0	0	0	0	28.6	467.8	0	0
1992	0	0	0	60.3	0	0	0	0	0	30.1	49.0	64.4	52.2
1993	37.4	20.7	28.3	20.8	27.8	43.0	34.1	25.9	21.6	18.6	40.6	36.2	34.0
1994	17.5	6.4	14.1	10.2	27.1	24.4	16.6	24.8	17.6	11.4	28.6	15.2	16.3
1995	18.1	8.3	13.6	12.8	12.7	26.1	20.7	8.7	17.8	10.9	22.6	18.2	12.3
1996	30.2	17.5	30.5	31.3	34.5	46.8	34.2	27.4	35.9	31.4	40.1	33.1	44.7

续表

年份	陕西	四川	江苏	湖北	辽宁	天津	浙江	重庆	山东	广东	上海	福建	北京
1997	40.4	26.6	35.1	29.2	28.2	37.6	35.7	32.2	37.5	35.7	41.0	35.4	43.2
1998	44.5	23.7	31.6	30.1	32.5	33.6	32.9	35.2	33.0	29.5	37.9	32.7	35.6
1999	45.4	39.7	39.7	36.5	30.6	33.3	39.2	54.0	34.3	34.5	48.5	36.4	37.2
2000	69.4	52.5	56.3	61.2	44.2	60.6	56.4	78.4	49.2	53.5	50.7	66.2	59.9
2001	68.7	46.4	50.8	54.5	40.0	61.3	52.4	73.3	41.3	40.3	48.9	48.1	28.8
2002	57.4	41.8	47.7	53.4	32.7	38.1	43.3	35.3	31.3	32.7	34.3	30.4	23.4
2003	40.5	36.3	37.9	44.1	25.6	39.9	31.5	23.9	32.1	28.8	28.8	27.2	26.1
2004	32.5	23.6	30.5	32.7	16.4	33.8	23.0	17.0	20.4	22.3	18.2	25.6	15.2
2005	28.7	18.2	26.5	27.8	13.4	19.8	20.3	26.7	16.5	18.0	14.4	20.7	12.5
2006	50.0	24.7	31.0	23.2	14.5	38.3	26.9	30.3	23.7	27.7	24.6	24.9	28.7
2007	83.0	63.7	51.1	41.8	33.8	34.3	43.1	52.7	41.7	40.8	44.0	34.4	40.7
2008	15.1	28.2	25.0	20.6	22.2	13.3	15.9	15.2	14.0	18.7	12.7	12.5	14.8
2009	83.9	41.6	37.4	36.3	46.3	38.1	30.2	44.2	32.4	28.3	28.0	24.4	19.4
2010	64.0	36.9	33.0	35.1	27.8	29.2	31.4	33.1	26.3	22.6	16.9	18.7	12.2
2011	37.9	22.3	22.2	22.6	17.5	24.1	20.5	25.3	18.7	14.6	12.2	11.5	9.4
2012	48.1	18.3	22.5	25.7	20.5	22.4	21.7	23.2	20.3	16.0	12.6	11.3	8.8
2013	47.9	18.1	24.1	27.6	19.7	23.4	24.5	22.2	21.4	14.8	12.2	10.1	7.1
2014	65.5	30.4	31.4	32.9	35.1	29.6	29.1	25.1	23.1	19.1	17.3	14.6	11.2
2015	74.9	41.2	42.1	40.0	51.6	50.1	46.1	25.3	38.3	23.2	19.4	18.9	12.2
2016	51.1	34.6	33.5	35.5	31.6	40.0	32.9	26.8	30.5	20.6	17.2	16.8	11.2
2007~2016	57.1	33.5	32.2	31.8	30.6	30.5	29.5	29.3	26.7	21.9	19.2	17.3	14.7

数据来源：WIND 数据库。

（5）房地产市场风险。随着浙江省工业化与城市化的快速发展，房地产市场亦成为浙江省经济发展的重要推动力，但随着杭州、温州等城市房价节节高涨，浙江省经济发展过程中存在房地产投资过度，房价虚高的风险。为了衡量地区房地产价格是否存在泡沫化倾向，一般选择房价收入比这一指标。房价收入比是目前国际上常用的衡量城市居民住房消费能力和房价水平的指标，但国内学者对该指标内涵的理解、基本数据范围的界定、计算方法等都存在争议（沈久文，2008）。杨红旭（2012）认为房价是否合理，以房价与收入比为参照确实比较科学和合理，但在统计和国际比较方面存在很大难度。陈真诚（2012）认为在中国当前，几乎没人能真实计算出房价收入比，而且这一指标也未必能真实、有效地说明问题，哪怕是大概。

房价收入比，一般是指住房价格与城市居民家庭年收入之比。国际上通用的房价收入比的计算方式，是以住宅套价的中值，除以家庭年收入的中值。

由于中国住宅是按照平方米价格交易而不是按照套来交易，且纳入中国家庭收入统计的收入只是全部家庭收入中的一部分，因此即使是北京市这样相对发达的城市，其房价收入比的计算结果也存在很大差异，为横向比较带来了困难。在发达国家，统计家庭年收入只要看纳税记录就很清楚，但在中国情况要复杂得多。

考虑到可操作性与数据的可获得性，本书根据国内学者的普遍算法来计算，即：

房价收入比 = 每户住房总价 ÷ 每户家庭年总收入

其中，每户住房总价和每户家庭年总收入的计算公式分别如下：

每户住房总价 = 人均住房面积 × 每户家庭平均人口数 × 单位面积住宅平均销售价格

每户家庭年总收入 = 每户家庭平均人口数 × 家庭人均年可支配收入

房价收入比指标警限的确定：林筱文、宋保庆（2011）认为合理的房价收入比是3~6倍。按照世界银行和联合国人居中心分别得出的研究结论，“合理的住房价格”支出应该为每个家庭3~6年和4~6年的收入，而中国很多城市远远超出这一数字，房价有大幅下降空间。根据国际常规标准，房价收入比的合理取值范围为3~6倍，本书根据我国近20年来城镇平均房价收入比实际观测值，并综合专家意见，得出我国城镇总体平均房价收入比在3倍以下为合理的安全变化区间，5倍为安全与不安全的临界线，7倍及以上进入重度不安全状态。

本书对浙江省与国内主要省份的房价收入比进行了横向与纵向对比，结果如表3-3所示。从表中可以得知，自2005年以来浙江省房价收入比就处于风险之中，其中2005~2006年处于中度风险状态，2007年以来浙江省房价收入比则基本上处于危机状态。

与此同时，本书还进一步对全国主要城市与浙江省内主要城市的房地产投资占当地GDP的比重进行了横向对比分析，如图3-10所示。我们发现2014~2016年期间，郑州、西安、福州、杭州、成都、重庆、厦门全年GDP中房地产投资所占比重明显高于国内其他一线城市与新一线城市，2016年杭州市房地产投资占GDP比重为23%，在全国主要城市中位居前列，其次为成都（21.7%）、重庆（21.1%）与厦门（20.2%），而国内一线城市北京（15.6%）、上海（13.2%）、广州（13%）与深圳（9%）均明显低于杭州市，表明杭州市经济发展对房地产投资的严重依赖。杭州市的房价收入比明显高于安全值，也表明杭州市的房地产经济存在一定的泡沫风险。

表 3-3　浙江省城镇地区平均房价收入比（2001～2016）

年份	人均住房面积（平方米/人）	每户家庭平均人口数（人/户）	市场上每户家庭平均住房面积（平方米/户）	商品房住宅类单位售价（元/平方米）	每户家庭住房总售价（万元/户）	每户家庭人均每年可支配收入（万元/人）	每户家庭每年可支配收入（万元/户）	房价收入比倍	安全状态
2001	20.3	3.12	63.34	2050.3	12.99	1.05	3.27	3.98	高度安全
2002	21.12	3.09	65.26	2387.2	15.58	1.17	3.62	4.3	高度安全
2003	21.6	3.06	66.1	2451	16.20	1.32	4.03	4.02	高度安全
2004	23.94	3.03	72.54	2752	19.96	1.45	4.41	4.53	中度安全
2005	26.1	3	78.3	3973	31.11	1.63	4.89	6.36	中度风险
2006	26.44	2.97	78.53	4510	35.42	1.83	5.42	6.53	中度风险
2007	34.72	2.95	102.42	5623	57.59	2.06	6.07	9.49	危机状态
2008	34.33	2.94	100.93	6143.9	62.01	2.27	6.68	9.28	危机状态
2009	35.1	2.94	103.19	7889.6	81.42	2.46	7.24	11.25	危机状态
2010	35.29	2.95	104.11	9331.7	97.15	2.74	8.07	12.04	危机状态
2011	36.9	2.96	109.22	9801.2	107.05	3.10	9.17	11.68	危机状态
2012	37.1	2.97	110.19	10679.8	117.68	3.46	10.26	11.47	危机状态
2013	38.8	2.98	115.62	11015.9	127.37	3.71	11.05	11.53	危机状态
2014	40.9	2.98	121.88	10586.3	129.03	4.04	12.04	10.72	危机状态
2015	40.53	2.97	120.37	10754.8	129.46	4.37	12.98	9.97	危机状态
2016	40.53	2.97	120.41	11446.806	137.83	4.72	14.03	9.82	危机状态

数据来源：根据《浙江统计年鉴》（2002～2017）整理核算而成。

就浙江省内其他主要城市而言，除杭州市房地产投资占 GDP 比重超过全国平均值外，2016 年温州市也高达 17.7%，其次为宁波市（14.6%）、丽水市（13.8%），绍兴市（13.4%）。相比国内主要城市，浙江省内主要城市房地产投资所占比重明显偏高，表明浙江省域经济发展中存在较大程度的房地产投资依赖，而近些年各主要城市房地产价格高也表明城市经济发展存在一定的房地产泡沫风险。

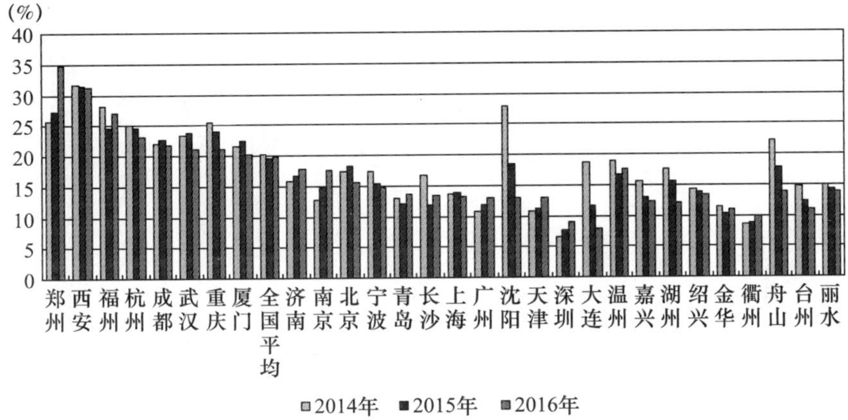

图3-10 浙江省与全国主要城市房地产开发投资占GDP比重（2014~2016）

3.1.3 银行类金融机构风险分析

传统金融机构主要指传统银行类金融机构、证券机构、保险机构等传统金融市场中的营业主体。由于我国金融市场中银行类金融机构在总资产、净资产、营业网点与从业人员数等方面占据金融市场的绝对主体，因此银行类金融机构的风险状况直接影响到包括浙江省在内的国内金融机构与金融市场的风险程度。因此，本书对浙江省银行类金融机构的金融风险状态进行了一次全面的定性与定量相结合的分析。随着浙江省金融市场的发展以及证券业与保险业所占比重的逐步提升，本书亦对证券机构与保险机构的风险状况进行了相关分析。

（1）商业银行不良贷款率分析。银行机构不良资产贷款一直是我国经济与金融体制改革过程中面临的重要风险，不断降低商业银行和我国银行业整体的不良贷款额一直是防范国内银行业金融风险的重要内容，因此本书首先考察浙江省域商业银行的总体不良资产贷款情况。如图3-11所示，2006~2015年近10年间，浙江省商业银行的不良贷款余额一直呈现上升的态势，其中2006~2010年呈缓慢上升的态势，而自进入“十二五”时期以来，浙江省商业银行不良贷款额呈快速上涨态势。在不良贷款率方面，2006~2010年期间，浙江省商业银行总体不良贷款率呈缓慢下降态势，而“十二五”期间（2011~2015）浙江省商业银行不良贷款率呈快速上升的态势。尽管根据国际警戒线标准，目前浙江省不良贷款率仍处于极高度安全范围，但由于“十二五”时期不良贷款额与不良贷款率都呈上升之势，浙江省商业银行的潜在风险在增加。

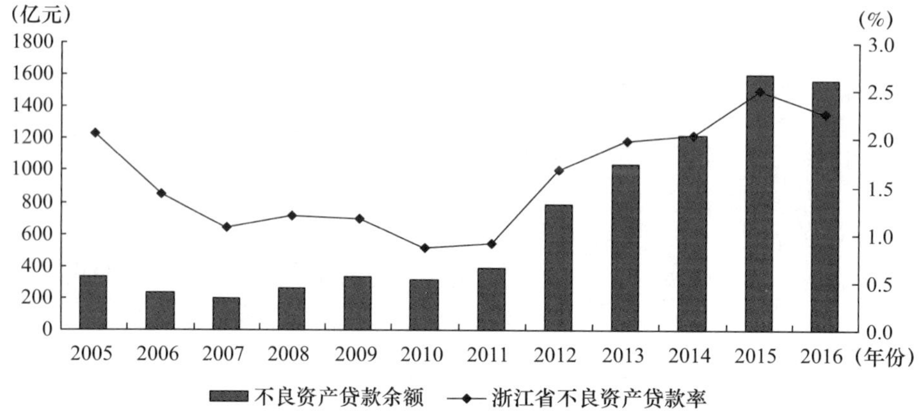

图3-11　浙江省商业银行不良贷款余额及不良贷款率变化趋势（2005~2016）

浙江省与国内其他省份商业银行不良贷款率的对比分析如表3-4所示。我们发现“十二五”期间，全国所有省份的不良贷款率均处于安全范围之内，但期间均呈现不同程度的上升趋势，这主要是由于国内实体经济在经济转型升级过程中面临不同程度的发展困难所致；但相比之下，浙江省“十二五”期间不良贷款率均值在全国31个省份当中处于最高水平为1.82%，高出同期全国平均水平（1.13%）0.69个百分点，且有不断上升的态势。将浙江省与东部主要发达省份对比，我们发现2011~2015年北京市不良贷款率平均值为0.69%，天津市为1.01%，上海市为0.86%，广东省为1.11%，江苏省为1.19%，山东省为1.46%，而浙江省为1.82%，明显高于北上广苏等国内主要发达省份，表明浙江省商业银行贷款的潜在风险高，需要警惕并及时防范。

表3-4　浙江省与国内其他省份商业银行不良贷款率对比（2011~2016）

单位：%

地区	2011年	2012年	2013年	2014年	2015年	2016年	“十二五”平均	2011~2016年
浙江	0.91	1.68	1.98	2.04	2.50	2.26	1.82	1.90
内蒙古	0.57	0.66	0.88	2.16	3.97	3.57	1.65	1.97
山西	1.45	1.04	1.04	1.70	2.34	2.72	1.51	1.72
福建	0.64	0.76	1.22	1.94	2.77	2.73	1.47	1.68

续表

地区	2011年	2012年	2013年	2014年	2015年	2016年	“十二五”平均	2011～2016年
山东	1.01	1.07	1.17	1.72	2.32	2.48	1.46	1.63
青海	1.93	1.32	1.08	1.00	1.90	2.10	1.45	1.56
江西	1.03	1.19	1.28	1.44	2.08	2.22	1.40	1.54
辽宁	1.31	1.20	1.18	1.46	1.64	2.09	1.36	1.48
四川	1.30	1.02	0.79	1.26	2.00	2.33	1.27	1.45
黑龙江	1.17	0.93	0.91	1.55	1.72	2.04	1.26	1.39
安徽	0.91	0.96	1.03	1.30	1.86	1.60	1.21	1.28
江苏	0.81	1.04	1.23	1.31	1.55	1.42	1.19	1.23
湖南	1.12	0.91	0.99	1.16	1.67	1.75	1.17	1.27
湖北	1.06	0.87	1.02	1.28	1.58	1.68	1.16	1.25
全国平均	1.04	0.87	0.88	1.16	1.69	1.89	1.13	1.26
陕西	1.10	0.77	0.68	1.08	1.99	2.23	1.12	1.31
广东	1.16	0.93	0.86	1.15	1.43	1.38	1.11	1.15
云南	1.14	0.69	0.56	0.94	2.18	3.07	1.10	1.43
宁夏	1.06	0.75	0.84	1.20	1.58	2.05	1.09	1.25
广西	0.77	0.59	0.69	1.13	2.18	1.97	1.07	1.22
河南	1.10	0.91	0.82	0.97	1.48	1.84	1.06	1.19
吉林	0.94	0.80	0.87	1.14	1.47	2.68	1.04	1.32
天津	0.87	0.70	0.79	1.10	1.60	1.79	1.01	1.14
贵州	0.95	0.78	0.69	0.97	1.60	2.02	1.00	1.17
新疆	1.04	1.12	0.80	0.84	1.00	1.40	0.96	1.03
上海	0.61	0.74	0.91	1.02	1.01	0.68	0.86	0.83
河北	0.84	0.66	0.64	0.74	1.18	1.87	0.81	0.99
甘肃	1.19	0.72	0.55	0.47	1.13	1.77	0.81	0.97
西藏	1.95	0.70	0.45	0.23	0.23	0.27	0.71	0.64
北京	0.77	0.59	0.54	0.72	0.84	0.55	0.69	0.67
海南	0.78	0.55	0.49	0.55	0.69	0.73	0.61	0.63
重庆	0.63	0.46	0.35	0.46	0.99	1.28	0.58	0.70

数据来源：中国银监会年报（2011～2017）。

浙江省主要商业银行不良贷款情况如表 3－5 所示，我们发现 2011～2016 年浙江省 12 家主要商业银行的不良贷款率均处于5%以内的高度安全范围，其中绝大部分商业银行处于 2.5% 的极高度安全范围，表明目前浙江本土各主要商业银行不良资产都处于高度安全范围内，浙江省短期内不会出现大范围严重的银行系统不良贷款风险，但需要警惕个别中小银行等机构因风险控制不到位而出现的地区性金融风险及其蔓延影响。

表 3－5　浙江省主要商业银行不良贷款率情况对比（2011～2016）　单位:%

类型	名称	不良贷款率						
		2011 年	2012 年	2013 年	2014 年	2015 年	2016 年	2011～2016 年
股份制商业银行	浙商银行	0.24	0.46	0.64	0.88	1.23	1.33	0.80
城市商业银行	杭州银行	0.59	0.97	1.19	1.20	1.36	1.62	1.16
	温州银行	0.98	1.35	1.24	1.23	1.23	1.45	1.25
	嘉兴银行	1.00	1.33	1.65	2.67	1.55	—	1.64
	湖州银行	0.57	1.18	1.42	1.19	1.26	1.25	1.15
	绍兴银行	0.63	1.16	1.22	1.56	1.68	1.73	1.33
	金华银行	0.99	1.23	1.14	1.09	1.46	1.50	1.24
	浙江稠州商业银行	0.63	1.06	1.01	1.00	1.18	1.24	1.02
	台州商行	0.33	0.43	0.41	0.39	0.55	—	0.42
	浙江泰隆商业银行	0.51	0.80	0.95	0.93	1.23	1.30	0.95
	浙江民泰商业银行	0.75	1.19	1.37	1.39	1.57	1.53	1.30
	宁波银行	0.68	0.76	0.89	0.89	0.92	0.91	0.84

数据来源：根据各银行机构年报（2011～2017）整理而成。

（2）商业银行资本充足率分析。资本充足率是银行资本总额与加权平均风险资产的比值，资本充足率反映商业银行在存款人和债权人的资产遭到损失之前能以自有资本承担损失的程度。

资本充足率＝资本总额/加权风险资产总额，是衡量银行等金融机构风险的最核心指标之一，已为业内领域所熟知。《巴塞尔协议Ⅲ》规定，截至 2015 年 1

月，全球各商业银行的一级资本充足率下限将从现行的4%上调至6%。其中，由普通股构成的核心一级资本[①]占银行风险资产的下限将从现行的2%提高至4.5%；此外，各银行还需增设“资本防护缓冲资金”，总额不得低于银行风险资产的2.5%，商业银行的核心一级资本充足率将由此被提高至7%。该规定将在2016年1月至2019年1月间分阶段执行。在2011年5月初，中国银监会下发了《指导意见》，正式公布了资本充足率、杠杆率、流动性及贷款损失准备四大监管工具，其中特别指出，正常条件下系统重要性银行和非系统重要性银行的资本充足率分别不得低于11.5%和10.5%。

在浙江省金融市场中占据主体地位的银行类机构是大型商业银行与股份制商业银行，2005年浙江省大型与股份制商业银行总资产占浙江省全部银行业总资产比重为70%，占据绝对主体地位；2011年为65%，仍然是主体地位；2016年为52.4%，虽然所占比重在缓慢下降，但是依然在浙江省占据主要地位。而大型商业银行主要由中、农、工、建、交五大行构成，这五大行总部都集中在首都北京，而且都是绝对国有控股银行，是我国商业银行的主体。而在我国金融市场中市场化程度较高的股份制商业银行主要有20多家，总部主要集中在北京、上海、广州与深圳等，由于我国银行机构实行总—分—支行的自上到下的垂直树形结构，因此对于浙江省等单独省份而言，单个的省域或地区分支行在经营过程中出现不良贷款或资本充足率不足等问题一般难以影响到整体银行机构的安全性。如中国建设银行浙江分行，或建设银行温州支行出现不良贷款风险，但其他主要省

---

① 核心一级资本包括实收资本或普通股股本、资本公积可计入部分、盈余公积、一般风险准备、未分配利润和少数股权可计入部分。

其中核心一级资本扣除项目包括商誉、其他无形资产（土地使用权除外）、商业银行对非自用不动产和企业的资本投资、对未按公允价值计量的项目进行现金流套期形成的储备、对有控制权但不并表的金融机构的核心一级资本投资。

其他一级资本包括其他一级资本工具及其溢价、少数股东资本可计入部分。

二级资本也称附属资本或补充资本，是指银行资本基础中扣除核心资本之外的其他资本成分，是衡量银行资本充足状况的指标。二级资本是银行的次等资本，包括未披露准备金、一般损失准备金、从属有期债务、（债权/股权）混合资本工具和次级长期债券等。次级债券计入附属资本的条件是不超过核心资本的50%，原始发行期限5年以上。次级长期债券兼有债务和股权的特征，可用来补充资本金。作为银行资本有机组成部分，发行次级债还可降低资本金平均成本，提高股东回报率等。

二级资本又分为高档二级和低档二级，高档二级包括一般储备金、永久性累积优先股和重估储备；低档二级包括次级债券和定期、可累积优先股等。

作为银行的二级资本，附属资本也能在一定程度上发挥吸收损失、抵御风险的作用，《巴塞尔协议》规定二级资本在银行资本中所占的比重可以达到50%；《商业银行资本充足率管理办法》规定，商业银行的二级资本不得超过核心资本的100%。多年以来，我国商业银行二级资本在资本总额中所占比例极低，资本结构中核心资本所占比重较大，国有商业银行甚至超过90%，上市银行一般也在70%左右。二级资本在商业银行资本中所占的比重远没有达到50%的监管限制，商业银行还有很大的空间来增加二级资本。

份经营良好情况下，一般难以对中国建设银行整体经营状况造成较大的金融风险冲击。考虑到数据的可获取性，本书以总资产占浙江省银行业主体的大型商业银行、股份制商业银行与城市商业银行为主要考察对象，这三类银行合计总资产所占比重在70%以上，基本上能代表浙江省银行业市场的主体，其资产比重变化如表3-6所示。

表3-6 浙江省大型、股份制与城市商业银行总资产所占比重（2005~2016）

单位：%

年份＼类型	大型商业银行	股份制商业银行	城市商业银行	合计
2005	49	21	7	77
2006	48	22	8	78
2007	47	23	8	79
2008	44	24	9	78
2009	47	21	10	78
2010	46	20	12	78
2011	44	20	12	77
2012	41	22	14	76
2013	39	21	15	75
2014	37	21	16	75
2015	35	21	18	74
2016	33.8	18.6	20.5	73

数据来源：根据《中国区域金融运行报告》（2006~2017）整理而成。

考虑到我国银行类机构自上而下的垂直管理体制，本书重点关注大型商业银行，股份制商业银行与城市商业银行（占据浙江省域银行机构的市场主体地位）中法人机构在浙江省内的本土银行类机构，主要包括浙商银行、杭州银行、温州银行、嘉兴银行、湖州银行、绍兴银行、金华银行、浙江稠州商业银行、台州商行、浙江泰隆商业银行、浙江民泰商业银行与宁波银行，共计12家。这12家银行机构主要在浙江省内经营并占据浙江省银行机构的重要部分，其资本充足率如表3-7所示。从表中我们可以发现，2011~2016年浙江本地主要商业银行的资本充足率都达到了我国银监会的最新规定10.5%，其中大部分商业银行资本充足率已达到了系统重要性商业银行的11.5%的最低要求。这表明12家商业银行在通过自有资本应对风险方面都达到了金融安全范围，值得注意的是“十二五”

期间宁波银行、浙江稠州商业银行与湖州银行在资本充足准备方面走在其他银行前面，但2011～2016年宁波银行、湖州银行、台州银行、浙商银行等资本充足率有下降的态势，需要警惕风险。

表3－7　浙江省主要商业银行资本充足率（2011～2016）　单位：%

名称＼年份	2011	2012	2013	2014	2015	2016
浙商银行	13.94	12.51	11.53	10.60	11.04	11.79
杭州银行	12.21	12.46	11.05	12.12	11.70	11.88
温州银行	11.55	11.61	11.34	11.29	11.94	11.63
嘉兴银行	12.52	12.99	12.43	11.02	10.89	12.50
湖州银行	13.63	15.05	14.64	14.41	12.23	11.35
绍兴银行	12.22	11.67	12.75	11.63	12.28	12.38
金华银行	12.22	11.46	10.53	11.60	10.61	14.36
浙江稠州商业银行	13.70	12.32	13.03	13.23	12.83	11.77
台州商行	15.10	14.35	15.05	14.72	13.00	13.10
浙江泰隆商业银行	12.21	11.45	11.57	12.65	12.07	11.85
浙江民泰商业银行	11.35	13.34	12.60	11.87	11.78	12.63
宁波银行	15.36	15.65	12.06	12.40	13.29	12.25

数据来源：根据各银行机构年报（2011～2016）整理而成。

（3）商业银行流动性分析。流动性比率是衡量企业短期偿还债务的能力，保持商业银行资产的流动性可以有效应对大量客户短期内因突发情况而出现的提现挤兑现象，是防范银行机构金融风险的重要方面。银行流动性比率一般越高越好，银行流动性比率越高表明自有流动资产偿还短期流动负债的能力越强。考虑到数据的可获得性，本书通过各商业银行存贷款比例来表示商业银行的资产流动性。由于银行机构是典型负债经营的金融机构，与一般企业标准不同，一般银行机构存贷款比例的标准为大于或等于25%为下警限。如表3－8所示，浙江省12家主要商业银行的存贷款比例均达到了25%的下限标准，且基本上都超过了50%的标准，其中浙江泰隆商业银行、浙江民泰商业银行、台州银行、绍兴银行等存贷款比例普遍较高，特别是浙江泰隆商业银行和浙江民泰商业银行2016年存贷款比例达到了94.5%和83.6%，资产的流动性风险程度最高。2011～2016年浙江泰隆商业银行和浙江民泰商业银行存贷款比例逐步上升，资产流动性呈逐渐下降的趋势。相比而言，浙商银行、宁波银行、杭州银行和湖州银行等存贷款比例相对较低，整体资产保持了相对较高的流动性，而且 2011 ~ 2016 年其存贷款比例有逐渐下降，资产流动性有上升的良好态势。以上表明浙江省主要商业银行的资产流动性情况出现了优劣分化，以浙商银行、杭州银行、宁波银行、湖州银行为代表的银行资产流动性在逐渐提升，而以浙江泰隆商业银行、浙江民泰商业银行为代表的银行资产流动性风险较高且风险有上升的态势，需要引起警惕。

表 3 -8　浙江省主要商业银行存贷款比例（2011 ~ 2016）　　单位：%

名称 \ 年份	2016	2015	2014	2013	2012	2011
浙商银行	60.3	65.0	69.5	66.5	67.0	68.2
杭州银行	64.9	67.2	68.7	67.9	67.2	68.2
温州银行	68.5	70.9	71.5	71.2	70.6	68.6
嘉兴银行	70.8	75.0	72.8	69.8	70.0	68.8
湖州银行	66.9	62.1	67.2	67.2	69.7	73.4
绍兴银行	74.6	75.9	80.7	74.4	73.9	74.8
金华银行	69.3	73.1	72.5	69.8	70.1	71.9
浙江稠州商业银行	67.6	73.0	70.5	73.1	71.8	67.6
台州商行	74.1	74.7	78.9	70.8	74.3	73.5
浙江泰隆商业银行	94.5	78.1	76.2	66.5	76.7	71.3
浙江民泰商业银行	83.6	83.8	79.6	75.4	73.1	72.4
宁波银行	57.3	69.8	66.8	65.5	68.7	68.3

数据来源：根据各银行机构年报（2011 ~ 2016）整理而成。

（4）商业银行盈利性分析。商业银行的市场竞争能力不仅体现在自身不良贷款风险防范、满足资本充足率与流动性要求等方面，更体现在良好的盈利能力以获得不断向前发展的动力上。一般通过资本利润率或净资产收益率来衡量商业银行盈利能力。本书对浙江省 12 家本地主要商业银行的盈利情况进行了调查，如表 3 -9 所示。2011 ~2016 年 12 家主要商业银行的扣除非经常性损益的加权净资产收益率总体上保持 10% 以上的水平，其中台州银行、浙江泰隆商业银行、宁波银行、浙商银行与杭州银行 2011 ~2016 年分别平均保持 26.46%、22.62%、18.8%、17.18% 与 17.18% 的净资产收益率，这在“十二五”以来我国实体经济总体面临转型升级困难，总体经济增速放缓的大背景下已经属于非常良好的盈利水平。相比之下，温州银行、嘉兴银行与绍兴银行的盈利水平相对较弱。从 2011 ~2016 年的时序对比发现，除浙江泰隆商业银行外，其他 11 家商业银行的净资产收益率均呈现不同程度下降之势，这与近几年来互联网金融渗透冲击、利率市场化改革推进等导致的浙江省域商业银行竞争加剧态势等相关。虽然浙江省商业银行整体盈利水平较高，但其缓慢下滑态势仍需要引起警惕，以防商业银行因盈利水平下降而导致的盈利不足带来的金融风险。

表3-9 浙江省主要商业银行盈利性水平对比（2011~2016） 单位：%

名称＼年份	2011	2012	2013	2014	2015	2016	2011~2016
台州银行	32.85	27.24	24.91	25.82	24.52	23.42	26.46
浙江泰隆商业银行	27.90	17.87	18.60	22.88	23.07	25.41	22.62
宁波银行	17.75	19.80	20.43	19.51	17.58	17.75	18.80
浙商银行	14.79	18.51	19.35	16.51	16.82	17.12	17.18
杭州银行	20.31	22.43	19.95	15.77	12.76	11.84	17.18
金华银行	16.84	18.68	17.69	15.60	10.85	8.95	14.77
浙江民泰商业银行	17.13	13.66	13.53	14.17	12.64	10.62	13.63
浙江稠州商业银行	14.99	15.17	12.56	12.12	10.38	11.38	12.77
湖州银行	19.49	16.82	8.14	9.12	8.82	9.08	11.91
绍兴银行	19.93	14.11	10.55	7.23	7.87	7.30	11.17
嘉兴银行	19.21	12.84	11.26	4.12	6.80	12.28	11.09
温州银行	11.53	11.81	12.42	9.04	8.58	9.75	10.52

数据来源：根据各银行机构年报（2011~2016）整理而成。

3.1.4 民间金融风险分析

浙江省是我国民营经济大省，中小微企业众多，对资金需求量大，而浙江省民间资本实力雄厚，因此催生出大量的民间借贷等投融资活动。在浙江省杭州、温州、舟山、嘉兴等地民间借贷比较活跃。民间借贷作为一种民间自发的融资方式，是我国传统银行类贷款融资方式的有益补充，可以满足社会各层次主体融资需要，有效解决资金出路，一定程度上缓解和解决我国中小企业融资难问题。但在现实中，民间借贷等投融资活动存在交易隐蔽、利率过高、部分规模过大、风险不易控制，以及正规民间借贷与非法集资等交织的情况，导致一些地方中小微企业资金链断裂，容易导致地区性金融风险的发生。

民间借贷又称为非正规金融，是指游离于银行类金融机构等正规金融机构监管范围以外的其他形式的灰色与黑色金融行为，其中灰色民间金融活动主要是指游离于政府监管之外但没有遭到政府明令禁止的借贷活动，一般包括：私人借贷、商业信用（赊账）、合会（ROSCA）、高利贷、地下钱庄等。其中，私人借贷是民间借贷的主要形式，主要表现为亲戚和朋友之间的无息借款，有40%～50%的民间借贷属于这种形式。黑色民间金融活动主要是指政府明令禁止的民间金融活动，如民间非法集资等。传统民间借贷活动中借贷双方一般是亲朋好友，借贷资金多用于建房、教育以及婚丧嫁娶等生活消费，但随着经济发展，各地民间借贷逐渐转变为陌生人之间的借贷关系和经营性的融资渠道。

浙江省是我国民间金融活动非常活跃的省份，也是民间借贷纠纷案例高发的省份，近10多年来，浙江省民间借贷法律纠纷案例数量排在全国前列，如图3－12所示。

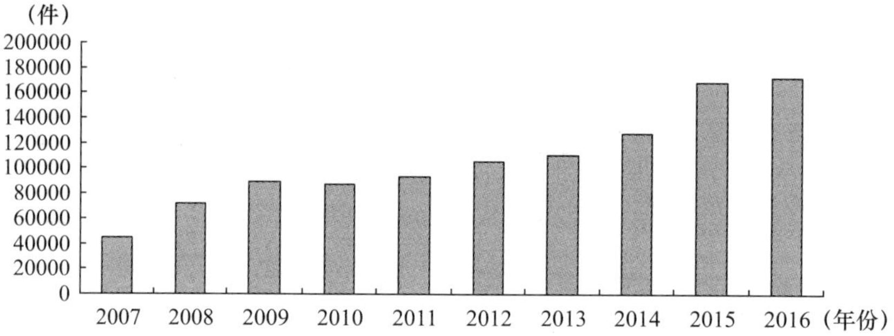

图3－12　浙江省民间借贷案件数（2007～2016）

与此同时，浙江省民间借贷金额数也呈现逐步上升的态势（见图3－13），民间借贷案例数量与金额数的逐渐上升态势，不仅反映了浙江省民间借贷等金融活动活跃，民间金融行为普遍存在，而且反映了民营经济大省的中小微企业难以从正规金融机构融资的问题普遍存在。2012年7月浙江省高级人民法院公布了《浙江法院民间借贷审判报告》（2008年1月至2012年6月），该报告基于浙江省近五年民间借贷案件的审判行为，总结了浙江省民间借贷的基本特点。这些特点主要包括：民间借贷以经营性借贷为主，中小微企业深度介入；高息现象普遍存在，且日益隐蔽化；职业化、中介化、组织化的新特征开始显现；同一主体涉诉的系列案例增多，“批案”现象严重。

剖析浙江省民间借贷案例，总结出的浙江省民间金融的风险主要包括：

（1）中小企业转型升级困难，企业经营困难、利润下降导致偿债能力下降。浙江省民间借贷多以经营性借贷为主，中小微企业深度介入，一旦外部经济形势发生变化（如对外贸易下降，对内消费困难等）导致企业经营困难、利润下降，将会直接影响企业的偿债能力，从而容易引起民间借贷的法律纠纷。

（2）浙江省民间借贷利息成本高，增大了企业债务清偿风险。在浙江省民间借贷行为中普遍存在高息借贷现象。李建军等（2013）对浙江省民间借贷的2083个案例的平均借贷利率进行研究发现，民间借贷普遍的利率水平是月息2～3分，借贷的平均周期是3～4个月，转化为年化利息率为24%～36%，大大超出银行正规机构的一年期贷款利率水平（见图3－14）。根据《浙江法院民间借贷审判报告》，2012年4月温州民间借贷综合利率平均水平为21.58%。浙江省民间融资活跃的地区，月利率普遍在2分以上，有的甚至达到了5分以上，即年化利息率超过60%。如此高的贷款融资成本，已超过了一般企业的资本利润率水平，致使企业偿债压力巨大，容易引起企业资金链断裂，从而导致民间借贷金融风险的发生。

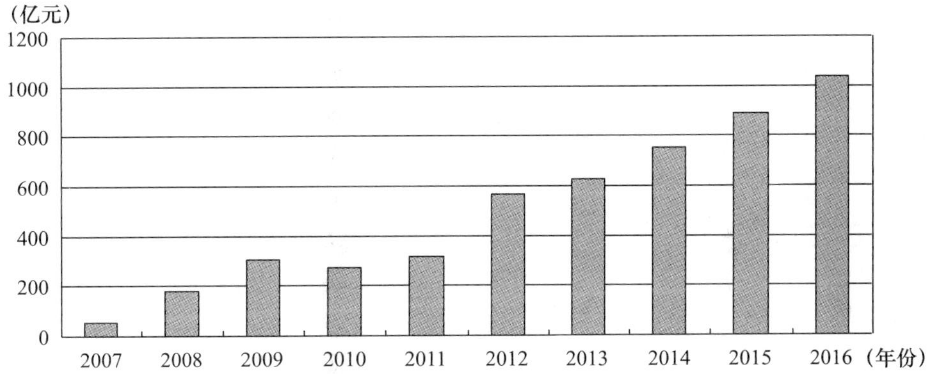

图3－13　浙江省民间借贷金额数（2007～2016）

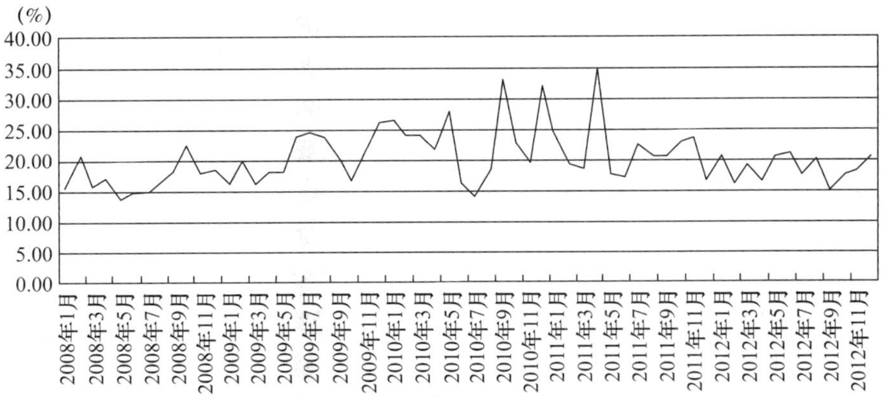

图3－14　浙江省民间借贷利率变化趋势（2008年1月～2012年11月）

（3）民间借贷乱象丛生，缺乏有效监管，极易引发纠纷。浙江省民间借贷以经营性借贷为主，加之职业放贷人群体的出现以及担保公司、典当行、投资公司等市场主体的加入，民间借贷活动实际上已具有经营的性质。但由于长期游离在监管边缘，民间融资市场缺乏必要的约束和管理，呈现出无序乱象，如借贷形式不规范、担保不完备、借款用于非正常用途、高息借贷、违法借贷，甚至与刑事犯罪交织在一起，为纠纷的发生埋下了隐患。

3.1.5 互联网金融风险分析

互联网金融是指以互联网为资源手段，利用传统互联网技术与现代移动互联网终端设备，依托大数据、云计算、社交网络、APP 软件，以实现资金融通、支付和信息中介等业务的一种新兴金融。互联网金融实现了现代互联网技术与现代金融业务的较好融合。基于互联网大数据的金融信用体系和数据驱动的金融服务，互联网金融有效降低了行业信息不对称性风险，从根本上改变了传统金融服务的理念与业务模式，提升了金融资源的配置效率和风险管理水平。互联网金融通过互联网实现了资金融通，主要业务模式包括 P2P、众筹等网络投融资平台，以及互联网银行、金融网销、供应链金融及其他金融中介服务。互联网金融服务真正能够有别于传统金融模式，关键在于基于大数据的征信服务。

互联网诞生于美国，欧美国家的金融体系比较完善成熟。因此，其传统金融体系与互联网的融合较之世界其他国家时间更早、发展程度更高。无论在企业创新、应用还是规模上，美国的企业多数名列前茅。美国互联网金融的发展，是两大决定性因素共同作用的成果。一是佣金自由化和金融混业经营放开，促进了竞争机制活化和金融创新；二是互联网技术发展和成熟，并投入商业化应用。

我国近十来年互联网金融的快速发展主要受到“互联网 + 金融”时代的推动，如十八届三中全会提出发展“普惠金融”的理念，央行对《促进互联网金融健康发展》进行征求意见，并将促进电子商务、工业互联网和互联网金融健康发展逐步上升到国家发展战略高度。同时大数据、云计算、移动互联网、垂直搜索引擎等移动互联网技术的支持也促进了互联网金融的快速发展。此外，占我国企业数量 90% 的中小微企业与个人的投融资需求和居民个人财富的持续增长及货币持续贬值下居民投资理财观念的增强等导致的居民资金供给增强，均促进了互联网金融的发展。

主要互联网金融商业模式介绍：

P2P（Peer to Peer）是一个互联网概念，表示互联网的端对端信息交互方式。P2P 借贷指的是个体与个体之间通过网络平台（线上）或线下实现的小额借贷。P2P 借贷的特点主要有：借贷双方广泛、交易方式灵活和高效、透明度较高、发展速度较快等。运作模式主要有线上运作、线上线下相结合、线下运作。国际上较为典型的P2P平台有美国的Prosper、Lending Club和Kiva、英国的Zopa等。

自2006年我国首家P2P公司——宜信公司成立以来，我国P2P发展迅速。据第一网贷统计，截至2016年底，纳入中国P2P网贷指数统计的正常经营的P2P网贷平台有2307家，比2015年底增加63家；全国主动关闭、提现困难、失联跑路的问题平台等累计2456家，其中2016年当年新发生938家，比2015年当年发生减少218家。另外，未纳入指数、作为观察的P2P网贷平台累计为1872家，其成交额占总成交额近6%。三者合计共6635家P2P网贷平台，创历史新高。截至2016年底，中国P2P网贷指数样本2307家正常经营的P2P网贷平台中，涉及31个省（市），平台数量前三名是广东省（504家）、北京市（376家）、上海市（311家），这三个省（市）的1191家P2P网贷平台，占全国总数的比例超过了51.6%。第一网贷报告显示，2016年全国P2P网贷成交额28049.38亿元，历年全国P2P网贷成交额累计44361.54亿元。

第三方支付是指具备一定实力和信誉保障的独立机构，采用与各大银行签约的方式，提供银行支付结算系统接口的网络支付模式。在第三方支付模式，买方选购商品后，使用第三方平台提供的账户进行货款支付（支付给第三方），由第三方通知卖家货款到账和发货；买方确认收到货物、检验货物后，通知第三方付款；第三方再将款项转至卖家账户。与商业银行网上支付不同，它有一次性接入、操作便捷、费用优惠和支持延迟支付等特点。国际上，欧美等国家和地区第三方支付业务发展较为成熟，最典型的代表是PayPal。国内第三方支付起步较晚，但随着电子商务的兴起，近年来发展较快，相关法规也日趋完善。2017年1月13日下午，中国人民银行发布了一项支付领域的新规定《中国人民银行办公厅关于实施支付机构客户备付金集中存管有关事项的通知》，明确了第三方支付机构在交易过程中，产生的客户备付金，今后将统一交存至指定账户，由央行监管，支付机构不得挪用、占用客户备付金。

众筹融资（Crowdfunding）是指通过互联网平台连接起发起人与投资人，在一定时间内完成项目发起者预先设定的募资金额目标的互联网金融模式。众筹融资主要的回报是产品本身，但对于金额较大的参与者还有其他奖励计划，例如更高的股权回报率。目前众筹主要有四种发展模式：股权众筹、债权众筹、奖励众筹和公益众筹。在我国，股权众筹模式的典型平台有天使汇、原始会、大家投等；债权众筹模式，根据借款人（即发起人）的性质可分为自然人借贷（P2P）和企业借贷（P2B），目前我国尚未出现真正意义上的债权众筹平台；奖励众筹模式是我国众筹行业最主要的发展模式，典型平台有京东众筹、众筹网、淘宝众筹等；公益众筹模式尚未形成代表性平台，主要以公益项目的形式分布在综合性权益类众筹平台中。

互联网银行（Internet bank or E－bank）是指借助现代数字通信、互联网、移动通信及物联网技术，实现在线为客户提供存款、贷款、支付、结算、电子票证、电子信用、账户管理、货币互换、P2P金融、投资理财等金融服务的全方位无缝、快捷、安全和高效的互联网金融服务机构。互联网银行有如下特点：①互联网银行无须设立分行就可服务全球，业务完全在网上开展；②平台强大、安全，在线完成所有操作，流程简单，服务方便、快捷、高效、可靠，提供7×24小时服务；③利用互联网技术，无须物理网点，降低了人力资源等成本，具有极强的成本竞争优势；④以客户体验为中心，用互联网精神做金融服务。而共享、透明、开放、全球互联，是未来银行的必然发展方向。

金融网销即金融产品网络销售，主要是指比较热门的金融产品，包括公募基金、债券、私募基金、信托、资产管理计划、保险等，通过网络方式进行的销售。目前，我国金融网销平台有以下特点：金融产品种类丰富，可为客户提供多样化产品组合以及最优理财方案；平台入口越来越多，包括手机APP、微信账号、柜台、自助设备等；传播工具越来越丰富；产品设计以客户为中心，融入客户场景提供增值服务，打破金融产品原来形态，将其融入业务流程；客户服务的广度在逐步拓宽，如打通客户亲友圈通道等。按照销售平台的不同，金融网销可以分为通过自建平台销售和通过第三方渠道销售。通过自建平台来销售，实质上是借助互联网的平台来销售自身理财产品，主要是通过产品利差来获利。通过第三方渠道销售的产品包括在电商平台上销售的理财产品、与知名互联网公司合作的理财产品、通过基金超市和金融超市销售的产品以及借助社交网络销售的产品。借助第三方渠道销售理财产品，理财公司的盈利模式是获得佣金收入。客户在接受第三方理财机构的推进，并投资了基金、信托、私募或地产之后，销售方会给理财公司返还相应的佣金，佣金比例视产品而定。

近些年来，我国互联网金融呈现快速发展的势头，有效促进了金融服务于实体经济的业务模式创新，为广大中小微企业与居民个人提供了便捷化、体验式服务，也为浙江省金融业的良好发展与实体经济的发展带来了新机遇。但互联网金融发展起步晚，广大民众对互联网金融的运营模式比较陌生，而政府监管机构对互联网金融监管的法律法规不完善，同时互联网金融企业自身在运营管理与风险控制等方面存在较多不规范行为，导致我国互联网金融在快速成长过程中面临着许多风险的挑战，主要包括以下三个方面：

（1）互联网技术风险。包括网络系统安全风险、技术选择风险和技术支持风险。

网络系统安全风险是由于黑客攻击、互联网传输故障和计算机病毒等因素引起的，会导致互联网金融计算机系统瘫痪的风险。具体表现在三个方面：加密技术和密钥管理不完善、TCP/IP 协议安全性差、病毒容易扩散。互联网金融的交易资料都被存储在计算机内，而且信息是通过互联网传递的。由于互联网的开放性，在加密技术和密钥管理不完善的情况下，黑客很容易在客户机向服务器传送数据时进行攻击，危害互联网金融的发展。而 TCP/IP 在传输数据的过程中比较注重信息沟通的流畅性，很少考虑到安全性。这些情况容易使数据在传输时被截获和窥探，进而导致交易主体的资金损失。计算机病毒可以通过网络很快扩散并传染，整个互联网金融的交易网络都会受到病毒的威胁，这是一种系统性技术风险。

技术选择风险是由于在选择技术解决方案时存在操作失误或设计缺陷等而面临的风险。它可能来源于技术落后，也可能来源于信息的传输效率低。如果互联网金融机构的技术创新跟不上时代的发展或选择的技术方案已经被淘汰，则会出现网络过时、技术落后的状况，从而导致互联网金融机构或客户错失交易机会。技术选择失误对于传统的金融机构而言，只会增加业务的处理成本，而对于互联网金融而言，会影响客户及金融机构的交易机会，最终导致互联网金融机构失去生存基础。如果数据在传输过程中的效率较低，则会延误交易时机。

技术支持风险是指互联网金融机构受技术所限或为了降低运营成本而以外部技术支持解决内部管理难题或技术问题，在此过程中由于外部支持无法满足要求或中止提供服务而造成的风险。还有一方面原因是我国在互联网金融方面具有自主知识产权的设备较为缺乏，需要从国外进口，这也给我国的互联网金融安全带来了技术支持风险。

（2）业务经营风险。主要包括操作风险、市场选择风险和信誉风险。

操作风险是指由交易主体操作失误或由互联网金融安全系统设计缺陷造成的风险。从交易主体操作方面来看，失误可能是由于交易主体对互联网金融业务的操作要求不太了解而造成的。从互联网金融安全系统方面来看，风险可能是由于互联网金融风险管理系统、账户授权使用系统、客户交流信息系统等的设计缺陷而引起的。

流动性风险涉及 P2P 公司中理财资金和债权资金的匹配管理问题，这也是P2P的核心所在。流动性风险在金融行业是普遍存在的，也是金融行业最惧怕的风险。相比宏观层面的风险来讲，流动性风险是微观风险，属于可控范畴。

第一，理财资金远大于债权资金。目前已经有几家互联网金融企业显现出这样的问题，投资理财者把钱充值到平台，但是却迟迟买不到理财。饥饿营销幌子的背后，实际上是没有足够的债权进行匹配。这种情况就是我们常说的资金池，它不仅存在资金的利息问题，很可能还会牵扯到法律问题。

第二，规模越大，流动性风险也越大。有一个说法叫刚性兑付心理。当一家大型企业，在一个时间点面临客户批量赎回，也就是出现所谓的“挤兑”风险的时候，它可能带来的就是灭顶之灾。

流动性风险虽然可怕，但却是可以控制的风险，在面对流动性风险时，应先建立相关的预警机制。所有的债权与理财的匹配关系需要专人专岗进行管理，需要对所有的匹配关系进行预判，并做好未来三到六个月的资金计划。

审贷风险是贷款审核过程中存在的风险。审贷是一个过程，是一套体系，从准入条件到通过率，再到审批参数，最后才是催收管理，这是我们所说的风控全过程，每一环都非常重要。目前很多互联网金融公司对于审贷风险的管理还只停留在催收管理上。但实际上贷后催收只是风险管理当中的最后一个环节，如果把贷后催收作为主要管控方式的话，风险极大。

在整个风控的过程中，准入条件是第一个环节。通过率的高低一般取决于企业的风格，偏大胆、激进的企业会把通过率控制在40%～60%，偏稳健的企业会控制到20%～35%，少数企业设置的通过率不到10%。

审贷技术方面，包括宜信、人人贷、拍拍贷、有利网等在内的多家知名互联网金融企业都没有公布明确的信息。比如使用什么样的技术、技术运作的基本原理等都没有对外公布。在审贷技术方面走在前列的企业有陆金所、玖富等。陆金所背靠平安集团，理财直接对接基金、保险等产品，且拥有平安银行的保障，审贷技术自不必说。玖富则是国内最早一批引进美国全套FICO技术的互联网金融公司，曾为国内多家银行提供审贷技术支持。风险控制是一套完整的体系，需要企业拥有很强的金融基因，风险控制管理上，人员的任职资格也非常重要。缺乏完善的风控体系，是现在互联网金融企业面临的一大难题。看一家企业的风控能力，不能只看不良率的高低，而应看整个风控体系，包括风控流程的管理和团队的任职资格等。

市场选择风险是指由于信息不对称而使客户面临道德风险和不利选择的业务风险，或者是使互联网金融市场成为柠檬市场的风险。互联网的虚拟性增加了交易者信用评价和身份等信息的不对称性，导致购买者在选择过程中处于不利地位。还有可能导致价格低且服务质量差的互联网金融机构被客户接受，而高质量的机构却被挤出市场。

信誉风险指互联网金融机构不能与客户建立良好的关系，从而导致其无法有序开展金融业务的风险。互联网金融依托的是互联网，而互联网容易发生故障或系统被破坏的情况，可能会导致无法满足客户预期需求，进而影响互联网金融机构的信誉，出现资金链断裂和客户流失等问题。

（3）法律监管风险。法律风险是由互联网金融业务违反法律或交易主体在交易过程中未遵守相关权利义务而引起的，也有的是由于我国互联网金融立法方面没有明确的规定。现有的银行法、保险法和证券法都是为传统金融业务，对于新兴的互联网金融不太适合。现有法律对于互联网金融的电子合同有效性的确认、个人信息保护、交易者身份认证、资金监管、市场准入等尚未有明确规定。故在互联网金融交易过程中容易出现交易主体权利义务模糊，不利于互联网金融稳定发展的状况。法律风险包括监管空白风险与法律法规不完善风险。2016年我国的政府工作报告曾指出要规范发展互联网金融，大力发展普惠金融和绿色金融。而2017年政府工作报告中则指出当前系统性风险总体可控，但对不良资产、债券违约、影子银行、互联网金融等累积风险要高度警惕。我国要积极推进金融监管体制改革，有序化解处置突出风险点，整顿规范金融秩序，筑牢金融风险“防火墙”。

根据《浙江省互联网金融业发展报告2015》，截至2015年末，全省P2P和网络理财公司共366家，年交易额达到1765亿元，实现100%的增长，涌现了铜板街、挖财等一批全国有影响力的公司。网络借贷产品丰富，具体产品有政府平台融资、汽车贷、学生贷、电商贷，以及供应链融资等，涉及传统银行无法涉及的领域，补充丰富了金融生态，推进了金融普惠。网络众筹处于起步阶段。从全国范围看，众筹尤其是股权众筹处于起步阶段，我省除了阿里系众筹筹资9.33亿交易量外，其余众筹平台交易量为6.63亿元。与P2P和网络理财比，交易量较小，仅为它们的6%。互联网基金销售额大幅增长。2015年全省互联网基金销售公司有三家，通过互联网平台销售金额达到2000亿元，同比增加150%，大幅增长主要原因是上半年股指大幅上升。浙江省P2P、互联网理财、网络众筹与互联网基金销售的金额合计为3774.33亿元，而2015年末浙江省银行类机构信贷资金规模为76466亿元，互联网金融资金总额仅占传统银行业信贷资金总额的4.94%，还不到5%。这表明目前浙江省金融市场主体业务依然是传统的银行机构信贷业务。鉴于近3~5年来浙江省与全国主要省份互联网金融快速发展的势头、未来互联网金融的广泛应用前景以及互联网金融与传统银行类金融机构的逐渐深入整合，本书将互联网金融风险纳入浙江省金融风险监测预警的考察范围。就浙江省与全国范围分析互联网金融业态模式，主要包括互联网支付、移动支付、基金网销、P2P网络借贷、互联网保险、权益众筹等。由于银行类金融机构互联网支付业务、移动互联网支付与传统基金公司的网络销售方式主要体现在互联网技术与传统金融机构业务的新兴融合，而传统金融机构在经营业务风险控制方面相对于网络借贷、网络众筹等更加成熟稳健，在第三方支付方面，2017年1月中国人民银行已经颁布了关于实施支付机构客户备付金集中存管有关事项，并加强第三方支付机构在交易过程中，对客户备付金进行统一存放统一监管，较有效地控制了第三方支付过程中产生的业务过程风险。考虑到互联网金融涉及的金额与目前数据的可获得性，本书重点考察 P2P 网络借贷过程中产生的金融风险。

第一，直接的 P2P 网贷平台风险——问题平台发生率。浙江省 2013 ~ 2016 年 P2P 网贷发展现状如表 3 – 10 所示。

表 3 – 10　浙江省 P2P 网贷问题平台数与问题平台发生率（2013 ~ 2016）

年份	全国			浙江省			浙江省问题平台发生率（%）	全国问题平台平均发生率（%）
	运营平台数	当年新增问题平台数	2013 年以来累计问题平台数	运营平台数	当年新增问题平台数	2013 年以来累计问题平台数		
2013	523	75	75	70	16	16	22. 9	14. 3
2014	2273	287	362	212	41	57	27. 2	12. 6
2015	3433	1294	1656	309	96	153	32. 8	37. 7
2016	2448	1741	3397	280	97	250	38. 6	71. 1

数据来源：根据第一网贷与网贷之家的数据整理而成。

从问题平台率分析，2013 ~ 2016 年浙江省问题平台发生率呈现逐步上升的态势，2013 年浙江省新发生停止经营、提现困难、失联跑路等问题 P2P 网贷平台 16 家，问题平台发生率为 22. 9%，到 2016 年末，问题平台发生数为 97 家，问题平台发生率上升到 38. 6%。这表明浙江省 P2P 网贷平台整体金融风险程度呈上升态势。与同期全国 P2P 网贷平台发生率相比，2013 ~ 2014 年浙江省问题平台发生率较高，但 2015 ~ 2016 年全国问题平台发生数激剧上升，2016 年全国运营平台数为 2448 家，而当年新增问题平台数为 1741 家，问题平台发生率达到 71. 1%。这表明在全国网贷运营平台数快速增加的同时，相关部门没有出台相应的监管措施来对行业野蛮增长状况进行较好的约束规范，助长了全国性互联网金融风险的发生。

第二，P2P 网贷平台资金存管风险控制——各省 P2P 网贷平台资金银行托管率。从浙江省 P2P 网贷平台办理银行资金存管的数量情况来分析，2016 年末浙江省共有 20 家网贷平台办理了银行资金存管，占 2016 年末浙江省全部网贷平台的 8%，这一比例较低。2016 年全国各省已办理银行资金存管平台情况横向对比，如表 3 – 11 所示。

表 3 - 11 全国各省 P2P 网贷银行存管家数对比（2016 年底）

省市自治区	P2P 网贷银行存管家数（家）	各省正常运营平台总数（家）	占各省比重（%）	占全国资金存管平台总数比重（%）
广东省（含深圳）	59	473	12. 5	32. 1
深圳市	40	296	13. 5	21. 7
北京市	33	461	7. 2	17. 9
浙江省	20	280	7. 1	10. 9
上海市	18	331	5. 4	9. 8
江苏省	11	104	10. 6	6. 0
安徽省	8	78	10. 2	4. 3
山东省	5	212	2. 4	2. 7
重庆市	4	78	5. 1	2. 2
贵州省	3	—	—	1. 6
辽宁省	3	—	—	1. 6
甘肃省	3	—	—	1. 6
江西省	3	39	7. 8	1. 6
福建省	2	41	4. 8	1. 1
广西壮族自治区	2	—	—	1. 1
湖北省	2	103	1. 9	1. 1
四川省	1	58	1. 7	0. 5
河南省	1	67	1. 5	0. 5
湖南省	1	31	3. 2	0. 5
青海省	1	—	—	0. 5
河北省	1	—	—	0. 5
内蒙古自治区	1	—	—	0. 5
山西省	1	19	5. 3	0. 5
吉林省	1	—	—	0. 5
总计	184	3775	4. 9	100. 0

数据来源：根据第一网贷数据整理而成。

从表 3 - 11 可以得知，网贷平台存管家数最多的是广东省，2016 年有 59 家平台进行了资金托管，占广东省正常运营平台总数的 12. 5%，占全国托管平台总数的比重为 32. 1%，两项比重都位居全国第一。其中深圳市已办理资金托管平台数为40家，占广东省的68%，而深圳市正常运营的网贷平台数占广东省的62.5%，表明广东省网贷平台主要集中在深圳市，而深圳市无论是网贷平台数量，还是办理资金托管平台数量均位居全国前列。北京市的网贷平台资金托管家数为33家，占北京市全部正常网贷平台数的7.2%，占全国各省已办理资金托管平台总数的18%；浙江省已办理资金托管的平台数量位居全国第三，但仅占浙江省正常运营平台总数的7.1%，名次位于广东省、江苏省、安徽省与江西省之后，表明浙江省网贷平台资金托管风险控制程度还有待进一步提升。上海、江苏与安徽网贷平台资金银行托管数排名分别位居全国第四、第五、第六位，但江苏与安徽已办理资金托管平台数占各自省份网贷平台总数的比重位居全国省级第二与第三，表明这两省的网贷平台资金存管风险控制程度走在了全国前面。2016年全国已办理资金银行托管的平台总数为184家，占全国正常运营网贷平台总数的4.9%，表明全国大部分省份平均平台资金托管率都在4.9%以下，全国网贷平台的资金托管风险控制程度还比较低下，我国网贷平台的风险管制还有较大的改善空间。

第三，网贷平台贷款利率风险。P2P网络借贷平台的运作模式主要是线上运作（有些平台是纯线上虚拟运作，有些平台是线上借贷与线下放贷担保公司相结合的模式），通过将投资人与借款人的信息资料进行匹配和对借款人进行信用审查等而帮助借款人获取相应的贷款。平台贷款项目作为投资标的，是可供投资人进行投资的项目，项目的平均投标利率是指项目的平均收益率，投标利率的高低根本上是由借款人的借款利率决定的，而借款人的借款利率是平台根据其资产状况、信用状况、工作背景等多方面综合评估而定的。若借款人的信用状况良好，借款风险较小，则其愿意成交的借款利率就会较低，这样借款项目的平均投标利率也就较低。所以，平均投标利率所反映的借款人的借款利率是衡量平台借贷风险的重要指标。本书将2014~2016年间我国主要省份网络借贷的投标综合年利率与平均贷款期限进行了对比，如表3-12所示。

从表3-12可以看出，2014~2016年浙江省网贷综合年利率分别是20.08%、11.54%与9.13%，呈现逐年下降的态势，表明浙江省网贷平台的综合利率风险总体在下降，但2016年高于全国平均年利率（9.06%），表明浙江省相对网贷风险在上升。从全国其他省的横向对比分析，2014~2016年全国网络综合平均年利率从17.52%、12.05%到9.06%，利率风险呈现总体下降的态势，其中2016年湖南省相对利率风险最高为15.36%，四川省（13.64%）与河南省（13.44%）分别位居第二和第三，福建省（12.94%）与江西省（12.65%）位居第四与第五。

从平均贷款期限来分析，2014~2016年上海市平均放贷期限分别是18.02个月、15.84 个月和 15.72 个月，远高于全国其他省份与全国平均水平。相比之下，浙江省的平均放贷期限从 1.45 个月、9.87 个月到 3.56 个月，呈现不规则变化，其中 2015 年平均放贷月数高于全国平均水平（6.22 个月）。

表 3－12　全国主要省份 P2P 网贷的综合贷款利率与平均贷款期限比较（2014～2016）

省市	2016 年		2015 年		2014 年	
	综合年利率（%）	平均贷款期限（月）	综合年利率（%）	平均贷款期限（月）	综合年利率（%）	平均贷款期限（月）
广东省	10.65	4.65	13.03	3.90	17.16	8.66
北京市	8.5	7.39	11.09	7.70	15.48	8.45
浙江省	9.13	3.56	11.54	9.87	20.08	1.45
上海市	9.21	15.72	11.47	15.84	13.52	18.02
江苏省	9.33	6.41	13.85	6.26	22.09	3.92
安徽省	9.98	4.73	20.32	4.25	31.74	3.08
山东省	10.18	3.68	27.12	3.60	17.43	3.03
重庆市	9.55	4.98	9.95	4.65	10.61	5.50
江西省	12.65	3.31	15.18	4.21	22.77	2.27
福建省	12.94	5.83	16.36	3.07	23.42	2.57
湖北省	11.56	5.14	7.83	4.16	5.1	2.96
四川省	13.64	3.91	16.86	3.38	20.31	3.59
河南省	13.44	3.52	20.23	3.21	16.28	2.35
湖南省	15.36	4.06	21.96	3.70	25.4	2.96
山西省	9.91	5.82	16.96	8.72	20.6	5.08
全国平均	9.06	6.48	12.05	6.22	17.52	5.92

数据来源：第一网贷、网贷之家。

第四，网贷平台成长规模泡沫风险。随着我国互联网金融业的发展，网贷平台数量与成交额规模增长，既是我国互联网金融市场供给与需求规模正常发展的体现，也是各省充分合理利用互联网金融平台与技术优势以满足大量企业与个人借款的市场化需要。网贷平台作为传统银行类金融机构贷款的有益补充，是我国金融市场多元化发展的必然趋势。然而由于我国 P2P 网络借贷近几年刚刚兴起，无论是借贷平台、政府监管部门，还是投资者与借款人的风险认知防范意识等都没有跟上，因此在一定时期内，如果网络借贷平台与成交额规模增长过快，就会导致盲目发展而产生互联网金融泡沫；一定时期内，如果网络借贷平台与成交额规模增长过慢，则地区互联网金融业发展就会跟不上全国金融市场发展形势，从而呈现发展滞后的风险。然而单纯地考察各省份网络借贷平台绝对量的增长率与成交额的增长率都有失偏颇，本书将通过单位正常运营的网络借贷平台的成交额增长率来反映其增长态势情况，如表3－13所示。

表3－13 全国各主要省份网贷平台数量与成交额对比（2015～2016）

地区	2016年				2015年		
	成交量（亿元）	运营平台数量（家）	单位正常运营平台成交额（亿元/家）	单位正常运营平台成交额增长率（%）	成交量（亿元）	运营平台数量（家）	单位正常运营平台成交额（亿元/家）
全国	20638.72	2448	8.43	1.95	9823.04	3433	2.86
广东	5557.5	473	11.75	1.48	3109.63	656	4.74
北京	5127.47	461	11.12	1.09	2850.08	536	5.32
浙江	2462.16	280	8.79	1.26	1204.81	309	3.90
上海	4575.07	331	13.82	4.02	1126.63	409	2.75
江苏	582.76	100	5.83	2.05	271.73	142	1.91
山东	707.74	118	6.00	7.25	238.42	328	0.73
湖北	214.37	75	2.86	1.58	132.71	120	1.11
四川	408.99	49	8.35	2.19	196.20	75	2.62
其他	1002.66	561	1.79	1.21	692.87	858	0.81

数据来源：网贷之家。

从表3－13可以得知，2016年全国与各主要省份正常运营的网络平台总数比2015年有所下降，但成交额在激剧上升，表现为单位正常平台的成交额方面，2016年全国单位正常平台成交额同比增长率为195%。其中山东省的单位平台增长率最高，为725%；其次为上海市，增长率为402%，位居全国第二；四川省为219%，位居全国第三；江苏省位居全国第四，为205%；相比之下，浙江省单位正常运营平台成交额增长率为126%，位于主要省份的倒数第二，仅高于北京市增长率（109%）。浙江省比全国平均水平减少了66个百分点。这表明浙江省2016年在单位平台成交额增长方面落后于全国平均水平，存在一定发展滞后风险。

第五，网贷平台的信用风险。良好的网贷平台会吸引更多的投资者与借款人，目前网贷平台都会提供网友的点评打分以判断平台综合运营状况的优劣，如提现天数、站岗天数、服务态度、网友体验满意程度等，这些因素从不同侧面反映了网贷平台的运营状况。根据数据的可获取性，本书根据网贷平台某段时期历史待偿还金额占成交额的比重来大体判断网贷平台的信用风险：一般历史待偿还额所占比重越高，表明平台的偿债压力越大，偿债风险越高，总体历史信用风险程度越差。本书收集了网贷之家中区域网贷平台运营数据，并对各主要省份的成交量与待还金额进行了对比分析，如表3－14所示。

表3－14 全国各主要省份网贷平台数量与成交额对比（2015～2016）

省份	2015年			2016年		
	成交量（亿元）	待还余额（亿元）	待还金额占成交额比重（%）	成交量（亿元）	待还余额（亿元）	待还金额占总成交额比重（%）
全国	9823.04	4060.83	41.34	20638.72	8162.24	39.55
广东	3109.63	754.7	24.27	5557.5	1535.56	27.63
北京	2850.08	1805.65	63.35	5127.47	3003.29	58.57
浙江	1204.81	327.64	27.19	2462.16	641.63	26.06
上海	1126.63	704.42	62.52	4575.07	1900.48	41.54
江苏	271.73	100.15	36.86	582.76	310.32	53.25
山东	238.42	62.33	26.14	707.74	185.03	26.14
湖北	132.71	39.88	30.05	214.37	93.73	43.72
四川	196.2	37.19	18.96	408.99	76.35	18.67
其他	692.87	228.87	33.03	1002.66	415.85	41.47

数据来源：网贷之家。

从表3－14可以得知，2015～2016年全国网贷平台历史待偿还金额占成交额比重分别为41.34%与39.55%，2016年的比重比2015年有所下降但总体绝对比重依然较高，表明全国网贷平台的平均借款信用风险程度依然较高，仍有较大的改善空间。从各主要省份之间的横向对比来分析，2015年北京市历史待偿还额占成交量的比重为63.35%，上海市的比重为62.52%，北京与上海明显高出全国平均水平，分别位居全国第一和第二，表明这两市网贷平台的贷款信用风险程度很高，存在较大控制改善的空间。江苏省与湖北省，历史待偿还额所占比重分别为36.86%与30.05%。从2016年的情况来分析，北京历史待偿还额所占比重依然最高（58.57%），江苏省上升到第二位（53.25%），湖北省位居第三位（43.72%），上海市排第四位（41.54%）。浙江省2015～2016年历史待偿还金额占总成交量的比重分别为27.19%与26.06%，比重相对下降，且明显低于全国平均水平，表明浙江省在网贷平台信用风险程度上相比全国平均水平有较大改善。但浙江省的绝对比重依然偏高，表明浙江省网贷平台信用贷款风险控制依然存在较大改善提升空间。

3.1.6 政府债务风险分析

地方政府举借政府性债务，在促进地区经济社会发展、加快基础设施建设以及改善民生等方面具有重要的促进作用。但自2010年以来，政府性债务规模呈现逐年较快增长的态势，其中中央政府性债务的可控程度相对较高，债务风险主要集中在地方政府层面。2012年以来，地方政府融资平台类企业融资规模也大幅度增加，主要集中在经济较为发达的江苏、浙江、广东等地，与地方政府性债务区域分布基本相符合。2015年我国地方政府债务限额为16万亿元，预计债务率为86%，总体风险可控，但也呈现出部分地区债务负担较重、债务偿还依赖土地出让收入等问题。

国家审计署分别于2011年3月至5月、2013年8月至9月对政府性债务情况进行了审计，其中2013年的审计较为全面，首次覆盖了中央、省、市、县、乡5级政府。根据审计署公布的《全国政府性债务审计结果》，截至2013年6月底，我国各级政府负有偿还责任的债务规模为20.70万亿元，负有担保责任的债务规模为2.93万亿元，可能承担一定求助责任的债务规模为6.65万亿元，三类合计30.28万亿元。从政府层面看，第一类债务主要分布于中央、市级与县级，第二类债务主要分布于省级和市级，第三类债务主要分布于中央、省级和市级。①

根据国家审计署的审计数据，本书对浙江省政府2011～2015年的三类债务规模进行了汇总，特别是对政府负直接偿还义务的第一类债务与三类债务总规模进行了汇总比较，如图3－15所示。

从图3－15可以得知，2011～2015年无论是浙江省政府直接负有偿债义务的债务规模，还是浙江省包括或有债务在内的三类债务总规模，均呈现出上升的态势，其中2011年第一类债务规模为4384.52亿元，到2013年6月上升至5088.24亿元，再到2015年末上升到9188.3亿元，呈现快速上升的态势；三类

① 在全国政府性债务审计结果中，政府性债务分为政府负有偿还责任的债务（简称“第一类债务”）、政府负有担保责任的债务（简称“第二类债务”）和政府可能承担一定求助责任的债务（简称“第三类债务”）三类。其中，第一类债务是指需要由财政资金偿还的债务，政府及其组成部门是法律意义上的负债主体，属于“政府债务”；第二类债务是指由政府提供担保，当其中被担保人无力偿还时，政府需承担法律偿还责任；第三类债务是指债务人为公益性项目举借、由非财政资金偿还、政府不负有法律偿还责任，但当债务人出现偿债困难时，政府可能需给予一定求助的债务。第二及第三类债务由债务人自身收入偿还，正常情况下无须政府承担偿债责任，属“政府或有债务”。

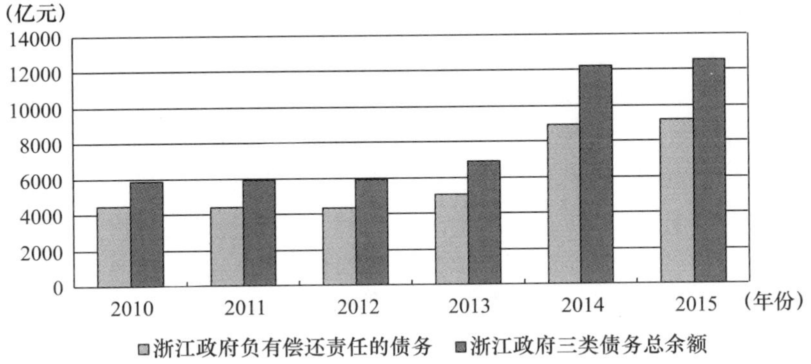

图3-15 浙江省政府债务余额发展趋势(2010~2015)

债务总规模从2011年的约5896.58亿元,上升到2013年6月的6928.37亿元,再到2015年末的约12535.2亿元,亦呈现出快速上升的态势。

浙江省政府国债偿债风险指标分析①,如表3-15所示。

表3-15 浙江省政府债务风险指标变化趋势(2010~2015) 单位:%

债务风险指标 \ 年份	2010	2011	2012	2013	2014	2015
第一类债务余额/GDP	16.33	13.57	12.47	13.48	22.25	21.42
三类债务总额/GDP	21.59	18.25	17.06	18.35	30.36	29.23
第一类债务余额/浙江省地方政府公共预算收入	170.47	139.16	125.63	134.01	216.87	191.03
三类债务总额/浙江省地方政府公共预算收入	225.38	187.15	171.90	182.47	295.86	260.61

从表3-15分析,浙江省负有直接偿还责任的债务占GDP的比重,即第一类债务负担率,在2011~2013年都保持在12%~14%的比重,而到2014~2015年激剧上升至22.25%与21.42%,表明浙江省第一类债务负担率近几年有激剧上升的态势。但浙江省第一类债务负担率小于国际公认的60%警戒线,也小于

① 国债负担率又称国民经济承受能力,是指国债累计余额占国内生产总值(GDP)的比重。这一指标着眼于国债存量,反映了整个国民经济对国债的承受能力。国际公认的国债负担率的警戒线为发达国家不超过60%,发展中国家不超过45%。这个指标反映着国家累积债务的总规模,是研究控制债务问题和防止出现债务危机的重要依据。一国的GDP值越大,国债负担率越小,则国债的发行空间越大。

发展中国家45%的警戒线。考虑到或有债务的影响，笔者将三类债务总规模汇总计算得到三类债务总额/GDP，即浙江省三类政府债务负担率。我们发现2011~2013年这一比率保持在17%~18%水平，但到2014~2015年激剧上升到30.36%与29.32%，近几年同样呈现激剧上升的态势，但仍然低于发展中国家45%的警戒线，表明目前浙江省政府债务负担率近几年在激剧上升，但总体风险可控。

从第一类债务余额占浙江省一般公共财政收入比重，即第一类债务的国债债务率数据分析，2010~2015年期间这一数值均超过了100%的警戒线，其中2011~2013年保持在125%~140%的区间范围，到2014~2015年上升至216.87%与191.03%，这一趋势需要引起高度警惕。如果将浙江省政府或有债务考虑在内，笔者将三类债务规模汇总，计算三类债务总余额/浙江省一般公共财政收入数据，即三类债务的国债债务率。2011~2013年浙江省三类债务的国债债务率保持在172%~187%的水平，而到2014~2015年激剧上升至295.86%与260.61%，大大超出100%的警戒线，表明浙江省近几年政府潜在债务风险在激剧上升，需要引起高度关注。

2015年全国各省政府第一类债务规模与三类债务总规模的存量余额横向对比如图3-16所示。

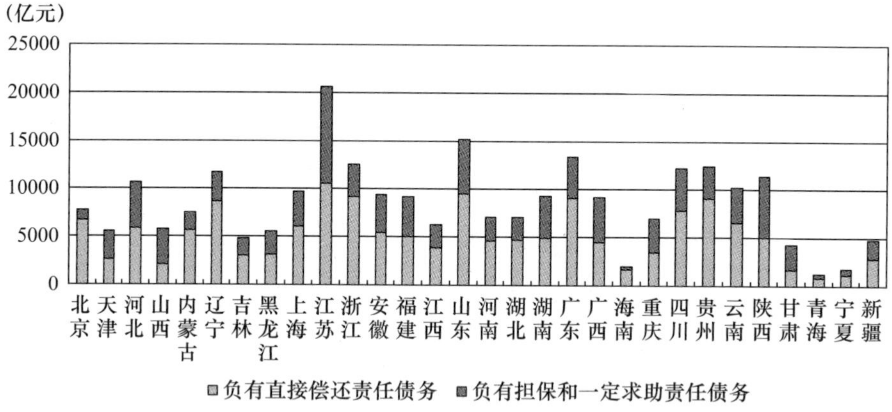

图3-16 全国各省政府债务规模对比（2015年末存量数据）

从图3-16可以得知，2015年末全国包括地方政府或有债务余额在内的总债务规模已达到25.6万亿元，其中负有直接偿债义务的债务规模达到15.57万亿元。从各省横向对比分析，2015年末江苏省三类债务总规模明显高出全国其他省份，达到20617亿元，负直接偿还义务的债务规模亦高居全国首位，达到

10556亿元。其次为山东省，三类债务总规模达到15205.4亿元，其中负直接偿债义务的债务规模达到9533.8亿元，高居全国第二位。广东省三类债务总规模为13364.9亿元，位居全国第三，负直接偿还义务债务规模为9141.6亿元，位居全国第四。而本书重点关注的浙江省三类债务总规模为12535.2亿元，位居全国第四，其中负直接偿债义务的债务规模为9188.3亿元，位居全国第三。贵州省三类债务总规模为12200亿元，位居全国第五，负直接偿债义务债务规模为9135亿元，亦位居全国第五。而排在全国最后五位的省份依次为新疆、甘肃、海南、宁夏与青海（西藏无数据统计），三类总体债务规模与负直接偿债义务债务规模绝对量目前都偏低。

为了能更好地反映各省政府的债务风险水平，本书以2015年末各省的累积债务余额为基础，对各省的政府债务负担率与债务率数据进行了核算，具体如表3-16所示。

表3-16　全国各省政府国债负担率与国债债务率风险对比（2015）　单位:%

省份	国债负担率（负直接偿债责任）	国债负担率（包括或有债务在内）	国债债务率（负直接偿债责任）	国债债务率（包括或有债务在内）
贵州	87.00	119.00	607.70	831.30
云南	48.70	75.00	366.60	564.80
海南	46.30	53.00	273.20	312.70
宁夏	39.10	62.40	305.00	486.40
青海	34.70	53.40	314.10	483.40
内蒙古	31.80	42.40	288.90	385.20
新疆	30.70	51.10	215.20	358.00
辽宁	30.40	40.90	409.80	551.60
北京	29.10	33.80	141.60	164.70
陕西	28.10	63.30	245.90	553.80
广西	26.60	54.60	294.70	605.10
四川	26.00	40.60	232.70	363.60
甘肃	25.20	63.30	229.80	577.40
安徽	24.60	42.80	221.00	383.70
上海	24.00	38.60	109.00	175.60
江西	23.40	37.50	180.30	289.90
重庆	21.70	44.40	158.40	323.80
吉林	21.50	34.50	245.60	394.10

续表

省份	国债负担率（负直接偿债责任）	国债负担率（包括或有债务在内）	国债债务率（负直接偿债责任）	国债债务率（包括或有债务在内）
浙江	21.40	29.20	191.00	260.60
黑龙江	21.00	37.10	271.50	479.60
河北	19.80	35.90	222.30	404.10
福建	19.40	35.50	198.50	362.30
湖南	17.00	32.00	195.30	368.20
山西	16.60	45.10	129.30	350.30
湖北	15.90	24.00	156.30	236.10
天津	15.70	33.50	97.20	207.70
江苏	15.10	29.40	131.50	256.80
山东	15.10	24.10	172.40	275.00
广东	12.60	18.40	97.60	142.70
河南	12.40	19.20	152.50	236.00

注：本表数据以国债负担率（负直接偿债责任）降序排列。西藏自治区因缺审计数据不在表内。

从表3－16可以得知，贵州省第一类债务负担率为87%，大大超出国际公认警戒线60%，已经处于危机状态。如果包括或有债务在内，那么贵州省的国债负担率为119%，处于严重危机状态。云南省与海南省的第一类债务负担率分别为48.7%与46.3%，均超出发展中国家警戒线45%，需要引起高度重视。如果算上或有债务，贵州、云南、海南、宁夏、青海的国债负担率均超出了发展中国家45%的警戒线，需要防范政府潜在债务风险。相比之下，浙江省负有直接偿债义务的国债负担率为21.4%，低于公认的警戒线，排在全国第19位；如果包括或有债务在内，浙江省的国债负担率为29.2%，排在全国第26位。

从全国各省负有直接偿债义务的国债债务率风险分析，全国除广东（97%）与天津（97%）以外，其余28个省份均超出100%的警戒线。贵州省负直接偿债义务的债务率为607.7%，高居全国第一位，大大超出100%的警戒线，已经处于政府债务危机状态；其次为辽宁省（409%）、云南省（366.6%）、青海省（314%）与宁夏回族自治区（305%）。而本书关注的浙江省为191%，居全国第19位。如果按包括或有债务在内的政府债务率分析，贵州省依然高居全国首位（831.3%），处于严重危机状态；其次为广西壮族自治区（605.3%）、甘肃省（577.4%）、云南省（564.8%）、陕西省（553.8%）与辽宁省（551.6%）。而浙江省为260.6%，排在全国第23位。相比之下，上海（175.6%）、北京

（164.7%）与广东（142.7%）居全国最后三位。

3.2 中国省域金融风险的影响因素分析

3.2.1 外源性金融风险影响因素

外源性金融风险指在经济全球化与国际金融市场一体化的背景下和我国对外贸易开放与资本项目逐步开放的条件下，省域金融市场面临的各种外来风险冲击与威胁。浙江省外源性金融风险主要体现为开放条件下的对外经济风险、外资银行类金融机构进入冲击风险、国际热钱流入冲击风险与地方政府对外债务偿还风险。

（1）对外经济风险。改革开放以来，我国内陆各省份与国际市场经济往来日益密切，尤其是东部沿海省份，凭借其优越的地理区位优势，率先走出国门并参与到国际经济与金融市场交易中来。经过近40年的改革开放，我国从东部到中西部，从沿海到内陆省份已经全面参与到更广范围与更深层次的国际贸易中来。目前中国已经和世界上220多个国家和地区建立了经贸合作关系，形成了多元化的市场格局。此外，中国还参加了包括世界银行、国际货币基金组织、亚太经济合作组织在内的多边国际经济组织。2016年中国货物进出口总额达到24.34万亿元，其中货物出口额为13.85万亿元，货物进口额为10.49万亿元，进出口差额为3.35万亿元。2016年全年服务进出口总额为5.3484万亿元，服务出口为1.8193万亿元，服务进口为3.5291万亿元，服务进出口逆差为1.7097万亿元。2016年全年实际使用外商直接投资金额8132亿元，全国对外直接投资额（不含银行、证券、保险）达1.1299万亿元。就省域而言，2015年浙江省净出口额2059亿美元，占全国净出口额的34.7%，仅位于广东省（44.4%）之后，排在全国第二位。而广东、浙江与江苏（22.2%）三省的净出口能力高居全国前三位，是我国对外贸易与出口创汇的主要大省。如果考虑各省实际利用外资创汇能力，即在考虑净出口与净外资流入的情况下，浙江省在全国占的比重为26%，仅位于广东省之后，依然排在全国第二位；广东、浙江与江苏（18.2%）依然高居全国前三位。从三大需求对各省经济增长的贡献分析，根据2014年统计数据，浙江省出口对经济增长的贡献仅次于广东省，外向型经济发展特征明显。因此，研究浙江省域金融风险，必须要考虑国际贸易与金融市场变化对浙江省内企业可能造成的冲击与影响。

国际市场变化对浙江省金融风险的影响途径包括以下三种：第一，国际金融危机的冲击导致大量浙江省内的外向型企业海外订单减少，经营状况恶化，进而导致金融机构不良资产上升，不良贷款风险增加。国际金融危机对国内资本市场的冲击会导致浙江省上市公司在内的国内公司股价下跌，从而增加浙江省资本市场现实的金融风险。第二，如果浙江省海外贸易的国家过于集中，则容易受到海外地缘政治、经济与金融风险的冲击影响。浙江省内与之进行海外贸易的企业经营状况恶化，会引起浙江省经济与金融风险。第三，统计数据显示，浙江省是我国外商直接投资较多的省份之一，2016 年浙江省合同利用外资 281 亿美元，实际利用外资 176 亿美元，其中第三产业为外商直接投资的主要领域，占外商直接投资项目总额的 80.1%，合同利用外资 180 亿元，实际利用外资 103 亿元。外商直接投资主要为国际长期资本，具有投资期限较长以及投资目的明确的特点，有利于促进外资引进国家或地区的经济与金融市场的发展。外资流入我国境内主要是基于国内经济稳定增长的态势、人民币升值的预期以及国内外较大的利差等。而经济新常态时期我国正面临经济结构转型升级的考验，国内经济发展态势将影响外资的流入规模与流速等，从而可能影响包括浙江省在内地区的经济与金融发展。

（2）外资银行进入风险。2006 年 12 月 11 日我国取消了对外资银行经营地域与业务范围的限制，允许外资银行经营人民币业务，并给予外资银行国民待遇，兑现了加入 WTO 五年后全面开放我国银行业的承诺。到 2011 年 12 月加入 WTO 十年的过渡期结束，我国也将全面开放境内的金融市场，包括取消外资银行准入与经营的各种限制条件。我国对外开放国内金融市场，既是实行改革开放战略、开放金融业的重要一步，也是金融全球化背景下我国金融业积极融入国际市场、参与国际金融竞争以提升自身竞争力的客观需要和迫切要求。

外资银行进入对本土银行类金融机构的利弊目前尚存在争议（张瑜、李书华，2011①；董青马、卢满生，2010②），一般认为外资银行进入可以为本土银行机构创造国际竞争力，有利于本土机构学习外资银行先进的管理经验与风险控制技术，改善银行内部治理结构，提高银行业的经营效益和整体竞争实力。但是我们也发现，外资银行大举进入我国境内的主要目的是赚钱，对本土的银行业形成了多方面的威胁：其一，抢占国内银行业的市场份额，尽管目前外资银行金融资产占我国银行业总资产的比例还很低（小于 2%）；其二，通过参股渗股等各种

① 张瑜，李书华．金融开放度与宏观经济波动——基于发达国家与发展中国家和地区的实证研究［J］．财经论丛，2011（5）：52－57.

② 董青马，卢满生．金融开放度与发展程度差异对银行危机生成机制影响的实证分析［J］．国际金融研究，2010（6）：79－85.

方式对中资银行进行股权控制。按照之前银监会《境外金融机构投资入股中资金融机构管理办法》的规定，“单个境外金融机构向中资金融机构投资入股比例不得超过 20%。多个境外金融机构对非上市中资金融机构投资入股比例合计达到或超过 25% 的，对该非上市金融机构按照外资金融机构实施监督管理。多个境外金融机构对上市中资金融机构投资入股比例合计达到或超过 25% 的，对该上市金融机构仍按照中资金融机构实施监督管理”。而 2018 年 4 月 11 日中国人民银行、中国证监会和国家外汇管理局等金融部门向社会公布了我国金融市场进一步开放的具体举措，包括允许外资控股合资证券公司，取消银行和金融资产管理公司的外资持股比例限制，大幅度扩大外资银行业务范围，允许符合条件的外国投资者来华经营保险代理等业务等；同时中国银保监会在其官方网站发布《中国银行保险监督管理委员会关于废止和修改部分规章的决定（征求意见稿）》，其中涉及取消中资银行和金融资产管理公司外资持股比例限制，实施内外资一致的股权比例规则，持续推进外资投资便利化的相关内容，表明中国将大幅度放宽金融市场准入门槛，更大范围、更深层次地扩大国内金融市场对外开放。虽然目前外资参股银行都还未达到 20% 的比例上限，表面上看中方在银行股权结构中占有多数控制权，外资机构对中方银行机构的影响不大，但在全流通的情况下，中方股东的股权结构实际上呈现分散之势，单个外资股东股权比例未达 20% 上限，却仍可能是该机构的第一大股东，拥有最大控股权；此时，对信贷资源的控制是银行业务的核心，外资银行参股渗股中资银行，可以少量的资本金放大贷款额度且分享到贷款收益的杠杆作用，变相控制中方贷款资源，而且外资董事可利用自己的话语权实行差别贷款的歧视政策（戴志敏、王海伦，2008）①。而外资类金融机构凭借其优质的服务，畅通的国内外理财渠道与多元化发达的表外业务，将会吸引大量国内的优质高端客户，剩下信用度低的客户通过逆向选择行为将使中资银行类金融机构的不良贷款风险增加。同时外资银行可通过金融专利等技术嵌入中国境内银行系统对中资机构实施技术控制等。

从外资银行类金融机构进入浙江省的情况看，2015 年浙江省外资银行机构数为 194 个，从业人员数为 936 人，外资银行总资产为 430 亿元，目前尚无外资法人机构入驻浙江省。目前我国外资类银行机构主要集中在上海、北京与广东，2015 年浙江省外资银行机构数占全国外资银行类机构总数比重为 3.3%，占浙江全部银行类机构数量比重为 0.13%；外资银行机构从业人员数占全国外资银行从业人员总数比重为 2.28%，占浙江省全部银行类机构从业人员总数比重为 0.384%；浙江省外资银行机构资产占全国外资银行机构总资产比重为 1.62%，

① 戴志敏，王海伦. 外资参股国内银行及其对金融安全的影响［J］. 浙江大学学报（人文社会科学版），2008，38（2）：108－115.

占浙江省金融机构总资产的比重为0.36%。因此目前外资银行类机构对浙江省的外源性冲击还很小，而更多表现为“没有外来狼群威胁的羊群成长风险”。但随着我国金融市场进一步对外开放以及浙江省经济持续稳定向前发展的态势，将会有更多外资类金融机构进入浙江省境内开展业务投资。从浙江省面临金融风险的角度来看，外资类金融机构主要表现为潜在的风险。

（3）短期热钱冲击风险。由于近十多年来中国经济持续稳定增长的态势、人民币升值的预期、国内外较大的利率差等因素，大量国际资本流入中国境内从事投资与投机活动。外商直接投资对引进地区的经济发展具有良好促进作用。但由于国际热钱投机性强，快进快出且没有固定投资场所，主要流向外汇市场、股票市场与房地产市场等，容易对这些市场形成冲击并形成一定的资产价格泡沫。因此，对于流入中国境内的短期投机性资本要保持高度的警惕。这些年国际热钱流入我国境内的途径主要有：一是通过资本账户输入，例如利用地方政府招商引资政策进行虚假投资，将无实体资产的投资资本投向房地产与有价证券等；国内投资者在国外以成立公司为名筹集境外资金进行返程投资；国际投资机构或跨国公司等从内部调集资金或短期借贷等，将境外转来的资金投向高利润行业。二是通过贸易账户输入，包括与国外公司签订虚假合同，向境内输入无对应实物的交货款或预付货款；以高报出口或低报进口的方式，将超额货款用于国内投机。三是通过个人项目输入，个人申报金额小，大量分散，真伪难辨，混夹着国际热钱流入；以国内投机机构或个人名义签订虚假合同，通过贸易中介佣金形式流入；通过职工报酬、赡养费等形式流入。四是通过地下钱庄的国内外分支机构转移资金流入等。由于浙江省是我国对外贸易大省与FDI引进地区，同时民间金融借贷活动较为活跃，地下钱庄比较集中，大量的国际热钱难免会通过以上形式流入浙江省境内，从而增加浙江省域经济与金融风险。

（4）地方政府外债偿还风险。2010年4月以来，欧洲希腊、葡萄牙、西班牙、意大利及爱尔兰等国家因发生债务偿还危机而遭受国家主权信用级别被降级下调，引发国内外债权人与投资者的恐慌，金融市场动荡，欧洲货币贬值，并最终引发欧洲主权债务危机，将国际金融危机后有复苏迹象的国家经济又拖入了危机泥潭。欧洲主权债务危机的爆发、蔓延与深化的过程，使人们深刻认识到一国主权信用评级对稳定国家金融市场安全的重要性。信用评级是“通过对企业和政府的债务偿还风险进行评判，以引导金融资本投资和决策行为。它直接关系到金融产品的定价权，并直接影响一国信贷市场利率和汇率形成，与国家金融和经济安全密切相关”（付俊文，2010）①。在金融市场自由一体化背景下，国际资本在

① 付俊文．我国信用评级业发展与国家金融安全研究［J］．经济问题探索，2010（11）：7－11.

金融市场之间流动更加便利，如果一国主权信用遭受危机（如被穆迪、标准普尔和惠誉 3 大信用评级机构下调信用评级），将直接影响国内外投资者或债权人的信心，从而造成国际资本，特别是短期国际游资大规模跨境外流，引发国内证券市场与外汇市场等剧烈波动，金融资产价格大幅度下跌，直接威胁国内金融市场的安全与稳定。因此，在当今金融市场开放一体化时代，主权信用评级直接影响被评级国家的金融安全与稳定，其影响力越发显著。

从我国外债形成来源分析，主要包括向外国政府借款、向国际金融组织借款、向国外银行及其他金融机构借款、买方信贷、向国外出口商、国外企业或私人借款、对外发行债券、非居民存款、国际金融租赁、补偿贸易中用现金偿还的债务、企业间贸易信贷等；如果从外债借款主体来分析，包括国务院部委、中资金融机构、外商投资企业、中资企业、企业间贸易信贷等，通过国家外汇管理局 2013 年统计数据发现，其中企业间贸易信贷、贸易融资、向国外出口商、国外企业或私人借款、国外银行及其他金融机构贷款占全国外债来源的 84.17%，而借款的主体主要集中在中资金融机构、外商投资企业和企业间贸易信贷，占当年全部外债借款的 87.87%。如果从地域划分的角度，我国的外债借款除去国务院部委和国有控股的中资金融机构外，理论上是由全国各省域的地区主体借款所导致的，而中资金融机构、外商投资企业和企业间贸易信贷的地域特征相对更加明显，因此我国的外债余额实际上是由全国各省域主体所举外债总额组成的。但由于我国实际结售汇制，而中国人民银行驻各省分行或中心支行代管理各省域的外汇、外债和国际收支业务，并直接对中国人民总行负责且由国家外汇管理局集中进行运营等，同时由于我国相当一部分省份一直是负创汇状态，国内一直缺乏地方省域公开的外汇与外债统计数据，而我国主权债务偿还风险也主要表现为国家层面，即主要考虑我国的主权债务偿还问题（张安军，2015）①。同时由于我国从中央到地方的集分权管理体制，地方政府的债务危机，尤其是外债危机最终将由中央政府救助解决，因此在本书中，包括浙江省在内的大陆 31 个省域的地方政府外债偿还风险等同于国家外债偿还风险。

3.2.2 内源性金融风险影响因素

内源性金融风险是指在经济全球化与金融国际化的背景下，各地区通过加强自身机制体制建设，以抵御各种外来风险的能力。根据前文对我国省域金融风险现状的分析，我国大陆各省域内源性金融风险的影响因素主要包括各省域宏观经济运行态势，各省域金融机构自身防范风险的能力，各省域资本市场与房地产市

① 张安军．中国金融安全监测预警研究［M］．北京：中国社会科学出版社，2015.

场的资产价格泡沫风险，以及各地方政府对内债的偿还能力风险等。

（1）宏观经济运行态势。实体经济最终决定虚拟经济，我国省域金融市场的健康稳定离不开各省域良好的宏观经济运行态势，而良好的宏观经济运行态势当然离不开中观产业良好发展态势与微观企业良好经营表现的支撑。实体经济对虚拟经济的影响主要体现在以下几个方面：首先，省域金融市场作为资金融通与货币信贷的集中场所，良好的宏观经济运行态势创造了更多的投资需求，为银行业资金的放贷提供了更多的选择出路，同时也减少了企业不良贷款风险的发生；其次，良好的宏观经济运行态势将使企业与员工收入增加，社会财富资金充裕并转化为金融机构各类存款或进行投资理财，有利于银行、证券、保险类机构等吸收社会良性资金，实现自身的盈利；再次，良好的宏观经济运行态势意味着全社会通货膨胀率被控制在合理范围内，避免土地、房地产等价格虚高，防止金融资产价格泡沫化的风险。观察全社会通货膨胀率不仅要看其增长率，还要看其波动程度。合理的通货膨胀有助于国民经济平稳较快增长，但是如果出现恶性通货膨胀，全社会主要产品价格出现极不合理的虚高时，企业经营困难，居民生活陷入贫困，社会陷入恐慌，将是经济社会衰退的前兆；最后，良好的宏观经济运行态势意味着全社会失业率保持在合理的可承受范围内，有利于社会的稳定，为地区金融市场的良性发展营造了非常有利的外部社会经济环境。当前我国各省域正处于经济结构转型升级的重要时期，在面临经济下行的压力下保持全社会真实失业率控制在合理可承受范围之内，对于社会安全稳定而言尤为重要，并可以为维护地区金融安全，乃至保障社会安全提供良好的外部条件。

（2）金融机构自身防范风险能力。金融机构是金融市场的主体，金融机构自身风险防范能力的强弱将直接影响到国家或地区金融市场的安全性高低。因此金融机构自身金融风险的监测与预警始终是国家或地区金融风险监测预警的重点。根据前文分析，目前浙江省金融市场的主体大体可以分为三类：一是银行、证券、保险、基金等传统金融机构，其中银行类金融机构是传统金融市场上的主体；二是互联网金融企业。随着近些年来互联网金融的快速发展，网络借贷、网络众筹、第三方支付、网络销售、网络理财等快速兴起，已经对传统柜台金融业务造成了巨大的冲击，并且网上交易额呈现逐年上升的态势；三是民间金融。浙江省作为民营企业活跃与外向型经济特征显著的经济大省，其以温州地区为代表的民间金融机构借贷行为一直游离于正规金融监管之外，一方面是对传统银行类金融机构借贷的有益补充，另一方面也存在着潜在的民间借贷风险而威胁到浙江省金融市场的安全稳定。因此，本书将从传统银行类金融机构风险、互联网金融风险与民间金融风险 3 类出发，来分析浙江省域金融机构的风险影响因素，并进行监测预警实证分析。

传统正规银行类金融机构风险：传统的银行类金融机构是浙江省域金融市场的主体，银行类金融机构经营能力与风险防范能力的强弱将直接影响到银行业自身的安全与稳定。通过前文2.2.2分析发现，目前浙江省银行业内部，大型商业银行与股份制商业银行占据浙江省银行业的主体，2016年大型商业银行机构资产占浙江省全部银行业总资产的33.8%，银行机构数量占浙江省银行业金融机构总数的30.4%，是浙江省银行业的传统主体。同时，股份制商业银行资产占浙江省银行业全部资产的18.6%，银行机构数占浙江省银行业的8.8%，是浙江省的重要组成部分。占比排在第三的城市商业银行资产占浙江省银行业全部总资产的20.5%，银行机构数占浙江省银行业的11.8%，也是浙江省银行业的重要组成部分。由于我国大型商业银行、大部分股份制商业银行与城市商业银行都直接或间接由政府控股，中央政府、地方政府、国控银行与国有企业在产权归属上性质相同，国有企业更容易通过体制内寻租而获得银行贷款，而商业银行也倾向于贷款给具有政府背景并直接或间接受到政府保护的国有企业等，而不一定按照市场化原则贷款给经济发展前景更好、经营效率更高的企业，从而更容易催生不良资产贷款。与此同时，浙江省是我国民营经济大省，民营企业众多而国有企业较少，在激烈的市场竞争条件下和美国等海外贸易保护主义不断抬头的国际背景下，大量外向型民营企业经营发展的不确定性更大，从而更容易导致银行机构不良资产贷款的产生。通过表3-4，2011~2016年浙江省域不良资产贷款率平均为1.82%，虽然绝对值仍处于高度安全范围内，但相对于其他省份，浙江省不良资产贷款率居全国第一位，商业银行不良资产贷款是浙江省金融市场风险的重要来源。从资产充足率方面考查，根据前文表3-7，浙江省12家股份制与城市商业银行在2011~2016年期间的资本充足率均达到了银监会最新规定的系统重要性银行机构与系统非重要性银行机构最低资本充足率的11.5%与10.5%的标准，均处于安全范围内，保持最低资本充足率是银行类机构维持审慎监管的关键环节之一。商业银行的安全性不仅体现在消极的防御性安全，更体现在积极进取的安全性，而保持较好的盈利能力与资产的流动性则体现了银行机构通过自身的良好发展来应对现实或潜在的风险损失。因此盈利能力与资产的流动性亦是商业银行风险监测预警的重要方面。

互联网金融风险：根据《中国金融稳定报告（2014）》指出，互联网金融是互联网与金融的结合，是借助互联网和移动通信技术实现资金融通、支付和信息中介功能的新兴金融模式。广义的互联网金融既包括作为非金融机构的互联网企业从事的金融业务，也包括金融机构通过互联网开展的业务。狭义的互联网金融仅指互联网企业开展的、基于互联网技术的金融业务。互联网金融包括P2P网络借贷、网络众筹、第三方支付、网络基金销售与网络理财等。根据第一借贷网统计数据显示，2016 年全国 P2P 网络借贷成交额突破 2.8 万亿元，比上年增长 137.59%，相对于野蛮生长似的 2014 年增长 269%、2015 年增长 259%、历年平均增长 281%，2016 年全国 P2P 网贷成交额增速虽然有所回落，但仍属高速增长。全国 P2P 历史累计成交额为 4.44 万亿元。全国银行业机构新增人民币贷款额为 12.7 万亿元，2016 年 P2P 网络借贷占银行业人民币贷款的 22%，显然网络借贷已经成为我国金融市场借贷的重要组成部分，新形势下必须考虑网络借贷对我国金融市场造成的风险冲击影响。

根据《浙江省互联网金融业发展报告（2015）》，截至 2015 年末，全省 P2P 和网络理财公司共 366 家，年交易额达到 1765 亿元，同比增长 253.21%。2016 年浙江省 P2P 网贷成交额为 4007.41 亿元，而 2016 年浙江省传统银行机构本外币新增贷款余额为 5339 亿元，P2P 借贷占传统银行机构贷款的 75%，显然在浙江省网络借贷对传统银行类市场的冲击影响巨大，新时期省内涌现了铜板街、挖财等一批在全国有影响力的公司。网络借贷产品丰富，具体产品有政府平台融资、汽车贷、学生贷、电商贷以及供应链融资等，传统银行无法涉及的领域也涉及了，补充丰富了金融生态，推进了金融普惠。

与此同时，浙江省网络众筹、互联网基金销售等亦呈现快速增长的势头，但相对于网络借贷，目前在规模总量上还比较少。然而与传统银行类金融机构相比，互联网金融面临着技术风险、业务经营风险与法律监管风险等方面的问题。考虑到数据对互联网金融的影响程度与数据的可获取性，本书重点考虑 P2P 网络借贷对浙江省互联网金融市场形成的风险冲击影响。

民间借贷风险：以浙江为例，浙江省是我国民营经济大省，中小微企业众多，对资金需求量大，而浙江省民间资本实力雄厚，因此催生出大量的民间借贷等投融资活动，并在杭州、温州、舟山、嘉兴等地区比较活跃。民间借贷作为一种民间自发的融资方式，是我国传统银行类贷款融资方式之外的有益补充，可以满足社会各层次主体的融资需要，有效解决资金出路，在一定程度上缓解我国中小企业融资难问题。但在实际中，民间借贷等方式在投融资方面存在交易隐蔽、利率过高、部分规模过大、风险不易控制，以及正规民间借贷与非法集资等交织在一起的情况，导致一些地方中小微企业出现资金链断裂，容易引发地区性金融风险。正如前面所述，总结出浙江省民间金融的风险，主要包括三个方面，即：中小企业转型升级困难，企业经营困难，利润下降导致偿债能力下降；浙江省民间借贷利息成本高，增长了企业债务清偿风险，在浙江省民间借贷行为中普遍存在高息借贷现象，过高的贷款融资成本，早已超过了一般企业的资本利润率水平，致使企业偿债压力巨大，容易引起企业资金链断裂而导致民间借贷金融风险的发生；民间借贷乱象丛生，民间融资市场因缺乏必要的约束和管理而呈现出无序乱象，如借贷形式不规范、担保不完备、借款用于非正常用途、高息借贷、违法借贷，甚至与刑事犯罪交织在一起，极易引发纠纷。

（3）资产价格泡沫风险。资产价格泡沫是金融类资产的价格严重偏离金融资产实际内在价值，造成经济虚拟化而严重偏离实体经济的脱实向虚过程。金融资产价格泡沫大多是由于金融市场上的投机行为盛行造成的，由于缺乏实体经济支撑，极易发生泡沫破灭而给金融与实体经济带来巨大破坏。在我国主要表现为资本市场价格泡沫与房地产市场价格泡沫。

资本市场价格泡沫风险。首先，由于我国资本市场起步晚，从1990年上交所成立至今也才20多年，资本市场运作机制与监管体制还存在严重的不足，市场上投资炒作风气盛行，时常表现为股票市场频繁剧烈波动。其次，由于资本市场的逐利本性与民众投机心理驱使，以及受资本市场人为风气与非理性“羊群效应”驱使等，股票价格易出现虚高，严重偏离了上市公司内在价值，一旦受到市场内外各种非利好消息影响，容易引起股价在短期内大幅下跌、股价泡沫破灭的风险。20世纪初以来，人类历史上曾经发生过多次由于金融资产价格泡沫破灭所导致的金融危机事件，最著名的有20世纪20年代受第一次世界大战影响，大量欧洲资金流入美国，导致美国股价飞涨，之后“黑色星期二”事件爆发，美国泡沫经济破裂，导致1929～1932年大萧条灾难的发生。20世纪80年代初，日本由于签署《广场协议》致使日元对美元大幅度升值，国际投机资本纷纷投向日本的股市与房市，引发股价、地价与房价严重虚高，1989年日本政府实施紧缩性货币政策直接催生了资产价格泡沫的破灭与本国经济的衰退。另外还有1998年东南亚金融危机发生之前的泰国房地产价格泡沫，1999～2000年美国互联网高科技股泡沫等。最近如2008年美国次贷危机的发生在一定程度上也是由于房地产价格不断实现自我证券化而形成房市价格虚高，最后次级抵押贷款终因无力偿还而引起金融市场资产价格泡沫破灭，并最终引发全球性金融危机。因此，在我国金融市场深入扩大对外开放的趋势下，对资本市场价格风险的监测预警始终是国家与地区金融风险监管防范的重点内容。

浙江省是我国东部沿海发达省份，优秀企业众多，同时浙江省在沪深两市上市的企业亦较多。截至2017年3月，浙江省在A股已发行、上市的公司数量达到353家，仅次于广东省503家（其中深圳市240家），位居全国第二，而江苏省则以334家排在第三位，北京、上海分别为289家与251家位居第四与第五。与此同时，浙江省内企业排队IPO上市积极活跃，2010年浙江企业IPO数量达到45家，2011年有39家，2015年为33家，2017年已经达到了87家，目前浙江省企业IPO申请上市的势头强劲。预计在不久的将来，浙江省将会有更多的企业出现在资本市场上。由于绝大部分上市公司都是浙江省内各行业的优秀龙头企业，在众多企业上市后，浙江省内经济容易受到资本市场价格波动的影响，股价上升将导致公司市场价值增值，股价下跌将导致公司市场价值缩水，浙江省经济已经与国内资本市场紧密联系在一起，因此，资本市场价格风险的监测预警显然是浙江省金融风险监测预警与监管防范的重要内容之一。

房地产市场价格泡沫风险。根据前文 3. 1. 2 节房地产市场风险分析，以房价收入比来衡量浙江省的房地产价格泡沫风险程度，从 2007 年起就已经处于危机状态。如果从房地产投资占当年 GDP 比重分析，包括杭州市在内的浙江省内主要城市经济发展对房地产投资依赖严重，房地产经济已经成为影响浙江省经济的重要因素。房地产行业属于高杠杆行业，对资金需求依赖严重，严重依靠银行类机构贷款融资，与地方金融市场联系紧密，容易由于各种原因而引发资金链断裂。首先，随着民众财富的增加，在面临通货膨胀的背景下，老百姓考虑将更多财富分配到股市与房市中进行投资或投机活动，尤其是如东部经济发展较好的浙江省主要城市的房地产容易成为投机的关注重点，从而助推房地产价格泡沫；其次，浙江省良好的经济发展态势与发展前景，将吸引更多外地人员来浙江省创业、生活、定居，而“有房才有家”的观念促使大量外来人员在浙江省买房生活，其中一部分外来炒房者亦可借机揽房炒作，从而可能推动房价上涨；最后，浙江省经济一直以来严重依赖于对房地产的投资，这容易形成经济发展的路径依赖效应，使得政府土地财政政策、房地产商与银行机构形成紧密联系，在主观上希望维持较高的房价而不愿房价有太大下跌，并在房地产政策、广告宣传等方面为维持助推高房价形成幕后助手。如果房地产价格虚高，但面临价格泡沫破灭的风险，可能引发区域性乃至全国性金融市场危机。因此，当前房地产价格泡沫风险已经成为影响浙江省经济与金融市场稳定的重要因素。

（4）地方政府内债偿还风险。地方政府债务风险是指地方政府承担债务但无能力按期还本付息的可能性以及产生的相应后果，如导致政府财政不能正常运转，拖欠行政及事业单位职工工资和职工养老金，以及无力进行正常公用事业投入等。对于地方政府而言，适当举借债务是我国在大力发展市场经济过程中所产生的正常现象，通过适当举债来发展地方经济，有利于弥补地方财政资金的不足、发挥出一定的财务杠杆效应、充分利用好政府的职称，从而更好地服务于地方经济。正如企业要保持适合的资产负债率一样，关键是要利用好所举债务，将政府债务风险控制在地方政府可承受的范围内。地方政府债务风险一般包括偿债风险和流动性风险。前者是指地方政府资不抵债，后者是指虽然政府的资产总额大于其负债总额，但由于缺乏流动性，地方政府无力对到期债务还本付息。我国政府债务风险既表现为全国性的，也表现为区域性的，而且全国性的债务风险也主要由区域性的债务风险所形成。地方政府的债务风险主要包括：规模性风险，即由于地方政府债务规模过大而导致的到期债务可能无法完全偿付的风险；结构性风险，主要是指地方政府债务状况所呈现的各类显性或隐性债务风险；效率风险，是指由于所借债务资金的投资管理效率不高可能导致的债务资金不能有效使用的风险；外在风险，主要是指地方政府无法清偿到期债务所引发的其他衍生的风险，如不能偿还到期债务，可能会出现挪用其他财政用途的资金、增加或进一步举债、向上级政府转嫁债务等，从而引发其他财政支出项目的资金缺口，并可能增加经济与社会不稳定因素的风险。由于地方政府与地方性商业银行，或全国性银行在地方的分支机构产权性质与管理归属上呈现内在政治关联性，近些年我国地方政府为了达到经济增长的目的，通过各种类型的地方政府融资平台等，或为地方企业或公益性项目提供显性或隐性担保，或通过发行地方政府债券等形式举借了大量债务，既前文所述的第一类、二类与三类债务。如果由于各种原因导致地方政府不能定期偿还债务，将导致银行类金融机构不良资产增加，或债券风险增加，从而增加区域金融风险。

根据前文 3. 1. 6 对浙江省政府债务风险的分析，2011 ~2015 年浙江省无论是从政府负有直接偿债义务的债务规模，还是包括或有债务在内的三类债务总规模，均呈现出上升的态势，其中 2011 年第一类债务规模为 4384. 52 亿元，到 2013 年 6 月上升至 5088. 24 亿元，再到 2015 年末上升到 9188. 3 亿元，呈现快速上升的态势；三类债务总规模从 2011 年约 5896. 58 亿元，到 2013 年 6 月的 6928. 37 亿元，再到 2015 年末的约 12535. 2 亿元，亦呈现出快速上升的态势。从浙江省政府债务负担率来看，目前都处于发展中国家或地区 45% 的安全警戒范围以内，但 2014 ~2015 年浙江省政府国债负担率呈现快速上升的态势。从全国范围来对比，2015 年末，浙江省三类债务总规模为 12535. 2 亿元，位居全国第四，其中负直接偿债义务的债务规模为 9188. 3 亿元，位居全国第三。从政府债务率数据分析，2015 年底浙江省负有直接偿债责任的政府债务率为 191%，已经超出了 100% 的政府偿债警戒线。如果包括或有债务等 3 类债务在内，浙江省政府债务率为 260%，严重超出了 100% 的警戒线，政府债务风险呈现严重态势。因此关注浙江省政府债务风险是防范浙江省域金融风险的重要方面。

第4章　中国省域金融风险同步监测机制分析

对省域金融风险状况进行监测评估分析是全面系统而精细化的过程：首先，需要明确什么是省域金融危机？省域金融危机爆发的主要表现是什么？对于主权经济体，金融危机主要表现为该国货币在短期内大幅度贬值的汇率危机和因银行类金融机构流动性不足而出现的民众挤兑等社会恐慌，以及大量银行类金融机构宣布破产、并购或被政府接管的现象。且我国是从中央到地方的集权性管理体制，且我国省域经济是全国经济的组成部分，没有独立的经济主权（包括对内的经济金融政策的独立制定权，经济事务的管辖权独立；对外的独立平等的国际经济事务的参与分享权；对本地区发展的重要经济战略资源的控制权），因此，正如本书2.1节的分析，对于我国省域而言，不存在独立的经济主权，也就没有独立的经济或金融安全的概念，一旦省域金融风险恶化就可能引发更大范围的区域性金融风险或系统性金融风险，从而威胁到国家金融安全。由于人民币是中国大陆的唯一法定货币，中国只以人民币为法定计价货币，由国家外汇管理局统一管理全国的外汇交易市场，因此对于大陆各省域而言，区域性金融危机主要表现为金融机构的危机。由于银行业是我国金融业的主体，也与实体经济联系密切，因此省域金融危机主要表现为省域范围内银行类金融机构大量破产倒闭，被收购或被政府接管的危机。其次，需要对省域金融体系运行过程中面临的主要风险进行全面深入地把握，包括对重要领域与重点环节面临的现实风险与潜在风险进行分析，既包括经济与金融全球化背景下所面临的各种外来直接或间接的冲击威胁风险，也包括来自于该省金融体系内部面临的各种自身运行风险或体制机制的脆弱性；再次，需要构建一套科学有效的监测评估机制体系，而纵观国内外学者的研究思路，基本集中在选取相应的金融风险评价指标并构建省域金融风险监测评估指标体系，因此问题的关键在于能否根据浙江省近些年来金融体系发展的实情而构建科学有效的监测评估指标体系，而这个过程成为本书整个监测评估的中心环节；从次，根据一定的方法对浙江省域金融风险监测指标的风险程度进行综合评价，包括线性综合加权法、主成分分析方法、模糊综合评价法等，由于各种综合评价方法都有优劣，本文选用线性综合加权法，而其中重要环节是指各监测指标权重的准确核算；最后，科学合理设置各监测指标临界警限区间。不同的监测指标其安全警限区间不同，同一指标在国家经济发展的不同阶段其面临的安全警限区间又有差别。因此能否科学判断本国金融经济发展所面临的现实阶段并科学合理设置各监测指标警限区间，是整个监测评估体系的重要环节；除此之外，在上述基础之上，将省域各监测评估指标的实际观测值，通过其安全临界警限转化为相应的风险信号程度（如金融风险指数、安全得分或安全信号强度等级赋值等），并通过综合评价方法合成为各个子系统或总系统的综合安全信号程度，并最终对浙江省总体各个重要领域或重点环节的金融风险程度作出科学准确的判断。

本章在对我国浙江省域金融风险现状与金融风险主要影响因素进行归纳总结的基础上，从金融安全条件（即我国面临的外源性直接或间接的风险冲击威胁）与金融安全能力（内源性金融运行风险或体制脆弱性风险）两大逻辑维度出发，从省域对外经济风险、外资性银行机构进入风险、短期国际热钱冲击风险、地方政府外债偿还风险、省域宏观经济运行风险、银行机构运行风险、金融资产价格泡沫风险与地方政府内债偿还风险八大重点领域精选了重要监测评价指标，构建了我国省域金融风险监测指标体系；在此基础上，通过 AHP 层次分析法与熵值法相结合测算了各监测指标的相应权重，并集中了国内外专家学者的智慧成果与笔者对我国近 20 多年来金融经济发展实情判断，科学合理设定了各监测指标的临界警限区间，并对浙江省域 2011～2016 年的省域金融风险程度与各重要领域的风险程度进行了一次全面动态监测评估分析，对影响浙江省金融风险程度的条件与能力因果关联度进行了定量检验，而且通过 H－P 滤波法与有增长上限的修正指数模型对浙江省域金融风险指数的演进过程进行了动态计量测度分析。

4.1 中国省域金融风险同步监测指标系统

4.1.1 省域金融风险监测指标选取的相关研究

（1）国外对于省域金融风险监测指标选取相关研究。

虽然国外对金融风险等问题研究较早，但现有文献检索主要集中于主权国家（如美国、日本、墨西哥、巴西、俄罗斯等）或东南亚（如东南亚金融危机期间涉及的国家）、欧盟区（如欧洲主权债务危机波及的国家）等国际区域层面，而单独对国内区域性金融风险问题研究较少。主要原因体现为以下几个方面：一是从全球范围来看，具有大国经济特征的国家非常少（包括国土面积大、经济发展总量大而内部区域发展呈现不均衡性，目前从全世界范围来看主要为美国与中国，其次为巴西、俄罗斯、印度等）；二是国外学者关注金融风险等问题主要基于金融危机爆发的背景，金融危机的爆发主要体现在对主权国家金融安全的冲击威胁，而对于金融安全的研究一般以主权国家为整体研究对象，内部区域难有独立的经济主权；三是国内外学者对于金融安全视角下金融风险问题的研究大多始于20世纪90年代初，包括1994年墨西哥爆发金融危机，至今也才20多年的时间，而对于金融安全等问题的认识研究还远没有达到真正成熟的程度。

国外学者对于国家金融风险监测指标相关研究主要体现在：20世纪60年代末，美国商业环境风险情报研究所（BERI）的汉厄教授（F·T·Haner）设计了第一个反映政治经济环境风险的评价指数——国家风险预测指数，亦称富兰德指数。该指数是由定量评级体系、定性评级体系和环境评级体系构成的综合指数。由伦敦国际商业交流有限公司的美国分部出版的《国际各国投资指南》中将投资风险分为政治、金融与经济三大类风险，分别进行风险评估，在此基础上设计了综合风险等级，计算了综合风险指数。国际金融界权威刊物《欧洲》（EU-RO—MONEY）于每年9月或10月定期公布当年欧洲货币国家风险等级表。该表侧重反映一国在国际金融市场上的形象与地位，从进入国际金融市场的能力（权重20%），进行贸易融资的能力（权重10%）、偿付债券和贷款本息的记录（权重15%）、债务重新安排的顺利程度（权重5%）、政治风险状态（权重20%）、二级市场上交易能力及转让条件（权重30%）等方面对国家风险进行了考察。日本公司债务研究所对国家风险进行了研究并提出国家风险等级表，国家风险评价内容包括：内乱、暴动及革命的危险性、政权的稳定性、政策的连续性、产业结构的成熟性、经济活动的干扰、财政政策的有效性、金融政策的有效性、经济发展的潜力、战争的危险性、国际信誉地位、国际收支结构、对外支付能力、对外资的政策、汇率政策等。美国银行家欧·梅耶根据对国际上18家银行、跨国公司进行国际风险监测的指标进行了归纳、综合并分类，从大的方面分为了三大类。美国联邦机构监管委员会协商建立的“骆驼评价体系”（CAMELS）来对金融机构的经营状况进行现场评级。CAMELS系统是美国联邦金融机构监管委员会（FFIEC）于1979年建立，并经过1997年修改后成为美国主要监管机构统一使用的CAMELS（骆驼）监测制度，其内容包括六个方面：资本充足率、资产质量、管理水平、盈利状况、流动性和市场风险敏感性。所有银行评估和监管工作基本都围绕这六个方面的指标展开。评估方式分为A、B、C、D、E五个等级，警示范围被评为D、E两级或本期评估结果较前期低两级的机构，美国监管当局通常每年对各家金融机构进行现场检查一次。CAMELS系统被认为是效果最显著、最可信赖的评估工具，近几年这种方法已经由现场引入到非现场的实践当中。同时，美国金融监管当局还提出了ROCA+S评级体系，主要用来对商业银行非法人分支机构的经营风险管理状况作出综合性评判，包括风险管理、营运控制、合规性和资产质量四个方面，分别评估银行分行经营管理状况，并结合总行支持度（SOSA）进行适当调整后，确定对银行分行的综合风险评估等级，目前该评级方法已被国际上许多机构采用。国际货币基金组织（IMF）有关部门于2001年6月提出了金融稳健性指标（Financial Soundness Indicators，FSI），以希望通过规范统一的报告、披露与评价标准，来监督金融机构和市场是否安全稳健运行。FSI评价体系是用于评估金融部门及经济部门金融风险的多项统计指标集合，不仅可从微观上实现对商业银行风险的监测预警，而且可从宏观上监测总体经济的金融风险，包括核心指标集（Core Sets）与鼓励指标集（Encouraged Sets）。其中核心指标集的统计内容和中项指标是FSI的重点部分，用于监测银行体系的风险，包括银行资本充足性（包括调整的资本对风险加权资产的比率、调整的Ⅰ级资本对风险架以资产的比率）、资产质量（包括呆账点占全部贷款的比率、呆账占全部资本的比率、贷款在各经济部门的分布比率）、盈利能力（包括资产利润率、资本利润率、利息收入占比、非利息收入占比）、流动性（流动资产占总资产比率、流动资产对短期负债的比率）、市场风险的敏感度（资产平均期限、外汇净头寸对资本的比率）。鼓励指标集主要是考虑各国的金融体系和经济体制存在较大差异，为了弥补核心指标体的不足，以便对银行和非银行金融机构以及相关经济部门进行全面的考察，由此进一步衡量金融体系潜在风险而设计的。

（2）国内对于省域金融风险监测指标选取相关研究。

2001年中国加入WTO，随着外商投资与国际资本大量进入我国市场，在促进地区经济发展的同时也带来了不稳定风险，部分学者对我国区域金融风险问题进行了监测评估研究。易传和等（2005）从区域核心指标与区域相关指标两方面共选取31项指标构建了我国区域金融稳定评价指标体系，其中核心指标主要考察区域内各金融机构资本的充足性、安全性、流动性和盈利性；而相关指标则是对核心指标的补充，从侧面来评价区域金融稳定性，主要从当地政府调控、企业效益、利率风险、债务清偿、经济增长和银行规模六个方面进行衡量。汪祖杰等（2006）从区域金融安全内在关键性指标与外在影响性指标两大维度来构建监测衡量指标体系，其中内在关键性指标主要从微观监测、宏观监测与生态环境监测出发共选取了29项监测指标，外在影响性指标主要选取了全国经济状况指标、货币指标、股票价格指数指标和汇率指标，同时对苏州市金融风险程度进行了分析，但忽略了外源性金融风险冲击威胁，亦忽略了新常态下互联网金融风险带来的冲击影响等。叶莉等（2007）从宏观监测预警指标和微观监测预警指标方面共选择了16项监测评价指标，并对河北省的金融安全状况进行了监测评估分析。但忽略了外源性风险冲击影响，同时亦存在对互联网金融、政府债务风险与泡沫风险考虑不足等问题。谭中明（2010）从区域外部影响因素与内部影响因素两个方面共选取了39项区域金融风险衡量评价指标，其中区域外部影响因素主要从全国范围的宏观经济风险、货币风险、对外经济风险、资产价格泡沫风险四个子方面来衡量，内部影响因素主要从区域内部的金融机构经营风险、区域经济运行、区域金融生态、特殊影响因素四个子方面来衡量，同时对江苏省2007年金融风险状况进行了评价，但存在监测与预警相混淆不分、选取指标归属不清、指标偏多、可操作性差等问题。宋凌峰等（2011）将中国区域层面的部门金融风险分为公共部门、金融部门和企业部门，并分别选择财政缺口率、不良资产贷款率和企业违约距离3项指标来衡量中国省域的部门金融风险，并采用面板数据模型对中国区域金融风险部门间传递进行了实证研究，但只注意到内部金融风险而存在监测指标衡量不足等问题。李建军等（2013）通过构建民间借贷利率风险指数与规模风险指数对浙江省2008～2012年的民间金融风险进行了实证分析，但仅涉及民间金融风险且监测数据难以获取、持续监测操作性较差等问题。中国人民银行上海总部（2015）每年公开出版《中国区域金融稳定报告》，其中该报告主要从宏观经济、金融机构与金融生态环境三个方面共选择了25项区域金融稳定监测评估指标，并对我国东、中、西部与东北地区的金融稳定状况进行了定量监测评估分析，但监测指标选取来源无解释说明，只注意到内源性金融风险而忽略外源性冲击威胁风险，同时忽略了传统民间金融与新时期互联网金融带来的风险影响。与此同时，艾洪德（2005）、欧阳禹（2005）、孙清（2008）、黄萍（2012）等也对区域金融风险监测问题进行了探讨。

4.1.2 省域金融风险监测指标系统的构建标准

（1）科学系统性。即所选取的指标应能涵盖当前及未来一段时期影响我国区域金融风险的主要方面，包括内源性风险影响因素与外源性风险影响因素。同时指标体系之间逻辑划分应层次分明，包括一级指标与二级、三级指标之间关系分明。由于不同指标的敏感性不同，有些指标相对惰性，有些指标相对活跃，构建指标体系也应注意到它们之间的互补平衡关系。

（2）代表独立性。即所选取的指标应具有典型代表性，具备少而精的特点，例如，同一风险影响因素应选取最能代表衡量区域金融风险的监测指标。同时各子系统之间、指标之间都应保持相对独立性，避免反映同一金融领域风险状况的指标设置过度重复，造成事实上对该金融领域赋予的权重过高。

（3）动态开放性。由于我国市场化程度在稳步提升，经济与金融市场的对外开放程度也在稳步推进中。指标的选取既要反映我国省域当前的金融风险变化状况，也要能预见到未来一段时期我国省域金融系统的发展变化趋势，以动态发展的眼光来衡量我国区域金融系统的风险运行发展情况。

（4）可操作性。即所选取的指标要有可靠权威的数据来源，能够客观地对我国区域金融风险情况进行实时定量监测，以及准确地对我国当前金融风险程度进行评估。对于一些新的风险监测领域，由于目前国内相应统计数据相对落后，监测指标的设计也要同时有利于定量核算；同时对于一些定性指标，也要有科学合理的量化途径与方法，以便于监测核算。

4.1.3　省域金融风险监测指标选取的依据与逻辑结构体系

本书通过以下方法来构建我国省域金融风险监测指标体系：

一是选择我国区域金融风险的初选指标。根据国内外主要学者在研究国家区域金融风险程度过程中所使用的常用监测指标建立国家区域金融风险监测评价指标池，以作为原始初选指标。

二是对初选指标作进一步筛选。此处综合运用专家调查法与社会调查法。专家调查法是通过对国内外主要专家学者在衡量国家区域金融风险、区域金融危机、区域金融安全或区域金融稳定过程中的期刊、著作或研究报告中所使用的监测指标的频数统计，进行从多到少排名，一般单个监测指标出现的频数越多表明该指标被专家学者们认可的程度越高，越显得重要；社会调查法是通过设计问卷调查并就我国区域金融风险的常用监测指标，通过对校内外该领域若干专家学者进行调查统计，按指标频数从高到低排名。通过这两种方法研究的指标排名，以每种方法排名分别赋予分值并进行综合加权总排名，从而进一步筛选风险监测指标。

三是对进一步入选的监测指标作动态的调整修正。本着动态发展的视角，笔者根据我国自东南亚金融危机以来，特别是 2008 年国际金融危机爆发以来我国区域经济与金融市场风险形势出现的新特征新变化判断理解，并紧密结合前文浙江省经济与金融风险特征的实情，对第二步入选的监测指标作进一步的补充与动态修正，最终确定了我国省域金融风险监测指标体系。

本书所构建的监测指标体系依据矛盾对立统一的哲学观点，立足于我国区域经济与金融发展过程中内外相互作用的过程安全性，从我国区域金融市场在开放过程中面临的直接或间接的外部冲击威胁，以及我国区域金融系统在对外开放过程中如何通过加强自身的机制体系能力建设，抵御防范金融风险以维护自身金融安全的能力，从我国区域金融安全的外在条件与内在能力两大逻辑维度出发，来构建我国区域金融风险监测评估指标体系。本指标体系考虑到了影响我国区域金融风险的重要领域与重点环节，精选了重点监测指标来构建我国区域金融风险监测指标体系，其逻辑结构与具体指标内涵解释如下。

（1）省域金融安全条件指标。

根据前面的分析，我国省域金融系统在对外经济发展依存、外资银行类金融机构进入冲击、国际热钱流动冲击、对外债务偿付四个方面的重要影响性在当前及今后一段时期显得尤为突出。

对外经济依存。我国区域经济发展与国际市场联系愈发密切，尤其是东部沿海发达省份如广东、江苏、浙江等外向型经济与国际市场联系显著，而经济是金融发展的基础，地区经济发展水平对国外市场的严重依赖将直接影响到地区经济持续稳定发展，这主要体现在以下四个方面：首先是地区国际贸易对海外市场的整体依赖程度，其次是地区对外贸易出口对海外若干国家或地区的集中依赖程度，再次是地区对外贸易进口对海外若干国家或地区的集中依赖程度，最后是地区经济发展对引进外资的依赖程度。因此，本书主要从这四个方面选择相应的监测指标。

对外贸易综合依存度。外贸依存度用于衡量一国经济对国际市场依赖程度的高低，一般用对外贸易总额占 GDP 的比重来衡量。比值越高意味着地区对外贸易对国际市场的依赖越严重，外来风险变化的冲击威胁就越大。2014 年浙江省对外贸易依存度为 54.3%，2015 年为 50.3%，2016 年为 47.8%。表明浙江省总体上对海外贸易的依赖程度还是比较严重的。

但是需要考虑到我国目前的汇率水平实际上是偏低的，因此，单纯按照官方汇率来计算会人为地提高我国的对外依存度。同时，不同的贸易方式对我国经济安全的影响是不一样，如对于加工贸易而言，由于原材料和销售地“两头在外”，我国各区域在加工的过程中赚取的只是加工费，对区域经济风险的影响相对较小。相比而言，一般贸易对我国区域经济风险会带来更大的影响。因此，本研究在此采用将官方名义汇率与购买力平价所决定的汇率结合起来考虑的办法，同时综合考虑贸易方式对我国省域外贸依存度的影响，计算我国区域的对外贸易综合依存度。具体而言，本研究需要首先计算各省域 GDP 的真实经济总量（综合考虑官方汇率和世界银行汇率水平），然后根据对区域经济安全影响的不同，对不同的贸易方式赋予不同的风险权数来计算综合的对外贸易总量。根据专家调查的意见，我国对外贸易中一般贸易、加工贸易和其他贸易的风险权数可以考虑为 100%、50% 和 100%。具体计算方法为：将一般贸易、加工贸易和其他贸易分别按 100%、50%、100% 的权重加权求和，再分别计算其占名义 GDP 和实际

GDP 的比重[①]，最后将这两个比重进行算术平均，得到我国各区域按照贸易类别加权的对外贸易综合依存度。

出口集中度。本指标旨在衡量我国省域出口贸易对单一（或少数）国家或地区的依赖程度。如果出口过于集中在某一个或几个国家或地区，贸易风险将难以分散，如果海外国家或地区经济波动将会给我国省域经济带来较大的风险冲击影响，不利于我国省域经济安全。根据历史数据，我国各主要省域的出口贸易国（地区）依次为：美国、欧盟、东盟、日本、韩国、俄罗斯、英国、澳大利亚、中国香港等。2016 年对这 9 个国家（地区）的出口额占我国出口总额的 77.6% 左右。其中“十二五”期间浙江省对欧盟、美国、东盟、日本、英国、俄罗斯、韩国这 7 个国家（地区）的出口额占浙江省出口总额的绝大部分。考虑到我国与中国香港贸易的特殊性及历史上我国与其他国家的政治军事关系问题，本研究采取了风险加权的方法，以不同的风险权数折算我国省域对不同国家（地区）的出口，其中对美国、日本、俄罗斯的出口额按 100% 折算，对韩国与东盟的出口额按 90% 折算，欧盟和英国按 80% 折算。然后再计算我国省域对这 7 个国家（地区）风险加权后的出口额在我国各省域出口总额中的比重，所占比重越大，则我国省域对外出口地域越集中，越不利于分散海外经济风险。

进口集中度。与出口同样的，如果我国省域的进口过于依赖于某一个国家或地区，贸易风险难以分散，这一国家或地区的经济波动对我国省域经济安全的影响就会加大。从历史数据来看，我国主要的进口贸易国（地区）依次为：东盟、欧盟、日本、中国台湾、韩国、美国、澳大利亚、俄罗斯、加拿大等。其中“十二五”期间我国浙江省对东盟、日本、中国台湾、欧盟、韩国、美国和澳大利亚这 7 个国家（地区）的进口额占浙江省进口总额的绝大部分。考虑到我国与中国台湾之间贸易的特殊性、我国与其他 4 个国家的政治和军事友好程度及它们对我国经济能施加的影响力大小，我们对省域主要进口贸易国的贸易额进行了风险加权，赋予美国、日本的进口额 100% 风险权重、韩国与东盟 90% 风险权重，欧盟和澳大利亚 80% 风险权重，中国台湾 50% 风险权重进行折算，然后再根据我国省域从这 7 个国家（地区）风险加权进口额占我国省域进口总额的比重，所占比重越大，则我国浙江省域对外进口地域越集中，越不利于分散海外经济风险。

外资综合依存度，指我国各省域对吸收外商直接投资较多的国家或地区资金

---

① 由于我国尚没有实行完全浮动的汇率制度，事实上很难测算我国的真实汇率水平。因此，在本研究中将综合考虑我国的官方汇率水平和世界银行依据购买力平价法确定的人民币汇率进行计算。该指标的具体计算方法是，首先根据不同的人民币汇率将以人民币计的 GDP 折算为以美元计的 GDP，再计算出外商直接投资分别占用不同汇率计算出的以美元计 GDP 的比重，最后将两个比重进行简单算术平均。以下我们将根据官方汇率水平计算出来的 GDP 称为名义 GDP，将按照世界银行购买力平价法确定的汇率水平计算出来的 GDP 称为实际 GDP。

的依赖程度。如果我国省域经济发展对外资的依赖过多过重，则地区经济发展对海外资本市场依赖较重，尤其是当引进吸收外商直接投资只集中在某一个（或少数几个）国家或地区时，风险难以分散则对外经济风险更严重。但考虑到不同国家或地区的资金对我国经济安全的影响程度是不一样的，本书采用外资综合依存度指标，即对我国省域吸收的外商直接投资，根据资金的来源分别赋予不同的风险权数，再加权计算我国对这些国家的风险外资依赖程度，即用各国或地区的资金在我国外商直接投资中占总投资的比重乘以风险系数，然后加总即可得出我国的风险外资依赖程度。如2014年浙江省实际利用外资排名在前七位的国家和地区分别为中国香港、维尔京群岛、新加坡、德国、日本、美国、法国，占浙江省总引用外资的约85%，本研究考虑不同国家或地区与我国的关系，根据专家调查意见，分别赋予美国、日本100%风险系数，维尔京群岛90%风险系数、新加坡、德国与法国80%风险系数、中国香港20%风险系数。然后再根据我国省域从这些国家（地区）风险加权引进外资额占我国省域综合加权GDP的比重，所占比重越大，则我国省域经济发展对外资的依赖程度越严重，对外经济风险越大。

外资银行进入。外资银行资产占省域银行业总资产比重。该指标主要衡量外资银行对我国省域银行业市场的控制渗透程度，由于我国国内商业银行大部分具有国有直接或间接控股性质，因此该指标也体现了该省对金融资产的掌控程度。随着中国2001年加入WTO后，对国外银行类机构进入我国境内的门槛逐渐降低，特别是2006年以来外资银行类机构大量进入我国境内开展人民币存贷款与各类中间业务。一般认为外资类金融机构在经营管理水平、金融服务水平、金融风险控制水平等方面相比中资类金融机构具有明显的优势，能够给国内中资类金融机构带来较好的学习模仿的机会，但凭借其国际化优势也会对本土银行类金融机构带来风险冲击影响。但是，根据第2章的分析，目前国内商业银行，特别是国有大中型商业银行无论在金融资产总规模，还是银行营业网点数量及覆盖范围上相比外资类银行机构都占有绝对优势，当前外资银行在本土主要是事业良性的竞争环境，但是随着中国银行业的不断开放，以及现行国有银行机构的垄断经营地位逐渐被打破，外资银行对中国银行业市场的占有率将会逐渐提升。

外资金融机构对省域银行类机构的综合持股比例。该指标主要用来衡量外资银行类金融机构对我国本土商业银行的股权控制程度。由于我国国内商业银行大部分都具有国有控股性质，因此该指标也体现了我国政府对本土银行类金融机构的股权掌控程度。根据中国银保监会在其官网发布《中国银行保险监督管理委员会关于废止和修改部分规章的决定（征求意见稿）》，包括涉及取消中资银行和金融资产管理公司外资持股比例限制，实施内外资一致的股权比例规则，持续推进外资投资便利化等，因此，在全流通与股权分散的情况下，单家外资银行类金融机构或是通过收购市场上转让的流通股，或是联合其他境外合格金融机构联合控股等形式，还是有可能成功取得相对控股的地位，从而可能使中资银行类金融机构丧失对自身的控制权或部分经营管理权等，从而威胁到本土银行机构的金融安全。本指标通过对省域范围内注册成立的法人银行机构的外资类金融机构持股比例，并以各家银行机构总资产为权重进行综合加权平均，测算出外资类金融机构对浙江省域范围内的综合平均持股比例，进而判断其持股风险。

国际热钱冲击。短期资本占资本流入比重。短期国际资本流动是指期限为 1 年或 1 年以内，或即期支付资本的流入与流出。这种国际资本流动，一般都借助于有关信用工具，并通过电话、电报、传真等通信方式来进行。这些信用工具包括短期政府债券、商业票据、银行承兑汇票、银行活期存款凭单、大额可转让定期存单等。广义的短期资本又称国际热钱，狭义的短期资本中的投机性资本为国际热钱部分。国际短期资本的流动形式包括贸易性资本流动、银行间资本流动、保值性资本流动、投机性资本流动等。由于短期资本流动的形式与所使用工具具有复杂性、政策诱导性、投机性和市场逐利性，当一国由于汇率、利率、经济金融政策变动或金融监管的加强或放松等因素，将导致短期国际资本快速流动，并对该国的外汇市场、货币资本市场、各省域的房地产市场，以及金融体系缺陷等形成冲击。短期国际资本是风险性流动资本，其规模之大、时间之短、反应之灵敏，具有高脆弱性和强破坏性，易形成较大风险。改革开放 40 年来，随着中国经济依然保持强劲稳定中高速增长态势，多年来贸易顺差积累，基于人民币加入 SDR 向国际储备货币迈出了重要步伐等利好信息，大量国际资本流入中国境内，其中不乏大量短期投机性资本夹杂其中，我国金融体系输入了大量流入性金融风险，且短期资本在资本总流动中所占的比重越高，国际资本风险性越大。本指标主要衡量各省域在国际贸易与引进外资过程中夹杂的国际短期资本占各省域当年总流入资本的比重，比重越高，则短期不确定性资本越多，通过投机该省域房地产市场、货币资本市场等，对该省域金融体系的冲击威胁就越大。

国际热钱占省域金融机构信贷比重。国际热钱或称国际游资，其危害性非常大，因为它有两个显著特征：投机性和短期性。它不同于中长期投资的国际资本，往往无助于资金接受国的长期经济发展，甚至某些时候直接成为一国爆发金融危机的导火索。当一国的证券市场或房地产市场出现过热苗头时，国际热钱便蜂拥而至，直接助长了泡沫的形成，加剧了金融风险；当一国经济出现衰退迹象，泡沫出现收缩苗头时，国际热钱又迅速撤离，直接加速了泡沫破灭进程，导致“羊群效应”，最终极有可能让该国陷入全面性的金融危机。基于人民币加入 SDR 国际化向好趋势、国内经济持续稳定中高速增长态势、国内外较大利差与我国房地行业的暴利等因素，自2003年以来吸引了大量国际热钱涌入我国境内，虽然我国对国际投机资本的进入是严格限制的，但国际热钱还是通过多种渠道大量流入我国境内，给我国外汇市场、资本市场、房地产市场等输入了大量短期不确定金融风险，成为我国金融领域的重要风险源。由于我国金融市场的融资方式是以银行信贷为主，因此银行体系是国际热钱进入我国的重要渠道，考察国际热钱是否对我国各省域金融安全产生实质性的影响，不仅要看国际热钱的总规模，还要看国际热钱占我国各省域银行类金融机构信贷的比重。我国对国际投机资本的进入是严格限制的，因此国际热钱就通过各种各样的渠道流入，使得统计其规模具有一定的难度。我们采用的方法是：国际热钱流入额 = 新增外汇储备 - 贸易顺差 - FDI流入额 - 汇率变动造成的估值损失 - 外汇储备投资收益。

对外债务偿付。对于一国（地区）金融安全而言，最重要的是外力对一国（地区）经济的干预程度，而外力对一国或地区经济进行干预的最大理由就是外债归还问题，而一国（地区）是否拥有足够的外汇储备是应对外债干预的关键所在。由于我国实行统一的结售汇制度，由国家外汇管理局统一管理经营国家的外汇储备，因此各省（市、区）没有独立管理国家外汇储备的权限。同时由于我国从中央到地方的集权性政治体制，因此地方政府的对外债务偿还风险最终由国家对外债务偿还能力所决定。我国目前还没有对外公布各省份每年的外汇储备流入或流出情况，难以获取各省份有关外汇储备的官方权威统计数据。因此，本书将以国家对外债务偿付风险来近似表示全国各省域对外债务偿还风险。

衡量国家对外债务偿还能力的指标很多，而真正对国家金融安全能直接产生重大影响的是外债与外汇储备之间的比例关系。本书在借鉴国内外专家学者研究成果的基础上，选取了以下衡量一国偿还外债能力的3个指标，从国家整体偿债能力、年度偿债能力与短期快速偿债能力3个方面来进行度量，可以认为这3个指标是一个有机整体，在衡量国家对外债务安全方面的准确性较高，特别是当3个指标的风险取向趋于一致时，结论更为准确可靠。

外汇储备/外债余额。该指标可衡量我国整体偿还外债的能力，是最重要的总量性指标，也体现了外汇储备作为对外借债与充当清偿手段的重要作用。一国国际储备与外债总额的比率越低，则抵御金融危机的能力就越弱；比率越高则一国抵御外来风险冲击的能力就越强。一般而言，该指标的国际基本安全区间是30% ~50%，上下增减10%可作为其警戒线。

当年还本付息额占外汇收入比重，是反映一国当年外债还本付息的外在压力大小的重要指标，这一压力的大小甚至直接决定着金融危机的爆发。由于外汇储备/外债余额只反映国家整体一般偿还债务的能力，但是每年的外债还本付息额是不一样的，因此还需看当年还本付息额的情况。由于传统的偿债率指标用当前外债还本付息额与当年出口创汇的比例，但其仅考虑了经常项目对一国偿债能力的影响，与当前国际资本流动日益频繁的事实不相符，本书选用外汇储备作分母是对以前偿债率指标的修正。外汇储备的增减可来自于经常项目顺差或资本项目顺差，在短期内可提供偿债保证，用外汇储备作分母更能反映一国国际收支对全年外债还本付息的承受能力。一般认为该指标的基本安全区间在30%～50%，上下增减10%作为其警戒线。

短期外债占外汇储备比重。该指标可衡量一国在短期内快速偿债能力，具有短期预警的功能，最能反映一国短期内是否会爆发金融危机。“它就像引爆炸弹的导火索一样，通过它基本可以预测到一个国家爆发金融危机的具体时间”。（姜洪、焦津强，1999）[①] 国际上一般将该指标以70%作为基本安全线，如果高于70%就容易受到外来冲击而威胁到国家金融安全。同时，如果短期外债占外汇储备的比重不到20%，将会有部分资源遭到闲置而使经济蒙受一定的损失，也可认为国家金融运行又回落到一定的“风险”状态。

（2）省域金融安全能力指标。

宏观经济运行。省域实际GDP增长率。该指标是衡量我国各省域宏观经济发展态势最综合的体现，是衡量地区经济发展的3大宏观经济指标之一。地区经济整体保持快速平稳增长，不仅可以进一步带动地区投资与消费，增加社会信贷资金的需求量，促进金融业蓬勃发展，更重要的是可以稳定和增加全社会投资者的信心，促进地区经济保持良性健康循环发展。如果地区GDP增长速度过快，则容易造成经济过热而引起通货膨胀，造成经济脱实向虚，金融资产价格泡沫；而如果地区GDP增长速度过慢，则意味着经济可能面临下滑或衰退，容易造成投资需求进一步下降，消费需求萎缩，全社会投资者信心下降，从而可能引起真实经济进一步衰退，社会失业增加，地区经济与金融风险上升，甚至会引起社会风险问题。

通货膨胀率。该指标是衡量宏观经济是否过热的最主要经济指标之一，也是衡量地区经济发展状况的3大宏观经济指标之一。一般温和的通货膨胀是随着商品经济内在价值提升而出现的正常现象，可刺激人们生产的积极性，促进国民经济保持健康向前发展态势。而如果经济中出现过度的通货膨胀甚至恶性通货膨胀，不仅生产中的原材料成本与生活成本急剧上升，造成全社会生产与社会的困难，也容易形成社会心理恐慌，从而可能引起社会动荡。如果地区通货膨胀率过低甚至为负数（表现为通货紧缩），则易引起社会物价紧缩，影响生产的积极性，不利于国民经济向前发展。浙江省自进入2000年以来，除2009年省域通货

① 姜洪，焦津强．国家金融安全指标体系研究［J］．世界经济，1999（7）．

膨胀率为 -1.5% 外，其余年份均在5%以内的安全范围中。但需警惕的是浙江省房地产市场的过快发展容易形成价格泡沫，管理好通货膨胀预期，使物价水平控制在民众与当前经济发展所能承受的合理范围内，是国家与地区宏观经济调控的重要内容。

社会真实失业率。即失业率 = 失业人数/（在业人数 + 失业人数），是指社会失业人口数占全社会具有劳动能力人口数的比重，旨在衡量社会闲置的劳动产能，这是反映一个国家或地区失业状况的主要指标，也是衡量经济发展状况的3大宏观经济指标之一。宏观经济运行态势健康向好时社会失业率减少，就业人数增加；当宏观经济态势下滑衰退时，社会失业率上升，就业人数减少。失业率通过菲利普斯曲线与通货膨胀率联系在一起。不仅如此，失业率还与社会安全与稳定联系在一起，由于我国大量农村剩余劳动力涌入城市务工，一旦由于各种内外因素导致宏观经济下滑或衰退并造成大量工人失业，将会导致金融经济风险上升，甚至影响地区社会安全稳定。

金融机构运行。商业银行不良贷款率，即不良资产贷款率 = 银行机构不良贷款/总贷款余额。不良贷款是指在评估银行贷款质量时，把贷款按风险等级分为正常、关注、次级、可疑与损失5类，其中后3类合称为不良贷款。国内商业银行的资产质量始终是我国银行业的主要风险来源，这主要是由于我国当前国家控股商业银行、国有控股企业与政府部门“三位一体”的产权性质归属，容易造成不良资产贷款的形成。如浙江省以民营中小企业为主，而该类企业本身生产经营规模与经营成熟稳定性等方面容易面临经营与财务风险，从而易引发浙江省域银行机构不良贷款的产生。同时由于近些年浙江省房地产经济发展迅速，地区经济发展对房地产投资依赖较重，而房地产行业对银行机构贷款资金依赖严重，一旦房价泡沫萎缩或破灭，将直接导致银行机构不良资产风险上升，从而危及浙江省域银行业的安全性。

商业银行资本充足率。即资本充足率 = 资本总额/加权风险资产总额。这是衡量银行业等金融机构风险的最核心指标之一，已为业内领域所熟知。《巴塞尔协议Ⅲ》规定，截至2015年1月，全球各商业银行的一级资本充足率下限将从现行的4%上调至6%。其中，由普通股构成的核心一级资本占银行风险资产的下限将从现行的2%提高至4.5%；此外，各银行还需增设“资本防护缓冲资金”，总额不得低于银行风险资产的2.5%，商业银行的核心一级资本充足率将由此被提高至7%。该规定将在2016年1月至2019年1月间分阶段执行。2011年5月初银监会下发了《中国银行业实施新监管标准指导意见》，正式公布了资本充足率、杠杆率、流动性及贷款损失准备的四大监管工具，其中特别指出在正常条件下系统重要性银行和非系统重要性银行的资本充足率分别不得低于11.5%

和10.5%。“十二五”期间（2011～2015）浙江本地主要商业银行的资本充足率都达到了我国银监会最新规定的10.5%，其中大部分商业银行资本充足率已达到了系统重要性商业银行最低要求的11.5%，表明这12家商业银行在通过自有资本应对加权平均风险资产的风险控制方面都达到了金融安全范围，值得注意的是宁波银行、浙江稠州商业银行与湖州银行在资本充足准备方面走在其他银行前面，但宁波银行、浙商银行等资本充足率有下降的趋势，需要做出风险防范的准备。

商业银行流动性比率。流动性比率是衡量企业偿还短期债务能力的指标，保持商业银行资产流动性是应对因突发情况而面临大量客户短期内提现挤兑现象的发生，是防范银行机构金融风险的重要方面。一般银行流动性比率越高越好，表明自有流动资产偿还短期流动负债的能力越强。由于银行机构是典型负责经营的金融机构，与一般企业标准不同，比如银行机构存贷款比例一般的标准为≥25%。根据前文2.1.3节分析结果，浙江本省12家主要商业银行的存贷款比例均达到了25%的下限标准，其中大部分银行都超过了50%的标准，个别银行如浙江民泰商业银行2015年存贷款比例为114.23%，资产流动性风险的安全程度最高。这表明浙江省主要商业银行的流动性比例均保持较好水平，短期内不会出现大的流动性风险问题。相比之下，嘉兴银行与浙江民泰商业银行的资产流动性最强，2011～2015年浙江民泰与嘉兴银行的资产流动性处于不断上升态势，而浙商银行与宁波银行的资产流动性相对较弱，浙商银行资产流动性处于缓慢上升态势，而宁波银行则处于缓慢下降态势，需要引起警惕。

商业银行净资产收益率。商业银行的安全性不仅体现在被动满足监管机构要求而做好不良资产贷款风险防范、满足资本充足要求与流动性要求，更体现在通过良好的经营管理来增强自身的盈利能力，即通过自身的不断发展壮大来增加自身抵御各种内外风险冲击威胁的能力。衡量商业银行盈利能力的指标较多，但资本利润率或净资产收益率为业界所普遍认可接受。根据前文3.1.3节分析结果，浙江省2011～2015年12家主要商业银行扣除非经常性损益的加权净资产收益率总体保持在10%以上的水平，其中浙江稠州、浙江泰隆、宁波银行、杭州银行与浙商银行2011～2015年分别保持27.07%、22.06%、19.01%、18.24%与17.24%的净资产收益率，这在“十二五”期间我国实体经济总体面临转型升级困难、我国经济总体增速放缓的大背景下已经属于非常良好的盈利水平，而相比之下，嘉兴银行与温州银行等盈利水平相对较弱。从“十二五”期间对比发现，除浙商银行与宁波银行外，其他10家商业银行的净资产收益率均呈现缓慢下降之势，浙江省银行业的整体盈利水平呈现下降态势，需要引起高度警惕，以防商业银行因盈利水平下降而导致盈利性金融风险。

民间借贷规模风险。本文 3.1.4 节已经对民间借贷的含义与浙江省民间借贷的现状进行了相关介绍，在此不再累述。民间借贷的一大特点是借贷利率高（具有高利贷性质）与借贷规模变动大。如果民间借贷规模过大，实体经济产生的价值增值就难以覆盖借贷的高利息，因而极易造成资金链断裂，从而引发地区系统性民间信贷危机；如果民间借贷规模较小，实体经济产生的价值增值部分能够较容易地覆盖借贷产生的高利息，则民间还存在继续借贷的需求空间动力。因此民间借贷规模应有一个合理的安全范围。借鉴李建军（2013）构建民间借贷规模风险指数来衡量民间借贷规模风险基础上①，本书提出民间借贷规模的强度风险指数，主要从两方面来衡量：一是民间借贷宽度方面，如果单位时期内民间借贷的案例数越多，则借贷案例所波及的社会层面越广，风险覆盖影响程度越大；二是民间借贷深度方面，如果单位时期内民间借贷的资金数量越多，则借贷案例所涉及的借贷深度越深，借贷案例内部风险影响程度越大。通过综合民间借贷案例的宽度与深度 2 个维度基础上，本书提出民间借贷的强度风险指数，即单位案例借贷资金额所蕴含的风险大小，单位案例借贷资金量越大，则所蕴含的借贷风险越大，民间金融风险就越大；反之则越小。

民间借贷利率风险。民间借贷利率风险是相对于官方正规银行机构的贷款利率而言。根据《浙江法院民间借贷审判报告》，2012 年 4 月温州民间借贷综合利率平均水平为 21.58%，大大超出了同期正规银行机构的贷款利率（6.56%）15 个百分点。民间借贷利率之所以如此之高，主要体现在以下两点：一是民间借贷利率不仅包括反映市场资金供求关系的利率，还包括缺少法律保护的风险补偿成本；二是因不能通过正规金融渠道借到资金的隐性寻租成本。如果我国放开利率管制，银行业竞争加剧，大量私人或中小企业将更容易从正规银行机构获得贷款，进而降低各种隐性成本。而利率市场化的结果也使得大量民间地下借贷机构得以“阳光化”，减少了部分冒险寻租等隐性成本支出，这会使得民间资金的提供方降低利率。本书的民间借贷利率风险是指单位时期内浙江省民间金融的平均借贷利率与正规官方银行机构真实借贷利率之差。这里的银行机构真实借贷利率不仅包括官方名义利率，还包括贷款相关手续费和抵押资产评估等交易费用及相关的公关费用等。根据笔者之前的研究结果，一般实际利率大体要高出名义利率一个百分点。即民间借贷利率风险 = 民间平均借贷利率 - （官方名义借贷 + 1%）。利差绝对值越大，说明民间借贷的利率风险越大；反之则越小。但在度量利差风险大小的时候，考虑了如果我国实行利率市场化后，民间借贷利率将会降低到 15% 左右（顾海兵、夏梦、张安军，2013），作为利差风险评估的分数参

① 作者主要从民间借贷宽度与强度两方面来进行构建综合风险指数，但文章缺乏相关的解释依据，而且强烈依赖于月度案例数据支持。

照点。

P2P 问题平台率。P2P 问题平台是指考察期间发生停止经营、提现困难、失联跑路等情况的问题网贷平台，是反映考察期间互联网借贷期间现实已发生的金融风险，考察期内问题平台产生数量越多，问题平台占考察期间全部网络借贷平台数的比重越高，则考察期该地区互联网金融风险的直接发生率就越高。根据前文 3. 1. 5 节分析结果，2013 ~2016 年浙江省问题平台发生率呈现逐步上升的态势，2013 年浙江省 P2P 网贷问题平台 18 家，问题平台发生率为 25. 7%，到 2016 年末，问题平台发生数为 97 家，问题平台发生率上升到 38. 6%。这表明浙江省 P2P 网贷平台整体金融风险呈上升态势。与同期全国 P2P 网贷平台问题发生率相比，浙江省的问题发生率始终处于较高比率水平，而且相对于 2016 年全国平均问题平台发生率下降的情况，浙江省依然保持上升的风险态势。

网贷平均综合年利率 – 全国综合平均年利率：该指标主要用来衡量网贷平台的借贷利率风险。网贷平均综合年利率是指网络借贷平台上借款方平均借款月利率折算到年化后的综合年利率。一般来说，借款利率是借款方为取得借款所支付的代价，借款利率越高，则代价越大，网络借款风险就越大。一般认为全国平均年利率风险包括正常的网络借贷过程中为弥补借贷人信用违约的风险补偿成本，为取得借贷资金过程中的寻租成本，以及借贷过程中相关的平台运作服务成本等。因此以全国平均综合年利率风险作为网络借贷利率正常风险参照，如果某省域网贷平均综合年利率与全国综合年利率之差越大，则认为该地区的网贷利率风险溢价越大，潜在的地区金融风险就越大。根据第一网贷提供的《2016 年全国 P2P网贷行业大数据报告》显示，2016 年全国 P2P 网贷平均综合年利率 9. 06%，剔除了秒标（娱乐标），包括了借款标的各种奖励。2016 年中国 P2P 网贷平均综合年利率变化范围为 10% ~24%，其中 10% ~18% 的网贷平台为 2136 家，占全国平台数的 56. 58%，而利率为 10% 以内的有 1193 家，占全国网贷平台的 31. 6%。利率为 18% ~24% 为 229 家，占比为 6. 07%，而利率 24% 以上的有 217 家，占比 5. 75%。根据第一网贷报告显示，2016 年浙江省 P2P 网贷平均综合年利率为 9. 13%，剔除了秒标（娱乐标），包括了借款标的各种奖励。高于全国平均利率水平 0. 07 个百分点。浙江省域范围内，平均综合年利率在 10% 以下的平台占 22. 28%，平均综合年利率在 10% ~18% 的平台占 50. 26%，平均综合年利率在 18% ~24% 的平台为 7. 77%，平均综合年利率在 24% 以上的平台占 19. 96%，P2P 网贷平台利率超过 36% 的平台占 8. 03%。这表明浙江省的网络高利率占比明显高于全国平均水平，存在一定的网络借贷利率风险。

网贷单位平台成交额增长率 – 全国网贷单位平台成交额增长率：该指标主要用来衡量单位时期内地区网贷平台的发展泡沫风险程度。随着互联网金融的发展，尤其是自2013年开始我国互联网金融业态呈现快速增长的势头，在网络借贷领域主要表现为网络借贷平台数量的增长与借贷成交金额的增长比较显著，这是互联网金融快速向前发展的良好现象。但如果单位时期内地区网贷单位平台的成交额增长速度明显超出全国平均水平，则该地区互联网借贷平台的增长速度可能过快，存在一定的增长泡沫风险；如果增长速度过缓，该地区互联网金融发展速度则跟不上全国的平均增长速度，存在发展滞后的经济金融风险。

资产价格泡沫。股市综合平均市盈率，即股票市盈率 = 每股市场价格/每股净收益。市盈率是金融界用来评估股票价格水平是否合理的指标之一。平均市盈率有两种计算方法：其一是先计算各只股票在单位时期内的静态市盈率，然后以其股本数为权重进行加权平均，即平均法（因受个股倾斜影响和负值影响，一般不准确）；其二是不计算个股的市盈率，而是用该地区上市公司市场总市值/该地区上市公司总收益 = 该地区综合平均市盈率，即整体法（能够较好反映行业或地区市场的总体变化趋势，相对准确）。目前我国上海、深圳两市主要采用第二种方法，通常以过去12个月为考察时期。市盈率指标可以衡量不同市场，不同股票指数或同一股票指数的不同阶段或时期。由于上证综合指数基本代表了中国境内证券市场的行情走势，因此本书主要通过上证A股市场的年度平均市盈率来反映我国省域地区在中国境内上市公司股票的综合平均价格风险。一般而言，如果综合平均市盈率过高，则该地区上市公司股票价值被严重高估，存在股票价格泡沫的金融风险；如果综合平均市盈率过低，则股票价值被低估，股票市场总体表现过于低迷，不能很好地反映地区正常经济发展成果，存在地区金融抑制的风险。由于我国证券市场建立开始到现在，资本市场运行机制还有许多不完善之处，有效的市场监管机制还没有建立起来，我国证券市场投机炒作风气盛行，目前我国资本市场还难以起到价值投资引领的良性作用。因此，从世界范围内的历次金融危机与我国20多年来的证券市场发展实情来看，主要是要防范证券市场价格泡沫带来的金融风险。

房价收入比。该指标主要用来衡量地区房地产市场价格泡沫风险。所谓房价收入比，指住房平均市场价格与城市居民家庭平均年收入之比。一个国家或地区的平均房价收入比通常用家庭年平均总收入与一套房屋的平均价格之比来计算，即房价收入比 = 每户住房总价/每户家庭年总收入，其中，每户住房总价和每户家庭年总收入的计算公式分别如下：每户住房总价 = 人均住房面积 × 每户家庭平均人口数 × 单位面积住宅平均销售价格；每户家庭年总收入 = 每户家庭平均人口数 × 家庭人均全部年收入。按照国际惯例，目前比较通行的说法认为，房价收入比在3～6倍之间为合理区间，如果考虑住房贷款因素，住房消费占居民收入的比重应低于30%。国际上通用的房价收入比的计算方式，是以住宅套价的中值除以家庭年收入的中值。家庭年收入则是指全部家庭成员的年度税前收入，通常包括夫妇二人。家庭年收入同样取中值。在发达国家，统计家庭年收入只需看纳税记录就很清楚，但中国的情况要复杂得多，因为国内统计的税收收入仅是居民家庭收入中的一部分。因此，在我国计算房价收入比也仅是一个初步估计，通过计算省域范围的平均房价收入比来估计省域范围内房价的整体泡沫风险程度。

政府内债偿付。财政赤字率，即财政赤字率 = （财政支出 - 财政收入）/国内生产总值。该指标反映一国或地区财政赤字的相对规模，以及该国或该地区经济增长对财政赤字的相对承受能力，是衡量一国或地区财政与国债风险的重要指标。该指标数值越高，则经济增长对财政赤字的承受能力就越弱，举债空间就越小。因为指标数值越高，发债空间受到挤压，而举借新债同样需要偿还本息，这会导致财政支出进一步增加，容易导致“债滚债”，从而影响一国或地区经济的金融安全性。指标数值越低，则一国或地区经济增长对财政赤字的承受能力就越强，财政风险就越小。

国债负担率。该指标是衡量一国或地区政府内债相对风险的重要指标。国债负担率 = 政府债务累计余额/当年国内生产总值。该指标着眼于国债余额存量，反映了整个国家或地区国民经济对国债的整体承受能力，或国家或地区经济增长对政府举债的依赖程度。国际公认的国债负担率的警戒线为发达国家不超过60%，发展中国家不超过45%。该指标数值越高，表明政府债务的相对规模就越大，政府偿还债务的压力风险就越大。如果政府债务规模超过了其还债能力，不仅有引发通货膨胀的可能，更有可能使债务投资者与民众失去对政府能力的信心，并引发更进一步的债务风险，从而损害到国家或地区的金融安全性。根据表3-15分析结果可知，2011~2015年浙江省负有直接偿还责任的债务占GDP的比重，即第一类债务国债负担率，2011~2013年都保持在12%~14%的比重，而到2014~2015年激剧上升至22.25%与21.42%，表明浙江省第一类债务负担率近几年有激剧上升的态势，但都小于国际公认的发达国家的60%的警戒线，也小于发展中国家45%的警戒线；如果考虑到或有债务的影响，笔者将三类债务总规模考虑在内，得到三类债务总额/GDP，我们发现2011~2013年保持在17%~18%的水平，但到2014~2015年激剧上升到30.36%与29.32%，近几年同样呈现出激剧上升的态势，但仍然低于发展中国家45%的警戒线，这表明目前政府总体债务负担率近几年在激剧上升，但总体风险可控。

国债债务率。该指标主要用来衡量一国或地区动用自身各种财政资源来偿还债务的能力指标，其公式为：国债债务率 = 当年末债务余额/当年政府综合财力，是衡量债务规模大小的指标。国际货币基金组织（IMF）确定的国债债务率控制标准为90%~150%。其中，地方政府综合财力 = 地方公共预算收入 + 基金预算收入+转移支付和税收返还+地方国有资本经营收入-专项转移支付，各项收入均包括上年结余以及下级的净上交收入（下级上交收入-补助下级支出）。根据表3-15分析结果可知，浙江省2010~2015年期间的第一类债务余额占浙江省一般公共财政收入比重均超过了100%的警戒线，其中2011~2013年保持在125%~140%的区间范围，2014~2015年上升至216.87%与191.03%，需要引起高度警惕。如果将浙江省政府或有债务考虑在内，本书将三类债务规模汇总，得到三类债务总余额/浙江省一般公共财政收入数据，发现2011~2013年保持在172%~187%的区间水平，而到2014~2015年激剧上升至295.86%与260.61%，大大超出了100%的警戒线，表明浙江省近几年潜在政府债务风险在激剧上升，需要引起高度关注。

综合以上分析，我国省域金融风险监测评估指标体系如表4-1所示。

表4-1 我国省域金融风险监测评估指标体系

<table>
<tr><th>一级系统</th><th>二级子系统</th><th colspan="2">主要监测指标</th></tr>
<tr><td rowspan="11">金融安全条件（11个）</td><td rowspan="4">对外经济依赖</td><td colspan="2">对外贸易综合依存度</td></tr>
<tr><td colspan="2">出口集中度</td></tr>
<tr><td colspan="2">进口集中度</td></tr>
<tr><td colspan="2">外资综合依赖度</td></tr>
<tr><td rowspan="2">外资银行进入</td><td colspan="2">外资银行资产占省域银行业总资产比重</td></tr>
<tr><td colspan="2">外资金融机构对省域银行类机构的综合持股比例</td></tr>
<tr><td rowspan="2">国际热钱冲击</td><td colspan="2">短期资本占资本流入比重</td></tr>
<tr><td colspan="2">国际热钱占省域金融机构信贷比重</td></tr>
<tr><td rowspan="3">对外债务偿付</td><td colspan="2">外汇储备/外债余额</td></tr>
<tr><td colspan="2">当年还本付息额/外汇储备</td></tr>
<tr><td colspan="2">短期外债/外汇储备</td></tr>
<tr><td rowspan="9">金融安全能力（17个）</td><td rowspan="3">宏观经济运行</td><td colspan="2">GDP增长率</td></tr>
<tr><td colspan="2">通货膨胀率</td></tr>
<tr><td colspan="2">真实失业率</td></tr>
<tr><td rowspan="6">金融机构运行</td><td rowspan="4">传统银行类机构</td><td>商业银行不良贷款率</td></tr>
<tr><td>商业银行资本充足率</td></tr>
<tr><td>商业银行流动性比率</td></tr>
<tr><td>商业银行净资产收益率</td></tr>
<tr><td rowspan="2">民间金融借贷</td><td>民间借贷规模风险</td></tr>
<tr><td>民间借贷利率溢价风险</td></tr>
</table>

续表

一级系统	二级子系统	主要监测指标	
金融安全能力（17 个）	金融机构运行	互联网金融	P2P 问题平台率
			网贷平均综合年利率 – 全国综合平均年利率
			网贷单位平台成交额增长率 – 全国网贷单位平台成交额增长率
			网贷单位平台成交额增长率 – 全国网贷单位平台成交额增长率
	资产价格泡沫	股市综合平均市盈率	
		房价收入比	
	政府内债偿付	财政赤字率	
		国债负担率	
		国债债务率	

说明：金融风险监测指标对省域金融安全影响程度的大小，一方面体现在指标内容本身在我国省域金融安全体系中的重要程度；另一方面体现在监测指标观测值在警限区间内的风险程度。监测指标体系内各二级子领域是相互影响的有机整体，仅对单个子领域内的部分指标进行监测评估分析将失去其整体准确性。

4.2　中国省域金融风险动态监测评估模型

我国省域金融风险综合监测评估分析过程，不仅需要科学合理构建省域金融风险监测评估指标系统，同时要通过科学的方法对省域金融风险进行监测评估分析，这其中包括监测评估指标体系权重的科学合理确定，以及如何设计或选择科学合理的监测评估模型以进行综合监测评估分析。

4.2.1　金融风险监测评估方法的相关研究

（1）指标权重设定相关研究。

目前国内外关于指标权重确定的方法主要有三种：一种是纯主观赋权法，如专家赋权法；一种是纯客观赋权法，如因子方差贡献率法、熵值法等；一种是主观与客观结合赋权法，如 AHP 层次分析法、网络搜索法等。

纯主观赋权法。纯主观赋权法主要是指专家赋权法，是指根据专家们主观上的判断对各评价指标的重视程度来确定权重系数的一种方法。专家赋权法的过程是运用专家们的专业知识、经验阅历和主观判断能力，对受经济、政治、社会等因素影响下的信息进行分析和判断。尤其是在缺乏足够准确翔实统计数据和类似历史经验可借鉴的情况下，可依据专家意见作出的分析和估测进行判断。专家赋权法在具体操作中可采用专家会议法、专家函询法、专家委员会法和较常用的德尔菲法，其中德尔菲法是指对专家进行几轮匿名函询调查，然后逐步把结果收敛于某个数值（平均数、众数、中位数）。

纯主观赋权法有其独特的优点：一是操作简单；二是社会科学领域自身的复杂易变性和难以模拟性，使得统计数据的准确、真伪与延续性难以甄别。

纯客观赋权法在此提到两种，其一是熵值法。熵值法（Entropy Method）是一种根据各项指标观测值所提供的信息量大小来确定指标权重的方法。熵是热力学中的一个名词，在信息论中又称为平均信息量，它是信息的一个度量，也称为熵。根据信息论的定义，在一个信息通道中传输的第 i 个信号的信息量 $I_i = -\ln P_i$（式中，P_i 表示这个信号出现的概率）。因此，如果有 n 个信号，其出现的概率分别为 P_1，P_2，P_3，…，P_n，则这个信号的平均信息量，即熵为 $-\sum_{i=1}^{n} p_i \ln p_i x_{ij}$。

设 x_{ij}（i=1，2，3，…，n；j=1，2，3，…，m）为第 i 个系统（方案或年份）中第 j 项指标的观测数值。对于给定的 j，x_{ij} 的差异越大，该项指标对系统的比较作用就越大，即该项指标包含和传输的信息就越多。信息的增加意味着熵的减少，熵可以用来度量这种信息的大小。用熵值法确定指标权重的步骤如下：

1）计算第 j 项指标下，第 i 个系统的特征比重：$p_{ij} = \dfrac{x_{ij}}{\sum_{i=1}^{n} x_{ij}}$，假定 $x_{ij} \geq 0$，且 $\sum_{i=1}^{n} x_{ij} > 0$ 或 $p_{ij} = \dfrac{Z_{ij}}{\sum_{i=1}^{n} Z_{ij}}$（经过标准化处理后的 $Z_{ij} > 0$）。

2）计算第 j 项指标的熵值：$e_j = -k \sum_{i=1}^{n} p_{ij} \ln(p_{ij})$，式中，k >0，e >0。

3）计算指标 x_j 的差异性系数：对于给定的 j、x_{ij} 的差异越小，则 e_j 越大，当 x_{ij} 全部相等时，$e_j = emax = 1$（k = 1/lnn），此时对于系统间的比较，指标 x_j 毫无作用；当 x_{ij} 差异越大，则 e_j 越小，指标对于系统的比较作用越大。因此，定义差异系数 $g_j = 1 - e_j$，g_j 越大，越应重视该项指标的作用。

4）确定权数：即取 $\omega_j = \dfrac{g_j}{\sum_{i=1}^{m} g_j} = \dfrac{(1-e_j)}{\sum_{i=1}^{m}(1-e_j)} = \dfrac{(1-e_j)}{(m - \sum_{i=1}^{m} e_j)}, j = 1, 2, \cdots, m$，$\omega_j$ 为归一化了的权重系数。

其二是主因子方差贡献率法。主因子分析方法是将反映样本某项特征的多个指标变量转化为少数几个综合变量的多元统计方法。主因子分析法应用于综合评价是对综合评价体系涵盖的多变量通过无量纲标准化处理，将其原来相关的多个随机变量，以方差贡献率作为信息量的测度标准，降维为不相关的几个新变量（主因子），构建评价函数，对参评的项目进行综合得分的评价排序，其属于综合评价方法中的客观赋权法。主因子赋权重的基本步骤包括：第一，选取评价指标并收集观测值；第二，对指标进行无量纲化处理；第三，进行主因子过程分析；第四，选取主因子并进行权重加权；第五，评价指标归一化权重确定。

在进行主因子分析时，通常用 α 表示主因子的方差贡献率，其公式为：

$\alpha_k = \frac{\lambda_k}{\sum_{i=1}^{p}\lambda_i}$，$\alpha_k$ 代表第 k 个主因子的方差贡献率。一般用以下公式计算累计方差贡献率，$\frac{\sum_{i=1}^{m}\lambda_i}{\sum_{i=1}^{p}\lambda_i}$。该公式代表前 m 个主因子的累积方差贡献率。

主因子的方差贡献率实际上代表主因子对样本信息变化反映程度的大小，如对区域经济进行研究时，主因子的方差贡献率代表各原始变量对所研究的区域综合特征的刻画程度。主因子的方差贡献率越大，该主因子对所研究区域的综合刻画程度就越高。当少数几个主因子的累积贡献率达到 85% 时，我们就可以认为，这几个主因子可以代表原来的多个变量来反映所研究区域的综合特征。

方差贡献率有两个作用。一个作用是减少变量个数，达到减少变量个数、简化数据结构的目的。主因子的选取个数通常以累计贡献率达到 85% 为标准，数学表述如下：$\frac{\sum_{i=1}^{m}\lambda_i}{\sum_{i=1}^{p}\lambda_i} \geq 85\%$。另一个作用是进行综合指标计算时，用来计算主因子的权重，计算公式如下：$W_i = \frac{\lambda_i}{\sum_{i=1}^{m}\lambda_i}$。

主观与客观结合赋权法在此提到两种，其一是 AHP 层次分析法。AHP 层次分析法的基本原理是排序，即最终将各方法（或措施）排出优劣次序，作为决策的依据。具体可描述为：首先将总方针决策的问题看作是受多种因素影响的大系统，这些相互关联、相互制约的因素可以按照它们之间的隶属关系排列成从高到低的若干层次，叫做构造递阶层次结构。然后请专家、学者、权威人士等对各因素两两比较重要性，再利用数学方法，对各因素层层排序，最后对排序结果进行分析，辅助进行决策。层次分析法的具体步骤包括：第一，建立递阶层次结构；第二，构造判断矩阵并请专家学者等填写；第三，层次单排序与检验；第四，层次总排序与检验。具体计算过程请参见文献（侯景新、伊卫红，2007）[①]。

其二是网络搜索法。网络搜索法是借助于现代互联网搜索引擎或社会学术界认可度较好的专业数据库对指标关键词进行有约束条件下的网络调查法，根据命中的篇数或个数的多少而进行排序打分确定权重的方法。

常见的互联网搜索引擎有 Baidu、Google 等，方法是将指标关键词放入搜索框中进行即时搜索，根据搜索到的词条多少，将所有指标按多到少或少到多进行排序并赋以一定的分数值，如有 25 个指标，可根据排序从多到少分别赋以 25→2 不等的分数值，并根据各分数值在总分数值中所占的比例近似作为各指标的相对权重。

常见的专业数据库有中国学术期刊网全文数据库、维普数据库、万方数据库，以及 Elsevier Science Direct、JSTOR、EBSCO 等外文数据库，把指标放入检索框内并统一设定好检索条件进行一一检索，根据命中文章篇数的多少，从多到少或从少到多进行排序，并赋以一定的分数值，如有 25 个指标，同样根据排序从多到少分别赋以 25→1 不等的分数值，并根据各分数值在总分数值中所占的比例近似作为各指标的相对权重。

一般在同一检索条件下搜索到的词条或篇数越多，表示社会公众或专家学者对该指标使用的频数越高，对该指标的认可度越高，该指标的重要性也就越高，相应权重也就越大。但是由于网络毕竟存在一定虚拟成分，在 Baidu、Google 等搜索时可能受到一时社会热潮或国家经济政治事件等影响。

一般可将几种方法所确定的权重结合起来，最后取加权平均权重作为最后的权重值。

（2）监测评估综合模型方法研究。

目前国内外学者对于指标数值进行综合评价的方法主要有线性综合加权法、主成分综合法与多目标综合评判法等。

线性综合加权模型法（Linear Weighted Sum Method）。该方法是应用线性模型 $y=\sum_{i=1}^{n} w_i x_i$ 来进行综合评价。式中，y 表示评价对象的综合评价值；w_i 表示与评价指标 x_i 相应的权重系数 $[0 \leq w_i \leq 1\ (i=1,2,3,\cdots,n),\ \sum_{i=1}^{n} w_i = 1]$。可见，对于线性综合加权模型方法来说，最重要的就是评价指标相应权重系数 w_i 的确定。

综合评价的数学模型有线性加权综合法、非线性加权综合法、增益线性加权综合法和理想点法。其中线性加权综合法具有以下几个特点：

① 侯景新，伊卫红．区域经济分析方法［M］．北京：商务印书馆，2007.

1）线性加权综合法可使各评价指标间得以线性的补偿。即某些指标值的下降可以由另一些指标值的上升来补偿，任意指标值的增加都会导致综合评价值的上升，任意指标值的减少都可用另一些指标值的相应增量来维持综合评价水平的不变。

2）线性加权综合法中权重系数的作用比在其他“合成”方法中更明显，且突出了指标值或指标权重较大者的作用。

3）线性加权综合法中，当权重系数预先给定时（由于各指标值之间可以线性地补偿），对区分各备选方案之间的差异不敏感。

4）线性加权综合法容易发现引发风险的具体指标来源，方便寻找风险源并及时对风险进行防范控制，因此该方法既相对简单易懂，又在现实中具有很强的应用性。

非线性综合加权法（Nonlinear Weighted Sum Method）。用非线性函数 $y=\prod_{j=1}^{m}x_j^{w_j}$ 作为综合评价模型，对 m 个系统进行综合评价，其中 w_j 为权重系数，且要求 $x_j \geq 1$。适用于各评价指标间具有较强的关联性的场合。方法的主要特点有：①突出了各指标大小的一致性，即平衡了评价指标值较小的指标的影响作用；②权重系数大小的影响不是特别明显，而对指标值的大小差异相对较敏感；③要求无量纲指标数据均大于或等于 1。

逼近于理想解的排序法（Topsis Method）。设定系统指标的一个理想点（x_1^*，x_2^*，…，x_m^*），将每一个被评价对象与理想点进行比较。如果某一个被评价对象指标（x_{i1}，x_{i2}，…，x_{im}）在某种意义下与（x_1^*，x_2^*，…，x_m^*）最接近，则被评价对象（x_{i1}，x_{i2}，…，x_{im}）为最好的。基于这种思想的综合评价方法被称为逼近理想点的排序方法（The Technique for Order Preference by Sililarity to Ideal Solution，TOPSIS）。假设理想点为（x_1^*，x_2^*，…，x_m^*），对于被评价对象（x_{i1}，x_{i2}，…，x_{im}），则定义二者之间的加权距离：$y_i=\sum_{j=1}^{m}w_j f(x_{ij}, x_j^*)\ i=1, 2, \cdots, n$。其中 w_j 为权重系数，$f(x_{ij}, x_j^*)$ 为 x_{ij} 与 x_j^* 之间的某种意义下距离。通常可取 $f(x_{ij}, x_j^*)=(x_{ij}-x_j^*)^2$，则综合评价函数为：$y_i=\sum_{j=1}^{m}w_j(x_{ij}-x_j^*)^2 \quad i=1, 2, \cdots, n$，按照 $y_i(i=1, 2, \cdots, n)$ 值的大小对各被评价方案进行排序选优，其值越小方案就越好。特别是当某个 $y_i=0$ 时，对应的方案就是最优的。

主成分分析法（Principal Component Analysis，PCA）。主成分分析法是把反映样本某项特征的多个指标变量转化为少数几个综合因子变量的多元统计方法。包括以下几个步骤：

第一，指标数据标准化处理。主成分分析法假定原变量是因子变量的线性组合。第一主成分有最大的方差，第二主成分有第二大的方差，后续主成分可解释的方差越来越小。从数学角度来看，这是一种降维处理技术。假设估计样本数为 n，选取的指标数为 q，则由估计样本的原始数据可得矩阵 $X=(x_{ij})_{n\times q}$，其中 x_{ij} 表示第 i 年的第 j 个指标数据。将指标按以下公式进行标准化处理：$y_{ij}=\frac{(x_{ij}-x_j^*)}{\sqrt{var(x_j)}}(i=1,2,\cdots,n;\ j=1,2,\cdots,q)$。进行指标标准化处理后，可得到新的数据矩阵 $Y=(y_{ij})_{n\times q}$。其中 x_j^* 为第 j 项指标的均匀值，$var(x_j)$ 为第 j 项指标的方差。

第二，计算相关系数矩阵 R 和特征值。设 R_{ij}（i，j=1，2，…，q）为原来变量 y_i，y_j 的相关系数，其计算公式为：

$$R_{ij}=\frac{\sum_{k=1}^{n}(y_{kj}-y_i)(y_{kj}-y_j)}{\sqrt{\sum_{k=1}^{n}(y_{kj}-y_i)^2(y_{kj}-y_j)^2}}$$

解特征方程 $|\lambda E-R|=0$，求出特征值 λ_i，（i=1，2，…，q）。因为 R 为正定矩阵，所以其特征值 λ_i 都为正数，将其按大小顺序排列，即 $\lambda_1\geqslant\lambda_2\geqslant\cdots\geqslant\lambda_i\geqslant0$。特征值是各主成分的方差，它的大小反映了各个主成分地描述被评价对象上所起的作用；然后根据方程 $|R-\lambda E|U=0$ 可确定特征向量的矩阵 U。

第三，计算因子变量方差贡献率及累积方差贡献率，确定主成分个数。对因子变量的解释命名是主成分分析的另一核心问题。经过分析得到的主成分是对原变量的综合。在实际分析过程中，主要是通过因子载荷矩阵来进行分析，得到因子变量和原变量的关系，从而对新的因子变量进行解释命名。

假设主成分个数为 m，因子变量 Z_i 的方差贡献率为 $\frac{\lambda_j}{\sum_{j=1}^{q}\lambda_j}$，累计方差贡献率为 $\frac{\sum_{j=1}^{m}\lambda_j}{\sum_{j=1}^{q}\lambda_j}$。因子变量的方差贡献是衡量因子重要程度的指标，方差贡献率越大说明对原变量的描述程度越大。一般取累积方差贡献率达到 85% 以上的特征值 λ_1，λ_2，…，λ_m 所对应的主成分 1，2，…，m（$m\leqslant q$）个主成分。

第四，计算因子得分。主成分确定以后，对每一样本数据，希望得到它们在不同因子上的个体数值，这些数值就是因子得分，它和原变量的得分对应。通过因子分析得到的结果可以用来综合判定。利用因子得分和主成分的方差贡献率构建综合评价函数，计算出的评价函数即为各主成分因子的线性函数。$f_m=W_1Z_1+W_2Z_2+\cdots+W_mZ_m$，其中，$W_1$，$W_2$，…，$W_m$ 为主成分的方差贡献率，Z_1，

Z_2，…，Z_m 为主因子得分。

多目标模糊综合评判法（Multi - objective Fuzzy Synthetic Evaluation Method）。多目标评判法是利用模糊集理论进行评价的一种方法。该方法是应用模糊关系合成的原理，从多个因素对被评判事物隶属等级状况进行综合性评判的一种方法。模糊评价法不仅可对评价对象按综合分值的大小进行评价和排序，而且还可根据模糊评价集上的值按最大隶属度原则去评定对象所属的等级。克服了传统数学方法结果单一性的缺陷，较好地解决了判断的模糊性和不确定性问题。对于多因素的评价，其评价结果再进行高一层次的综合评价。每一层次的单因素评价都是低一层次的多因素综合评价，如此从低层向高层逐层进行。

综合评价所采用的数学模型为：

$$B = AR = (a_1, a_2, \cdots, a_m)\begin{bmatrix} r_{11} & \cdots & r_{1n} \\ \vdots & \ddots & \vdots \\ r_{m1} & \cdots & r_{mn} \end{bmatrix} = (b_1, b_2, \cdots, b_n)$$

式中：A——权向量，$A = (a_1, a_2, \cdots, a_m)$；

a_i——第 i 个指标在总目标中所获得的总权重值($i = 1, 2, \cdots, m$)，$a_i \in [0, 1]$，且 $\sum_{i=1}^{m} a_i = 1$；

R——由 n 个一应俱全指标构成的总评价矩阵，$R = (r_{ij})_{mn}$；

r_{ij}——第 j 个方案第 i 个指标的隶属度(相对满意度)，$r_{ij} \in [0, 1]$；

b_j——第 j 个方案的综合评价指标，b_j 值越大越好，b_j 最大值对应的方案即为相对优方案，$b_j = \sum_{i=1}^{m} a_i r_{ij}, (j = 1, 2, \cdots, n)$。

4.2.2　省域金融风险监测指标警限区间的确定

对监测指标观测值的安全程度大小进行判别需要一定的判断标准，一般通过监测指标的安全警限区间来进行判定，即各监测指标的基本安全区间，因此确定各监测指标的基本安全警限区间就很重要。综合目前学者们对于监测预警指标警限区间的确定方法，主要有以下三种：

（1）国际公认标准法。对于有国际公认标准或通用国际惯例的监测指标，一般将国际通行标准或惯例作为该监测指标的上下警限区间，比如《巴塞尔协议Ⅲ》对商业银行资本充足率的要求就有明确的标准。

（2）专家共同意见标准。本书结合了国家或区域金融安全相关领域内的专家文献著作，如 IMF 经济学家 Morris Goldstein 等研究的经验数据和一些专门研究金融安全的科研成果等，并将其作为与之经济与金融发展过程相似的国家在金融危机爆发时的指标临界值参考标准。

（3）本国的具体国情。对于一些难以确定其安全警限的监测指标，笔者根据最近 10～15 年该指标国家观测值的平均值上下浮动若干个百分点，作为该指标的上下警限。有些指标在安全或危机状态时没有上警限或下警限，对于这种情况采取如下处理方法：没有警限上限时，将警限下限值的两倍作为该指标的上限。没有警限下限时，又分为两种情况：若警限的上限大于 0，则将零作为该指标下警限；若警限上限小于 0，则将上限值乘以 2 作为该指标下限。指标观测值小于该下限时，按该指标下限计算（聂富强，2005）。[①]

根据以上指标警限研究的常规方法，我国省域金融风险监测指标体系的所有指标警限区间研究如表 4－2 所示。

表 4－2　我国省域金融风险监测指标体系安全警限区间标准

一级系统	二级系统	监测指标	指标性质	上下警限区间	
				危险警限（40 分）	安全警限（100 分）
金融安全条件（11 个）	对外经济依存	对外贸易综合依存度	中	40.0%	20.0%
		出口集中度	负	20.0%	5.0%
		进口集中度	负	20.0%	5.0%
		利用外资综合依赖度	中	10.0%	1.50%
	外资银行进入	外资银行资产占省域银行业总资产比重	中	20.0%	3.0%
		外资金融机构对省域银行类机构的综合持股比例	中	30.0%	15.0%
	国际热钱冲击	短期资本占资本流入比重	负	66.7%	33.3%
		国际热钱占省域金融机构信贷比重	负	6.0%	1.0%
	对外债务偿付	外债余额/外汇储备	负	250.0%	62.5%
		当年还本付息额/外汇储备	负	60.0%	0.0%
		短期外债/外汇储备	负	60.0%	0.0%
金融安全能力（17 个）	宏观经济运行	实际 GDP 增长率	中	采用专家赋分法，7%～8% 得 100 分，9% 得 90 分，10% 得 85 分，6% 和 11% 得 80 分，5% 和 13% 得 60 分，4% 得 50 分；区间之内按相应比例赋安全分	
		通货膨胀率	中	6.5%	2.0%
		真实失业率	中	7.0%	3.0%

① 聂富强．中国国家安全预警系统研究［M］．北京：中国统计出版社，2005.

续表

一级系统	二级系统	监测指标		指标性质	上下警限区间	
					危险警限（40分）	安全警限（100分）
金融安全能力（17个）	金融机构运行	传统银行类金融机构	商业银行不良贷款率	负	15.0%	0.0%
			商业银行资本充足率	正	10.5%以上为安全警戒线，12%以上为我国适宜值，8%以下为重度不安全的警限值，即8%～12%警限区间	
			商业银行流动性比率	中	80	65
			商业银行净资产收益率	正	3.0%	30.0%
		民间金融借贷	民间借贷规模风险	中	3.5倍	1.5倍
			民间借贷利率溢价风险	负	13.0%	0.0%
		互联网金融（现实风险+潜在风险）	P2P问题平台率	负	60.0%	0.0%
			网贷平均综合年利率－全国综合平均年利率	负	3.5%	0.0%
			网贷单位平台成交额增长率－全国网贷单位平台成交额增长率	中	±60.0%	0.0%
	资产价格泡沫	股市综合平均市盈率		中	60倍	20倍
		房价收入比		中	7倍	3倍
	政府内债偿付	财政赤字率		中	3.0%	1.0%
		国债负担率		中	45.0%	15.0%
		国债债务率		中	100.0%	25.0%

4.2.3　省域金融风险监测指标权重的测定

由于目前各种测定指标权重方法都存在优缺点，本书将主客观结合的AHP法与客观赋权法中的熵值法相结合，以通过熵值法确定的权重对AHP法确定的权重进行动态修正调整，作为本书最终指标权重确定方法。AHP法与熵值法的具体计算过程在本书4.2.1节已详细介绍。

（1）基于AHP法确定的指标权重。

构建递阶判断矩阵如下：

表 4-3　金融安全条件对 S1、S2、S3、S4 判断矩阵

金融安全条件	S1	S2	S3	S4
S1	1	2	2	1
S2	1/3	1	1	1/2
S3	1/3	1	1	1/2
S4	1	3	3	1

表 4-4　S1、S2、S3、S4 对各子系统判断矩阵

<table>
<tr><td>S1</td><td>X1</td><td>X2</td><td>X3</td><td>X4</td><td>S2</td><td>X5</td><td colspan="2">X6</td></tr>
<tr><td>X1</td><td>1</td><td>2</td><td>3</td><td>3</td><td rowspan="2">X5</td><td rowspan="2">1</td><td colspan="2" rowspan="2">1/2</td></tr>
<tr><td>X2</td><td>1/2</td><td>1</td><td>3</td><td>2</td></tr>
<tr><td>X3</td><td>1/3</td><td>1/3</td><td>1</td><td>1/2</td><td rowspan="2">X6</td><td rowspan="2">2</td><td colspan="2" rowspan="2">1</td></tr>
<tr><td>X4</td><td>1/3</td><td>1/2</td><td>2</td><td>1</td></tr>
<tr><td>S3</td><td colspan="2">X7</td><td colspan="2">X8</td><td>S4</td><td>X9</td><td>X10</td><td>X11</td></tr>
<tr><td rowspan="2">X7</td><td colspan="2" rowspan="2">1</td><td colspan="2" rowspan="2">1</td><td>X9</td><td>1</td><td>1/2</td><td>1/2</td></tr>
<tr><td>X10</td><td>2</td><td>1</td><td>1</td></tr>
<tr><td>X8</td><td colspan="2">1</td><td colspan="2">1</td><td>X11</td><td>2</td><td>1</td><td>1</td></tr>
</table>

表 4-5　金融安全能力对 S5、S6、S7、S8 判断矩阵

金融安全能力	S5	S6	S7	S8
S5	1	1/2	2	2
S6	2	1	2	2
S7	1/2	1/2	1	1
S8	1/2	1/2	1	1

表 4-6　S5、S6、S7、S8 对各子系统判断矩阵

<table>
<tr><td>S5</td><td>X12</td><td>X13</td><td>X14</td><td>S6</td><td>M1</td><td>M2</td><td>M3</td></tr>
<tr><td>X12</td><td>1</td><td>2</td><td>2</td><td>M1</td><td>1</td><td>4</td><td>4</td></tr>
<tr><td>X13</td><td>1/2</td><td>1</td><td>1</td><td>M2</td><td>1/4</td><td>1</td><td>1/2</td></tr>
<tr><td>X14</td><td>1/2</td><td>1</td><td>1</td><td>M3</td><td>1/4</td><td>2</td><td>1</td></tr>
<tr><td>S7</td><td>X25</td><td colspan="2">X26</td><td>S8</td><td>X27</td><td>X28</td><td>X29</td></tr>
<tr><td>X25</td><td>1</td><td colspan="2">1</td><td>X27</td><td>1</td><td>1/2</td><td>1/2</td></tr>
<tr><td rowspan="2">X26</td><td rowspan="2">1</td><td colspan="2" rowspan="2">1</td><td>X28</td><td>2</td><td>1</td><td>1</td></tr>
<tr><td>X29</td><td>2</td><td>1</td><td>1</td></tr>
</table>

表4-7　各判断矩阵随机一致性检验结果

判断层	λ_{max}	C. I.	R. I.	C. R.
金融安全条件	4.0	0	0.90	0
对外经济依存	4.0710	0.01542	0.58	0.0266
外资银行进入	2.0	0	0	0
国际热钱冲击	2.0	0	0	0
对外债务偿付	3.0	0	0.58	0
金融安全能力	4.0606	0.02043	0.90	0.0227
宏观经济运行	3.0	0	0.58	0
银行机构运行	3.0536	0.0299	0.58	0.0516
资产价格泡沫	2	0	0	0
政府内债偿付	3	0	0.58	0

判断矩阵随机一致性检验。

从上表4-7可知，所有判断矩阵的随机一致性比率CR都小于0.1，较好地满足了随机一致性要求，也表明本书集学者专家的智慧所构建的判断矩阵逻辑层次关系分明。

根据AHP法的计算步骤可以得到浙江省金融风险监测指标体系的相应AHP权重，结果如表4-8所示。

（2）基于熵值法确定的指标权重。

根据浙江省金融风险监测指标原始数据（2005~2016），通过熵值法计算方法（见4.2.1节具体介绍），先对原始数据进行标准化处理后得到标准化数据矩阵，再求各指标的熵值权重，最终得到的指标权重如表4-8所示。

（3）通过熵值法对AHP法确定的权重进行修正。

用差异性因数 g_j 对专家组给出的权重 b_j 进行调整：$a_j = g_j \times b_j$；$j=1, 2, 3, \cdots, m$。式中：g_j 为熵值法确定的指标权重，b_j 为AHP专家组给出的原始指标权重。经过归一化处理后，得到的熵值法调整后的指标最终权重值为：$w_j = \frac{a_j}{\sum_{j=1}^{m} a_j}$，$j=1, 2, 3, \cdots, m$。最终得到的权重结果如表4-8所示。

表4-8　浙江省金融风险监测指标体系权重结果一览表　　单位：%

一级系统	二级系统		监测指标	AHP权重	熵值法权重	最后修正权重
金融安全条件（11个）	对外经济依存 S1（13.14）		对外贸易综合依存度 X1	5.97	3.79	6.29
			出口集中度 X2	3.77	3.36	3.52
			进口集中度 X3	1.41	3.37	1.32
			利用外资综合依赖度 X4	2.18	3.32	2.01
	外资银行进入 S2（8.17）		外资银行资产占省域银行业总资产比重 X5	2.22	3.90	2.41
			外资金融机构对省域银行类机构的综合持股比例 X6	4.44	4.66	5.76
	国际热钱冲击 S3（6.36）		短期资本占资本流入比重 X7	3.33	3.32	3.08
			国际热钱占省域金融机构信贷比重 X8	3.33	3.54	3.28
	对外债务偿付 S4（12.26）		外债余额/外汇储备 X9	2.67	3.38	2.51
			当年还本付息额/外汇储备 X10	5.33	3.24	4.80
			短期外债/外汇储备 X11	5.33	3.34	4.95
金融安全能力（18个）	宏观经济运行 S5（16.18）		实际 GDP 增长率 X12	8.34	3.36	7.78
			通货膨胀率 X13	4.17	3.83	4.44
			真实失业率 X14	4.17	3.42	3.96
	金融机构运行 S6（23.80）	传统银行类金融机构	商业银行不良贷款率 X15	5.22	3.56	5.16
			商业银行资本充足率 X16	5.22	3.89	5.64
			商业银行流动性比率 X17	2.61	3.68	2.67
			商业银行净资产收益率 X18	2.61	3.43	2.49
		民间金融借贷	民间借贷规模风险 X19	1.55	3.64	1.57
			民间借贷利率溢价风险 X20	1.55	4.44	1.92
		互联网金融（现实风险+潜在风险）	P2P 问题平台率 X21	2.47	3.41	2.34
			网贷平均综合年利率-全国综合平均年利率 X22	1.24	2.84	0.97
			网贷单位平台成交额增长率-全国网贷单位平台成交额增长率 X23	1.24	3.02	1.04
	资产价格泡沫 S7（10.29）		股市综合平均市盈率 X24	4.90	3.41	4.65
			房价收入比 X25	4.90	4.14	5.65
	政府内债偿付 S8（9.78）		财政赤字率 X26	1.96	3.41	1.86
			国债负担率 X27	3.92	3.77	4.11
			国债债务率 X28	3.92	3.51	3.82

4.2.4 省域金融风险监测评估模型方法与过程解释

（1）监测模型方法。

该方法是应用线性模型 $y_t = \sum_{i=1}^{l} W_{i,t} \times S_{i,t}$ 来进行综合监测评价。式中，y_t 表示 t 时期评价对象的综合评价值；$W_{i,t}$ 表示与监测指标 $S_{i,t}$ 相应的权重系数。可见，对于线性综合加权法来说，最重要的环节包括对各单项指标 $x_{i,t}$ 的安全分数 $S_{i,t}$ 的计算和各单项指标相应权重系数 W_i 的测算。本书中各监测指标权重系数在 4.2.4 节中已经计算出来。

对于单项指标安全分数的计算本书采用阀域值法，计算公式如下。

1）对于数值越大，安全度越大的安全条件指标，安全分数的计算方法为：$S = 100 - \frac{(x_M - x)}{(x_M - x_L)} \times (s_M - s_L)$。公式中 S 代表安全分数；x 表示指标实际观测值；X_L 表示指标实际观测值所在区间危险警限值；X_M 为指标实际观测值所在区间安全警限值；S_L 表示指标危险警限值对应的标准分值 40 分；S_M 表示指标安全警限值对应的标准分值 100 分。各指标上下警限见本章表 4－2。

2）对于数值越大，安全度越小的安全条件指标，安全分数的计算方法为：$S = \frac{(x_L - x)}{(x_L - x_M)} \times (s_M - s_L) + 40$，其中字母含义与上述相同。

（2）指标数据来源说明。

本书以浙江省为例，浙江省金融风险监测指标体系中的所有指标原始数据分别来自于《浙江省统计年鉴（2006～2017）》《浙江省国民经济与社会发展统计公报（2005～2016）》《中国统计年鉴（2006～2017）》《中国金融稳定年鉴（2008～2016）》《中国区域金融稳定报告（2007～2016）》《中国区域金融运行报告（2006～2017）》《中国银监会年报（2006～2016）》、12 家浙江本省法人银行机构的 2005～2016 年公司年报数据，国家外汇管理局网站公布的中国外债与外汇储备统计数据（1985～2017），世界银行（World Bank）官网关于中国外债等统计数据、IMF 研究报告，以及美联储公布的美国国债收益率等统计数据。

（3）金融安全等级划分与安全等级评定。

在 4.2.2 节中对金融安全监测指标的上下警限区间进行确定的基础上，为了对同一指标不同观测值在警限区间中的相对位置划定不同的安全级别，指标观测值安全或不安全到什么程度，是高度安全还是中度安全等，需要对警限区间安全等级进行划分。安全区间的划定首先要与经济安全、金融安全、金融风险区间划分理论中已有的认识相一致，而具体划分安全区间的思路可使用客观分析与主观调查（如该领域的专家调查法）相结合的方法。客观分析中依据若干基本原则：多数原则、半数原则、少数原则、均数原则、众数原则、负数原则、参数原则（顾海兵、俞丽亚，1993）①。

1）多数原则：监测指标的历史值中，少数（1/3）低增长年份的监测值，归为非安全或有警度。在剩下的多数（2/3）年份指标数值中取最低值作为安全区间的底线，或是无警度的边界。使用该原则的前提是，在定性分析中对监测指标的总体变化状态持肯定态度，多数年份该指标的变化状态都处于安全状态，可使用该原则确定安全区间。

2）半数原则：监测指标的历史数据由低到高排列，将中位数作为安全区间或无警警度的边界。

3）少数原则：将监测数值的历史值中的少数增长水平较高的年份数值均值作为安全区间的边界值，这种方法认为，绝大部分历史数据中都处于非安全或有警状态。

4）均数原则：把监测值的所有历史值的均值作为安全区间的边界。

5）众数原则：把与我国具有可比性的其他国家或全世界的某一监测值的均值水平作为我国同一指标的安全区边界。该原则认为，安全底线应该是世界上绝大多数国家所达到的平均水平。

6）负数原则：监测指标的变化不应出现负增长，即取零作为安全区间的下限，这种方法应用在某些指标的增长率上。

7）参数原则：根据其他与该指标有关联性的宏观经济指标的变化确定监测指标的安全界线。该方法也可依据专家的抽样调查和评估确定。

以上原则可单独指标使用，也可综合使用并将综合平均结果作为划分安全区间的基础。

专家调查法是指通过调查该领域内的若干专家，让他们给出指标安全区间等级的基本判断，再将各位专家的判断结果进行综合汇总确定。值得注意的是，得出的结果要结合定性认识、以往的经验和实际情况做出调整后，可作为监测预警的安全区间和警度区间使用。

本书根据金融安全监测指标得分与国家金融安全度综合得分大小将国家金融安全划分为极高度安全、高度安全、中度安全、低度不安全、中度不安全、重度不安全、危机等 7 种级别类型，如果将安全得分映射成 1～100 分之间，则安全得分与安全等级之间的关系如表 4－9 所示。

---

① 顾海兵，俞丽亚．未雨绸缪——宏观经济问题预警研究［M］．北京：经济日报出版社，1993.

表 4-9　我国省域金融风险类型等级划分对照表

安全类型	对应安全分值区间	金融安全的具体含义解释
极高度安全	[100，90]	省内金融运行非常良好，国外因素对浙江省有冲击，但影响可忽略不计
高度安全	(90，80]	省内金融整体运行良好，国外因素对浙江省有冲击，但影响较小
中度安全	(80，70]	省内金融运行出现部分小风险隐患，国外因素对浙江省有冲击，但影响程度不大
低度不安全	(70，60]	省内金融运行出现较大风险隐患，国外因素对浙江省有冲击，且影响程度较大
中度不安全	(60，40]	浙江省金融运行局部出现严重风险隐患，国外因素对浙江省冲击很大，若处理不当则可引发严重金融风险
重度不安全	(40，30]	浙江省内金融运行已出现严重风险，随时可能引发全面性金融危机
危机	(30，0]	浙江省即将或已经爆发全面性区域金融危机，短期内不能自我恢复

4.3　浙江省金融风险程度动态监测评估分析

4.3.1　浙江省金融风险综合指数测算

根据 4.2.1 节介绍的计算方法，通过搜集浙江省 2005～2016 年共计 12 年的实际观测指标数据，并根据表 4-8 中监测指标的权重，可以得到浙江省各年度金融风险的综合安全监测得分和各子领域安全得分，如表 4-10 所示。其中关于浙江省民间金融风险的相关观测数据，由于一直缺乏正规权威机构的统计数据来源，本书根据《浙江法院民间借贷审判报告（2008.1～2012.6）》中相关的实际案例统计数据和“北大法宝”数据库中相关浙江省民间借贷案例数据进行人工整理汇总，同时在借鉴国内其他学者关于浙江省民间借贷研究的基础上进行整理而成①。同时关于浙江省互联网金融风险的相关统计数据主要来源于《网贷之家》月度数据与《第一网贷》中各省 P2P 大数据报告的数据进行整理而成。本书中关于浙江省民间借贷规模风险与民间借贷利率风险指标的量化度量方法与安

① 李建军，卢少红．区域民间金融风险预警方法与实证分析——以浙江省为例［J］．金融监管研究，2013（2）．

全得分评判标准均为本书创新性提出并量化使用，指标具体计算过程请参见本书附录1与附录2。

表4-10 浙江省金融风险综合监测安全得分与子领域安全得分

年份	S1	S2	S3	S4	S5	S6	S7	S8	综合安全得分	安全程度
2005	47.46	74.26	42.36	90.23	62.96	70.67	72.12	42.91	64.70	低度不安全
2006	42.95	79.28	48.30	91.45	56.75	72.75	66.32	47.28	64.36	低度不安全
2007	38.66	78.36	19.30	92.96	51.55	81.80	30.95	49.55	59.96	中度不安全
2008	34.45	78.80	35.43	94.64	66.96	80.52	48.32	50.40	64.73	低度不安全
2009	43.14	79.08	15.96	94.99	70.40	72.50	38.24	45.21	61.81	低度不安全
2010	35.38	81.41	30.20	93.96	66.99	75.98	37.40	49.16	62.33	低度不安全
2011	30.89	80.42	99.43	92.87	70.85	75.39	44.79	51.75	67.43	低度不安全
2012	34.20	80.45	71.93	92.55	88.18	71.43	43.97	53.10	67.99	低度不安全
2013	34.24	80.13	70.42	92.06	86.85	70.51	42.08	49.76	66.85	低度不安全
2014	34.79	79.98	19.05	85.54	88.91	67.25	39.00	39.05	61.04	低度不安全
2015	39.25	82.42	0.00	87.76	86.21	68.07	27.47	30.32	58.60	中度不安全
2016	43.80	79.92	0.00	86.67	89.39	69.39	36.44	32.73	60.85	低度不安全

如果将我国浙江省金融风险监测综合安全得分绘制成更加直观的图表，可以如图4-1所示。

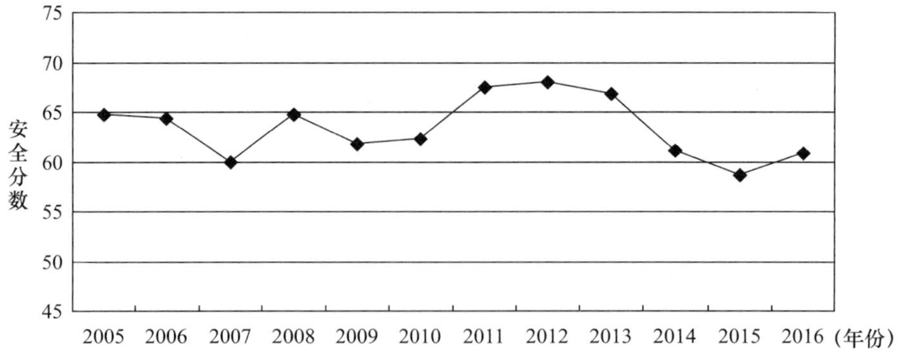

图4-1 浙江省金融风险综合监测得分趋势（2005~2016）

4.3.2　浙江省金融风险动态评价与原因分析（2005～2016）

图 4－1 反映了浙江省近 12 年以来的省域整体金融风险状态及其变化趋势，从中可以明显看出 2005～2016 年期间浙江省整体金融风险程度处于中度不安全到低度安全状态，波动形态处于低幅区间震荡波动（主要处于 60～70 分之间）并伴有下行趋势。从 2005 年的 64.7 分（低度不安全）到 2007 年的 59.96 分（中度不安全），到 2012 年的 67.99 分（低度不安全）再到 2015 年的 58.6 分（中度不安全）。根据浙江省金融风险的风险变化状态并根据我国主要经济发展的阶段性特征，本书将浙江省金融风险状态划分为两个较为显著的风险阶段：

第一个阶段：国际金融危机冲击影响下的金融安全阶段（2005～2010）。2005～2010 年浙江省金融风险处于低幅震荡形的金融安全阶段，最高得分值为 2008 年的 64.73 分，最低值为 2007 年的 59.96 分，期间基本处于中度到低度不安全状态阶段。笔者分析了 2005～2010 年浙江省金融风险整体金融安全度偏低且处于低幅波动的原因，主要体现在以下五个方面：

第一，对外经济发展风险方面。浙江省是典型的民营外向型经济大省，大量中小企业与海外市场有着密切的贸易往来，同时也容易受到海外市场的波动冲击影响。2005～2010 年期间浙江省总体对外经济风险程度处于中度不安全到重度不安全阶段（见图 4－2）。其中浙江省对外贸易综合依存度一直比较高，2008 年浙江省综合加权对外贸易依存度达到 38.1%，对海外贸易依赖比较重，已经接近危机警戒线 40% 的标准，处于中度不安全水平。2009 年下降到 31.6%，主要是受到 2008 年下半年以来国际金融危机的冲击影响所致，但仍处于中度不安全状态。

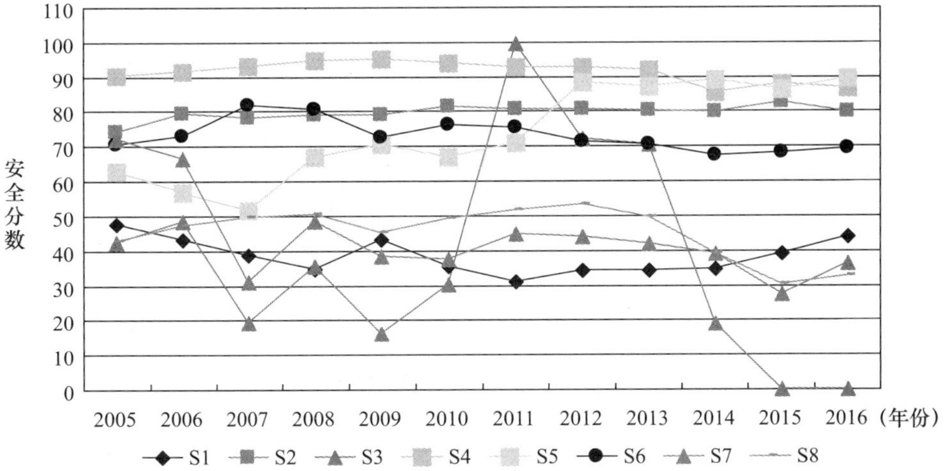

图 4－2　浙江省金融风险子领域监测安全得分趋势（2005～2016）

而在对外贸易进出口集中度方面，观测数据显示浙江省在国外前七大国家（地区）出口方面，2005～2010 年期间浙江省出口集中度处于 63%～57% 的水平，虽然一直在缓慢下降，但仍远高于 20% 的上限警戒线，处于危机状态；而进口集中度方面，2005～2010 年期间观测值显示为 68%～62%，虽然也一直在缓慢下降，但仍高于 20% 的上限警戒线，处于危机状态。与此形成鲜明对比的是，浙江省在对外资的综合加权对外依赖度方面则显得不足，2005～2010 年期间观测值显示为 1.1%～0.57%，低于 1.5% 的安全下限水平，处于高度安全状态，体现出经济开放不足的风险。综合上述因素导致 2005～2010 年期间浙江省对外经济风险中呈现出中度到重度不安全状态。

第二，国际热钱流入冲击方面。2005～2010 年期间我国经济持续快速增长，受中国政治环境相对稳定、中国经济总量高速增长态势、人民币汇率升值预期，以及中国房市及股市价格等持续增长的态势，大量国际资本流入中国境内，其中不乏大量国际热钱以各种名义流入中国境内。而浙江省一直是我国对外贸易大省，对外经济进出口额位居全国前列，而其中亦不乏大量短期国际资本假借各种贸易投资之名流入浙江省内乃至全国境内从事投机活动。2005～2010 年期间，国际短期资本占浙江省当年资本净流入的比重，在 2006 年最低为 33.4%，处于极高度安全状态；在 2009 年最高为 70.5%，已经超过了 66.6% 的危机警戒线，处于重度不安全状态。期间浙江省国际短期资本流入起伏波动较大，除了受浙江省持续对外贸易增长的影响，还受到来自国际金融危机对贸易与投资的冲击影响。同时，国际热钱占浙江省金融机构信贷资金的比重，最高时 2007 年为 19.7%，远高于警戒上限 6% 的水平，处于危机状态；最低时 2010 年为 9.56%，亦高于警戒上限水平，处于危机状态。综上所述，浙江省在 2005～2010 年国际热钱冲击方面处于中度不安全到危机状态。

第三，资产价格泡沫风险方面。2005～2010 年浙江省域资产价格风险经历了从中度安全到重度不安全状态，其中最高时在 2005 年安全得分为 72.1 分处于中度安全，最低则在 2007 年为 30.9 分，处于重度不安全状态。从浙江省上市公司整体综合市盈率来看，2005～2010 年间，除 2007 年外基本上都处于 20 倍到 30 倍市盈率之间，处于高度到极高度安全状态。但 2007 年受中国 A 股市场整体大盘牛市行情影响，市盈率高达 43 倍以上，市场整体股价虚高，存在股市泡沫的风险，处于低度不安全状态。同时，从浙江省城镇房价收入比来分析，2005～2010 年浙江省房价收入比不断上升，处于中度不安全到危机状态。2005 年最低为 6.36 倍，处于中度不安全状态，2012 年最高为 12 倍以下，处于危机状态。综合上述，浙江省 2005～2010 年期间处于中度不安全到危机状态。

第四，从浙江省域政府内债偿还情况来看，2005～2010 年浙江省政府内债偿付风险都处于中度不安全状态。从浙江省政府财政赤字率方面来看，浙江省财政赤字率经历了从高度安全到低度不安全状态的变化。2005 年浙江省政府财政赤字率为 1.48%，为合理赤字状态并低于 3% 的危机警戒线，处于高度安全状态。2010 年浙江省政府财政赤字率上升到 2.16%，靠近危机警戒线，处于低于不安全状态。从国债负担率来看，2005 ~ 2010 年浙江省政府国债负担率经历了从低度不安全到高度安全状态的上升过程。其中最高为 2005 年，浙江省 3 类汇总国债负担率为 33.23%，处于低度不安全状态；最低的 2010 年为 21.18%，处于高度安全状态。从国债债务率来看，2005 ~ 2010 年浙江省 3 类汇总国债负担率都处于危机状态，2005 年最高为 417.98%，远高于 100% 的危机警戒线；2010 年最低为 225.38%，亦明显高于危机警戒水平。综合上述因素，浙江省政府内债偿付风险上处于中度不安全状态。

第五，从省内宏观经济运行态势来看，2005 ~ 2010 年浙江省内的宏观经济运行态势基本上在中度不安全到中度安全间波动。这主要受到 GDP 增长率变化和浙江省内通货膨胀因素的影响，其中 2005 ~ 2007 年浙江省 GDP 增长率分别为 12.8%、13.9% 与 14.7%，经济增速过快存在泡沫经济的风险，而在 2008 年国际金融危机之后，到 2009 年浙江省 GDP 增长速度慢慢下降回归到 8.9% 接近合理的水平，处于极高度安全状态；但 2010 年 GDP 增长速度为 12%，又有增速偏快虚高的苗头出现，处于中度安全状态。而在通货膨胀率方面，2005 ~ 2010 年浙江省通货膨胀处于高度安全到中度不安全的波动状态，2006 年最低为 1.1%，处于合理水平，到 2009 年则为 -1.5%，处于通货紧缩状态，为通货抑制状态下的中度不安全状态。而在此期间浙江省社会真实失业率水平基本上处于重度不安全到中度不安全状态。

第二个阶段：经济转型升级影响下的金融安全阶段（2011 ~ 2016）。2011 ~ 2016 年浙江省域金融风险的安全程度基本上处于缓慢下行的状态，其中 2011 ~ 2015 年的"十二五"期间浙江省域金融安全程度处于缓慢下降态势，而 2016 年则有上升的势头。期间安全程度最高的 2011 年为 68.92 分，处于低度不安全状态，同时也是 2005 ~ 2016 年的整个观测期间的最高安全得分，2015 年最低值为 58.6 分，同时也是 12 年期间的最低安全得分。2011 ~ 2016 年间浙江省域金融安全处于低度不安全到中度安全状态，笔者总结了其中的原因，主要体现在以下几个方面：

第一，在对外经济风险方面，2011 ~ 2016 年期间是重度不安全状态到中度不安全的缓慢上升过程。其中在浙江省域对外贸易综合依存度上，处于中度不安全到低度不安全的向好态势中，其中 2011 年浙江省对外贸易综合依存度最高为 39.7%，接近 40% 的危机警戒线，处于中度不安全状态；2016 年对外综合依存度最低为30.6%，处于低度不安全状态。造成浙江省对外贸易综合依存度向好态势转变的主要原因在于“十二五”期间我国正处于经济结构转型升级的起步发展期，浙江省对外出口增速减缓，包括“两头在外”的加工贸易出口降低，同时降低了对外进口额，包括一般贸易进口与加工贸易进口在内，重心逐渐调整到依靠新兴工业技术对传统产业进行转型升级以及互联网信息技术产业发展方面等，因此导致了对外综合贸易依赖程度的降低，以及对外贸易综合安全程度提升。在浙江省进口集中度与出口集中度方面，2011～2016年间，基本上延续了之前的风险态势处于危机状态，其中在出口集中度方面2011～2016年浙江省有缓慢下降的态势，但仍然远高于20%的危机警戒线，造成期间下降态势的原因主要在于浙江省近三年减少了对日本、欧盟与俄罗斯的出口，但整体水平依然较高。在对外资的综合利用度上，2011～2016年间浙江省整体对外资的依赖程度较低，平均对外资综合依存度在0.52%，远低于10%的警戒水平，表现出外资开放度不足的风险，为中度安全状态。

第二，在国际热钱流入冲击方面，与2005～2010年国际热钱流动冲击呈现中度不安全到危机的波幅状态相反，2011～2016年国际热钱流动冲击对浙江省造成的风险影响呈现出由极高度安全到危机的不断恶化状态。2011年国际热钱流动冲击风险得分为100分，处于极高度安全状态，而到2016年得分为0分，处于危机状态。从短期国际资本流入占浙江省全年净资本流入来看，2011年的观测值为6.33%，处于极高度安全状态，之后不断恶化，而到2016年观测值为138.66%，远高于66.67%的危机警戒线，处于危机状态。从国际热钱流入占浙江省金融机构信贷比重来看，2011年观测值为1.09%，处于极高度安全状态，之后亦不断恶化，到2016年观测值为23.4%，远高于6%的危机警戒线，处于危机状态。其中2011年是近12年来国际热钱流入冲击最弱，浙江省该领域金融安全程度最高的一年，笔者认为这主要是受到2008年国际金融危机的深度冲击影响与2010年欧洲主权债务危机的深度持续影响，导致国际贸易与国际短期资本在世界范围内的投资降低的综合影响所致，这可以从2005～2016年间全国净出口总额创新低，净利用外资虽总量在增加但在2011年增速出现放缓亦可以得到佐证。综上因素导致2011～2016年浙江省域国际热钱流动冲击风险处于由极高度安全到危机的不断恶化状态。

第三，在资产价格泡沫方面，2011～2016年浙江省资产价格泡沫风险处于中度不安全到危机的总体缓慢恶化状态。除2007年与2015年外，2005～2016年的12年间，浙江省股市与房市综合价格泡沫风险经历了从中度安全到重度不安全状态的缓慢恶化过程。从浙江省上市公司综合市盈率来分析，2011～2016年间除2015年外基本上处于20倍至30倍市盈率之间，明显低于60倍市盈率的危机警戒水平，处于高度到极高度安全状态。2015 年中国股市受市场投资者情绪与科技等行业利好信息等影响，出现了一波牛市行情，包括浙江省上市公司在内的全国股市出现了股价与市盈率普遍较高的行情，其中不乏大量没有业绩基本面支撑的企业出现了股价虚高的股市泡沫风险，2011 年浙江省上市公司综合市盈率亦达到了 46.1 倍，处于低度不安全状态。从浙江省城镇地区的房价收入比来分析，2011 ~2016 年虽整体房价收入比有缓慢下降的态势，如 2011 年为 11.7 倍，到 2016 年降为 9.8 倍，但仍然明显高于国际上 7 倍的危机警戒线水平，处于危机状态。综合上述因素，最终导致了 2005 ~2016 年浙江省域资产价格泡沫风险处于中度不安全到危机的缓慢恶化状态。

第四，从政府内债偿还能力来看，2011 ~2016 年浙江省政府内债偿还风险经历了从中度不安全到重度不安全的逐渐恶化过程。期间从浙江省政府财政赤字率来分析，2011 年为 2.14%，到 2016 年上升为 3.54%，其中 2015 年最高为 4.28%，高于 3% 的危机警戒线，处于危机状态。造成 2015 ~2016 年浙江省财政赤字上升的主要原因在于 2015 年浙江省政府财政支出增量明显高于往年，投放在一般公共服务、教育、城乡社区事务、农林水事务等方面的支出均明显增加。其中在 2005 ~2016 年的 12 年间浙江省政府财政赤字率出现不断恶化的态势，从 2005 ~2008 年的高度到极高度安全状态下降到 2015 ~2016 年的危机状态。从浙江省政府 3 类汇总国债负担率来分析，2011 ~2013 年处于极高度安全状态，但到 2014 ~2016 年下降到中度到低度不安全状态。从浙江省政府 3 类汇总的国债债务率来分析，2005 ~2012 年间表现出国债债务率观测值很高但不断缓慢下降的态势，2005 年国债债务率为 417.9%，到 2012 年下降为 171.9%，但都远高于 100% 的危机警戒线，处于危机状态。到 2016 年又上升为 279.8%，亦处于危机状态。综合上述因素，使得浙江省政府内债偿付风险从中度不安全逐渐恶化到危机状态。

第五，从浙江省内宏观经济运行来看，2011 ~2015 年经历了从中度安全到高度安全的优化过程。2011 年浙江省宏观经济运行安全得分为 70.85 分，延续了 2005 年以来总体安全程度不断上升的态势，到 2016 年上升为 89.4 分，为高度安全状态。从浙江省 GDP 增长速度分析，2005 ~2011 年 GDP 增速从 9% 下降到 7.5% 的合理区间，反映了包括浙江省在内的全国各地在“十二五”期间转变经济发展方式，即由之前的粗放型经济发展模式向集约型经济发展模式转变，由原本依靠低人力成本、高投入高消耗式生产方式转向依靠先进技术与互联网信息技术驱动的绿色、低碳、节能环保等战略性新兴产业上来，并已经取得了一定的成效。从通货膨胀率来看，除 2011 年通货膨胀率偏高（5.4%，中度不安全状态），其余年份均处于相对合理区间，处于高度到极高度安全状态。从浙江省全社会真实失业率来分析，全社会真实失业率仍然偏高，接近7%的危机警戒，处于中度不安全状态。综上因素，促成了2011～2016年期间浙江省内宏观经济运行处于中度安全到高度安全的总体不断优化过程。

第六，从金融机构运行风险分析，2011～2016年间浙江省金融机构运行经历了从中度安全到低度不安全的缓慢下降过程。从传统正规银行类金融机构运行来看，2005～2011年的12年间除2005～2006年浙江本省商业银行的资本充足率偏低导致整体银行机构安全状态处于低度不安全外，其余年份均处于中度到高度安全状态且波动幅度较小，表明近10多年来，浙江本省传统银行类金融机构经营状态比较稳健，不良资产贷款率、资本充足水平控制得较好，但在流动性水平上2005～2016年浙江省存贷款比例都在80%以上，超出了80%的危机上限，处于重度不安全到危机状态。笔者认为这主要是由于我国正规类银行机构多为国家或地方政府控股的商业银行，有强大的政府背景并在全国或区域内处于垄断地位，且中国大陆的老百姓因为就业、医疗、教育、养老等面临一系列不确定性，普通老百姓的资金多以银行存款为主以防范不确定性风险，因此和全国其他正规商业银行一样，在存贷款比例上都较高但在可预见的时期内不会出现流动性挤兑危机，这与国外自由市场经济程度发达下的民营股价制商业银行有较大区别。同时在期间浙江本省商业银行在盈利能力上出现了缓慢下降的态势，由2007～2008年的高度安全下降到2016的低度不安全状态，因此，浙江本省的商业银行在做好风险防控的同时还需进一步提升企业的经营管理水平以提升盈利能力，增强核心竞争力。从浙江省民间金融风险分析，2005～2016年间经历了从中度不安全到危机状态的总体趋于恶化的过程，2007年最好为59.05分，接近低度不安全状态，2009年最差为17.6分，处于危机状态。从民间金融的借贷规模风险上看，风险程度起伏波动较大，2005～2007年浙江省民间借贷规模风险的金融安全程度处于不断上升的过程，2005年是58.1分为中度不安全，到2007年是83.9分为高度安全状态。从2008年起民间借贷规模风险的安全程度呈现逐渐下降趋势，其中从2012～2016年处于危机状态，造成此状态的原因主要是实体民营经济经营困难，借贷资金规模不断上升，已经超出了实体产业正常回报的承受能力，导致民间借贷规模风险急剧增加。从民间借贷利率风险分析，除2008年外总体金融安全程度处于先缓慢下降再缓慢上升的过程，安全程度处于中度不安全到重度不安全区间，其中2008年金融安全程度有所上升，主要是该年民间借贷年化利率为17.166%，低于往年借贷利率水平（根据浙江法院审判报告统计数据，2008～2012年浙江省民间借贷的平均年化利率水平为20.15%），而造成2008年民间借贷利率下降的原因，笔者认为还是受到2008年下半年国际金融危机的冲击影响，实体经营困难，短期内难以预期有较好盈利从而造成借款需求减少，借贷利率下降所至。从浙江省互联网金融风险分析，2005～2016 年经历了从极高度安全到中度不安全的安全程度逐渐下降的过程。在 2005 年之前中国互联网主要为正规金融机构提供技术性支撑，以帮助传统正规金融机构“把业务搬到网上”。在 2005～2012 年间国内互联网金融处于萌芽起步阶段，包括网络借贷开始出现，第三方支付机构逐渐成长起来，互联网与金融的融合开始从技术领域过渡到金融业务领域，但在此期间无论是机构数量还是规模都比较低。从 2013 年开始中国互联网金融出现大规模的爆发式发展，也是从这一年起国内才有了较为系统的互联网金融统计数据出现。其中 P2P 借贷无论是从机构规模，还是从借贷金额规模都是互联网金融分析的重点。2007 年中国网贷平台约 1 家，2011 年为 20 家，2012 年为 240 家，到 2013 年上升到 523 家，之后呈爆发式增长，如表 4－11 所示。因为在 2013 年之前中国互联网金融呈现出发展严重不足的高度安全状态，到 2013 年之后互联网金融的风险逐渐为社会所关注并显现出来。从问题平台率来分析，2012 年之前呈现高度到极高度安全状态，2012 年之后问题平台率逐渐上升，2013 年浙江省问题平台率为 22.8%，为中度安全状态，到 2016 年上升到 38.64%，为低度不安全状态。从浙江省网贷平台借贷利率风险来分析，2013～2016 年间浙江省网贷综合年利率与全国网贷平台综合年利率之利差，除 2014 年利差较大为 2.56%，处于中度不安全外，其余年份均在 1% 以内，处于高度安全状态。从网络借贷平台的规模增长泡沫风险来分析，2013 年浙江省网贷单位平台成交金额增长率与全国之差在 2014 年为 －2.56%，保持在合理区间范围内，但到 2015～2016 年观测值分别为 102.4% 与 86.84%，表明浙江省网贷单位平台成交额的规模增速明显高于全国平均水平，增速过快蕴藏着潜在规模增长泡沫风险，处于危机状态。综合上述因素，最后导致 2005～2016 年间浙江省域金融机构运行处于中度安全到低度不安全的缓慢下行态势过程。

表 4－11 中国 P2P 网贷发展数据（2013～2016）

年份	成交额（亿元）	平均期限（月）	平均利率（%）	货款余额（亿元）	平台数量（家）
2016	28049.38	6.48	9.06	12052.22	6635
2015	11805.65	6.22	12.05	5582.2	4948
2014	3291.94	5.92	17.52	1386.72	2358
2013	892.53	4.01	24.93	352.23	523

数据来源：第一网贷数据研究。

4.3.3 浙江省金融安全条件与能力的相互作用关系实证检验

本书从金融安全条件与金融安全能力的内外维度来对浙江省域金融安全程度

进行监测分析，并假设金融安全能力（通过增加自身金融机制体系建设以增强抵抗外来各种金融风险冲击威胁的能力）是内因，金融安全条件（经济开放条件下浙江省域金融体系所面临的各种威胁冲击的金融风险）是外因。从哲学辩证法的观点来看，内因起主导作用，外因起从属作用，内因（金融安全能力）决定外因并成为影响浙江省域最终金融安全程度的主导因素，而外因（金融安全条件）成为影响我国金融安全的次要因素。带着这种逻辑假设，本书拟通过灰色关联度分析方法来进行量化检验分析。前文 4.3.1 节对浙江省金融安全条件得分、金融安全能力得分与国家金融安全总体得分进行了量化测算，三者之间的时间序列趋势对比关系如图 4－3 所示。

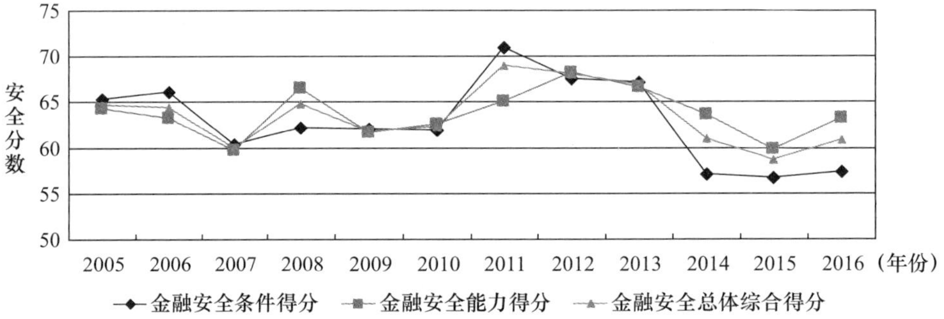

图 4－3　浙江省金融安全条件、能力与金融安全度得分趋势对比（2005～2016）

从图 4－3 可以看出，2005～2016 年期间浙江省域金融安全条件与金融安全能力都呈现出在 55～75 分数区间幅度波动，并在 2011 年之后有震荡下行的态势。其中金融安全条件分数曲线与金融安全能力分数曲线呈现上下交错的形态，表现为在不同的年份里浙江省在面临外来风险冲击威胁与抵御外来风险冲击威胁的能力上的不稳定，呈现此消彼长的态势，这显然不利于维护浙江省域金融安全。值得注意的是，自 2013 年以来浙江省金融安全能力得分一直高于金融安全条件得分，表明近四年来浙江省金融安全能力建设得到了加强，根据前文分析，主要表现在浙江省内的宏观经济运行态势更趋于合理，而同时浙江省域面临外来国际热钱流入冲击的增加则加剧了浙江省外来威胁风险等综合因素导致的结果。

对于两个系统之间的因素，其随时间或不同对象而变化的关联性大小的程度，称为关联度。灰色关联分析方法就是根据因素之间发展趋势的相似或相异程度，亦即“灰色关联度”，来衡量因素间关联程度的一种方法。灰色系统理论提出了对各个子系统进行灰色关联度分析的概念，目的是通过一定的方法，来寻求系统中各子系统（或因素）之间的数年关系。因此，灰色关联分析对于一个系统发展变化态势提供了量化的度量，非常适合动态历程的分析。其计算的基本原理和步骤如下。

计算差序列并找出最大（小）绝对差。设有一个参考数列 $X_0=[x_0(1), x_0(2), \cdots, x_0(k), \cdots, x_0(n)]$ 和 m 个比较数列 $X_i=[x_i(1), x_i(2), \cdots, x_i(k), \cdots, x_i(n)]$，其中 $i=1, 2, \cdots, m$。计算 X_i 和 X_0 的第 k 个指标的绝对差即差序列 $\Delta_i(k)$：

$$\Delta_i(k)=|x_0(k)-x_i(k)|，其中(k=1, 2, \cdots, n)$$

式中，$\max\Delta_i(k)$ 和 $\min\Delta_i(k)$ 分别表示第 k 个指标中 i 个 $\Delta_i(k)$ 的最大值和最小值，即为最大绝对差和最小绝对差（亦称一级最大差和一级最小差）。

接下来，计算关联系数，关联度关排列关联序。设 X_i 和 X_0 的第 k 个指标的关联系数 $\xi_i(k)$ 为：

$$\xi_i(k)=\frac{\min\Delta_i(k)+\rho\max\Delta_i(k)}{\Delta_i(k)+\rho\max\Delta_i(k)}$$

分辨系数 $\rho\in[0, 1]$，ρ 一般取值为 0.5。X_i 和 X_0 的关联度 γ_i 为：$\gamma_i=\frac{1}{n}\sum_{k=1}^{n}\xi_i(k)$。

同时可按 γ_i 的大小依次进行排序，可得关联序并进行比较分析。

根据以上灰色关联度分析方法，对浙江省 2005~2016 年的金融安全条件与金融安全能力对于浙江省金融安全度进行关联分析，得到浙江省金融安全条件与金融安全度的灰色关联度为0.7313，金融安全能力与金融安全度的灰色关联度为0.7565，表明浙江省金融安全条件和能力对于金融安全度均表现出中高度相关关系，而且相比之下，金融安全能力与金融安全度的关联程度更高，这也验证了前面的假设，即浙江省金融安全程度的高低主要由内因即金融安全能力所决定，内因在防范化解浙江省域金融风险上起到更重要的作用。

4.3.4 浙江省金融风险指数动态分解与计量拟合

根据前文分析，近 12 年来浙江省域金融风险的总体安全程度呈现出低幅波动的中度不安全到低度不安全态势，低幅主要体现了部分重要领域一直保持相对较好的安全态势以起到支撑作用，如浙江省传统正规银行类金融机构是浙江省金融市场的主体，并在近 12 年来表现出金融安全程度不断提升的良好态势。同时近 12 年来浙江省宏观经济运行态势由经济增长过快过热回归到合理的发展区间，宏观经济运行安全能力得到了较大提升，处于高度安全态势，对浙江省总体金融安全能力的提升起到了重要支撑作用。在外源性金融风险冲击方面，外资银行类金融机构目前对浙江省域的冲击威胁还很小，维护了相对封闭的中高度安全态势。而凭借我国近 10 多年来外汇储备不断增长的强大外汇储备规模维护了包括浙江省在内的全国抵御外债借款风险的良好安全态势，即在传统银行类金融机构运行、省域宏观经济运行、外资银行类金融机构进入冲击，以及对外债务偿还方面都保持了相对较好的安全态势，支撑了浙江省总体金融安全程度。但近12年浙江省总体金融安全度呈现波动并有下行态势，主要体现在对外经济风险方面其对外贸易综合依存度总体依然存在较大风险，包括对外贸易依存度总体依然偏高，对外资的依赖程度依然具有开放不足的风险，而进出口集中度依然很高并处于危机状态。同时在民间金融与互联网金融方面，根据前面分析，"十二五"以来安全程度有缓慢下降的态势。而在对政府内债风险方面，近些年政府财政赤字率的上升，国债负担率的上升，尤其是国债债务率一直处于危机状态，拉低了浙江省域金融安全能力。在资产价格泡沫风险方面主要呈现出波动的中度不安全到重度不安全状态，尤其是在国际热钱流入方面，波动幅度较大，尤其是2011年以来国际热钱流入对浙江省的冲击明显，导致其金融风险程度持续上升，金融安全程度持续下降。综合上述因素，导致了近12年来浙江省域金融风险呈现出低幅波动并有缓慢下行的态势。为了消除内外波动因素对省域金融安全程度的影响，以更准确地反映省域金融安全程度的变化趋势，本书通过H－P滤波时间序列法对我国省域金融安全度得分进行状态空间分解。

（1）浙江省域金融安全度得分H－P滤波分解。

Hodrick－Prescott（1980）滤波是被广泛使用的一种方法。该方法在Hodrick和Prescott（1980）分析战后美国经济周期的论文中被首次使用。设 $\{Y_t\}$ 是包含趋势成分和波动成分的经济时间序列，$\{Y_t^T\}$ 是其中含有的趋势成分，$\{Y_t^C\}$ 是其中含有的波动成分。则 $Y_t = Y_t^T + Y_t^C$，其中 $t=1, 2, \cdots, T$。

计算H－P滤波就是从 $\{Y_t\}$ 中将 $\{Y_t^T\}$ 分离出来。

一般地，时间序列 $\{Y_t\}$ 中的不可观测部分趋势 $\{Y_t^T\}$ 常被定义为下面最小化问题的解：

$$\min \sum_{t=1}^{T} \{(Y_t - Y_t^T)^2 + \lambda[c(L)Y_t^T]^2\}$$

其中：$c(L)$是延迟算子多项式。

$$c(L) = (L^{-1} - 1) - (1 - L)$$

将$c(L)$代入后，则H－P滤波的问题就是使下面损失函数最小，即

$$\min\{\sum_{t=1}^{T}(Y_t - Y_t^T)^2 + \lambda\sum_{t=1}^{T}[(Y_{t+1}^T - Y_t^T) - (Y_t^T - Y_{t-1}^T)]^2\}$$

最小化问题用$[c(L)Y_t^T]^2$来调整趋势的变化，并随着λ的增大而增大。这里存在一个权衡问题，要在趋势要素对实际序列的跟踪程度和趋势光滑度之间作一个选择。$\lambda=0$时，满足最小化问题的趋势等于序列$\{Y_t\}$；λ增加时，估计趋势

中的变化总数相对于序列中的变化减少，即 λ 越大，估计趋势越光滑；λ 趋于无穷大时，估计趋势将接近线性函数。λ 是最优选取是 $\lambda=\frac{\sigma_x^2}{\sigma_y^2}$，$\sigma_x$ 和 σ_y 分别是趋势成分和周期成分的标准差。一般地，λ 的取值如下：λ = 100（年度数据）；λ = 1600（季度数据）；λ = 14400（月度数据）。

需要说明的是，H – P 滤波等分解没有区分各种周期不同的周期成分，近来开始普遍使用的一种趋势分解方式是 Bass – Pass 滤波方法（Lawrence & Terry，1999），这是在时间序列频域中进行分解的方式，主要的优点是可以针对不同周期长度的周期成分进行趋势分离。由于中国经济统计数据的样本容量较小，处理累积数据时难以有效运用这种方法。另外，由于数据样本容量较小，也难以采用著名的 B – N 分解方式（Beverage & Nelson，1981）。

考虑到样本数据周期频率的有限性与本书的年度数据特点，为了更好地捕捉近 12 年来的发展特征，本书主要利用 H – P 滤波来进行成分分解，可以得到实际有效汇率的趋势成分（REER）与波动成分（Cycle），如表 4 – 12 所示。

表 4 – 12 浙江省域金融安全度得分 H – P 滤波分解成分一览表（2005 ~ 2016）

年份	金融安全综合得分	趋势成分（Trend）	波动成分（Cycle）
2005	64.70	63.9308	0.7692
2006	64.36	63.9100	0.4500
2007	59.96	63.8968	–3.9368
2008	64.73	63.9035	0.8265
2009	61.81	63.9030	–2.0930
2010	62.33	63.8762	–1.5462
2011	67.43	63.7834	3.6466
2012	67.99	63.5693	4.4207
2013	66.85	63.2149	3.6351
2014	61.04	62.7458	–1.7058
2015	58.60	62.2235	–3.6235
2016	60.85	61.6929	–0.8428

如果将浙江省金融安全度得分的各种成分通过 H – P 滤波分解图表现出来，可以直观地反映出浙江省自 2005 ~ 2012 年金融安全度得分的实际趋势与波动变

化情况，如图 4 -4 所示。

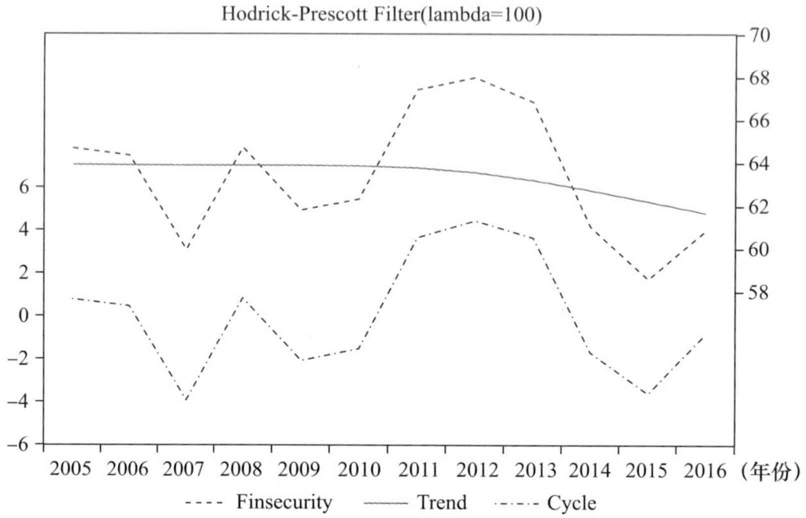

图 4 -4　浙江省金融安全得分变化趋势及其成分分解（2005 ~ 2012）

从图 4 -4 可以看出，2005 ~ 2016 年浙江省金融安全得分呈现缓慢下行的态势，从波动成分可以看出，2007 ~ 2008 年，2011 ~ 2013 年，以及 2015 年波动较为明显，正如 4. 3. 2 节的分析所述，2007 ~ 2008 年主要受到国际金融危机的影响，包括国际热钱流入冲击、资产价格泡沫等经历了一次由危机前的泡沫风险上升到危机爆发后泡沫逐渐消退的过程。而 2011 ~ 2013 年金融安全程度提升，则是受到金融危机后的深化影响与欧洲主权债务危机的持续影响，从而导致浙江省国际热钱流入造成的冲击减少，以致提升了安全程度；同时包括浙江省在内的中国整体股市市盈率处于更加合理的区间，以及浙江省国债负担率下降，使得浙江省政府内债安全程度有所提升。而 2015 年浙江省金融安全程度出现向下波动，主要是由于国际热钱流入冲击使得风险明显提升至危机状态，当年我国股市出现过热行情，上证指数一度飙升至 5178 点的高位，包括浙江省上市公司在内的综合市盈率出现过热风险现象；同时 2015 ~ 2016 年浙江省政府财政赤字率明显上升，国债负担率也有所上升，浙江省政府内债偿还风险上升也导致金融安全得分下行。

（2）浙江省金融安全度得分动态计量拟合。

根据前文分析，2005 ~ 2016 年浙江省金融安全得分呈现缓慢下行的风险态势，这显然对浙江省在“十三五”时期全面建成更高水平的小康社会的目标以及中共《十九大报告》描绘的向更高发展目标持续稳定健康发展形成了潜在的威胁。浙江省是我国沿海经济大省，也是国内经济强省，无论是GDP总量还是人均GDP都在全国排名靠前，轻工制造、海洋经济、互联网经济等众多产业都走在全国前列，但浙江省作为我国民营经济大省，以外向型经济为主，中小微企业众多，对海外市场依赖严重，更容易受到外来风险的冲击威胁。如何在进一步加大对外开放的大环境趋势与错综复杂的国际市场背景下，以及在“一带一路”的国家战略引领和浙江自身经济结构转型升级的背景下，更好地防范省内外经济金融风险以进一步提升浙江省金融安全程度，在今后一段时期显得尤为重要。

依据本书的核算方法，金融安全程度的最高得分为100分，假使以现有的增长速度持续下去，浙江省金融安全程度最终将达到相对安全程度（100分），即我国金融安全度得分受到最高上限的制约。根据浙江省金融安全度得分变化走势图（图4－1），可以通过选择以下几种趋势模型（包括有增长上限的趋势模型）进行动态拟合，并通过方程的整体显著性与拟合优度的大小优劣来择优选取反映浙江省金融安全度得分的实际变化趋势模型：

线性模型1：$\hat{Y}_t = a + bt$（$b>0$）

二次曲线模型2：$\hat{Y}_t = a + bt + ct^2$（$b<0$，$c>0$）

三次曲线模型3：$\hat{Y}_t = a + bt + ct^2 + dt^3$

四次曲线模型4：$\hat{Y}_t = a + bt + ct^2 + dt^3 + et^4$

指数曲线模型5：$\hat{Y}_t = ab^t$（$a>0$，$b>1$）

对数曲线模型6：$\hat{Y}_t = a + b\ln t$（$b>0$）

幂曲线模型7：$\hat{Y}_t = at^b$（$0<b<1$）

有增长上限的修正指数曲线模型8：$\hat{Y}_t = L + ae^{bt}$（$a<0$，$b<0$）

以浙江省金融安全度综合得分为被解释变量（Y），以时间t为解释变量（$t_{2005}=1$），通过Stata13.0，将数据输入进行拟合回归，得到以上模型的最终回归方程如下：

线性估计模型1：$\hat{Y}_t = 64.577 - 0.18285t$

$$(0.000)\quad(0.418)\qquad R^2 = 0.0459\quad F = 0.71$$

二次曲线模型2：$\hat{Y}_t = 61.2269 + 1.253t - 0.11045t^2$

$$(0.000)\quad(0.248)\quad(0.162)\qquad R^2 = 0.2023\quad F = 1.86$$

三次曲线模型3：$\hat{Y}_t = 67.21 - 3.3714t + 0.7443t^2 - 0.04383t^3$

$$(0.000)\quad(0.168)\quad(0.132)\quad(0.105)$$

$R^2 = 0.4160 \quad F = 1.58$

四次曲线模型 4：$\hat{Y}_t = 74.26 - 11.387t + 3.2703t^2 - 0.3376t^3 + 0.0113t^4$

(0.000) (0.08) (0.105) (0.145) (0.200)

$R^2 = 0.5314 \quad F = 2.282$

指数曲线模型 5：$\widehat{\ln Y_t} = 4.1679 - 0.00303t$

(0.000) (0.398) $R^2 = 0.0507 \quad F = 0.78$

对数曲线模型 6：$\hat{Y}_t = 64.396 - 0.60478\ln t$

(0.000) (0.534) $R^2 = 0.0221 \quad F = 0.41$

幂曲线模型 7：$\widehat{\ln Y_t} = 4.16523 - 0.01023\ln t$

(0.000) (0.507) $R^2 = 0.0254 \quad F = 0.47$

有增长上限的修正指数曲线模型 8：$\widehat{\ln\left(\frac{1}{Y_t} - 0.01\right)} = 5.21 + 0.0076t$

(0.000) (0.434)

$R^2 = 0.0424 \quad F = 0.4337$

通过以上对浙江省金融安全综合得分的计量拟合，从方程的整体显著性与方程的拟合优度角度分析，我们发现 8 种曲线的总体拟合效果都不理想，相比之下，四次曲线模型的拟合效果比较好，因此本书主要采用四次曲线模型的回归方程来大体量化表示近 12 年来浙江省总体金融安全变化的程度。笔者认为造成总体拟合程度效果不理想的原因主要在于样本观测数据的不足，这主要是因客观现实统计观测值的缺失而造成的。另外是受到个别或部分年份监测统计数据的大幅度变化而造成，如前面 H－P 滤波分析中部分年份的波动幅度比较剧烈，造成对总体金融安全度的提升或下拉影响。再者是本书的金融安全警限区间的设置虽然考虑了国内外标准与业内专家的意见，以尽量做到客观真实地反映实际情况，但难免受到主观因素的影响。虽然本研究难以做到尽善尽美，但基本上客观真实反映了浙江省近些年来的总体金融安全变化程度。随着今后年份统计数据的增多，特别是一些高频类统计数据的出现，笔者将进一步跟进研究以期更加准确地反映包括浙江省在内的我国省域金融风险变化程度。

第5章　中国省域金融风险趋势预警机制分析

对省域金融风险进行预警分析，既是省域金融风险监测评估分析的延续，其本身也是一个全面系统而精细化的过程。首先，需对国际上国家或区域金融危机爆发的前兆共性因素进行归纳总结，同时，需对我国省域金融风险所面临的重要领域与重点环节中存在的主要风险进行全面深入把握，这是分析我国省域风险预警因素的基础；其次，根据各预警指标的特点构建一套科学有效的省域金融风险预警指标体系，而纵观国内外学者的研究范式，虽然所选用的模型方法存在差异（如通过噪声—信号比率最小化来筛选；或通过构建危机压力指数，进行两两因果关系检验；或构建各种回归方程来检验指标的统计显著性等），但其目的都在于如何科学有效选出能准确预测金融危机爆发时间或程度的先行性预警指标，并构建相应的预警指标体系，而这往往是整个预警过程的中心环节；再次，对预警指标临界警限区间进行科学合理的设定。判断各预警指标是否发出预警信号，主要依据各预警指标的实际观测值是否突破指标临界警限，因此，根据各预警指标特性与我国省域经济金融发展实情科学合理地设定预警指标的预警区间是整个预警过程的重要环节；最后，选取相应的预警模型来进行综合预警分析。目前国内外学者先后提出了多种金融危机预警模型，如FR概率模型、STV横截面回归分析模型、KLR信号分析模型、DSCD模型、人工神经网络模型、二元或多元Probit/Logit模型、PHM模型等，但通过对比发现复杂的模型并不代表具有较高的准确性。Andrew Berg和Catherine Pattillo（1998）与Berg，Eduardo Borensztein，Catherine Pattillo（2005）利用20世纪90年代世界各地爆发金融危机的大量真实数据进行检验，发现KLR信号分析模型的预警效果比FR模型、STV模型、DSCD模型预警效果更好，而各种金融危机预警模型都没能准确预测1998年的东南亚金融危机与2008年的全球金融危机，也使国内外学者对目前各种预警模型的真实准确性重新进行了思考。对于能否及时有效地预测我国省域是否爆发金融危机，并不在于预警模型本身的复杂晦涩性，而在于对我国省域金融系统运行的有效理解和预警模型机制的现实准确性，有时候简洁有效好于复杂无效。

本章在前文分析的基础上，基于季度与月度样本频率数据特征，将运用两种方法来对浙江省金融风险状况进行预警分析：其一采取的是传统的预警方法，即综合国内外学者的预警指标体系研究成果并在对我国省域宏观经济金融运行进行深入分析的基础上，从先导性与免疫性两大逻辑维度，从宏观经济风险、金融市场运行风险、政府财政运行风险、银行类机构风险和政府机构内债风险五大重要领域构建了我国省域金融风险预警指标体系；在此基础上，通过经熵值法调整的 AHP 法测度了各预警指标的相应权重，并集中了国内外专家学者的智慧成果与笔者对我国省域近 10 多年来金融经济发展实情的判断，科学合理地设定了各预警指标的临界警限区间，并对浙江省域 2004 年第一季度至 2016 年第四季度的金融风险警情警度与各重要领域的警情警度进行了一次全面动态趋势预警分析；其二是构建了我国省域金融风险先行预警指标系统和省域金融风险压力指数，并以浙江省 2004 年 1 月 ~2016 年 12 月的月度样本数据为对象，通过 TAR 门限自回归模型对省域金融风险压力指数门限个数与门限值进行了测算与检验。本书通过单位根检验和格兰杰因果关系检验对预警指标的先行显著性效果作进一步检验筛选的基础上，构建了基于 Ologit 的省域金融风险排序概率预警模型，并以未来 12 个月的样本外数据对模型预警的准确度进行了检验分析。

5.1 中国省域金融风险趋势预警指标系统

5.1.1 省域金融风险预警指标选取相关研究

（1）国外关于省域金融风险预警指标选取相关研究。

国外对于金融危机的研究主要集中在主权国家（如美国、日本、墨西哥、巴西、俄罗斯等）或跨国性的国际区域（如东南亚、拉美地区、欧元区等），其中的原因在本书 4.1.1 节已进行了解释。1994 年墨西哥金融危机后，国际货币基金组织专家莫里斯·戈尔茨（1995）曾提出 7 项金融危机预警指标，分别是短期债务与外汇储备的比例、经常项目逆差占 GDP 之比、消费比例、财政预算赤字占 GDP 之比、资本流入结构、汇率定值、货币供应增加量。斯坦福大学刘遵义教授（1995）在南非召开的联合国世界经济预测项目秋季年会上，做了题为“下一个墨西哥在东南亚”的报告，通过使用历史实证比较的数量分析方法，以墨西哥为参照国来分析东南亚国家发生金融危机的可能性，并准确预测了东南亚金融危机的爆发。他在预测中所使用的10项预警指标，分别是实际汇率、实际GDP增长率、相对通货膨胀率、国际国内利率差、国际国内利率差变化、实际利率、国内储蓄率、国际贸易平衡、国际收支经常项目（顺差或逆差）及外国组合投资与外商直接投资比例。Frankel和Rose（1996）以1971～1992年发生在105个发展中国家的金融危机为分析对象，通过季度数据建立了FR概率模型以度量金融危机发生的可能性，发现当经济增长率越低，国内信贷增长率越高，国外市场利率越高，外商直接投资/外债越低，实际汇率被高估时，发生危机的可能性越大。Sachs、Tornell和Velasco（1996）以月度数据作为样本数据，建立了STV横截面回归分析模型，最终认为实际汇率、贷款增长率、国际储备/货币供给等变量与一国的金融危机发生密切相关。同时他们还根据实际汇率贬值程度、国内私人信贷增长率和国际储备/M2的取值确定了两个虚拟变量。研究认为实际汇率贬值越高、国内私人贷款增长率越高、国际储备/M2越小则说明金融危机越有可能发生。Kaminsky、Lizondo和Reinhart（1997）通过对比20世纪50年代到90年代中期产生于发达与发展中国家的25份研究成果，从中得到了15项预警指标与危机发生关联度较大。随后选择了15个发展中国家与5个工业化发达国家在1970～1995年的月度数据指标建立了KLR信号分析模型对货币危机进行了预测。与此同时，Kaminsky等在1999年又将上述15项预警指标拓展到了21项，将银行危机纳入到了预警范围，其中检验比较有预警效果的指标包括实际汇率、出口增长率、股票市场价格、M2/国际储备、产出增长率、M1供给过度、国际储备增长率、M2乘数增长率、国内信贷/GDP、实际利率、贸易条件增长率、实际利率差异等。Andrew Berg和Catherine Pattillo（1999）针对新兴市场国家在KLR模型基础上改进后提出了DCSD模型，该模型采用真实汇率水平、货币账户、外汇储备损失、出口增长、短期债务/外汇储备5项预警指标。Nag Mitra（1999）首次将人工神经网络方法引入货币危机预警系统，突破了传统模型的线性范式，以灵活地捕捉变量间复杂关系。Kumar Moothy Perraudin（2002）提出了基于滞后宏观经济和金融数据的Simple Logit模型，构建了投机冲击的预测模型。

与此同时，实务界的一些投资机构在实践过程中也选用了一些经济指标来预测国家或国际区域的金融危机，如高盛证券使用美国失业率、美国汽车销售量、密歇根消费者情绪指数3个指标来关注美国金融危机的发生情况，同时使用欧洲外债/GDP、经济账户赤字/GDP和欧洲银行外币贷款比重3个指标来关注欧洲地区爆发金融危机的可能性。美林证券使用美国企业申请破产的宗数、投资评级债券息差、美元汇率指数 3 个指标来关注美国政府及企业债券走势风险。瑞士信贷银行使用 CDS 指数变化、新兴市场政府财政赤字/GDP、汇率变动趋势、欧洲银行财务状况、美国国债利率共 5 项指标来关注金融危机爆发风险。摩根士丹利使用美国房地产价格变动与美国储蓄率变动 2 项指标来关注金融危机发展阶段。德意志银行通过使用新兴市场国家贷款/GDP、新兴国家净资金流入/流出数量、主要银行一级核心资本比率 3 项指标来关注新兴市场危机形势，同时使用企业债息差（credit spread）和伦敦交易所富时 EPRA/NAREIT 全球地产股指数 2 项指标来研究企业及房地产市场风险。瑞士联合银行通过亚洲银行体系的不良贷款比率来关注亚太地区银行体系的健康状况。汇丰控股选取了主权 CDS 指数变化、东欧国家 GDP 增长率、失业率、财政赤字/GDP、经济账户赤字/GDP、外汇储备/每月进口增值、短期外债/外汇储备、新兴市场国家的银行/存款比率共 7 项指标来研究新兴市场的风险状况。渣打银行通过国际清算银行的综合债权占 GDP 比重（BIS consolidated claims/GDP）来研究不同地区受信贷紧缩冲击的程度。

（2）国内关于省域金融风险预警指标选取相关研究。

1998 年东南亚金融危机爆发，包括香港与台湾地区在内受到亚洲金融危机带来的强烈冲击，国内学者逐步认识到金融危机对国家与区域金融发展带来的严重危害性，并对国家或区域金融风险问题展开研究。随着 2001 年中国加入 WTO，外商投资资本的大量引进与我国对外贸易进出口额的大幅度增长，在促进地区经济发展的同时也带来了地区外源性不确定风险，如何预警防范我国国家或区域金融风险的形成或金融危机的爆发，成为我国部分学者思考的问题。仲彬等（2002）在借鉴国外 CAMEL 银行评价指标体系等基础上，从微观审慎指标与宏观先行指标两个维度选取了 35 项指标构建了我国区域银行体系风险预警系统指标体系，其中微观审慎指标包括流动性、盈利性、充足性、安全性与管理程度 5 个方面，宏观先行指标包括国家调控能力、企业效益、债务清偿能力、外汇与资本、增长能力、银行业规模 6 个方面。周才云（2006）从宏观先行指标与微观审慎指标两个层面选取了 25 项指标构建了我国区域金融稳定预警指标体系，其中宏观先行层面指标包括 GDP 增长率、通货膨胀率、公共债务、财政赤字率、财政收入占 GDP 的百分比、债务依存度、实际利率水平和净出口额，微观层面主要从区域银行类机构的安全性、流动性、盈利性 3 个方面选取了 17 项预警指标。王立平等（2007）以台州的经济金融特点为参照，从区域经济金融环境、人民银行运行风险、区域商业银行运行、区域借贷实体风险状况四方面选取了 28 项风险指标构建了区域金融稳定预警指标体系，但存在选取指标过多、指标内容交叉重复、指标预警效果不明等问题。姚星垣等（2008）在分析浙江省经济金融特点的基础上，从微观审慎指标、宏观先行指标和浙江省区域金融风险预警特殊指标3个维度，选取了54项风险指标构建了浙江省金融风险预警指标系统。其中微观审慎指标主要借鉴CAMEL银行评级体系，从流动性、盈利性、充足性、安全性与管理程度5个子领域出发，宏观先行指标则从国家调控能力、企业效益、外汇与资本市场、增长能力和银行业规模5个子领域选取，而区域特殊指标则是从经济发达（商品价格）、外向型经济（汇率）、民间金融发达（利率）、民间资本充裕（股票价格和房地产价格等）、突发事件冲击5个子领域选取。但该文存在监测与预警不分，预警指标选取过多，指标难以量化，实证不足等问题。文洪武（2011）从宏观经济、银行业、保险业等部门出发，从GDP、消费、信贷、通货膨胀率、保费收入等6个方面选取了经济增长率、投资增长率、消费增长率、借贷增长率、通货膨胀率、保费收入、就业增长率、货币发行量、城镇人口比例和利率10项指标为风险指标，并借助结构系统方程模型来测算单个指标均衡状态的基础上，通过加权平均法计算区域金融风险指数。并以此为基础对河北省金融稳定状态进行了实证分析。但该文存在社会部门分类偏颇、指标选取原因不明、风险指标正负向风险不明、实际应用较差等问题。刘林（2014）通过选取20项指标构建了区域系统性金融风险预警指标体系，并基于模糊评判法对C市进行了实证分析，但存在指标分类不明、选取内因不明、风险核算不明等问题。

综合以上研究我们发现，国外对金融风险预警的研究主要集中在主权国家或国际区域，目前还没有一套有效预警指标体系能为各国共同接受认可，这表明金融风险成因具有复杂变化性，同时也表明金融风险的成因可能与各国的具体国情有关，不同的国家由于政治制度、经济体制、经济发展程度、文化背景以及现阶段风险状况存在差异，导致预警指标的有效性可能存在差异。在国内，目前学者们主要关注国家层面的金融风险或危机预警分析，而对于我国省域层面的金融风险或预警研究发展十分缓慢且严重不足。笔者认为，这主要由于目前国际上主流的研究主要集中在主权经济层面，正如本书2.1中对金融安全内涵的分析，金融安全与独立的金融主权相联系，金融主权主要体现在主权国家上，而我国很难有真正区域金融安全的独立提法，但区域金融风险累积到一定程度会影响到自身区域金融风险和稳定性，并可能影响到国家整体金融安全。当前我国34个省级行政区域，其中近一半的省份如果从经济总量、地域面积和人均规模上分析均已达到“富可敌国”的程度①，同时在中央政府的积

① 据2017年华尔街见闻做的一份统计，在将“内地省级行政区2016年生产总值”与“全球各国2016年GDP”进行对比后，发现广东、江苏、山东、浙江、河南5省的经济体量已经进入“G20”行列，广东和江苏更是进入全球前15位，区内生产总值与西欧老牌发达国家西班牙相当。http://www.sohu.com/a/203786079_100005176.

极引导下各省地方政府之间存在既合作又竞争关系，且我国各个省份经济发展各具特点，如果单独从国家整体层面来研究金融风险问题，“整体打包”的研究视角容易忽略各地方经济风险的特征又难以找到具体的风险来源，在政策制定上难以做到有效且有针对性，因此关注我国内部省域金融风险预警问题，制定适合我国省域的金融风险预警指标体系，在省域经济规模快速发展的今天具有紧迫重要的经济战略意义。

5.1.2 省域金融风险预警指标系统构建标准

相关性：指所选取的预警指标与我国省域金融风险直接相关。由于经济与金融领域的各组成部分，各个要素环节是相互关联的，经济金融活动是各种经济金融要素相互作用联系所构成的有机系统，因此在浙江省域金融安全程度恶化之前，往往有一些先兆性指标在事前发生相应的恶化变化，这些先行性指标的恶化引起同步性指标相应恶化，从而可能引发省域金融的不安全。预警指标的相关性包括直接相关与间接相关，直接相关是指预警指标的变化与省域金融安全直接相关，甚至是省域金融安全的直接反映，如不良资产贷款率、资本充足率等；间接相关是指有些预警指标可能不是金融类指标，但是与省域金融风险有着密不可分的关联性，如宏观经济领域内的预警指标，这些指标的变化往往会引起金融领域内相应安全指标的变化，从而这些指标可以作为省域金融安全的先行性指标，如出口增长率，国内信贷、GDP 等。当然，引发金融不安全的因素很多，不仅包括金融与经济因素，还包括政治、军事、社会等非经济因素，由于这些突发因素往往难以预控，本书所选取的预警指标仅限在经济与金融领域之内。

显著性：指所选取的预警指标在金融安全与金融不安全时期存在较为显著的变化，特别是在金融安全的平静时期与发生金融危机的非常时期这些预警指标的变化往往比较显著。预警指标的显著变化不但表明金融危机是可以提前预测的，而且为我们寻找并确定金融不安全的来源提供了可行的途径。当前正处于经济全球化时期，国际金融市场自由一体化程度不断推进，各国金融市场面临着许多共同的金融风险，如外汇储备不足将导致偿债危机，欧美等股市的下跌将引起世界主要股票市场指数发生变化等，有许多共同的金融与经济因素导致预警指标发生显著变化。但是，由于世界各国金融市场发展程度不同（如欧美发达国家的金融市场较为发达，而大多数发展中国家的金融市场发展水平较低），经济发展阶段不同，各国的经济体制与经济结构存在差异，也有许多各国所特有的因素引起预警指标发生显著性变化。因此对于中国全国及省域金融安全预警指标的选取既要考虑各国金融安全所面临的共有因素，又要考虑中国当前与未来时期经济金融安全所面临的独特因素，既要考虑共性因素又要考虑个性因素，做到个别性与一般性的统一。

可操作性：指省域金融风险预警指标能够获得及时有效的统计数据。由于我国省域金融风险预警的重要环节是对预警指标的金融风险警情进行实时监控观察，而金融风险是金融活动的常态，因此能获取到及时、准确的统计指标数据，以及对预警指标的金融风险变化程度进行及时有效地观测评估分析就显得尤为重要。因此我们所预警的指标需要有相应的统计数据来支撑，否则对于预警指标的风险程度无法及时地作出判断，该指标的预警作用也就失效了。当然，由于我国金融市场还处于发展初期，比起欧美等发达金融市场，我国目前的金融市场发展程度还很不完善，一些对国家金融安全有重要作用的预警指标，我们目前都没有相应的统计数据，特别是季度、月度以及每周或每日的高频统计观测数据，而且越是深入到省级及以下，相应的统计指标数据越难获取，这给此方面的研究工作带来了很大的障碍。如对于全国和地方商业银行衡量风险而言非常重要的不良贷款率数据，目前数据更新频率仅停留在年度数据，无法进行季度及以下的分析工作；又如用于衡量地方政府债务风险的地方政府债务数据，目前仅有2013年国家审计署做过的一次全国调查的年度数据，许多衡量地方政府债务风险的指标都无法计算。又如近5年来新兴的互联网金融行业，目前数据仅统计到2013年且都缺乏权威性，相关数据出入较大，如此等等。虽然目前我国全国与地方金融市场的统计指标相比欧美发达国家还有许多不健全的地方，但这也正是我国金融市场努力发展的方向，对于关系到国家金融安全的重要预警指标其高频数据的统计观测，对保证国家金融安全显得尤为重要。

其他包括科学全面性、典型独立性、互补性等也是进行各种指标体系设计所应参考的共同准则。

5.1.3 省域金融风险预警指标的选取依据与逻辑结构体系

本书对影响我国省域金融风险预警因素的经济分析判断依据如下：开放经济条件下一国的金融安全，特别是对于发展中国家与国土面积较小的发达国家的金融安全，最终主要落实到两类领域的安全性：其一是国家货币安全性；其二是国家银行机构安全性。货币不安全发展到一定程度表现为货币危机，即一国货币在短期内实际汇率大幅度贬值。而银行机构不安全发展到一定程度表现为银行危机，即国内许多银行机构，特别是大型银行机构短期内发生严重挤兑、倒闭、并购或被政府接管的现象①。我国作为世界上最大的开放经济的发展中大国，是由31个省级行政区组成的集权与分权体制下的大国经济，国家金融的安全性从根本上取决于各地方经济金融风险的总体安全程度，但是由于我国政治和经济体制的特殊性，有些重要的经济金融事务归中央集中统一管理，如对全国外汇储备和外汇市场的统一集中管理，中央银行集中制定货币政策，利用多种货币政策工具对全国经济金融活动进行宏观调控等。这就决定了有些重要的风险很难从单个的省域来进行衡量，如全国性的货币风险、外汇风险等，而我国地方省域金融风险主要表现在受地方经济金融运行情况影响且主要集中在地方层面的金融风险，如省域银行风险、省域政府债务风险等。

我国省域金融风险主要表现为金融市场风险，目前我国金融市场的参与主体包括银行类金融机构、证券机构、保险机构、基金信托等机构，以及从2013年兴起的互联网金融、游离于正规金融监管之外的民间金融等，如果从我国省域金融市场参与者的规模（包括总资产、净资产、从业人数、对实体经济的影响力等），目前我国省域金融市场的主体明显表现为银行类金融机构，尤其是商业银行仍然是省域金融市场的主体。根据前面分析，国家金融安全主要表现为货币安全与银行安全，而我国的货币风险管理主要集中在国家层面由国家外汇管理局集中统一管理，因此我国省域金融风险主要表现为银行机构风险。影响我国省域银行机构风险的因素包括内因与外因，外因主要表现为三个方面：

首先是地区宏观实体经济运行态势，表现为对外出口贸易、对内投资驱动与地区市场消费拉动的情况。尤其如浙江省是以外向型经济为主的民营经济大省，出口贸易对浙江经济的影响作用显著。而衡量对外贸易活跃态势的重要先行指标表现在出口增长率与进口增长率上，出口增长率是衡量地方对外贸易的重要先行性指标。在对内投资方面，资本形成是我国经济增长的重要贡献之一，全社会固定资产投资是地区经济增长的重要推动力，而投资资金大多依靠银行类机构提供

① 由于对银行业危机进行定义跟金融危机一样，都显得非常艰难，故国内外学者一般主要从界定标准这一角度出发。具有代表性的有：V. Sunhdaramiarl 和 J. T. Balino 认为，银行业危机是指由于一组金融机构的负债超过了其资产的市场价值，从而引起了挤兑、资产组合转换和政府干预的情况。因而危机过程中会出现不良资产比重增加、损失扩大的情况，从而导致清算、合并或重组事件增加。Kaminsky 和 Reinhart 认为，银行业危机是发生了银行挤兑，并导致银行被关闭、合并或接管的；没有发生挤兑、关闭、合并或接管，但是出现了政府对某家或某些重要银行的大规模援救。IMF 于1998年对银行业危机下了如此定义：实际的或潜在的银行挤兑与银行失败引致银行停业偿还负债，或为防止这一情况的出现，政府被迫提供大规模的援助。不过国外也有学者试图从量上进行粗略界定：如 IMF 专家 Kunt 和 Detragiache 对 1980 ~ 1994 年世界范围内银行部门进行综合研究，提出了判断银行业危机的界定依据：银行系统的不良贷款占总资产的比重超过10%；援助经营失败银行的成本至少占国内生产总值的2%；银行业的问题导致了大规模的银行国际化；出现范围较广的银行挤兑，或者由政府采取存款冻结、银行放假担保存款等措施以应付危机。他们认为，只要出现了上述四种情况中的任何一种即构成银行业危机。

信贷融资，实证显示我国的贷款规模与固定资产投资的相关系数高达0.996，与GDP的相关系数高达0.987，GDP与固定资产投资的相关系数也高达0.987。因此国内信贷规模既是全社会投资增长的前兆，也是我国经济增长的前兆，本书通过国内新增信贷投资额与GDP的相对比例来进行衡量。拉动在对内市场消费需求方面，全社会最终消费需求一直是拉动我国经济增长最重要的贡献力量，因企业生产的产品最终只有满足国内外消费者的需求才能将生产的产品或服务转化为利润并实现企业价值，而全社会消费品零售总额则是衡量地区总体消费需求的直接体现，因此全社会消费品零售总额增长率是反映地区宏观经济运行的重要先行性指标。与此同时，地区国内生产总值增长率、地区通货膨胀水平，以及全社会失业率水平即是宏观经济运行的直接体现，也是地区金融市场运行风险的先兆，亦被国内外众多专家学者所采用。

其次是地区金融市场运行态势，其中影响银行类金融机构的风险主要集中在以下几个方面：一是本土商业银行类金融机构之间的相互竞争，市场自由竞争是市场经济的常态，由市场优胜劣汰机制决定，一般不会对本土银行业总体安全性造成大的风险影响；二是来自外资类银行机构对本土银行机构形成的冲击威胁，由前文2.2.1节分析，目前外资银行类金融机构主要集中在上海、广东、北京、江苏、福建等地，对于浙江省内，无论是外资类金融机构的总资产、净资产、分支机构数量，还是从业人员数都难以与本土银行类金融机构进行竞争抗衡，在可预见的未来一段时期还不足以对本土商业银行形成威胁，而目前更需要的是继续扩大金融市场对外开放以引“狼”进入激发本土商业银行的竞争活力，从根本上增强本土商业银行的国际竞争力；三是来自股票市场的风险，浙江省是我国上市公司最多的经济发达省份之一。截至2017年8月，全国共有3328家上市公司，在2017年各省上市公司数量排行榜中，排名第一的是广东省（541家），排名第二的是浙江省（382家），排名第三的是江苏省（359家），北京市（299家）排在第四位，上海市（185家）仅排第五位。浙江省上市公司主要在中国境内的沪深股票市场上市交易，股票价格指数作为国民经济的晴雨表，直接反映了上市公司的经济发展态势，而上市公司的经营发展情况又直接影响到地区宏观经济发展情况与地区银行类金融机构的风险与盈利能力。不仅如此，国内重要商业银行基本上都已经上市交易，可以说股票价格指数也是银行业自身风险与收益的直接反映。因此如果地区上市公司的股票价格指数过度虚高，股票市盈率严重脱离上市企业的内在价值，虚拟经济严重脱离实体经济，则有可能面临股市泡沫在短期内破灭的风险。而一旦股指大幅度下跌，企业市场价值短期内大幅度缩水，出现破产倒闭等情况，银行的不良资产上升。同时股市大跌所引发的市场恐慌心理将可能引发银行严重挤兑现象，银行经营面临考验。如果股票价格指数长期低迷，则严重影响上市公司的积极性，难以通过资本市场实施许多有益的资本运作行为（如再次增发新股融资、实施股权激励、进行横纵向收购兼并、阻止竞争方恶意收购等），以增加银行机构和上市公司的整体竞争力。但值得注意的是，我国大部分企业都是依靠银行类机构间接融资，通过股权和债权融资的目前还比较少，而且我国股票市场运作监管机制相比欧美发达国家还很不完善，经常出现涨跌频繁无序，市场投机炒作风气盛行，企业内在市场价值难以得到有效体现，目前还难以真正起到像市场经济发达国家那样以股指波动来反映国民经济冷暖的作用（吴晓求，2012）①。考虑到我国34个省级行政区域的大部分企业都没有上市交易，股票价格指数对各个省份宏观经济的影响程度差别较大，本书主要通过各省份上市公司流通市值/GDP来体现该省域股票市场的泡沫风险影响程度；四是来自地区房地产市场的运行态势。目前包括浙江省在内的我国大部分省域全社会固定资产投资中的重要的一部分比重来自于房地产市场的投资（如本书3.1.2节的分析），而房地产是高杠杆运作行业，房地产公司严重依赖于当地银行机构的借款，我国许多地方银行贷款中地区房地产企业所占比重较大，而地区房地产企业的利润主要依赖于地区房价上涨，如果房价下跌，可能导致房地产企业短期内捂盘囤房难以出售，从而使房地产企业难以在短期内收回前期投资成本，加之前期贷款合同中银行机构高额的利息负担，容易出现资金链断裂甚至跑路倒闭等。房地产行业是与地方政府土地财政收入、银行机构贷款风险与收入，乃至上下游煤炭、钢铁、化工、建材装饰等牵涉极广的行业，我国许多中小城市甚至因房地产而兴又因房地产而衰，如我国海南省的海口、三亚等城市。因此地区房地产市场价格指数是地区宏观经济态势的先行反映，也是地区银行类金融机构的不良贷款风险与收益的先行反映。这里需要注意的是，我国地区银行类金融机构的贷款包括住户贷款、非金融类企业贷款和政府机构贷款，其中住户贷款在近些年呈现上升的态势，主要包括个人经营性贷款和消费贷款，个人经营性贷款与当地的宏观经济总体态势直接相关，前面已经得到了反映，而住户消费贷款包括住房按揭贷款、商用房按揭贷款和汽车贷款，其中住房按揭贷款与商用房按揭贷款占消费贷款的主要部分，这些都和当地的房地产市场行情联系紧密，也与消费者个人收入相联系，而消费者的个人收入又依赖于其所在的工作单位，最终还是依赖于企业经营情况和当地的宏观经济发展情况。

最后是来自于政府类机构的财力状况。我国地区银行类金融机构的贷款很大一部分贷给了当地的政府机构，政府机构以其法定强制性财政收入为担保来维护机构运作，同时还包括以政府名义为担保的第二类政府债务（政府负有担保义务

① 中国人民大学校长助理吴晓求教授在第十六届（2012年度）中国资本市场论坛主题“中国资本市场：新起点、新机遇、新突破”做报告时的发言，2012年1月7日于北京。

的债务）和第三类政府债券（政府负有救助义务的债务）。由于我国银行类机构与当地政府、国有企业在产权性质上有着紧密的内在联系，银行机构主要管理者一方面追求银行类企业价值最大化，另一方面可能出于自身利益考虑（如个人短期经济利益最大化或其他政治目的）会出现信贷审批不严或以公为私的行为操作贷款给其他具有潜在风险的企业或机构部门，从而可能增加银行机构不良资产贷款的风险，如贷款给政府部门组建的各种形式的地方政府融资平台企业等。而地方政府偿还债务的能力主要来自于地方政府的财政收入与财政支出，以及地方政府历史上所欠政府债务的偿债能力，因此地方政府的财政收入与支出的增长率是反映地方政府债务偿还的重要先行性指标。这里要强调的是，目前我国地方政府还不能自行发行地方政府债券融资，地方政府只能通过国家财政部代为发行地方政府债券融资，或者通过地方政府融资平台如城建公司、城投公司等来发行企业债券融资。由于发行企业债券需要一定的规模资质，我国大部分中小类城投企业还是主要以间接融资为主。

影响我国省域银行类金融机构的内因主要体现在银行类机构自身在经营管理商业银行过程中所表现出来的非系统性金融风险，在这方面国内学者主要借鉴美国金融监管当局的CAMELS骆驼评级体系，目前“骆驼”评价方法因其有效性，目前已被世界上大多数国家所采用，包括中国的商业银行在内对自身经营管理风险的监管基本上都未能跳出该评价体系的框架。CAMEL评价体系主要是通过对金融机构的资本充足程度、资产质量水平、银行管理水平、资产盈利水平、资产流动性水平和市场风险敏感度六个方面来考核评价商业银行总体的风险稳定状况（CAMEL评级指标体系见附录3）。由于美国金融业发展水平走在中国前面，而美国的银行业市场化国际化水平也走在中国前列，在某种程度上美国过去的市场化之路的经验教训可能就是中国即将面临的情形，因此本书亦主要借鉴CAMEL骆驼评价体系从省域商业银行的资产质量、资本充足水平、资产流动性水平和盈利能力四个方面，在遵循预警指标体系构建标准的基础上分别选取相应的评价指标，来衡量省域商业银行自身的经营管理风险能力。

综上所述，本书所构建的指标体系，结合了专家统计法与专家调查法的优势，从我国省域经济与金融体系之间直接或间接的作用传导机制的实际省情出发并考虑了主要预警指标的先行性特征，从先导性（在省域金融安全形势恶化之前而提前发出预警信号）与免疫性（对省域金融安全状况变化起到免疫保障之能力作用）的内外逻辑维度出发，精选了重点预警指标来构建开放经济条件下我国省域金融风险预警指标体系，逻辑结构与具体指标解释如表5－1所示。

表 5-1　我国省域金融风险预警指标体系

一级系统	二级子系统	预警指标
先导性指标（10 个）	宏观实体经济运行风险	出口增长率
		实际利用外资增长率
		省内信贷额/GDP
		消费增长率
		实际 GDP 增长率
		通货膨胀率
	金融市场运行风险	股市市值/GDP
		房地产销售价格指数
	政府财政运行风险	财政收入增长率
		财政支出对收入的增长弹性
免疫性指标（7 个）	银行类机构风险	商业银行不良贷款率
		商业银行资本充足率
		商业银行流动性比率
		商业银行盈利能力
	政府机构内债风险	财政赤字率
		国债负担率
		国债债务率

说明：①指标含义解释见下文；②指标体系内各子领域是相互作用的有机整体，仅对单个子领域内的部分指标进行预警将会失去其完整准确性。同时，本书所建立的预警指标体系也只是一次对我国省域金融风险预警的有益尝试而难以尽善，同时受限于我国省域统计数据不完善，有些较好的预警指标没有纳入进来，随着我国市场化程度与金融市场国际化开放程度的不断推进，以及我国经济统计工作的不断完善，有些预警指标需进行与时俱进的动态调整。

（1）先导性指标。先于省域金融风险形势恶化而提前发出预警信号。

宏观经济运行风险。实体经济最终决定虚拟经济，在我国省域宏观经济运行变化态势往往是我国省域金融安全形势变化的前兆，因此宏观经济运行领域的某些重要先行性指标具有预警我国省域金融风险形势的功能。

出口增长率：包括浙江省在内的我国东部沿海许多省份都是以出口为导向型的经济体，浙江省大量加工制造类的产品主要远销海外，连年的贸易顺差为国家积累了大量的外汇储备，也吸引了大量农村剩余劳动力就业，为国家经济发展与扩大对外开放做出了巨大的贡献。浙江省作为我国最典型的外向型民间经济大省，近 30 多年来除了 2019 年受国际金融危机影响出现出口下滑外，其余年份都保持出口平稳较快上涨态势，如前文 2. 2. 2 节分析，浙江省出口创汇能力在近些年来仅次于广东省，位居全国第二，为国家出口经济发展做出了重要贡献。十九大报告提出“中国开放的大门不会关闭，只会越开越大”，“要拓展对外贸易，培育贸易新业态新模式，推进贸易强国建设”，因此，在未来一段时间内，浙江省在实现由贸易大省向贸易强省迈进，优化出口产品结构，提升出口贸易竞争力依然是拉动省域经济向前发展的主要动力之一，而出口增长率具有较好的预警效果并得到了国内外许多专家学者的支持。

实际利用外资增长率：投资是促进地区经济发展的最主要动力之一，投资资金或者来自国内如银行机构贷款，或者来自国外投资资本引进，而引进 FDI 是我国许多省域促进地区经济发展的重要方式。1978 年中国改革开放初期，面临着资金、技术与人才短缺的问题，40 年来我国各省域积极补充国内经济发展要素不足，大力引进外资与外商投资企业来中国投资建设，包括上海、广东、浙江、江苏等我国东部沿海经济大省在引进外资方面率先获益，并在改革开放的浪潮中率先发展起来。如浙江省自 1984 年以来外商直接投资除 1990 年，以及 1997 ~ 1998 年和 2007 ~ 2008 年受金融危机影响外，一直保持平稳较快增长，最高年份 1985 年增速达到 548%，1996 ~ 2016 年近 20 年来平均增速达到 14.3%，有力地促进了浙江省经济发展。当前改革开放已历经 40 年，我国内地的经济发展格局和水平已经发生了巨大的变化，十九大报告已经明确提出要“坚持引进来与走出去并重”，目前我国国内具有竞争力的企业纷纷走出国门在欧美国家与非洲国家投资建厂兴业，同时中国作为世界第二大经济体并保持良好发展态势，也吸引了众多外商在中国投资兴业，在今后一段时期内包括浙江省内企业在内的我国企业走出去与引进来相结合是我国外资流向的主旋律，同时由于我国地域发展极不平衡，大量中西部省份仍需要大量引进外资来加快本地区的经济发展建设，对外商投资的需求依然强劲迫切。因此在我国众多省份，实际利用外资增长率也成为衡量该地区宏观经济发展态势的重要先行性指标，并得到了国内外许多专家学者和实务工作者的支持。

省内新增信贷/GDP：我国对内是依靠投资与消费需求拉动经济增长，特别是全社会固定资产投资对我国各省域地区经济增长的促进作用显著，如浙江省 2016 年资本形成总额对 GDP 的贡献率为 45.3%，2011 ~ 2016 年平均贡献率为 45.1%，而资本形成总额主要由全社会固定资产投资所形成。投资资金大多依靠银行类机构提供信贷融资，实证显示我国的贷款规模与固定资产投资的相关系数高达 0.996，与 GDP 的相关系数高达 0.987，GDP 与固定资产投资的相关系数也高达 0.987。谭太平（2011）① 研究得出我国经济发展主要是通过国内信贷以及

① 谭太平．国内信贷、货币供给对经济增长的动态影响——基于可变参数状态空间模型的实证研究［J］．财经科学，2011（275）：18 －25.

货币供给投放促进投资规模的扩张以及出口的增长，经济增长是外延式扩张，而且实证得出 M2 与国内信贷对经济增长的贡献弹性在 1994 ~ 2009 年是 0.61 ~ 0.65。每当中央政府实行积极的、宽松的货币政策时，国内信贷与货币供应量对经济的贡献度都会相应地增加，而实行紧缩性的货币政策时对经济的贡献度相应下降。中央政府在保增长下通过发行大量货币信贷容易造成国内高货币化现象。因此国内信贷既是全社会固定资产投资的资金来源，也是全社会固定资产投资增长与经济增长的前兆。本书通过国内新增信贷投资额与 GDP 的相对比例来进行衡量，该指标具有较好的预警效果并得到国内外许多专家的支持。

消费增长率：通过全社会消费品零售总额增长率来反映。我国省域地区对内依靠投资与消费拉动经济增长，尤其是近些年来消费对地区经济增长的贡献越来越显著。2016 年最终消费需求对浙江省 GDP 的贡献率在 48.2%，已经超过资本形成贡献并成为地区经济增长的最主要拉动力，2011 ~ 2016 年最终消费需求对浙江省 GDP 的平均贡献率在 47.5%，也超过了同期资本形成平均贡献率，预计未来一段时期该比率还将上升，也体现了浙江省经济结构在转型升级，以服务业为代表的第三产业在地区国民经济中所占的比重会越来越大。从全国来看，2015 年最终消费需求对全国 GDP 的贡献率为 52%，而资本形成贡献率为 45%，在 2011 ~ 2016 年期间消费需求对全国 GDP 平均贡献率为 50.5%，同期资本形成平均贡献率为 46.8%，显然消费需求无论是对全国还是对浙江省，基本上都是经济增长的第一拉动力。因此，全社会消费需求增长率是地区宏观经济发展态势的良好先行反映，也是地区金融市场风险动向的先行反映，在地区经济与金融风险预警中具有重要的先行作用。

实际 GDP 增长率：该指标是衡量我国省域宏观经济发展态势最集中综合的体现。国民经济整体保持平稳较快增长，可以带动投资与消费的进一步增长，增加社会信贷资金的需求量，提高人民收入水平，从而促进为实体经济服务的金融业蓬勃发展以增强省域金融业抵御金融风险的能力，更重要的是可以稳定和增强国内外市场投资者信心，形成良性互动效应，使我国国民经济进入良性循环发展轨道。如果地区实际 GDP 增长速度过快，则容易造成经济过热而引起通货膨胀，而实际 GDP 增长速度缓慢或下滑则预示着经济下滑或衰退，如 2014 ~ 2016 年辽宁省国内生产总值增速连续出现下滑态势，甚至 2016 年出现了负增长情况，这将会对促进省域宏观经济与金融业发展的信心带来严重损害，甚至影响社会的稳定。当前保持国内生产总值与国民财富的净增长，对于执政者、投资者与社会公众显得尤为重要。该指标的预警效果得到国内外专家或研究机构的普遍支持。

通货膨胀率：该指标是衡量省域宏观经济过热的最主要指标之一，也是影响实际利率变化的重要因素，通常用 CPI 消费物价指数来计算。一般温和的通货膨胀是随着商品内在价值的提升而出现的正常表现，而且可以刺激人们生产的积极性，使得国民经济保持一定增长速度；而如果经济中出现过度的通货膨胀或恶性通货膨胀，不但生产中的原料成本与生活成本会增加，造成人们生产生活困难，而且容易形成社会恐慌心理，可能引起社会扰动等严重后果。如果通货膨胀率过低或为负数，则易引起社会物价紧缩，影响人们生产积极性，因此通货紧缩是宏观经济衰退的表现。我国自2007年夏天以来出现了不同程度的通货膨胀现象，这其中包括房地产投资过热或货币发行量过度引起的，也包括其他成本推动与结构性通货膨胀，由此导致国内实际利率水平下降（实际利率＝名义利率－通货膨胀率），物价水平大幅度上升。近10多年来浙江省除了2009年受国际金融危机影响出现通货紧缩（－1.5%）外，基本上保持了爬行到温和的通货膨胀水平，为浙江省内生产与生活营造了相对良好的氛围。管理好通货膨胀预期，使物价水平的上涨控制在民众与当前国民经济发展水平所能承受的范围内是全国和各省当前宏观经济风险调控的重点内容之一，该指标的预警效果得到国内外主要专家学者的支持。

金融市场运行风险。金融是现代经济的核心，金融机构在实体经济运行过程中起到重要的资金融通与信用中介服务的作用并通过金融市场表现出来，在市场经济条件下，金融市场不仅是金融机构活动的载体场所，金融市场运行也能直接或间接地预示反映金融机构的运行风险状况。在我国，从某种程度上分析，银行类金融机构的外部风险状况依赖于其所在地区一般企业和房地产企业经营状况（鉴于我国房地产企业经营的特殊性质，国内许多学者将房地产企业单独列出来进行分析），而股票市场行情是地区上市企业经营状况的晴雨表，因此股票市场价格指数状况与房地产市场销售价格指数状况往往是地区银行类金融机构的先兆反映。

股市市值/GDP：股票市场价格交易行情长期而言是上市企业经营发展前景的综合反映，因此地区股票市场综合运行状况在某种程度上是地区宏观经济运行的综合反映。股票市场一般通过股票价格指数来衡量，如果地区股票价格指数较高，表明地区上市企业在股票市场中交易活跃，投资者对该地区企业的经营发展前景看好，愿意投资该地区的上市企业；如果地区股票价格指数较低，表明地区上市企业在股票市场中交易比较冷清，投资者不愿意投资该地区的上市企业，甚至抛售该地区企业的股票。短期内股票价格指数忽高忽低容易受市场众多投资者的非理性情绪影响，一般不能代表短期内该地区企业的经营发展状况，但如果在长期内股票价格指数偏高或偏低，则在某种程度上能说明问题。尤其是当股价指数在短期内上涨过快，则容易引起股市泡沫风险。需要注意的是，我国各省份大量的企业，尤其是中小企业由于自身目前的规模条件所限都还没有上市交易；同时由于我国股票市场发展起步晚，各种资本市场运行机制还不健全，有些已经达到上市条件的优秀公司也没有选择上市交易；再者，我国34个省级行政区域经济发展很不平衡，广东、江苏、浙江、北京、上海、山东、四川、福建等省份的上市公司数量远高于其他省份，对于我国多数省份的大部分企业，从目前的企业数据与上市公司数量对比，没有上市的企业仍然占据大部分，因此在目前的状况下，仅凭地区上市公司的综合股价指数难以反映我国各省的总体宏观经济发展态势，因此本书选用省域股市市值/GNP来衡量股票市场对省域实体经济的相对风险状况。该指标又称为“巴菲特指标”，是用来衡量一国或地区股票市场的泡沫化程度。巴菲特认为，上市公司股票总市值占GNP的比率，这个指标尽管非常简单，对于需要了解众多信息的投资人来说，这项指标提供的信息相对有限，但它仍然可能是评估公司价值时的最佳单一指标。巴菲特认为，如果投资人财富增加的速度比美国经济增长的速度更快，那么所有上市公司总市值占GNP的比率形成的曲线必须不断上升、上升再上升。如果GNP年增长5%，而希望市值增长10%，那么这条曲线必须迅速上升到图表的顶端。但事实上这是根本不可能的。依据该理论指标，长期而言，上市公司股票总市值的增长速度与国民经济增长速度基本一致。换句话说，股市长期是一台称重机，称出的是国民经济财富增长。如果股市总市值/GNP在100%左右，表明上市公司股票市值已充分反映了地区国民财富的增长，处于正常可接受的区间；如果比值有70%~80%，表明股票市场整体被合理估值，此时进入股票市场交易可以获得不错的长期投资回报；如果该比值超过了100%，甚至大大超过了警戒值，则表明存在较大的股市泡沫风险。由于GDP数据较GNP容易获取，GNP与GDP的关系是：GNP等于GDP加上本国投在国外的资本和劳务的收入再减去外国投在本国的资本和劳务的收入。中国过去10年GDP与GNP差距很小，在-0.78%~1.63%之间，因此基于统计数据可获得性，可以用GDP代替GNP进行近似计算。

房地产销售价格指数：房地产企业是我国地区商业银行信贷资金的重要对象，特别是近10多年来我国房地产市场的快速发展与商品房房价的快速上涨，吸引了大量企业与银行信贷资金投放于当地房地产市场，在给房地产企业带来丰厚利润同时，也给银行机构带来了可观的利息收益，同时更给当地政府带来了丰厚的土地财政等收益。由于我国房地产企业是典型的高杠杆运作企业，前期大量投资资金多来自于银行贷款，同时购房者的贷款资金也大部分来自于银行按揭贷款，如果地区房地产市场交易活跃，房价上涨，则房地产企业可以在较短时期内收回投资资金并获得可观的利润，而购房者的房价市值上升亦提升了该房的市场抵押价值，降低了还贷风险；如果地区房地产市场交易冷清，房价下跌，房地产企业难以在短期内收回投资成本，甚至在运作过程中出现资金链断裂，银行不良资产贷款显著上升，而购房者因房产市值下降也降低房产抵押价值，提升了难以偿还贷款的潜在风险。因此当地房地产市场的销售价格状况直接关系到银行信贷资金的安全性，具有预示地区银行类金融机构风险状况的先行作用。

政府财政运行风险。政府机构既是金融市场的主要监管者，也是银行类金融机构的信贷资金的投放对象，政府通过国家强制性财政收入作为向银行类金融机构信贷资金提供担保（主要为税收收入），同时通过财政支出来实施其公共服务职能，因此，通过地区政府的财政收入与财政支出发展状况往往能提前预示地区银行类金融机构的风险状况。

财政收入增长率：财政收入是政府资金的来源，也是政府偿还银行信贷资金的保障。在我国各省域，银行面向政府渠道的信贷资金主要包括政府机构的第一类、第二类与第三类债务资金（见本书 2. 2. 1 节政府债务解释），这 3 类资金的偿还都以政府财政收入为依托保证，因此地方政府能否及时获取充足的财政资金是政府偿还 3 类债务的风险保障。在我国，由于政府处于市场当中的强势地位，我国政府的财政收入有国家法定强制力作为保证，因此政府的财政资金收入状况主要取决于地区宏观经济的发展水平，并通过财政收入总量与增速来体现，因此地区政府财政收入增长率是地区政府财政风险的先行反映，该指标也得到了国内外许多专家学者的支持。

财政支出对财政收入的增长弹性：地区政府对所借债务的偿还能力不仅取决于财政收入水平，还取决于其财政支出水平，只有在一定时期内保证财政收入与财政支出的动态平衡，才能实现财政运行的良好发展，才能降低乃至消除财政风险。由于我国各地区经济社会事务的不断增多，公共服务范围的扩大，医疗、教育、科技、环保、文化、社会保障等方面的压力越来越大，对财政支出的需求也在不断增多，如果政府在预算年度内不能较好地量入为出，合理规划财政资金的使用，很容易出现财政赤字，长期的财政赤字则容易积累财政风险。虽然我国地方政府在行政权力方面处于强势地位，不像欧美发达国家的小政府大社会，我国地方政府在财政收入方面拥有较大的主动权，但随着我国市场化程度的不断提升和政府由市场行政干预型到市场服务型职能的转变的大背景趋势下，我国地方政府亦要注重防范政府财政债务风险，在扩大税基财源的同时，合理节流，把钱用在百姓急需的刀刃上应是我国财政发展的重要方向。因此本书通过财政支出对财政收入的增长弹性来预示反映我国区域政府的财政收支风险，以提前预示我国银行类金融机构可能面临的潜在和现实风险。

（2）免疫性指标。免疫性是以抵御省域外源性金融风险能力为出发点来考虑，是指省域银行类金融机构和政府部门通过自身的有效经营管理机制体系建设，对省域外源性直接或间接的经济金融风险冲击威胁起到免疫保障的作用。

银行类机构风险对于省域银行类金融机构的安全性，外源性风险冲击威胁只是外部条件因素，而内源自身如何做好稳健有效经营管理则是起到内因决定作用。正如人的身体健康状况，外界各种天气变化病菌对人身的侵蚀攻击等只是外部条件，而自身通过加强身体素质锻炼以增强自身免疫抵抗力则是起到内在根本作用。对于银行类金融机构风险的预警亦如是。

商业银行不良贷款率：不良贷款是指在评估商业银行贷款质量时，把贷款按风险基础分为正常、关注、次级、可疑与损失5类，其中后3类合称为不良贷款。目前对于我国商业银行的金融风险来源而言，不良资产贷款一直是我国银行业的主要风险来源，这其中包括商业银行机构自身在经济向好时期为追求高盈利的贷款冲动，也包括大量中小商业银行为做大做强占据市场占有率的盲目规模扩张，银行信贷审批部门由于自身疏忽、收受商业贿赂或其他外部关系人情等因素贷款给存在潜在风险的企业部门，当然更主要的是我国国有银行机构、政府机构与国有企业在产权性质上同属于“国有资产”的“三位一体”经济体制而出现国有银行机构大量贷款给经营效率低下的国有企业，这也是我国20世纪八九十年代国有银行出现大量不良资产贷款的根源所在。如本书3.1.3节分析，当前包括浙江省商业银行在内的国内主要商业银行不良资产贷款率都控制在合理的范围之内，可预见未来一段时期不会出现大的不良资产贷款问题，但2011~2015年浙江省平均不良资产贷款率（1.8%）在全国处于前列且有上升趋势，需要引起警惕。随着我国经济结构转型升级的持续深入，以及国内商业银行与互联网金融竞争的加剧、传统商业银行自身竞争程度的增加等，防范不良资产贷款始终是商业银行的重要监管方面。

商业银行资本充足率：是衡量银行等金融机构风险的最核心指标之一，已为业内领域所熟知。《巴塞尔协议Ⅲ》规定，截至2015年1月，全球各商业银行的一级资本充足率下限将从现行的4%上调至6%。其中，由普通股构成的核心一级资本占银行风险资产的下限将从现行的2%提高至4.5%。此外，各银行还需增设“资本防护缓冲资金”，总额不得低于银行风险资产的2.5%，商业银行的核心一级资本充足率将由此被提高至7%。该规定将在2016年1月至2019年1月间分阶段执行。在2011年5月初，原中国银行业监督管理委员会（下称银监会）下发了《中国银行业实施新监管标准指导意见》，正式公布了资本充足率、杠杆率、流动性及贷款损失准备四大监管工具，其中特别指出，正常条件下系统重要性银行和非系统重要性银行的资本充足率分别不得低于11.5%和10.5%。“十二五”期间（2011~2015）浙江本地主要商业银行的资本充足率都达到了原银监会规定的10.5%，其中大部分商业银行资本充足率已达到了系统重要性商业银行11.5%的最低要求，表明这12家商业银行在通过自有资本应对加权平均风险资产的风险控制方面都达到了金融安全范围以内，值得注意的是宁波银行、浙江稠州商业银行与湖州银行在资本充足准备方面走在其他银行前列，但宁波银行、浙商银行等资本充足率有下降的态势，需要引起风险防范的准备。

商业银行流动性比率：流动性比率是衡量企业短期偿还债务能力的指标，保持商业银行资产的流动性是为应对因突发情况而面临大量客户短期内提现挤兑的现象，是防范银行机构金融风险的重要方面。一般银行资产流动性比率越高，表明自有流动资产偿还短期债务的能力越强。由于银行机构是典型负责经营的金融机构，与一般企业标准不同，银行机构存贷款比例一般的标准为≥25%。根据本书3.1.3节分析结果，浙江本省12家主要商业银行的资产流动性比例均达到了25%的下限标准，其中大部分银行都超过了50%的标准，个别银行如浙江民泰商业银行2015年存贷款比例为114.23%，资产的流动性风险的安全程度最高。这表明浙江省主要商业银行的流动性比例均保持较好，短期内不会出现大的流动性风险问题。相比之下，嘉兴银行与浙江民泰商业银行的资产流动性最强，其2011～2015年的资产流动性均处于不断上升态势，而浙商银行与宁波银行的资产流动性相对较弱，浙商银行资产流动性处于缓慢上升态势，而宁波银行则处于缓慢下降态势，需要引起警惕。

商业银行盈利能力：商业银行的安全性不仅体现在被动满足监管机构要求而做好不良资产贷款风险防范、满足资本充足要求与流动性要求，更体现在通过良好的经营管理来增强自身的盈利能力，即通过自身的不断发展壮大来增强自身抵御各种内外风险冲击威胁的能力。衡量商业银行盈利能力的指标较多，但资本利润率或净资产收益率为业界所普遍认可接受。根据前文2.1.3节分析结果，浙江省2011～2015年12家主要商业银行的扣除非经常性损益的加权净资产收益率总体保持在10%以上的水平，其中浙江稠州、浙江泰隆、宁波银行、杭州银行与浙商银行2011～2015年平均分别保持27.07%、22.06%、19.01%、18.24%与17.24%的净资产收益率，这在“十二五”期间我国实体经济总体面临转型升级困难、总体经济增速放缓的大背景下已经属于非常良好的盈利水平。而相比之下，嘉兴银行与温州银行等盈利水平相对较弱。从“十二五”期间的对比中发现，除浙商银行与宁波银行外，其他10家商业银行的净资产收益率均呈现缓慢下降之势，浙江省银行业的整体盈利水平呈现下降态势，需要引起高度警惕，以防商业银行因盈利水平下降而导致盈利性金融风险。

（3）政府机构内债风险。我国省域政府机构的内债风险防范能力，不仅体现在通过政府的强制力手段获取大量的财政收入来源，更重要的是在法定权力规定的范围内并根据本地区的实际经济情况，在可获得可使用的财力范围内更有效地经营政府财政，做到量入为出开源节流，简政放权精简机构，大量削减不必要的浪费性开支，以及运用现代市场化手段来做好公共性事务支出，以做好政府债务风险防范，让地方政府轻松高效运转。

财政赤字率：财政赤字率 = （财政支出 - 财政收入）/国内生产总值。该指标反映一国或地区财政赤字的相对规模，以及该国或地区经济增长对财政赤字的相对承受能力，是衡量一国或地区财政与国债风险的重要指标。该指标数值越高，则经济增长对财政赤字的承受能力就越弱，举债空间就越小。因为指标数值越高，发债空间受到挤压，而举借新债同样需要偿还本息，这会导致财政支出进一步增加，容易导致“债滚债”，从而影响一国或地区的经济金融安全性。而指标数值越低，则一国或地区经济增长对财政赤字的承受能力越强，财政风险就越小。

国债负担率：该指标是衡量一国或地区政府内债相对风险的重要指标。即国债负担率 = 政府债务累计余额/当年国内生产总值。该指标着眼于国债余额存量，反映了整个国家或地区国民经济对国债的整体承受能力，或国家或地区经济增长对政府举债的依赖程度。国际公认的国债负担率的警戒线为发达国家不超过60%，发展中国家不超过45%。该指标数值越高，表明政府债务相对规模越大，政府偿还债务的压力风险就越大。如果政府债务规模超过了其还债能力，不仅有可能引发通货膨胀，更有可能使债务投资者与民众失去对政府能力的信心，引发进一步的债务风险，从而损害到国家或地区的金融安全性。

国债债务率：该指标主要用来衡量国家或地区动用自身各种财政资源以偿还债务的能力，其公式为：国债债务率 = 当年末债务余额/当年政府综合财力，是衡量债务规模大小的指标。国际货币基金组织（IMF）确定的国债债务率控制标准为90% ~150%。其中，地方政府综合财力 = 地方公共预算收入 + 基金预算收入 + 转移支付和税收返还 + 地方国有资本经营收入 - 专项转移支付，各项收入均包括上年结余以及下级的净上交收入（下级上交收入 - 补助下级支出）。

5.2 中国省域金融风险动态趋势预警模型

5.2.1 国内外关于金融风险预警模型的相关研究

（1）国外关于金融风险预警模型方法相关研究。

国外关于金融安全的预警评价方法主要体现在对金融危机的预警模型与方法之中。金融危机预警方法主要分为模型预警与非模型预警两类，其中非模型预警是根据一定的标准通过对经济体的一系列经济指标的综合评价、评定该经济体发生危机的可能性，主要方法包括债券利差法、权威信用评级法和货币市场分析法；而模型预警的基本方法是构造金融危机识别指标，规定识别指标危机的极限临界值，比较危机前后某些经济指标的变化特点，从中选取预警信号代表性较好的预警指标，并界定国家或地区发生金融危机的预警标准。目前国际上比较流行的金融危机预警模型如下。

FR概率模型。Frankel和Rose（1996）运用105个发展中国家1971～1992年的季度数据，首次运用Probit/Logit模型来预测金融危机的发生。用Y表示金融危机变量，当危机发生时，Y取值为1；当危机未发生时，Y取值为0。用向量X表示金融危机的各种引发因素，β是X所对应的参数向量，则可以用引发因素X的联合概率来衡量金融危机发生的可能性大小。该模型可以表示为：

$$P\{Y=1\}=F(X,\ \beta)$$

$$P\{Y=0\}=1-F(X,\ \beta)$$

这是一个Probit模型。在样本中有n个国家、样本时期为1，2，3，…时，若：

$$P\{i,\ t\}=\begin{cases}1;\ \text{当 i 国在 t 时发生危机}\\0;\ \text{其他}\end{cases}$$

以X{i，t}表示i国在t时对应的X值，则概率单位模型的对数估计为：

$$\ln L=\sum_{i=1}^{T}\sum_{i=1}^{n}\{P(i,t)\ln[F(\beta'x(i,t))]+(1-P(i,t))\ln[1-F(\beta'x(i,t))]\}$$

将样本值代入$\partial \ln L/\partial \beta=0$求解，可得到β的估计值，进而求出P（i，t）的估计值。Frankel和Rose认为，引发金融危机的因素X包括GDP增长率、外国利率、国内信贷增长率、经济开放度、外债总额等指标。

STV横截面回归分析模型。Sachs，Tornel，Velasco在1996年首先确定对金融危机的形成有重要作用的影响变量，然后以月度数据作为样本数据，在此基础上通过多元线性回归模型进行模拟，计算出STV横截面回归分析模型的标准形式。其中在该模型中，以外汇储备变动率（IC）既作为因变量又作为危机指数，以实际汇率的贬值幅度（RED）、私人信贷的增长率（PCG）和两个虚拟变量（D1、D2）为自变量建立了多元回归方程：

$$IC=\beta_0+\beta_1 RED+\beta_2 PCG+\beta_3 RED\times D1+\beta_4 PCG\times D1+\beta_5 RED\times D2+\beta_6 PCG\times D2$$

其中虚拟变量的选择是根据三个实际变量（即实际汇率贬值幅度、私人信贷增长率、外汇储备/M2）所计算的值来划分区间，划分的依据是三个实际变量的累积分布频率：当汇率贬值幅度处于低四分位或信贷增长率处于高四分位时，

D1 =1，其他情况 D1 =0；当外汇储备/M2 的取值处于低四分位时，D2 =1，其他情况 D2 =0。先根据历史数据对上述回归模型进行参数估计后，可对其他国家进行金融危机的预测。

KLR 信号分析法。1997 年 Kaminsky，Lizondo 和 Reinhart 选取了 15 个月度指标建立了金融危机预警的信号分析法（即 KLR 信号分析法），并经过 Kaminsky 于 1999 年进一步的完善，已成为当今最受重视的预警理论，该理论的基础思想为：选取一系列与金融危机相关的预警指标，并根据其历史数据确定各指标的临界值，当某个指标的临界值在某个时间点或时间段被突破，则意味着该指标发出了一个危机预警信号，而危机预警信号发出的越多，表明某个国家或地区在未来 24 个月内爆发金融危机的可能性就越大。该分析方法的具体过程如下。

首先定义危机的发生。Kaminsky（1997）将危机定义为对一国货币的进攻导致该国货币大幅度贬值或国际储备大幅度下降，或二者兼而有之的状态。同时构建了外汇市场危机指数来对金融危机的发生进行定量化描述，该危机指数是以汇率月度百分比变化和国际储备月百分比变化的加权平均，权数是使国际储备与汇率的方差相等，具体如下计算公式：

$I_t = X_t \cdot \frac{e_t - e_{t-1}}{e_{t-1}} - (1 - X_t) \cdot \frac{R_t - R_{t-1}}{R_{t-1}}$（其中 I_t 为第 t 月外汇市场压力指数，e_t 为第 t 月汇率，R_t 是第 t 月国际储备，X_t 为权数）

其次确定指标临界值与预警区间。当预警指标超出临界值时，就发出未来一段时间内将要发生金融危机的信号，这段未来特定的时间就称为信号区间，KLR 模型设定的信号区间是 24 个月。预警指标临界值的确定是利用历史数据，根据各指标发出与没有发出预警信号的噪声—信号比率，即 $\frac{B}{B+D}\Big/\frac{A}{A+C}$ 最小化的方法来确定。如果某指标的噪声—信号比大于 1 则应剔除掉。最后估计金融危机的发生。通过 A/(A+B) 来表示所有发出信号中正确预警危机信号的比率，而(A+B)/(A+B+C+D)表示指标的正确预测所占比重。其中预警指标的表现如表5-2 所示。

表 5-2　KLR 方法中预警指标的表现

	24 个月内发生危机	24 个月内没有发生危机
发出危机信号	A	B
未发出危机信号	C	D

同时，他们把经过噪声—信号比率检验辨别出来的那些单个指标进行加权综合成一个单一的危机指数，指数的权重是噪声—信号比的倒数。用此指数既可以

进行样本内的模拟，又可以进行样本外的预测。进行样本内模拟时，对样本国家 i 在 t 时间发出信号的指标进行加权，在其后｛t，（t+24）个月｝内发生危机的条件概率为：

$$P\left(C^{i}_{t,t+24} \mid K_t = j\right) = \frac{K=j\text{时，24 个月内发生危机的月数}}{K=j\text{的月数}}$$

式中，K 为发出信号的指标加权和；C 为发生危机感；j 表示某个具体数字。

对以上三种国内外流行的预警模型的评价。首先，KLR 模型有助于识别对金融危机有重要作用的影响变量，但是 KLR 模型实际上是单变量分析，没有考虑到变量之间可能存在相互影响和相互作用的内在关系，因此无法判断一系列内部相关条件是否促使一国更容易发生危机。KLR 模型的自变量为二元变量，变量所包括的经济信息无法体现在预测模型中，如经常账户与 GDP 的比率在超过临界值之上 1%、5%或 10%均代表相同的含义，因此模型的精确度较低；KLR 模型选择的信号区间为 24 个月，时间跨度较大；所选指标大多为宏观经济指标，对于政治事件等外生因素未作考虑。其次，Probit 和 Logit 概率模型考虑到所有预测变量之间的相关性，并且通过检验每个变量的统计显著性解决了信号法（KLR 模型）不足之处，但是 Probit 和 Logit 概率模型为非线性模型，某一变量对危机概率的贡献依赖于其他所有变量的大小，因此变量之间的内在关系以及变量对危机预警的贡献程度很难通过模型的系数估计值简单进行描述（苏冬蔚、肖志兴，2011）①。最后，20 世纪 90 年代以来世界各地金融危机频繁爆发，为金融危机预警模型的检验提供了大量真实数据。Andrew Berg 和 Catherine Pattillo（1998）利用亚洲国家金融危机的数据，对 FR、STV、KLR 模型进行了实证检验，结果发现 FR 概率模型的预警效果最差，STV 横截面回归分析模型预警效果次之，而 KLR 信号分析模型的预警效果最好。同时 Andrew Berg，Eduardo Borensztein 和 Catherine Pattillo（2005）通过实证比较了模型预警与非模型预警效果的优劣，结果表明自 1990 年以后发生的金融危机来看，基于模型的金融预警比非模型的金融预警准确性要高得多。此外，他们还对 KLR 模型和 DCSD 模型的样本外数据做了进一步检验，结果显示 DCSD 模型对 1999～2000 年的数据预警效果还不如 KLR 模型准确。

斯坦福大学的刘遵义教授（1995）以墨西哥为参照，通过选取了 10 项金融危机预警指标，分析了东南亚地区金融危机发生的可能性。他观察了 1985～1995 年十余年间东南亚 9 个国家和地区（中国内地、中国香港、中国台湾、韩国、泰国、马来西亚、印度尼西亚、菲律宾、新加坡）的经济和金融发展情况，将一国

① 苏冬蔚，肖志兴．基于亚洲六国宏观数据的我国金融危机预警系统研究［J］．国际金融研究，2011（6）：14－24.

在指标表现好时记为“√”，表现较差时记为“×”，若以一国表现较差时的指标个数与总指标企业之比作为该国发生金融危机的主观概率，最后得出韩国、泰国、印度尼西亚、马来西亚、菲律宾是东南亚地区可能发生墨西哥式金融危机的国家，而中国内地、中国香港、中国台湾、新加坡则不大可能发生墨西哥式金融危机。同时刘志强（1999）也采用了这种方法。

此外国外部分学者在以上三类预警模型的基础上进行改进，并提出了一些新改进的预警方法。Andrew Berg 和 Catherine Pattillo（1999）针对新兴市场国家在 KLR 模型的基础上改进后提出了 DCSD 模型，该模型采用真实汇率水平、货币账户、外汇储备损失、出口增长、短期债务与外汇储备比例 5 个指标的月度数据来预测未来 24 个月内发生危机的可能性，实证发现绝大多数指标与危机概率之间存在线性关系，并在临界值处有跳动，该模型在有发生危机可能性的国家中，有一半以上得到了验证。Nag Mitra（1999）使用人工神经网络建立货币危机预警系统，突破了传统模型的线性范式，其优势在于应用灵活的规则且具有捕捉变量间复杂关系的能力。Kumar Moothy Perraudin（2002）提出了基于滞后宏观经济和金融数据的 Simple Logit 模型，构建了投机冲击的预测模型。

（2）国内关于金融风险预警模型方法相关研究。

顾海兵（1997）提出一种因果分析的逻辑框架，其逻辑就是明确警义、寻找警源、分析警兆并预报警度。预警方法分为黑色预警方法，使用时间序列模型对警素的走势进行预测。黄色预警方法，由因到果地进行分析，包括指数预警系统，即警兆指标的扩散指数或合成指数方法，还包括统计模型预警系统、计量模型预警系统。红色的预警方法即重视定性分析，对影响警素变动的有利因素和不利因素进行全面分析。冯芸和吴冲锋（2002）提出了基于综合指标的多时标预警流程，引入了多和扩充观测指标集的方法，以提高系统洞察市场变化的能力。张元萍和孙刚（2003）借鉴 STV 横截面回归分析法与 KLR 信号分析法，对我国 1997～2002 年金融危机发生的可能性进行了预警分析。胡燕京和高会丽等（2003）运用 BP 人工神经网络方法构建了中国金融风险预警模型，在对中国 1991～2011 年的金融安全进行监测与自组织学习的基础上，根据已经训练了的 BP 模型对中国 2012 年上半年的金融安全程度进行了预测。石柱鲜和牟晓云（2005）认为二元 Logit 模型中被解释变量只分为发生危机前的部分与其他部分，而变量在危机发生后一段时期（或称为恢复期）和平静时期有明显的差异（Bussiere 等，2002），如果不把恢复期和平静时期区分开来就会产生偏差，因此在二元 Logit 模型的基础上构建了三元 Logit 模型，即危机发生前 12 个月为危机前期（$Y_t=1$），发生危机和危机结束后 12 个月是危机后时期或恢复期（$Y_t=2$），其他时间段是平静时期（$Y_t=0$），其中 Y_t 为被解释变量，用外汇市场压力指数来表示。陈守东和杨莹（2006）通过因子分析法研究了我国金融风险的来源并进行了综合评价，在此基础上，运用二元 Logit 模型分别建立了我国宏观经济预警模型和金融市场风险预警模型。陈卫华和张睿（2007）基于金融危机早期预警系统，建立了基于"可能—满意度"新的预警方法，并对 1992 ~ 1996 年发生金融危机的泰国、韩国、印度尼西亚、马来西亚和没有发生金融危机的中国进行了实证比较。南光旭和孟卫东（2007）在 Cox 和 Oakes（1984）基于存活分析理论提出的等比例危险模型（PHM）基础上，利用 31 个样本国家的年度数据，采用 13 个预警变量，构建了金融危机前一年的 PHM 预警模型。

5.2.2　传统线性综合加权法的省域金融风险预警指数构建

为了与后文的预警研究形成对比，本书在此首先沿用传统的方法对浙江省自 2004 ~ 2016 年的省域金融风险状况进行季度预警分析（考虑到目前包括国家层面和浙江省对重要观测指标如 GDP 等都只统计到季度数据而没有月度数据，而且包括浙江省在内的全国省级层面目前只能调查到 2004 年之后的观测数据）。

（1）指标权重的设定。

参照第 3 章对指标权重的设定方法，即经过熵值法调整的 AHP 法（见 4.2.3 节）将浙江省域预警指标体系的权重设定如下。

首先，进行 AHP 法权重设定，其中根据表 5 - 4 中省域金融风险预警指标体系，通过本单位内调查若干名相关经济金融领域内的专家对各递阶层次矩阵进行判断，并对各矩阵的随机一致性 CR 进行检验，结果如表 5 - 3 所示。

表 5 - 3　各判断矩阵随机一致性检验结果

判断层	λ_{max}	C. I.	R. I.	C. R.
先导性	3.0	0	0.58	0.0
宏观实体经济运行	6.0950	0.018724	1.24	0.0151
金融市场运行	2.0	0	0	0
政府财政运行	2.0	0	0	0
免疫性	2.0	0	0	0
银行机构运行	4.0606	0.02043	0.9	0.0227
政府内债偿付	3.0	0	0.58	0

从表 5 - 3 可知，所有判断矩阵的随机一致性比率 CR 都小于 0.1，较好地满足了随机一致性要求，也表明本书集学者专家的智慧所构建的判断矩阵逻辑层次

关系分明。

根据 AHP 法的计算步骤可以得到浙江省金融风险预警指标体系的相应 AHP 权重，结果见表 5－4。

其次，根据浙江省金融风险预警指标原始数据（2004Q1～2016Q4），通过熵值法计算方法（见 3.2.1 节具体介绍），先对原始数据进行标准化处理后得到标准化数据矩阵，再求各指标的熵值权重，最终得到的指标权重见表 5－4。

最后，通过熵值法对 AHP 法确定的权重进行修正，最终各预警指标的权重如表 5－4 所示。

表 5－4　浙江省金融风险预警指标体系权重结果

一级系统	二级子系统	预警指标	指标编号	指标性质	上下警限区间 危险警限(40分)	上下警限区间 安全警限(100分)	AHP权重	熵值权重	最后权重
先导性(58.98%)	宏观经济运行风险(36.67%)	出口增长率	EW1	正	10%	40%	4.26%	6.78%	4.93%
		实际利用外资增长率	EW2	中	0%	25%	2.47%	5.87%	2.48%
		省内新增信贷额/GDP	EW3	中	16%左右为我国适宜值，14%～20%为高度安全范围，13%～22%为安全与不安全临界线，10%以下或28%以上为重警线		7.25%	5.46%	6.76%
		消费增长率	EW4	正	5%	20%	7.25%	5.69%	7.04%
		实际 GDP 增长率	EW5	中	采用专家赋分法，7%～8%得100分，9%得90分，10%得85分，6%和11%得80分，5%和13%得60分，4%得50分；区间之内按比例赋分		10.49%	6.03%	10.80%
		通货膨胀率	EW6	中	6.50%	2%	4.26%	6.43%	4.67%
	金融市场运行风险(11.39%)	股市市值/GNP	EW7	中	125%	75%	6.00%	5.13%	5.25%
		房地产销售价格指数	EW8	中	±10%	0%	6.00%	6.00%	6.14%
	政府财政运行风险(10.92%)	财政收入增长率	EW9	正	10%	25%	6.00%	5.40%	5.53%
		财政支出对收入的增长弹性	EW10	负	1.2%	0.8%	6.00%	5.26%	5.39%

续表

一级系统	二级子系统	预警指标	指标编号	指标性质	上下警限区间		AHP权重	熵值权重	最后权重
					危险警限(40分)	安全警限(100分)			
免疫性(41.02%)	银行类机构风险(28.9%)	商业银行不良贷款率	EW11	负	15%	0%	9.51%	6.02%	9.77%
		商业银行资本充足率	EW12	正	10.5%以上为安全警戒线，12%以上为我国适宜值，8%以下为重度不安全的警限值，即8%~12%警限区间		7.86%	6.23%	8.36%
		商业银行流动性比率	EW13	中	80%	65%	3.93%	6.03%	4.05%
		商业银行盈利能力	EW14	正	3%	30%	6.69%	5.89%	6.72%
	政府机构内债风险(12.13%)	财政赤字率	EW15	中	3%	1%	4.00%	5.98%	4.08%
		国债负担率	EW16	中	45%	15%	4.00%	6.16%	4.20%
		国债债务率	EW17	中	100%	25%	4.00%	5.63%	3.85%

注：本书的预警指标除EW11、EW12、EW14、EW16、EW17外均剔除了价格通胀因素的影响，同时本书此处预警主要基于浙江省近13年来的季度数据（目前包括浙江省在内的我国省域层面大部分指标没有直接公布季度数据，本书根据月度数据转化而来），因此本书通过X-12季节调整法对存在明显季节因素影响的时间序列数据进行了季节因素调整，以真实反映该观测指标的实际变化趋势。本书没有考虑同比增长率主要是因为同比增长的时间跨度相对较长（12个月的时间跨度），不能及时反映预警指标观测数值波动的风险。由于样本经过了定量的剔除通胀因素处理和季节性调整，所以环比增长率更具有参考价值。对于房地产价格指数，目前包括浙江省在内的我国省域层面没有专门的房地产价格指数统计，因此本书借鉴国内学者的做法通过商品房销售金额/商品房销售面积=单位商品房面积销售价格来体现，因为全国和包括浙江省在内的1月份商品房销售金额与销售面积数据普遍存在缺失，在此本书根据后11个月数据通过建立时间序列多元回归模型，对于多数年份的12月数据存在明显翘尾现象，为消除异常值影响本书通过后10个月数据对1月份缺失数据进行补齐。EW11、EW12、EW14、EW16、EW17数据主要因商业银行季度财务数据统计缺失不全、我国省域地方政府债务相关数据统计缺失不全等问题造成，本书根据目前国内可调查获取的数据并通过指标平滑法等进行季度数据补齐以求总体反映季节性免疫性风险状况。上表预警指标的警限确定方法见本书3.2.2节说明，上表案例警限为年度上下警限，如果应用于季度数据则需要进行季度警限转化。

以上预警指数原始观测数据主要来源于浙江省统计年鉴（2004~2017）、中国统计年鉴（1996~2017）、中国区域金融运行报告（2004~2016）、浙江省法人银行机构公司年报（2004~2016）、国家审计署对全国各省政府存量债务数据调查统计数据，以及WIND数据库中国宏观经济数据。

（2）预警模型与方法介绍。

本书依据KLR金融危机预警理论方法，通过本书中构建的我国省域金融安全预警指标体系中的预警指标，以指标警限区间作为有效约束区间，将各预警指标的观测值转化为安全指数得分大小（指数得分越大表明安全信号越强，得分越小表明安全信号越弱而危险信号越强）。

设本书中预警指标在 t 季度的观测值分别为 $EW_{1,t}$，$EW_{2,t}$，…，$EW_{17,t}$，每个预警指标所对应的警限区间为［$EW_{L,j}$，$EW_{M,j}$］，其中 $EW_{L,j}$ 为第 j 个预警指标所对应的危险警限，$EW_{M,j}$ 为第 j 个指标所对应的安全警限。通过功效系数法将每个预警指标 $EW_{j,t}$ 转换成相应的金融风险指数信号（指数越大表明所发出信号的金融安全性越强，指数越小表明所发出信号的金融安全性越弱而金融危险性越强）。其中单项预警指标通过功效系数法的转换公式如下。

对于数值越大，安全程度越大的正向预警指标，安全分数的计算方法为：

$$S_j = 100 - \frac{(EW_j - EW_{M,j})}{(EW_{L,j} - EW_{M,j})} \times (s_M - s_L)$$

对于数值越大，安全度越小的负向预警指标，安全分数的计算方法为：

$$S_j = \frac{(EW_j - EW_{L,j})}{(EW_{M,j} - EW_{L,j})} \times (s_M - s_L) + 40$$

公式中 S_j 代表第 j 个预警指标的安全指数得分大小，EW_j 表示指标 j 的实际观测值，$EW_{L,j}$ 表示指标 j 的实际观测值所在区间危险警限，$EW_{M,j}$ 为指标 j 的实际观测值所在区间安全警限值，S_L 表示指标危险警限值对应的标准分值 40 分，S_M 表示指标安全警限值对应的标准分值 100 分。各预警指标上下警限见表 5－4。

$$S_t = f_1 \times S_{EW_{1,t}} + f_2 \times S_{EW_{2,t}} + \cdots + f_{17} \times S_{EW_{17,t}} = \sum_{j=1}^{17} f_j \times S_{EW_{j,t}}$$

（S_t 为 t 时期省域总体金融安全指数得分，也是 t 时期省域金融安全预警体系中警度大小，而 f_j 为第 j 个指标在国家金融安全预警指标体系中的权重，参见本书表 5－4。）

根据 S_t 的金融安全指数得分大小，通过下文表 5－5 中所对应等级关系，可以判断 t 时期我国省域金融安全警度类型与所发出的金融安全信号程度类别，以及信号颜色标志等。

（3）警限区间与警度安全等级划分。

根据预警指标指数得分与浙江省金融风险预警综合指数得分大小，并依据客观分析中的基本原则（见本书 4.2.4 节的介绍）将浙江省金融安全警情划分为无警警度、轻警警度、中警警度、重警警度、巨警警度 5 种等级类型，并借助交通信号灯预警的方式采用绿、蓝、黄、紫、红 5 种不同颜色来进行显示。如果将安全得分映射到 1～100 分之间，将金融安全得分与金融安全对应的警度类型、不同颜色预警信号、金融安全程度等级可通过表 5－5 表示如下。

表 5 - 5　我国省域金融安全预警警度信号等级对应表

预警指标安全指数得分	警度类型	发出警度信号	信号图标	预警信号颜色
[100，90]	无警警度	极高度安全信号	☆☆☆	●
(90，80]		高度安全信号	☆☆	
(80，70]		中度安全信号	☆	
(70，60]	轻警警度	低度不安全信号	⊙	●
(60，40]	中警警度	中度不安全信号	△	●
(40，30]	重警警度	重度不安全信号	!	●
(30，0]	巨警警度	危机信号	!!	●

警度类型解释：

无警警度：我国省域金融安全总体保持健康运行，此时即使外面有一些对省域金融安全不利的风险因素，也几乎不会对省域金融安全产生较大影响。

轻警警度：我国省域金融系统内部某些关键领域或环节存在一定风险隐患，此时面临一些外部风险因素冲击，需要及时发现处理，否则省域金融风险程度将上升。

中警警度：省域金融系统内部某些关键领域或环节存在明显的风险威胁，可能是省域金融运行关键领域出现较大的风险问题，或是面临外部非常大的冲击，或二者兼而有之。此时应及时对引起省域金融安全状况变差的风险因素进行分析处理，不仅要治标还要治本，尽可能彻底地消除风险隐患，否则省域金融风险程度将明显加重。

重警警度：省域金融系统面临很大的风险威胁，如果处理不当将很可能引发全省性的金融危机，甚至波及周围省份乃至全国。此时为了扭转这种很不利的局面，政府要果断采取效果显著的监管应对措施，不仅要用经济手段，必要时还可采用行政干预手段，以避免经济陷入危机状态。

巨警警度：省域即将或已经爆发金融危机，短期内难以自我调节恢复。此时需要对经济与金融系统进行彻底调整，包括经济与金融体制改革等。金融危机的持续时间从几个月到几年不等，此时有必要采取强有力的监管措施以尽快结束危机萧条局面，最大程度地减轻危机对国民经济社会的破坏程度。

（4）浙江省金融风险警度计算（2004Q1 ~ 2016Q4）。

根据前面对浙江省金融安全预警指标体系测定的权重和本节省域金融风险预警指数得分计算方法，本书拟对浙江省 2004Q1 ~ 2016Q4 的金融风险警度指数进行计算，结果如表 5 - 6 所示。

表5-6 浙江省金融风险预警综合指数得分（2004Q1~2016Q4）

季度	H1	H2	H3	H4	H5	综合金融风险预警得分	金融风险预警警度	发出的警度信号
2004Q1	57.4	94.5	100.0	66.2	48.3	67.7	轻警警度	低度不安全信号
2004Q2	43.5	71.7	8.1	67.1	38.4	49.1	中警警度	中度不安全信号
2004Q3	67.9	99.7	6.1	66.6	36.0	60.5	轻警警度	轻度不安全信号
2004Q4	36.0	84.0	100.0	65.9	45.7	58.2	中警警度	中度不安全信号
2005Q1	44.4	87.1	75.8	67.8	43.6	59.3	中警警度	中度不安全信号
2005Q2	43.2	63.4	0.0	68.1	45.4	48.2	中警警度	中度不安全信号
2005Q3	42.5	46.1	100.0	69.0	55.7	58.4	中警警度	中度不安全信号
2005Q4	56.5	76.3	0.0	69.5	51.3	55.7	中警警度	中度不安全信号
2006Q1	67.5	90.3	72.0	74.2	55.7	71.1	无警警度	中度安全信号
2006Q2	51.7	81.7	100.0	73.3	57.5	67.3	轻警警度	低度不安全信号
2006Q3	69.0	74.6	43.3	72.4	56.0	66.2	轻警警度	低度不安全信号
2006Q4	40.4	91.8	100.0	72.5	57.5	64.1	轻警警度	低度不安全信号
2007Q1	50.0	55.4	0.7	83.8	59.6	56.2	中警警度	中度不安全信号
2007Q2	75.5	24.6	100.0	82.8	59.6	72.6	无警警度	中度安全信号
2007Q3	38.8	49.3	0.0	83.0	59.6	51.0	中警警度	中度不安全信号
2007Q4	48.9	73.0	100.0	82.7	59.6	68.3	轻警警度	低度不安全信号
2008Q1	50.5	52.7	67.1	82.8	60.9	63.2	轻警警度	轻度不安全信号
2008Q2	73.4	46.5	12.5	84.0	60.9	65.2	轻警警度	低度不安全信号
2008Q3	56.2	49.5	0.0	83.8	56.1	57.3	中警警度	中度不安全信号
2008Q4	15.3	37.1	0.0	83.2	48.5	39.8	重警警度	重度不安全信号
2009Q1	65.1	29.0	72.7	80.5	45.2	63.9	轻警警度	低度不安全信号
2009Q2	47.1	0.0	100.0	79.7	52.8	57.6	中警警度	中度不安全信号
2009Q3	32.4	47.8	100.0	78.1	57.4	57.8	中警警度	中度不安全信号
2009Q4	72.2	45.2	0.0	77.7	54.9	60.7	轻警警度	低度不安全信号
2010Q1	35.2	51.1	90.5	81.1	62.4	59.6	中警警度	中度不安全信号
2010Q2	64.7	44.4	88.6	81.4	61.5	69.4	轻警警度	低度不安全信号
2010Q3	37.0	61.8	0.0	81.7	49.0	50.2	中警警度	中度不安全信号
2010Q4	35.7	47.7	92.6	81.0	47.4	57.8	中警警度	中度不安全信号
2011Q1	30.6	44.5	100.0	81.9	66.0	58.9	中警警度	中度不安全信号
2011Q2	48.9	82.0	4.5	82.5	58.1	58.6	中警警度	中度不安全信号

续表

季度	H1	H2	H3	H4	H5	综合金融风险预警得分	金融风险预警警度	发出的警度信号
2011Q3	40.6	94.0	25.0	80.6	57.4	58.6	中警警度	中度不安全信号
2011Q4	36.2	56.8	0.0	80.1	33.6	47.0	中警警度	中度不安全信号
2012Q1	36.0	62.8	100.0	79.5	56.4	61.1	轻警警度	低度不安全信号
2012Q2	47.4	65.7	0.0	79.9	56.5	54.8	中警警度	中度不安全信号
2012Q3	46.5	89.7	87.3	78.8	54.4	66.1	轻警警度	低度不安全信号
2012Q4	59.6	83.7	66.5	78.5	57.9	68.3	轻警警度	低度不安全信号
2013Q1	54.8	83.8	47.7	78.9	56.9	64.5	轻警警度	低度不安全信号
2013Q2	74.4	92.7	3.5	78.3	51.2	67.1	轻警警度	低度不安全信号
2013Q3	59.1	80.1	57.4	78.1	56.4	66.4	轻警警度	低度不安全信号
2013Q4	51.8	68.8	21.5	77.5	46.2	57.2	中警警度	中度不安全信号
2014Q1	30.1	87.6	55.8	76.5	50.8	55.4	中警警度	中度不安全信号
2014Q2	81.4	99.1	14.1	77.4	32.3	69.0	轻警警度	低度不安全信号
2014Q3	64.9	44.6	55.8	76.1	46.3	62.6	轻警警度	轻度不安全信号
2014Q4	62.3	39.1	92.0	75.7	46.4	64.8	轻警警度	低度不安全信号
2015Q1	27.0	30.9	45.6	76.6	28.4	44.0	中警警度	中度不安全信号
2015Q2	77.2	33.5	67.6	77.2	36.7	66.3	轻警警度	低度不安全信号
2015Q3	57.0	46.5	28.8	77.5	24.8	54.7	中警警度	中度不安全信号
2015Q4	76.0	52.5	92.9	78.0	28.4	70.0	轻警警度	低度不安全信号
2016Q1	21.9	40.0	49.4	78.1	39.1	45.3	中警警度	中度不安全信号
2016Q2	33.5	47.0	50.6	78.8	23.3	48.8	中警警度	中度不安全信号
2016Q3	35.0	48.7	61.5	79.3	33.6	52.1	中警警度	中度不安全信号
2016Q4	51.4	53.0	49.4	79.8	33.0	57.3	中警警度	中度不安全信号

如果将浙江省域综合金融风险预警指数得分以图形来直观显示，可如图5－1所示。

从以上浙江省金融风险预警综合指数得分的结果分析，2004Q1～2016Q4期间浙江省金融风险预警指数表现出较强的季度波动性，其金融风险预警警度主要位于轻警警度到中警警度区间（仅有2006年第一季度和2007年第二季度指数得分分别为71.1分和72.64分为中度安全警度），表明浙江省金融系统一直存在较大的安全隐患，导致其影响到浙江省金融系统的整体安全性。这也与第3章对浙江省年度金融安全监测测定的金融安全程度相符合（即2005～2016年浙江省金融安全程度主要位于低度不安全到中度不安全之间，并呈现波动态势）。

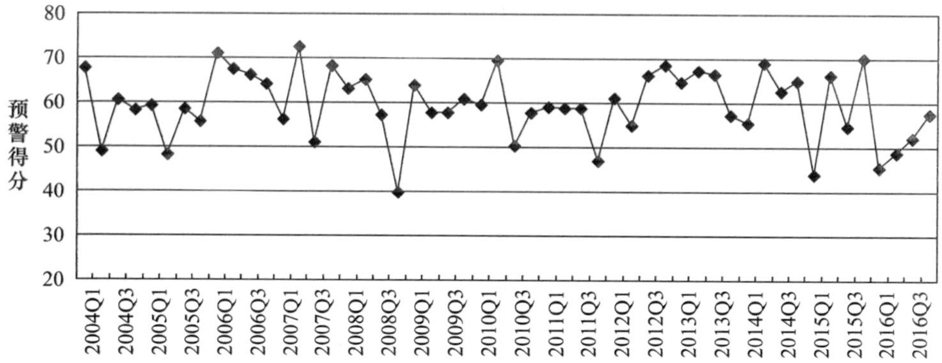

图 5－1　浙江省域金融风险预警指数趋势（2004Q1～2016Q4）

为了更好分析影响浙江省整体金融风险预警警度的因素，笔者对浙江省金融风险预警的先导性与免疫性金融风险警度指数得分进行了测算，计算结果如表 5－7 所示。

表 5－7　浙江省域金融风险先导性与免疫性预警综合指数

年季	先导性金融风险指数得分	金融风险程度	发出的警度信号	免疫性金融风险指数得分	金融风险程度	发出的警度信号
2004Q1	72.5	无警警度	中度安全信号	60.9	轻警警度	轻度不安全信号
2004Q2	42.4	中警警度	中度不安全信号	58.6	中警警度	中度不安全信号
2004Q3	62.6	轻警警度	轻度不安全信号	57.6	中警警度	中度不安全信号
2004Q4	57.1	中警警度	中度不安全信号	59.9	中警警度	中度不安全信号
2005Q1	58.4	中警警度	中度不安全信号	60.6	轻警警度	轻度不安全信号
2005Q2	39.1	重警警度	重度不安全信号	61.4	轻警警度	轻度不安全信号
2005Q3	53.8	中警警度	中度不安全信号	65.1	轻警警度	轻度不安全信号
2005Q4	49.9	中警警度	中度不安全信号	64.1	轻警警度	轻度不安全信号
2006Q1	72.7	无警警度	中度安全信号	68.7	轻警警度	轻度不安全信号
2006Q2	66.4	轻警警度	轻度不安全信号	68.6	轻警警度	轻度不安全信号
2006Q3	65.3	轻警警度	轻度不安全信号	67.5	轻警警度	轻度不安全信号
2006Q4	61.4	轻警警度	轻度不安全信号	68.0	轻警警度	轻度不安全信号
2007Q1	41.9	中警警度	中度不安全信号	76.6	无警警度	中度安全信号

续表

年季	先导性金融风险指数得分	金融风险程度	发出的警度信号	免疫性金融风险指数得分	金融风险程度	发出的警度信号
2007Q2	70.2	无警警度	中度安全信号	76.0	无警警度	中度安全信号
2007Q3	33.7	重警警度	重度不安全信号	76.1	无警警度	中度安全信号
2007Q4	63.0	轻警警度	轻度不安全信号	75.9	无警警度	中度安全信号
2008Q1	54.0	中警警度	中度不安全信号	76.4	无警警度	中度安全信号
2008Q2	56.9	中警警度	中度不安全信号	77.2	无警警度	中度安全信号
2008Q3	44.5	中警警度	中度不安全信号	75.6	无警警度	中度安全信号
2008Q4	16.7	巨警警度	危机信号	72.9	无警警度	中度安全信号
2009Q1	59.6	中警警度	中度不安全信号	70.1	无警警度	中度安全信号
2009Q2	47.8	中警警度	中度不安全信号	71.8	无警警度	中度安全信号
2009Q3	47.9	中警警度	中度不安全信号	72.0	无警警度	中度安全信号
2009Q4	53.6	中警警度	中度不安全信号	71.0	无警警度	中度安全信号
2010Q1	48.5	中警警度	中度不安全信号	75.5	无警警度	中度安全信号
2010Q2	65.2	轻警警度	轻度不安全信号	75.5	无警警度	中度安全信号
2010Q3	35.0	重警警度	重度不安全信号	72.0	无警警度	中度安全信号
2010Q4	48.6	中警警度	中度不安全信号	71.1	无警警度	中度安全信号
2011Q1	46.1	中警警度	中度不安全信号	77.2	无警警度	中度安全信号
2011Q2	47.1	中警警度	中度不安全信号	75.3	无警警度	中度安全信号
2011Q3	48.0	中警警度	中度不安全信号	73.8	无警警度	中度安全信号
2011Q4	33.5	重警警度	重度不安全信号	66.4	轻警警度	轻度不安全信号
2012Q1	53.0	中警警度	中度不安全信号	72.7	无警警度	中度安全信号
2012Q2	42.2	中警警度	中度不安全信号	73.0	无警警度	中度安全信号
2012Q3	62.4	轻警警度	轻度不安全信号	71.5	无警警度	中度安全信号
2012Q4	65.5	轻警警度	轻度不安全信号	72.4	无警警度	中度安全信号
2013Q1	59.1	中警警度	中度不安全信号	72.4	无警警度	中度安全信号
2013Q2	64.8	轻警警度	轻度不安全信号	70.3	无警警度	中度安全信号
2013Q3	62.8	轻警警度	轻度不安全信号	71.6	无警警度	中度安全信号
2013Q4	49.4	中警警度	中度不安全信号	68.3	轻警警度	轻度不安全信号
2014Q1	46.0	中警警度	中度不安全信号	68.9	轻警警度	轻度不安全信号
2014Q2	72.4	无警警度	中度安全信号	64.1	轻警警度	轻度不安全信号
2014Q3	59.3	中警警度	中度不安全信号	67.3	轻警警度	轻度不安全信号

续表

年季	先导性金融风险指数得分	金融风险程度	发出的警度信号	免疫性金融风险指数得分	金融风险程度	发出的警度信号
2014Q4	63.3	轻警警度	轻度不安全信号	67.0	轻警警度	轻度不安全信号
2015Q1	31.2	重警警度	重度不安全信号	62.4	轻警警度	轻度不安全信号
2015Q2	67.0	轻警警度	轻度不安全信号	65.2	轻警警度	轻度不安全信号
2015Q3	49.7	中警警度	中度不安全信号	61.9	轻警警度	轻度不安全信号
2015Q4	74.6	无警警度	中度安全信号	63.4	轻警警度	轻度不安全信号
2016Q1	30.5	重警警度	重度不安全信号	66.6	轻警警度	轻度不安全信号
2016Q2	39.3	重警警度	重度不安全信号	62.4	轻警警度	轻度不安全信号
2016Q3	42.5	重警警度	重度不安全信号	65.8	轻警警度	轻度不安全信号
2016Q4	51.4	中警警度	中度不安全信号	66.0	轻警警度	轻度不安全信号

从上表可以看出，2004Q1～2016Q4 期间浙江省免疫性金融风险预警警度主要于轻警警度至无警警度之间波动，其中 2004Q1～2006Q4 期间浙江省免疫性金融风险防御能力处于中警到轻警警度，并发出轻度到中度不安全信号，而在 2007Q1～2013Q3 期间形势有所好转为无警警度并发出中度安全信号，2013Q4～2016Q4 金融风险又有所上升并表现为轻警警度并发出轻度不安全信号。笔者进一步分析这三大时期造成变化的原因，发现免疫性金融风险预警警度出现变化的内因在于期间浙江省银行类金融机构的金融风险程度流动性能力与盈利性能力出现了波动变化，期间浙江省商业银行的存贷款比率高居不下，期间的安全程度处于重警到巨警状态；另外是浙江省商业银行盈利能力经历了轻警到无警再到轻警警度的变化过程，尤其是自 2008Q4 以来，即国际金融危机以来，浙江省银行类金融机构的整体盈利能力安全程度持续缓慢下降，综合造成了期间浙江省金融安全程度出现缓慢下降。再者是 2004Q1～2016Q4 期间浙江省季度财政赤字率的金融安全程度出现由高度安全、极高度安全到危机状态的先上升再持续恶化的过程，而浙江省的国债债务率则一直超过 100% 的国际临界线，处于危机状态。各分领域的金融风险预警警度走势如图 5－2 所示。

在先导性金融风险方面，2004Q1～2016Q4 期间浙江省域先导性金融风险领域主要表现为轻警警度到重警警度区间呈现频繁波动状态（笔者已对主要预警指标原始观测数据剔除了季节性因素影响），期间 2005Q2、2007Q3、2010Q3、2011Q4、2015Q1、2016Q1～2016Q3 出现重警警度并发出重度不安全信号，而 2008Q4 曾发出危机信号。分析其中原因我们发现：首先，2004Q1～2016Q4 期间浙江省域财政运行风险波动最为频繁激烈，一年中四个季度金融风险程度好差情况多呈现交替状态，表明浙江省财政收支的季度性影响明显（笔者已经对原始观测值进行了 X12 季节性因素调整）；其次，期间浙江省宏观经济运行领域的先行性金融风险变化波动明显（见图 5－2），尤其是出口增长率、实际利用外资增长率的风险因素交替变化显著，从危机到极高度安全不等。随后是季度通货膨胀率、消费增长率和国内新增信贷占 GDP 比重波动亦表现明显，从巨警警度到无警警度波动频繁；最后，在金融市场风险方面，期间浙江省金融市场风险亦表现出较大程度的波动，主要从重警警度到无警警度波动变化不等，其中 2007Q2、2009Q1 ~ 2009Q2 曾发出金融市场风险的危机信号，而 2008Q4、2014Q4 ~ 2015Q2 曾发出重度不安全信号。分析其原因主要为当时浙江省股市市值过高而商品房价格上涨或下跌过快因素所造成。

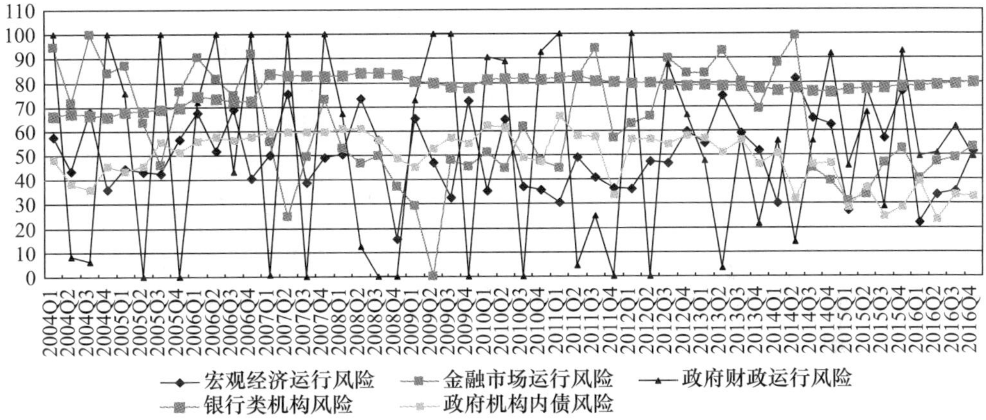

图 5－2　浙江省域金融风险子领域预警警度趋势（2004Q1 ~ 2016Q4）

5.2.3　基于信号分析法的省域金融风险多阶段压力指数动态描述

上一节的预警分析主要是通过传统的线性综合加权和阀域值信号分析法并基于季度数据对浙江省域金融风险的警度指数进行了测算分析，然而通过 20 多年来世界范围内金融危机的发生，我们发现金融风险的传播具有速度快、传染性强和破坏力大等特点，为了更好地捕捉金融风险程度大小的变化，需要时刻关注省域金融风险的预警信号变化情况，尤其是基于高频观测数据来捕捉快速变化的风险信号，对做好金融风险的提前预警防范尤为重要。本节拟以浙江省月度高频数据为样本，来尝试对浙江省域（2004 年 1 月 ~2016 年 12 月）的金融风险变化程度进行提前预警分析。

（1）省域金融风险压力指数模型设计。

根据前面的分析，浙江省域金融系统风险的重点在于浙江省银行类金融机构的风险，省域银行类金融机构既是全省资金流散集中地，也是全省金融风险的主要集聚地，是全省金融系统脆弱性的重要来源。因此本书先构建浙江省银行类金融机构风险压力指数模型来测度浙江省银行类金融机构的即时风险信号。前文已经分析过，银行类金融机构危机主要表现为银行类机构发生恐慌性挤兑而面临流动性衰竭、因信贷投放过度而面临大量不良贷款的上升，实际利率上升导致银行类机构成本上升利差收窄、盈利能力下降等①，并最终导致银行类机构被兼并收购，或被政府接管，或宣布破产等后果发生②。因此，在借鉴国内学者研究成果的基础上（陈守东等，2009；王维国等，2016），本书拟从存贷款比例变化（The ratio of loan to deposit，用⊿Rld来衡量信贷过度、流动性不足的风险）、实际利率变化（Real interest rate，用dRir来衡量利率上升导致银行类机构盈利能力下降风险）和货币供应量投放过度（Money Supply，用⊿M2/GDP来衡量全国货币供给失衡风险或我国地方信贷投放过度的泡沫化风险）三大方面来构建我国省域银行危机压力指数（Provincal Banking Crisis Index，简称PBCI指数），由于在我国省域层面没有发行货币的权力（制定货币政策和发行货币的权力集中在中国人民银行），而且目前包括浙江省范围在内只有GDP季度数据而没有月度统计数据，由于央行货币投放主要通过商业银行贷款来实现，考虑到数据的可得性与指标的解释能力，本书拟构建的省域银行类金融机构风险压力指数（PBCI指数）由存贷款比例变化⊿Rld、实际利率变化dRir和省域银行机构贷款总额变化⊿CreditL三部分组成，具体公式如下：

$$PBCI_t = \omega_{Ltd}\left(\frac{Ltd_t - Ltd_{t-1}}{Ltd_{t-1}}\right) + \omega_{Rir}(Rir_t - Rir_{t-1}) + \omega_{CreditL}\left(\frac{CreditL_t - CreditL_{t-1}}{CreditL_{t-1}}\right)$$

以上公式表明，压力指数越大，潜在的金融风险就越大。其中权数ω_{Ltd}、ω_{Rir}和$\omega_{CreditL}$是每个变量的相对精度，相对精度通过每个变量的标准差的倒数来

① 实际利率上升会导致银行机构存款和贷款利率都上升，但是居民储蓄存款多以短期为主，而贷款期限多以中长期为主并用合同的形式固定了下来，因此短期内存款利率比贷款利率总体上升更快，银行的存款利息支出比贷款利息收入上升得更多，银行经营风险上升；相反，如果实际利率下降会导致银行机构存款和贷款利率都下降，但短期内存款利率会比贷款利率总体下降得更快，银行经营风险下降。两种情况在中长期范围内，旧的贷款利率会被已经变化了的新的利率所取代，无论实际利率上升或下降，对银行的存贷款利差的影响不大。

② 由于在我国国情下，主要商业银行都具有国有控股或地方政府产权背景，在全国或地区范围内甚至具有垄断经营地位，而且中国普通老百姓因面临医疗、教育、就业、养老保障等一系列不确定性，在可预期的时间范围内普通民众理财依然以储蓄存款为主，在我国未来一段时期内难以见到类似于西方市场化程度高的国家出现的银行类金融危机事件，但随着我国市场化开放程度的提升，预警防范化解银行类金融机构金融风险对促进地方，乃至全国宏观经济持续健康发展依然具有重要的意义。

确定，权数的选择使得这三部分的条件方差相等，具体计算公式如下：

$$\omega_i = \left(\frac{1}{Stdev_i}\right) \Big/ \left(\frac{1}{Stdev_{Ltd}} + \frac{1}{Stdev_{Rir}} + \frac{1}{Stdev_{CreditL}}\right)$$

（2）省域金融风险压力指数动态描述。

根据以上公式，以浙江省为例，通过浙江省相应指标的月度观测数据，并考虑到所有指标均表现出了季节性变化倾向，本书为此对各压力指标剔除了价格通胀因素，其中实际利率 = 名义利率 - 通货膨胀率，同时进行了 X - 12 加法模型的季节性因素排除，最终可以计算得到 2004 年 1 月到 2016 年 12 月期间浙江省域金融系统风险的压力指数，并绘制成图形以直观显示（见图 5 - 3）。

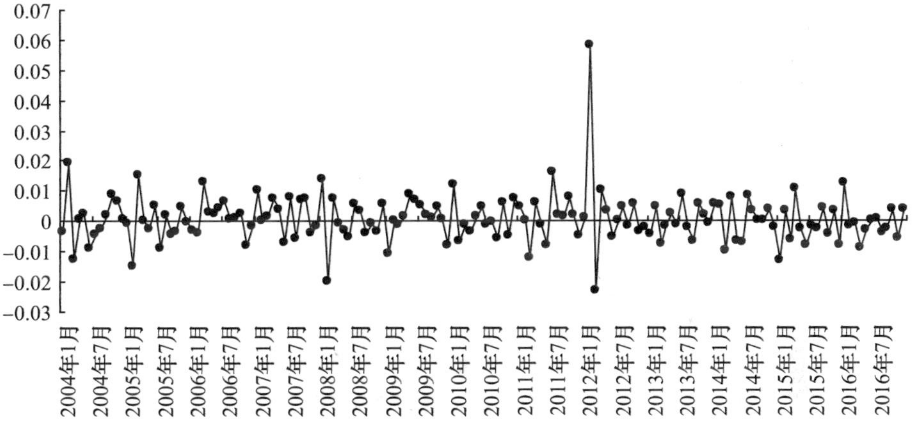

图 5 - 3　浙江省金融系统风险压力指数变化趋势（2004 年 1 月 ~ 2016 年 12 月）

从图 5 - 3 可以看出，2004 年 1 月 ~ 2016 年 12 月期间浙江省银行类金融机构的风险压力指数围绕 0 轴线呈现月度频繁波动状态，表明浙江省域银行类金融风险压力的月度变化特征不稳定。其中特别值得注意的是 2012 年 1 月 ~ 2012 年 4 月期间压力指数有一次急剧上升与下降的过程，其中 2012 年 2 月表现为急剧上升，而 3 月表现为急剧下降，4 月份又表现为上升回调，表明期间浙江省域银行类金融机构有过一次较大的风险波动。笔者分析这次波动的原因，主要是季节性因素调整冲击所致，而通过上节省域季度预警结果也表明，期间浙江省银行类金融机构与省域总体预警处于无警警度和轻警警度，该季度银行类不安全因素主要还是来自流动性风险偏大。

以下是对浙江省域金融风险压力指数（PBCI）的基本统计特征进行描述（见表 5 - 8），从中可以得知该时间序列图形不服从正态分布而存在尖峰形态，序列相关性不显著而在水平值上是平稳的时间序列。

表5-8　浙江省域金融风险压力指数（PBCI）基本统计特征（2004M01~2016M12）

统计量	数值结果
均值	0.000613
中位数	0.000223
最大值	0.058349
最小值	-0.02322
标准差	0.008034
偏度	2.190638
峰度	19.13197
Jarque-Bera	1816.335（0.000）
Q（10）	29.169（0.0012）
ADF	-17.7603（0.000）

注：①Jarque-Bera为检验样本是否服从正态分布的统计量；②Q(10）是检验时间序列是否存在序列相关性的Ljung-Box统计量；③ADF为检验各序列是否存在单位根Augmented-Dickey-Fuller统计量，各统计量后面括号内数据为其p值。

（3）基于门限自回归模型（TAR）的金融风险压力指数门限压力值测算与检验。

为了对浙江省金融风险压力指数进行科学准确的描述，需要对2004年1月至2016年12月的压力指数进行具体分类，以反映压力指数变化落在对应的金融风险等级区间上。之前国内学者对金融风险指数的划分多基于主观经验的判断，这样难免会受到专家学者主观因素的影响而容易出现错误的划分。为此，本书在借鉴国内外研究成果的基础上（Tong H. & K. S. Lim，1980；R. S. Tsay，1989；H. Tong，1983；K. S. Chan，1993；孟庆斌，2008；靳晓婷等，2008；孟庆斌，2016），通过门限自回归模型（Threshold Autoregressive Model，TAR）来对浙江省域金融风险压力指数的门限压力值进行科学识别检验。

类似于金融风险压力指数变化通常表现为一种非线性的变化过程，而门限自回归模型则能够较好地解释经济数据变化中的非线性性质。该模型暗含了一个假定，即在某一个特定时点，时间序列的演进方式发生了跳跃，即从一种机制（regime）跳跃到另一种机制，而且这种跳跃是离散的。这样，利用门限值就可以将一系列非线性时间序列根据不同的机制划分为若干个线性子序列，进而对每个子序列分别进行模型估计。由此可见，门限自回归模型能够较好地对包含结构性断点的时间序列进行拟合。门限自回归模型最初由Tong和Lim于1980年提出，但由于该模型的建模步骤比较复杂，在很长一段时间内未得到足够的重视，直到Tse在1989年提出了相对比较简易的建模及检验方法后，才逐渐得到了广泛应用。

一般地，如果时间序列 X_t（t=1，2，…），满足：

$$X_t=\beta_{j0}+\beta_{j1}X_{t-1}+\beta_{j2}X_{t-2}+\cdots+\beta_{jp_j}X_{t-p_j}+\xi_{jt}，\quad r_{j-1}<Z_t\leqslant r_j \tag{5-1}$$

就被称为满足一个 k 段门限自回归模型（TAR）。其中 $Z_t=y_{t-d}$ 为门限变量（d 为滞后参数），在 I_{t-1}（I_t 为 t 时刻及其以前的信息集合）上可知，初始值（x_0，x_{-1}，…，x_{-p_j+1}）已知，r_j（j=1，2，…，k）为门限值，满足 $-\infty=r_0<r_1<\cdots<r_{k-1}<r_k=\infty$，$k\geqslant0$ 为 TAR 模型的段数，$\{\xi_{jt}\}$ 是独立同分布的随机白噪声序列。满足上述条件的模型通常记为 TAR（d，k，p_1，p_2，…，p_k）。当 $p_1=p_2=\cdots=p_k=p$，即模型满足在各段的阶数相等记为 TAR（d，k，p）。

在实际应用中，Tong 和 Lim 提出了各种状态下涉及若干含有分离高阶 AR（P）过程的 TAR 模型，对于只存在单个门限的两区制模型中，其状态的一般形式可以表示为：

$$y_t=\beta_{10}+\beta_{11}X_{t-1}+\beta_{12}X_{t-2}+\cdots+\beta_{1p_1}X_{t-p1}+\xi_{1t}\qquad(-\infty<Z_t<r_1)$$
$$y_t=\beta_{20}+\beta_{21}X_{t-1}+\beta_{22}X_{t-2}+\cdots+\beta_{2p_1}X_{t-p2}+\xi_{2t}\qquad(r_1\leqslant Z_t<\infty) \tag{5-2}$$

这里使用示性函数 1（·）来表示上述方程，如果括号中的表达式为真则取值为 1，否则取值为 0，并定义（Z_t，r）=1（$r_j\leqslant Z<r_{j+1}$），我们可以将 k 个不同区制方程形式合并到一个方程中：

$$y_t=\sum_{j=0}^{k}1(Z_t,r)\cdot X'_t\beta_j+\xi_{jt} \tag{5-3}$$

显然，这里的门限变量特征 Z_t 和回归因子 X_t 将决定自回归模型的具体形式。

对于给定的 r，称为 $\hat{r}$，最小化残差平方和 SSR 只是一个简单的最小二乘问题，我们可以将方程的估计视为寻找门限集合和回归系数集合的过程，在这个过程中通过对所有可能的 k 个门限划分值进行遍历以最小化残差平方和来获得参数的超一致估计值。

门限自回归模型简单来说就是分区间的 AR 模型，因此在建模中，沿用一般的 AR 模型参数估计和模型检验准则是可行的。参数估计的基本思路如下：

首先，根据 AIC 信息准则，选取 AR 模型的最高阶数 p，以及可能的延迟系数 d 的集合 S（d≤S）。AIC 信息准则由赤池弘次（Akaike，1973）最先提出并成功应用于 AR 模型的分析与定阶。滞后阶数 p 的确定可以通过 AIC 信息准则确定，使得分段 AIC 信息值总和最小化，即

$$AIC=\sum_{k=1}^{m}\{T=\log\hat{\sigma}^2+2(p+1)\}$$

其次，选取延迟参数 d 的可能取值，d 的范围是一个离散集合。通常延迟参数 d 是未知的，用最小二乘估计的方法估计参数，d 可以和其他参数一起估计。我们通常先估计 d，在 d 已知的情况下估计其他参数。d 的参数空间是离散的，

并且只取有限个值。

最后，对上一步骤中确定的阶数 p 和 S 中每个可能的延迟参数 d 拟合排序自回归。建立模型之前，一个重要的问题就是检验一下门限自回归模型是否显著于线性自回归模型。如果并不显著，那么就没有必要舍易求难来建立门限自回归模型，只需要建立一般的线性回归模型即可。Chan、Tong 以及 Hansen 提出了似然比检验和 F 检验的两种等价检验方法来进行检验。

表 5 –9　金融风险压力指数门限数量模型检验

门限数量	门限变量	Log likelihood	R^2	F 值	P 值
1 个	PBCI（–2）	532.2872	0.4032	3.5544	0.00
2 个	PBCI（–3）	551.7960	0.5440	3.1715	0.00
3 个	PBCI（–3）	560.2627	0.5943	3.0228	0.00
4 个	PBCI（–3）	567.9940	0.6353	2.5097	0.00

通过表 5 –9 可以得知，浙江省域金融风险压力指数（2004M1 ~ 2016M12）门限变量在单个到四个之间均非常显著，但相比之下，四个门限变量更能准确地拟合压力指数的变化波动形态特征，因此本书选取四个门限数量作为自回归方程的拟定参数。同时模型检验过程中给出了延迟系数为 1 –5 的检验结果，从结果可以得知在门限变量为 PBCI（–3）下模型的残差平方和 SSR 最小（如表 5 –10 所示），并最终得到四个具体的门限值分别为 –0.002668874、 –0.000936915、0.00167188、0.004568129。

表 5 –10　金融风险压力指数 TAR 门限变量检验结果

Threshold Variable	SSR	Regimes
PBCI（–3）	33.609101	5
PBCI（–1）	34.847781	5
PBCI（–2）	39.720469	5
PBCI（–5）	41.274253	5
PBCI（–4）	41.817829	5

通过四个门限值将浙江省域金融风险压力指数划分为五个区间并分别进行线性回归拟合，最终门限自回归拟合结果如图 5 –4 所示。

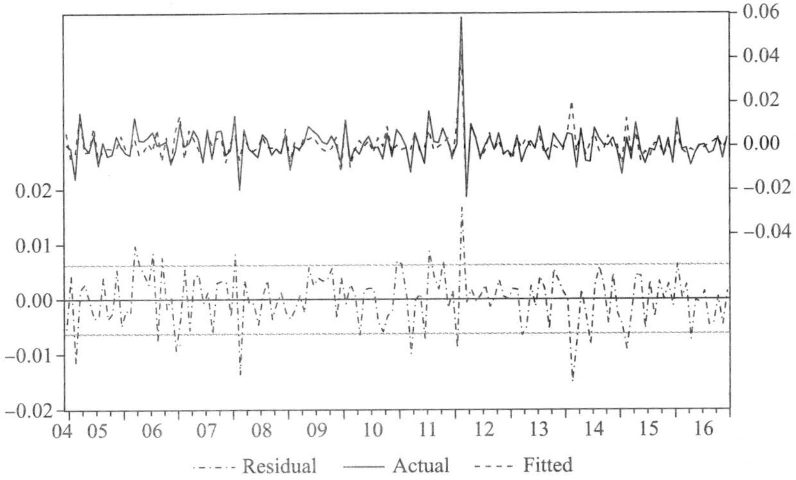

图5－4 基于门限自回归模型的浙江省域金融风险压力指数实际值与拟合值趋势对比（2004M1～2016M12）

本书根据门限自回归模型检验的门限数量与门限数值结果，将浙江省域金融风险压力指数（PBCI）时间序列划分为5个区间，同时根据前文4.2.1（4）节的统计季度预警结果，即2001年1月～2016年12月浙江省域金融风险主要处于低警警度到中警警度之间的大致结果，将金融风险压力指数进一步划分为无警A级警度、无警B级警度、轻警A级警度、轻警B级警度，中警警度（根据门限值，处于中警警度的样本数量较多，为了更准确反映风险压力指数等级，本书进一步区分为中警A级警度、中警B级警度），风险警度与对应风险压力排序等级对应如表5－11所示。

表5－11 省域金融风险压力指数风险等级对照表

预警风险程度	风险压力等级值	解释
无警A级	1	金融系统处于高度安全态势
无警B级	2	金融系统处于中度安全态势
轻警A级	3	金融系统处于轻警不安全态势
轻警B级	4	金融系统处于轻警不安全态势
中度A级	5	金融系统处于中度不安全态势
中度B级	6	金融系统处于中度不安全态势

根据以上划分标准和前文FBCI的具体门限值，将浙江省域金融风险压力指数区间划分如表5－12所示。

表 5-12　浙江省域金融风险压力指数风险警度区间划分统计

门限值	样本数量	风险警度	排序概率模型赋值
(最小值，-0.2668874)	46 个月	无警 A 级警度	1
[-0.2668874，-0.09369)	22 个月	无警 B 级警度	2
[-0.09369，0.167188)	22 个月	轻警 A 级警度	3
[0.167188，0.456813)	25 个月	轻警 B 级警度	4
[0.456813，0.74045)	21 个月	中警 A 级警度	5
[0.74045，最大值)	20 个月	中警 B 级警度	6

5.2.4　基于 Ordered Logit 的动态排序概率预警模型的构建

经典的 FR 概率预警模型和 KLR 信号分析预警模型的因变量都只为二元选择变量 1（发生危机）或 0（不发生危机），而对于自变量预警指标包含信息的连续性变化所带来的金融风险状态的连续性变化，则无法体现出来。在进行我国国家与省域金融风险的预警过程中，由于中国没有出现如西方国家所遭受的真正意义上的金融危机事件，因此中国面临的更多是金融风险的持续性变化而未见到突破临界值的危机发生，为了能够更加准确地捕捉金融风险程度的信号，需要在原来二元选择的基础上改进成多元压力选择；同时传统经典的 KLR 信号分析法是基于单个预警指标突破阈值发出信号的数量来判断危机发生的概率可能性，正如本书 5.2.2 节的传统季度数据预警模型分析过程，这种模型的优点是可以明确找到造成金融风险变化来源于哪个预警指标信息，但却无法说明金融风险程度的上升可能不是由于单个或几个并列的预警指标的信息变化引起，而可能是各预警指标信息之间相互作用所共同促成的变化，因此需要考虑各预警指标之间的相关性。为此，本书尝试在前人预警模型的基础上进行改进，并利用多阶段排序压力 Ologit 概率预警模型来对浙江省域金融风险进行动态实证预警分析。

假设 $y^* = x'\beta + \varepsilon$（$y^*$ 不可观测），而选择规则为：

$$y = \begin{cases} 0，若\ y^* \leqslant r_0 \\ 1，若\ r_0 < y^* \leqslant r_1 \\ 2，若\ r_1 < y^* \leqslant r_2 \\ \cdots \\ J，若\ r_{J-1} \leqslant y^* \end{cases}$$

其中，$r_0 < r_1 < r_2 < \cdots < r_{J-1}$ 为待估参数，称为“切点”。

假设 $\varepsilon \sim N$（0，1）（将扰动项的方差标准化为 1），则

$$p(y=0|x) = p(y^* \leqslant r_0|x) = p(x'\beta + \varepsilon \leqslant r_0|x) = p(\varepsilon \leqslant r_0 - x'\beta|x) = \Phi(r_0 - x'\beta)$$

$p(y=1|x)=p(r_0<y^*\leqslant r_1|x)=p(y^*\leqslant r_1|x)-p(y^*<r_0|x)=p(x'\beta+\varepsilon\leqslant r_1|x)-p(x'\beta+\varepsilon<r_0|x)=P(\varepsilon\leqslant r_1-x'\beta|x)-p(\varepsilon<r_0-x'\beta|x)=\Phi(r_1-x'\beta)-\Phi(r_0-x'\beta)$

…

$p(y=J|x)=1-\Phi(r_{J-1}-x'\beta)$

其中 $\Phi(x)=\int_{-\infty}^{x}\frac{1}{\sqrt{2\pi}}e^{-\frac{t^2}{2}}dt$，即如果扰动项标准的正态累积分布函数。或 $\Phi(x)=\frac{\exp(x)}{1+\exp(x)}$，即如果扰动项服从逻辑分布的累积分布函数。

这样，可写出样本似然函数，并得到MLE估计量，即Ordered probit模型。如果假设扰动项服从逻辑分布，则可得到Ordered logit模型。

首先，进行预警模型指标选择。本书第4章已经对影响我国省域金融风险的先行性指标进行了详细介绍，同时考虑到月度数据的可获得性和预警模型的准确性，本书在前文先行性指标的基础上增加了部分备选先行预警指标，具体如表5-13所示。

表5-13 基于Ologit预警模型的省域金融风险预警指标一览表

二级子系统	主要预警指标	备选预警指标
宏观实体经济运行风险	出口增长率 gexports	进出口总额增长率 gimportex、进口增长率 gimports、进出口总额 importex、进口值 imports、出口值 exports、经常项目逆差/GDP currentaccdr
	实际利用外资增长率 gFDI	FDI
	省内新增信贷额/工业增加值 creditindu	固定资产投资增长率 gfixedassets
	消费增长率 gconsumption	
	工业增加值增长率 ginduadv	工业增加值 industrialadv
	通货膨胀率 CPI	
金融市场运行风险	股市市值/工业增加值 stockindu	
	房地产销售价格指数 realestateindex	房地产投资增长率 grealestate、房地产单位面积售价 realestateprice、房地产贷款/银行贷款 realestatecredit
政府财政运行风险	财政收入增长率 grevenue	财政赤字 deficit、财政赤字率 deficitrate
	财政支出对收入的增长弹性 fiscalelasticity	财政支出增长率 gfiscalexpen

其次，为了挑选在观测数据上更具稳健性的预警解释变量，本书在此通过格兰杰因果关系检验来对各预警先行指标与省域金融风险压力指数进行两两因果关系检验。

在进行因果检验之前，要求各时间序列必须是平稳的时间序列，或具有协整关系的单位根过程，因此在进行格兰杰因果关系检验之前，要先对各时间序列变量进行单位根检验。对被解释变量，即浙江省域金融风险综合压力指数（PBCI）进行单位根检验后，结果如表 5 – 14 所示。

表 5 – 14　浙江省域金融风险综合压力指数单位根检验结果

Null Hypothesis：PBCI has a unit root				
Exogenous：None				
Lag Length：0 （Automatic – based on SIC，maxlag = 13）				
			t – Statistic	Prob. *
Augmented Dickey – Fuller test statistic			– 17. 76030	0. 0000
Test critical values：	1% level		– 2. 579967	
	5% level		– 1. 942896	
	10% level		– 1. 615342	
* MacKinnon （1996） one – sided p – values.				
Augmented Dickey – Fuller Test Equation				
Dependent Variable：D （PBCI）				
Method：Least Squares				
Date：12/10/17 Time：11：53				
Sample （adjusted）：2004M02 2016M12				
Included observations：155 after adjustments				
Variable	Coefficient	Std. Error	t – Statistic	Prob.
PBCI （ – 1）	– 1. 343914	0. 075670	– 17. 76030	0. 0000
R – squared	0. 671937	Mean dependent var		4. 84E – 05
Adjusted R – squared	0. 671937	S. D. dependent var		0. 013243
S. E. of regression	0. 007585	Akaike info criterion		– 6. 918803
Sum squared resid	0. 008860	Schwarz criterion		– 6. 899168
Log likelihood	537. 2073	Hannan – Quinn criter.		– 6. 910828
Durbin – Watson stat	2. 024214			

通过 ADF 单位根检验和 SBIC 信息准则的结果表明，在无常数项和无趋势项

的水平值上，PBCI 序列的 t 值为 -17.76030，小于 -2.579967，在 1% 水平上显著，表明 PBCI 原序列是平稳的时间序列。同时本书通过目前最具功效的 DF—GLS 单位根检验结果亦表明，PBCI 序列在无常数项和无趋势项下的 t 值为 -4.062，小于 -2.58，在 1% 水平上拒绝原假设，表明 PBCI 序列在其水平值为平稳的时间序列。

同理，本书分别对主要预警指标与备选预警指标进行单位根检验，其检验结果如表 5-15 所示。

表 5-15　浙江省域金融风险预警指标时间序列单位根检验结果

预警指标	趋势类型（CT）	ADF 检验	临界值 1%	临界值 5%	临界值 10%	结论
出口增长率 gexports	0 0	-14.36	-2.579967	-1.942896	-1.615342	平稳
外商直接投资增长率 gFDI	0 0	-12.3599	-2.579967	-1.942896	-1.615342	平稳
省内新增信贷/工业增加值 creditindu	0 0	-2.2902	-2.579967	-1.942896	-1.615342	平稳
消费增长率 gconsumption	0 0	-20.63678	-2.579967	-1.942896	-1.615342	平稳
工业增加值增长率 ginduadv	0 0	-14.17487	-2.579967	-1.942896	-1.615342	平稳
通货膨胀率 CPI	0 0	-10.61026	-2.579967	-1.942896	-1.615342	平稳
省股市成交市值/工业增加值 stockindu	0 0	-1.996923	-2.579967	-1.942896	-1.615342	平稳
省房地产市场价格指数 realestateindex	0 0	-17.16243	-2.579967	-1.942896	-1.615342	平稳
财政收入增长率 grevenue	0 0	-17.40832	-2.579967	-1.942896	-1.615342	平稳
财政支出对收入的增长弹性 fiscalelasticity	0 0	-12.71968	-2.579967	-1.942896	-1.615342	平稳
进出口总值 importex	0 0	1.512113	-2.580264	-1.942938	-1.615316	不平稳
	C 0	-1.92406	-3.473672	-2.880463	-2.576939	不平稳
	C T	-2.264497	-4.019561	-3.439658	-3.144229	不平稳
进出口总值一阶差分 △importex	0 0	-11.66069	-2.580264	-1.942938	-1.615316	平稳
进出口增长率 gimportex	0 0	-13.9885	-2.580065	-1.94291	-1.615334	平稳
进口增长率 gimports	0 0	-18.41837	-2.579967	-1.942896	-1.615342	平稳
出口总值 exports	0 0	1.47332	-2.580264	-1.942938	-1.615316	不平稳
	C 0	-1.732684	-3.473672	-2.880463	-2.576939	不平稳
	C T	-3.147159	-4.019561	-3.439658	-3.144229	不平稳
出口总值一阶差分 △exports	0 0	-13.15442	-2.580264	-1.942938	-1.615316	平稳
进口总值 imports	0 0	0.34344	-2.580264	-1.942938	-1.615316	不平稳
	C 0	-1.841019	-3.473672	-2.880463	-2.576939	不平稳
	C T	-1.575521	-4.019561	-3.439658	-3.144229	不平稳

续表

预警指标	趋势类型（CT）	ADF 检验	临界值			结论
			1%	5%	10%	
进口总值一阶差分△imports	0 0	-13.22149	-2.580264	-1.942938	-1.615316	平稳
经常项目赤字率 currentaccdr	0 0	-1.042348	-2.580264	-1.942938	-1.615316	不平稳
	C 0	-11.78896	-3.473672	-2.880463	-2.576939	平稳
外商直接投资总额 FDI	0 0	0.980912	-2.580574	-1.942982	-1.615289	不平稳
	C 0	-8.097691	-3.472813	-2.880088	-2.576739	平稳
固定资产投资增长率 gfixedassets	0 0	-15.88946	-2.579967	-1.942896	-1.615342	平稳
工业增加值 industrialadv	0 0	1.609698	-2.580264	-1.942938	-1.615316	不平稳
	C 0	-1.4272	-3.473672	-2.880463	-2.576939	不平稳
	C T	-3.799258	-4.019561	-3.439658	-3.144229	平稳
房地产投资增长率 grealestate	0 0	-14.47549	-2.580065	-1.94291	-1.615334	平稳
省商品房单位面积售价 realestateprice	0 0	0.801568	-2.58047	-1.942967	-1.615298	不平稳
	C 0	-2.056432	-3.473672	-2.880463	-2.576939	不平稳
	C T	-2.844268	-4.019561	-3.439658	-3.144229	不平稳
商品房单位面积售价一阶差分△realestateprice	0 0	-13.90291	-2.580264	-1.942938	-1.615316	平稳
房地产投资贷款/省内信贷总额 realestatecredit	0 0	-3.269089	-2.580164	-1.942924	-1.615325	平稳
财政赤字 deficit	0 0	0.857295	-2.580788	-1.943012	-1.61527	不平稳
	C 0	-2.036483	-3.473967	-2.880591	-2.577008	不平稳
	C T	-12.63909	-4.018349	-3.439075	-3.143887	平稳
财政赤字率 deficitrate	0 0	-1.407328	-2.580366	-1.942952	-1.615307	不平稳
	C 0	-10.08172	-3.472813	-2.880088	-2.576739	平稳
财政支出增长率 gfiscalexpen	0 0	-22.72492	-2.579967	-1.942896	-1.615342	平稳

从以上检验结果可知，浙江省域金融风险大部分预警指标和备选预警指标在水平值上都具有平稳性，其中进出口总值、出口总值、进口总值与省商品房单位面积售价具有一阶差分平稳，大部分预警指标序列在1%的临界值上显著拒绝原假设，具有较好的平稳性，所有指标也在5%的临界值上拒绝原假设。同时本书还通过 DF—GLS 检验方法对预警指标进行了检验，亦能得到和表 5 - 15 相同的结论，在此不再显示。因此，所有预警指标都满足进行格兰杰因果关系检验的条件。

最后，进行格兰杰因果关系检验。经济学中经常要确定变量之间的因果关系究竟是从 x 到 y，还是从 y 到 x，抑或是双向因果关系。格兰杰（1969）因果关系检验是基于以下思想：如果 x 是 y 的原因，但 y 不是 x 的原因，则 x 的过去值可帮助预测 y 的未来值，但 y 的过去值却不能帮助预测 x 的未来值。考虑以下时间序列模型：

$$y_t = \gamma + \sum_{m=1}^{p} \alpha_m y_{t-m} + \sum_{m=1}^{p} \beta_m x_{t-m} + \varepsilon_t$$

其中，滞后阶数 p 可根据“信息准则”或“由大到小的序贯 t 规则”来规定。检验原假设：“H_0：$\beta_1 = \beta_2 = \cdots = \beta_P = 0$”，即 x 的过去值对预测 y 的未来值没有帮助。如果拒绝 H_0，则称 x 是 y 的格兰杰原因（Granger cause）。将以上回归模型中 x 与 y 的位置互换，则可以检验 y 是否为 x 的格兰杰原因。注意，格兰杰因果关系并非真正意义上的因果关系，它充其量只是一种动态的相关关系，表明的是一个变量是否对另一个变量有“预测能力”，从某种意义上说，它顶多是因果关系的必要条件（如果不考虑非线性的因果关系）。另外，格兰杰因果关系也可能由第三个变量引起。

下面进行格兰杰因果关系检验。进行该检验不仅要保证被检验的时间序列变量是平稳的序列或具有协整关系的单整序列，而且要确定各变量的滞后阶数，为此本书通过多种统计信息准则来检验各平稳的预警指标序列与平稳的金融风险综合压力指数的最佳滞后阶数，最终检验结果如表 5－16 所示。

表 5－16　金融风险预警指标与金融风险压力指数的格兰杰因果最佳滞后阶数检验结果

预警指标	LL	LR	FPE	AIC	HQIC	SBIC	最佳滞后阶数
gexports	无	11	3	3	2	1	2
gFDI	无	6	2	2	1	1	1
creditindu	无	3	1	1	1	1	1
gconsumption	无	12	3	3	1	1	1
CPI	无	13	13	13	1	1	1
stockindu	无	8	1	1	1	1	1
realestateindex	无	1	1	1	1	1	1
grevenue	无	1	1	1	1	1	1
fiscalelasticity	无	1	1	1	1	1	1
importex	无	11	3	3	2	1	2
exports	无	11	3	3	3	2	3
imports	无	11	2	2	1	1	1
gimportex	无	11	2	2	2	1	2
gimports	无	1	2	2	1	1	1

续表

预警指标	LL	LR	FPE	AIC	HQIC	SBIC	最佳滞后阶数
currentaccdr	无	1	1	1	1	1	1
FDI	无	7	2	2	1	1	1
gfixedassets	无	13	2	2	2	1	2
grealestate	无	10	2	2	2	2	2
industrialadv	无	12	4	5	3	3	3
ginduadv	无	1	1	1	1	1	1
realestatecredit	无	1	1	1	1	1	1
realestateprice	无	3	3	3	3	2	3
deficit	无	9	5	5	2	1	2
deficitrate	无	12	1	1	1	1	1
gfiscalexpen	无	11	2	2	1	1	1

注：LL 表示对数似然比函数，LR 表示似然比检验。

根据以上最佳滞后阶数检验结果，本书进一步对各预警指标与浙江省域金融风险综合压力指数（PBCI）进行格兰杰因果关系检验，具体结果如表 5－17 所示。

表 5－17 浙江省域预警指标与金融风险综合压力指数的格兰杰因果关系检验结果

预警指标	lags	F 检验	Prob.	结论
gexports does not Granger Cause PBCI	2	0. 03251	0. 968	gexports 不是 PBCI 的格兰杰原因
PBCI does not Granger Cause gexports	2	4. 4033	0. 0139	PBCI 是 exports 的格兰杰原因
gFDI does not Granger Cause PBCI	1	0. 79251	0. 3747	gFDI 不是 PBCI 的格兰杰原因
PBCI does not Granger Cause gFDI	1	3. 53088	0. 0622	PBCI 不是 gFDI 的格兰杰原因
creditindu does not Granger Cause PBCI	1	0. 91406	0. 3406	creditindu 不是 PBCI 的格兰杰原因
PBCI does not Granger Cause creditindu	1	0. 83399	0. 3626	PBCI 不是 creditindu 的格兰杰原因
gconsumption does not Granger Cause PBCI	1	2. 53593	0. 1134	gconsumption 不是 PBCI 的格兰杰原因
PBCI does not Granger Cause gconsumption	1	0. 4932	0. 4836	PBCI 不是 gconsumption 的格兰杰原因
CPI does not Granger Cause PBCI	1	5. 67285	0. 0185	CPI 是 PBCI 的格兰杰原因
PBCI does not Granger Cause CPI	1	0. 82088	0. 3664	CPI 不是 PBCI 的格兰杰原因
stockindu does not Granger Cause PBCI	1	2. 43497	0. 1207	stockindu 不是 PBCI 的格兰杰原因
PBCI does not Granger Cause stockindu	1	0. 17622	0. 6752	PBCI 不是 stockindu 的格兰杰原因
realestateindex does not Granger Cause PBCI	1	0. 53745	0. 4646	realestateindex 不是 PBCI 的格兰杰原因
PBCI does not Granger Cause realestateindex	1	3. 69381	0. 0565	PBCI 不是 realestateindex 的格兰杰原因

续表

预警指标	lags	F 检验	Prob.	结论
grevenue does not Granger Cause PBCI	1	0. 11147	0. 7389	grevenue 不是 PBCI 的格兰杰原因
PBCI does not Granger Cause grevenue	1	0. 00195	0. 9648	PBCI 不是 grevenue 的格兰杰原因
fiscalelasticity does not Granger Cause PBCI	1	0. 01692	0. 8967	fiscaleasticity 不是 PBCI 的格兰杰原因
PBCI does not Granger Cause fiscalelasticity	1	0. 91103	0. 3414	PBCI 不是 fiscaleasticity 的格兰杰原因
importex does not Granger Cause PBCI	2	0. 28515	0. 7523	importex 不是 PBCI 的格兰杰原因
PBCI does not Granger Cause importex	2	2. 42115	0. 0923	PBCI 不是 importex 的格兰杰原因
exports does not Granger Cause PBCI	3	0. 24627	0. 8639	exports 不是 PBCI 的格兰杰原因
PBCI does not Granger Cause exports	3	0. 63664	0. 5926	PBCI 不是 exports 的格兰杰原因
imports does not Granger Cause PBCI	1	2. 03711	0. 1556	imports 不是 PBCI 的格兰杰原因
PBCI does not Granger Cause imports	1	0. 53979	0. 4637	PBCI 不是 imports 的格兰杰原因
gimportex does not Granger Cause PBCI	2	0. 1073	0. 8983	gimportex 不是 PBCI 的格兰杰原因
PBCI does not Granger Cause gimportex	2	3. 64039	0. 0286	PBCI 是 gimportex 的格兰杰原因
gimports does not Granger Cause PBCI	1	0. 92977	0. 3365	gimports 不是 PBCI 的格兰杰原因
PBCI does not Granger Cause gimports	1	0. 44955	0. 5036	PBCI 不是 gimports 的格兰杰原因
currentaccdr does not Granger Cause PBCI	1	0. 84042	0. 3607	currentaccdr 不是 PBCI 的格兰杰原因
PBCI does not Granger Cause currenaccdr	1	0. 54961	0. 4596	PBCI 不是 currentaccdr 的格兰杰原因
FDI does not Granger Cause PBCI	1	1. 29485	0. 2569	FDI 不是 PBCI 的格兰杰原因
PBCI does not Granger Cause FDI	1	6. 11327	0. 0145	PBCI 是 FDI 的格兰杰原因
gfixedassets does not Granger Cause PBCI	2	4. 40465	0. 0139	gfixedassets 是 PBCI 的格兰杰原因
PBCI does not Granger Cause gfixedassets	2	0. 5274	0. 5912	PBCI 不是 gfixedsaaets 的格兰杰原因
grealestate does not Granger Cause PBCI	2	2. 77161	0. 0658	grealestate 是 PBCI 的格兰杰原因
PBCI does not Granger Cause grealestate	2	1. 53657	0. 2185	PBCI 不是 grealestate 的格兰杰原因
industrialadv does not Granger Cause PBCI	3	0. 73423	0. 3929	industrialadv 不是 PBCI 的格兰杰原因
PBCI does not Granger Cause industrialadv	3	0. 02014	0. 8873	PBCI 不是 industrialadv 的格兰杰原因
ginduadv does not Granger Cause PBCI	1	0. 25227	0. 6162	ginduadv 不是 PBCI 的格兰杰原因
PBCI does not Granger Cause ginduadv	1	0. 02761	0. 8682	PBCI 不是 ginduadv 的格兰杰原因
realestatecredit does not Granger Cause PBCI	1	4. 4202	0. 0372	realestatecredit 是 PBCI 的格兰杰原因
PBCI does not Granger Cause realestatecredit	1	0. 459912	0. 481	PBCI 不是 realestatecredit 的格兰杰原因
realestateprice does not Granger Cause PBCI	3	3. 33613	0. 0383	realestateprice 是 PBCI 的格兰杰原因
PBCI does not Granger Cause realestateprice	3	1. 26419	0. 2855	PBCI 不是 realestateprice 的格兰杰原因
deficit does not Granger Cause PBCI	2	0. 11757	0. 8892	deficit 不是 PBCI 的格兰杰原因

续表

预警指标	lags	F 检验	Prob.	结论
PBCI does not Granger Cause deficit	2	1. 21413	0. 2999	PBCI 不是 deficit 的格兰杰原因
deficitrate does not Granger Cause PBCI	1	0. 37307	0. 5422	deficitrate 不是 PBCI 的格兰杰原因
PBCI does not Granger Cause deficitrate	1	0. 5648	0. 4535	PBCI 不是 deficitrate 的格兰杰原因
gfiscalexpen does not Granger Cause PBCI	1	0. 0011	0. 9736	gfiscalexpen 不是 PBCI 的格兰杰原因
PBCI does not Granger Cause gfiscalexpen	1	0. 56347	0. 454	PBCI 不是 gfiscalexpen 的格兰杰原因

根据以上检验结果，为了进一步选取对浙江省域金融风险压力指数影响比较敏感的指标，我们根据以下标准来选取预警指标：①重点挑选在滞后 1 ~3 阶下都有单向格兰杰因果关系的预警指标；②重点挑选检验结果在 5% 的显著性水平或以下显著的预警指标；③为了避免预警模型中存在解释变量多重共线性，在同类预警指标中选取最具代表性的预警指标。根据以上原则与格兰杰因果关系检验结果，本书重点选取通货膨胀率（CPI）、固定资产投资增长率（gfixedassets）、房地产贷款占省域银行类机构本币贷款比重（realestatecredit）、房地产单位面积售价（realestateprice）作为浙江省域金融风险预警模型的重点预警指标。

因此，本书根据以上格兰杰因果关系检验结果，构建如下模型：

$$PBCI_t = \beta_0 + \beta_1 X'_t + \varepsilon_t \tag{5-4}$$

$$Ologit(grade_t) = \beta_0 + \beta_1 X'_t + \varepsilon_t \tag{5-5}$$

$$Ologit(grade_t) = \beta_0 + \beta_1 X'_t + grade_{t-1} + \varepsilon_t \tag{5-6}$$

其中，对于排序概率模型（5 -5），如果其回归结果的切点（cutoff point）用r_j（j =1，2，…，J)来表示，J 表示共有 J 种可供选择的风险等级情况，如上文表 5 -12 中的无警 A 级警度、无警 B 级警度、轻警 A 级警度、轻警 A 级警度、中警 A 级警度、中警 A 级警度共 6 种风险等级情况。对于每种风险等级，其发生的概率计算公式如下：

$$P(y=0|x) = F(x,\ \beta) = \frac{\exp(r_0 - \hat{\beta}_0 - \hat{\beta}X'_t)}{1+\exp(r_0 - \hat{\beta}_0 - \hat{\beta}X'_t)}$$

$$P(y=j|x) = F(x,\ \beta) = \frac{\exp(r_j - \beta_0 - \beta X'_t)}{1+\exp(r_j - \hat{\beta}_0 - \hat{\beta}X'_t)} - \frac{\exp(r_{j-1} - \hat{\beta}_0 - \hat{\beta}X'_t)}{1+\exp(r_{j-1} - \hat{\beta}_0 - \hat{\beta}X'_t)}$$

$$P(y=J|x) = F(x,\ \beta) = 1 - \frac{\exp(r_{J-1} - \hat{\beta}_0 - \hat{\beta}X'_t)}{1+\exp(r_{J-1} - \hat{\beta}_0 - \hat{\beta}X'_t)}$$

其中，$X \equiv (x_1, x_2, \cdots, x_m)'$为各预警解释变量组成的向量，$\hat{\beta}_0$，$\hat{\beta} \equiv (\hat{\beta}_1, \hat{\beta}_2, \cdots, \hat{\beta}_m)'$为各预警解释变量的估计参数值，grade 为根据前文 PBCI 的门限值划分的风险警度排序变量，$grade_t = \{1, 2, 3, 4, 5, 6\}$，如表 5－12 所示。$grade_{t-1}$为$grade_t$的滞后一期变量。各变量原始观测数据来源和核算过程前文已作了详细介绍，在此不再重复。

为了进行对比，也为了能进一步识别对金融风险压力指数有显著影响的预警解释变量，根据上面模型（5－4），本书对全部预警变量进行了回归分析，如表 5－18 中第（1）个模型回归结果所示，从中可以得知，出口增长率、省内新增信贷额/工业增加值、社会消费品零售总额增长率、通货膨胀率、进出口增长率具有显著的影响效应，这表明出口、进出口、银行对实体经济的信贷投放、社会通货膨胀水平仍然是影响省内金融风险压力的主要因素。与此同时，本书对前文季度预警分析中的主要预警变量单独进行了回归分析，结果如表 5－18 中第（2）个模型回归结果所示，从中可以看出，相比第（1）个全变量回归模型，回归模型（2）无论是模型的整体显著性水平，还是模型的拟合优度都大幅度降低了，但出口增长率、省内新增信贷额/工业增加值、通货膨胀率依然影响显著。为此，本书重点选出对金融风险压力指数的影响效果比较显著的预警变量单独进行回归，以精简回归模型，同时避免因预警变量过多而产生多重共线性问题，回归结果如表 5－18 第（3）个模型所示，从中可以得知，模型整体回归结果在 1% 水平上非常显著，而且相比模型（1），模型（3）的整体拟合优度并没有出现大的下降。

表 5－18　基于多元线性回归模型的金融风险压力指数最小二乘回归结果

	(1) PBCI1	(2) PBCI1	(3) PBCI1
gexports	−0.0862* (−2.22)	−0.0128 (−1.74)	−0.0771** (−3.26)
gFDI	0.00220 (0.67)	0.00449 (1.53)	
creditindu	0.00445* (2.45)	0.00301* (1.98)	0.00276* (1.96)
gconsumption	0.00957* (1.73)	0.0149 (1.60)	0.0129* (1.96)
CPI	−0.202* (−2.53)	−0.169* (−1.99)	−0.218** (−2.67)

续表

	(1) PBCI1	(2) PBCI1	(3) PBCI1
stockindu	-0.0000370 (-0.54)	-0.0000289 (-0.61)	
realestateindex	0.00280 (0.79)	-0.000417 (-0.42)	
grevenue	-0.00259 (-0.66)	-0.00187 (-0.95)	
fiscalelasticity	0.000000514 (0.87)	-0.000000267 (-0.58)	
gimportex	0.131 (1.81)		0.0957** (3.11)
importex	-8.58e-10 (-0.07)		
exports	-2.82e-10 (-0.03)		
imports	-2.21e-10 (-0.02)		
gimports	-0.0136 (-0.53)		
currentaccdr	-0.00338 (-1.15)		
FDI	8.14e-09 (0.90)		
gfixedassets	0.0139 (1.18)		
gfixedassets2	-0.000910 (-0.06)		
grealestate	0.00744 (1.21)		
industrialadv	0.00000824 (0.80)		
ginduadv	0.0000706		

续表

	(1) PBCI1	(2) PBCI1	(3) PBCI1
realestatecredit	0. 00201 (1. 49)		
realestateprice	-0. 000000421 (-0. 64)		
Drealestateprice	-0. 000000580 (-0. 53)		
deficit	-0. 0000157 (-0. 21)		
deficitrate	-0. 00728 (-0. 14)		
gfiscalexpen	-0. 000661 (-0. 12)		
_ cons	-0. 00503 (-1. 05)	-0. 000678 (-0. 57)	-0. 000683 (-0. 68)
N	156	156	156
F	4. 45 ***	1. 51	3. 85 ***
R^2	0. 4322	0. 1886	0. 3258

注：t statistics in parentheses, * $p<0.05$, ** $p<0.01$, *** $p<0.001$。

根据模型（5－5）和模型（5－6），本书首先对前面表5－17中格兰杰检验单向因果关系显著的预警解释变量进行概率回归分析，结果如表5－19所示，其中第（1）~第（4）列为静态排序概率选择模型，第（5）列为动态排序概率选择模型。根据第（1）~第（4）列模型回归结果显示，可以得知模型的整体回归结果在1%水平上显著，但整体方程的拟合程度不高，其中通货膨胀率、固定资产投资增长率、出口增长率和进出口增长率对模型的影响效果在5%水平上显著，而房地产投资增长率、房地产信贷/银行本币信贷、省商品房单位面积售价、外商直接投资和外商直接投资增长率则不显著。

综合格兰杰因果关系检验结果与模型回归结果，本书总结出对浙江省域金融风险压力指数预警具有显著影响的先行预警解释变量分别为出口增长率（gexports）、进出口增长率（gimportex）、省内新增信贷/工业增加值（creditindu）、社会消费零售总额增长率（gconsumption）、全社会固定资产投资增长率（gfixedassets）和通货膨胀率（CPI），其预警效果如模型（4）所示，LR 的值为 22.91，并在 1% 水平上模型整体非常显著，同时模型的整体拟合程度也得到了提升。为了检验前期省域金融风险程度是否会对后期产生影响，本书通过引进因变量的滞后项以考察省域金融风险的动态预警情况，回归结果如表 5－19 中的第（5）列所示。从模型的回归结果可知，相比静态回归概率预警模型，动态概率预警模型的拟合程度（最好如第（4）列 $R^2=0.0537$）进一步提升为 $R^2=0.0715$。虽然模型的整体拟合程度不高，但是模型的整体显著性水平却得到了很大的提升，相比第（4）列 LR＝22.14，动态概率预警模型的 LR＝38.62，并在 1% 水平上非常显著。通过第（5）列可知，对于浙江省域金融风险，上一月的金融风险程度对下一月的金融风险程度呈现出显著的负相关影响效应，即如果上一月金融风险程度较高，则下一月将会出现下降；如果上一月金融风险程度较低，则下一月将会出现上升的现象，也即下一个月的金融风险压力程度会对上一个月起到“熨平”作用。这一回归结果也印证了前文对 FBCI 的自相关检验结果（即 FBCI 指数为水平上平稳的时间序列且无自相关现象）。同时本书还对滞后 2 期，以及滞后多期的金融风险压力指数值是否会对当期产生显著影响，结果均发现不显著。

同时出口增长率则与 FBCI 呈现出负相关的影响效应，即出口增长率越高，企业出口销售量越好，经营效应越好则银行类金融风险压力越低。通货膨胀率与 PBCI 呈现出负相关，即 CPI 越高，而名义存款利率一般受央行利率指导相对变化较小，则银行类机构吸收融资的成本压力越低，越有利于提升银行类金融机构的金融安全性。省内新增信贷额/工业增加值与 PBCI 呈现出正相关，即银行类金融机构信贷增长越快，则面临的潜在不良贷款损失等风险就越大，这与我们通常的判断是一致的，我国银行类金融机构的风险更多表现为 M2 发行过多，信贷过度且贷款增长过快的风险。进出口增长率与 PBCI 呈现正相关，因为出口增长率表现为负向效应，进出口增长率的正向效应主要由进口增长率引起，企业需要进口更多的原材料或半成品等商品，就倾向于向银行类金融机构借贷更多的资金用于支付对外贸易费用，则银行类机构面临的现实和潜在的贷款损失风险越大，金融风险压力就越高。消费增长率与 PBCI 呈现负相关，该结果与通常认为的地区消费增长率越快则地区经济景气越好、银行类机构不良贷款损失风险越小的认识不相符。笔者认为银行贷款主要分两类，一类是贷款向非金融类企业和政府机关，另一类是贷款给住户，其中对于非金融类企业，社会消费需求越旺盛越倾向于扩大生产投资规模意愿，向银行申请贷款的冲动就越强，而凭借企业较好的产品需求，银行机构也更愿意贷款向非金融类企业，但面临现实和潜在的贷款损失风险越高；而对于住户贷款包括个体经营贷款和消费贷款，前文已经分析过，住户消费贷款主要是住户买房贷款和买车贷款，居民买房与买车的消费需求越多，向银行申请的贷款金额就越多，则银行面临的贷款潜在损失风险就越大。固定资产投资增长率与 PBCI 呈现正相关效应，主要是因为企业与政府固定资产投资越多，向银行机构申请的贷款金额就越多，银行类机构面临的投资贷款潜在损失风险就越大。

表 5－19　基于 Ologit 排序逻辑概率预警模型的金融风险压力指数最大似然回归结果

	(1) grade	(2) grade	(3) grade	(4) grade	(5) grade
CPI	-46.40* (-2.07)		-50.07* (-2.19)	-47.67* (-2.11)	-47.64* (-2.08)
gfixedassets	4.878* (2.40)		4.048 (1.95)	4.600* (2.23)	5.081* (2.41)
grealestate	1.373 (1.06)		1.190 (0.90)		
realestatecredit	-0.392 (-0.80)		-0.261 (-0.52)		
realestateprice	-0.0000657 (-0.77)		-0.00000601 (-0.07)		
gexports		-10.63** (-2.93)	-9.730* (-2.55)	-11.00** (-2.87)	-11.20** (-2.75)
gFDI		1.317 (1.75)	1.054 (1.39)		
gimportex		14.71** (2.93)	14.10** (2.74)	14.01** (2.71)	14.77** (2.73)
FDI		-0.00000156 (-0.98)	-0.00000113 (-0.70)		
creditindu				0.729* (2.04)	0.911* (2.28)
gconsumption				2.586* (2.23)	2.499* (2.11)
L. grade					-0.257** (-3.05)

续表

	(1) grade	(2) grade	(3) grade	(4) grade	(5) grade
cut1 _ cons	-1.028 *** (-4.61)	-1.715 * (-1.99)	-1.616 (-1.82)	-0.519 (-1.82)	-1.259 *** (-3.32)
cut2 _ cons	-0.383 (-1.82)	-1.065 (-1.25)	-0.943 (-1.07)	0.174 (0.61)	-0.546 (-1.46)
cut3 _ cons	0.224 (1.08)	-0.469 (-0.55)	-0.314 (-0.36)	0.816 ** (2.82)	0.108 (0.29)
cut4 _ cons	0.999 *** (4.51)	0.284 (0.34)	0.487 (0.56)	1.647 *** (5.25)	0.969 * (2.50)
cut5 _ cons	1.931 *** (7.09)	1.214 (1.42)	1.460 (1.65)	2.642 *** (7.22)	2.016 *** (4.76)
N	156	156	156	156	155
LR	12.79 **	13.09 **	22.91 ***	29.14 ***	38.62 ***
R^2	0.0236	0.0241	0.0422	0.0537	0.0715

注：t statistics in parentheses。* $p<0.05$，** $p<0.01$，*** $p<0.001$。N 表示样本观测值个数，LR 表示概率预警模型的方程整体显著性水平 LR Chi2 检验，R^2 表示模型总体的拟合度水平。

与此同时，本书对拟建立的静态排序概率预警模型［表 5-19 第（5）列］和动态排序概率预警模型分别进行了风险程度概率模型预测，并对各模型预警的准确度进行了统计分析，结果如表 5-20 所示。

表 5-20　排序概率预警模型的总体预警准确度比较

	静态预警模型准确度		动态预警模型准确度	
预警范围	严格区制预警	大类区制预警	严格区制预警	大类区制预警
样本数量	156 个月		155 个月	
准确信号数量	56 个月	76 个月	54 个月	80 个月
预警准确度	35.9%	48.7%	34.8%	51.6%

从表5-20可以得知，从严格区制警情的预警准确度情况来比较，静态概率预警模型要稍微高于动态概率预警模型；但从大类区制预警模型（即根据前文表5-11对PBCI的大类划分为无警、轻警和中警警度3类警情信号）来分析，则可以看出，动态概率预警模型的预警准确度（51.6%）要好于静态概率预警模型的预警准确度（48.7%）。因此，从总体上来判断，动态排序概率预警模型的预警准确度要好于静态排序概率预警模型。当然，相比西方发达国家动辄半世纪或上百年的大样本统计数据，由于受到样本数量的制约，以及浙江省经济金融统计数据部分缺失等影响，将会影响到本书概率预警模型的准确性。但本书作为对我国省域金融风险概率模型预警的一次有益尝试，希望对我国省域金融风险模型预警研究的发展产生积极的理论与现实影响。

如果我们仅关注对省域金融系统产生不安全冲击威胁的风险信号（比如本书重点关注浙江省域金融风险压力指数PBCI中的中度警情及以上的危险信号），对于这类危险信号，银行类金融机构将会引起较大关注并采取一定的监管措施来抑制防范风险继续，政府监管部门也会采取一定的监管手段以防范本省系统性金融风险的发生。因此，本书重点关注浙江省域金融风险压力指数中出现中度危险警情及以上的风险信号的排序概率预警模型的预警准确度，笔者进行了统计分析，如表5-21所示。

表5-21 中警警度及以上的排序概率预警模型预警准确度比较

	静态预警模型		动态预警模型	
	中警以下	中警警度及以上	中警以下	中警警度及以上
发出预警信号	66个月	10个月	65个月	15个月
没有发出预警信号	49个月	31个月	49个月	26个月
预警准确率	42.6%	24.4%	43.0%	36.6%

从表5-21可以得知，动态排序概率预警模型无论是对中警以下警情样本的预测，还是对中警警度及以上情况的预测，都要明显高于静态排序概率预警模型。其中2004年1月到2016年12月期间有41个月出现了中警及以上警情，而排序概率预警模型准确发出了15个月的预警信号，预警准确度为36.6%。虽然预警准确率并不是很高，但与国外学者样本外的预测结果相比，这样的结果已经可以接受，如Kaminsky等建立的KLR预警模型的样本外预警准确度仅为4%①，Frankel等建立的FR预警模型的样本外预警准确度仅为8%②，而Bussiere等建立

① Kaminsky, G. Lizondo, S. and C. Reinhart. Leading Indicators of Currency Crises [J]. IMF Economic Review, 1997 (6): 1-46.

② Frankel J., A. Rose. Currency Crashes in Emerging Markets: An Empirical Treatment [J]. International Finance Discussion Papers, 1996 (41): 351-661.

的预警模型的样本外预警准确度也仅为 20%①。当然前面也提到，由于受到样本数量的制约，以及浙江省经济金融统计数据部分缺失等影响，本书的样本数量远远少于国外学者相关模型预警的样本数量，将会影响到本书概率预警模型的预警准确性。而对于中警以下的样本数量，本书动态概率预警模型的准确度为 43%，相比“弃真”的比例（1 - 36.6% = 63.4%），本书“取伪”的错杀比例（1 - 43% = 57%）出现了相应的降低。

因此本书构建的动态排序概率预警模型如下：

$$\begin{aligned} \text{Ologit}(\text{grade}_t) = & -0.257\text{grade}_{t-1} - 11.2\text{gexports}_t + 14.77\text{gimportex}_t + 0.911\text{creditindu}_t \\ & + 2.499\text{gconsumption}_t + 5.081\text{gfixedassets}_t - 47.64\text{cpi}_t \end{aligned}$$

5.3 浙江省金融风险趋势预警分析（未来 12 个月）

为了进一步检验上文所构建的动态排序概率预警模型的精确度，本书以 2004 年 1 月 ~2015 年 12 月作为样本内数据进行预警模型构建，而以 2016 年 1 月 ~2016 年 12 月作为样本外数据（即未来 12 个月作为预测月份）来进行预测与实际的对比分析。其中对于动态概率预警模型的回归结果如表 5 - 22 所示。

表 5 - 22 基于 Ologit 概率预警模型的浙江省域金融风险压力指数样本内 OLS 和 MLE 回归结果

	(1)	(2)	(3)	(4)
	PBCI	PBCI	grade	grade
gexports	-0.0798***	-0.0707***	-12.99**	-13.35**
	(-7.14)	(-6.03)	(-3.18)	(-3.11)
gimportex	0.103***	0.0936***	17.30**	18.33**
	(6.36)	(5.68)	(3.12)	(3.17)
creditindu	0.00209	0.00224*	0.516	0.627
	(1.88)	(2.05)	(1.67)	(1.91)
gconsumption	0.0177***	0.0163***	3.289*	2.911*
	(3.70)	(3.41)	(2.54)	(2.15)

① Bussiere, Matthieu, Marcel Fratzscher. Towards a New Early Warning System of Financial Crises [J]. Journal of International Money and Finace, 2006 (25): 953 - 973.

续表

	(1) PBCI	(2) PBCI	(3) grade	(4) grade
gfixedassets	0.0180* (2.46)	0.0170* (2.36)	4.970* (2.33)	5.426* (2.50)
CPI	−0.226** (−2.78)	−0.218** (−2.70)	−54.79* (−2.30)	−59.71* (−2.42)
L. PBCI		−0.177* (−2.44)		
L. grade				−0.259** (−2.90)
_cons	−0.000559 (−0.59)	−0.000509 (−0.55)		
cut1 _cons			−0.671* (−2.37)	−1.489*** (−3.72)
cut2 _cons			−0.00361 (−0.01)	−0.804* (−2.05)
cut3 _cons			0.644* (2.28)	−0.149 (−0.38)
cut4 _cons			1.476*** (4.86)	0.715 (1.79)
cut5 _cons			2.546*** (7.04)	1.844*** (4.27)
N	144	143	144	143
F/LR	F = 15.03***	F = 14.22***	LR = 33.01***	LR = 41.73***
R^2	0.3969	0.4244	0.0658	0.0836

注：t statistics in parentheses, * $p<0.05$, ** $p<0.01$, *** $p<0.001$。

根据表5-22可知，本书所检验选取的主要预警变量无论是基于多元线性回归模型的普通最小二乘回归如表5-22第（1）列和第（2）列回归结果，还是基于排序概率预警模型的第（3）列与第（4）列回归结果，基本上都比较显著，其中第（4）列动态排序概率预警模型的整体显著性与方程拟合效果最好，也是本书的主要预警模型。从第（2）列与第（4）列回归结果，我们可以明显发现滞后一项的风险压力指数对当期会产生显著影响，其他各预警解释变量的经济影响意义前文已经作了解释，这里不再重复。

根据第（4）列模型的回归结果，本书对2016年1月至2016年12月共计未来12个月的风险压力等级程度结果进行了概率模型预测，其预测发生的概率结果如表5-23所示。

表5-23　基于Ologit概率预警模型对浙江省域未来12个月金融风险压力程度概率预测结果

大类区制	无警警度		轻警警度		中警警度	
严格区制	无警A	无警B	轻警A	轻警B	中警A	中警B
切点区间	(-∞，-1.489)	[-1.489，-0.804)	[-0.804，-0.149)	[-0.149，0.715)	[0.715，1.844)	[1.844，∞)
2016-01	50.98%	16.37%	12.53%	10.52%	6.28%	3.32%
2016-02	33.59%	16.49%	15.81%	16.20%	11.32%	6.59%
2016-03	14.96%	10.91%	14.32%	21.26%	21.68%	16.86%
2016-04	32.07%	16.29%	15.96%	16.73%	11.92%	7.03%
2016-05	9.13%	7.49%	11.11%	19.93%	26.13%	26.20%
2016-06	19.54%	12.97%	15.61%	20.64%	18.43%	12.81%
2016-07	40.95%	16.96%	14.68%	13.68%	8.84%	4.89%
2016-08	23.59%	14.39%	16.13%	19.56%	15.97%	10.36%
2016-09	34.20%	16.57%	15.73%	15.99%	11.09%	6.42%
2016-10	11.96%	9.27%	12.93%	21.02%	24.02%	20.81%
2016-11	16.07%	11.46%	14.71%	21.20%	20.85%	15.71%
2016-12	19.51%	12.96%	15.60%	20.64%	18.46%	12.84%

通过以上概率预测结果，并与2016年1月至2016年12月的实际金融风险压力等级进行对比统计，并得出上述模型在未来12个月的预测准确度情况，如表5-24所示。

表 5－24　基于 Ologit 动态概率预警模型的未来 12 个月预警准确度分析

预警范围	严格区制预警	大类区制预警
样本数量	12 个月	
准确信号数量	3 个月	6 个月
预警准确度	25.00%	50.00%

从表 5－24 可以得知，严格区制预警准确度仅为 25%，虽然准确度较低，但相比国外成熟的预警模型的预测准确度，这一预警结果已经在可以接受的范围内。从大类区制预警结果来分析，其预警的准确度为 50%，已经明显好于预期的预测结果，这一结果也明确优于国外经典预警模型的预测准确度。下面直接给出浙江省域金融风险压力指数的实际风险等级与本预警模型的预测结果，如表 5－25 所示。

表 5－25　基于 Ologit 动态概率预警模型的浙江省域 2016 年 12 个月的实际与预测风险等级对比

月份	2016－01	2016－02	2016－03	2016－04	2016－05	2016－06
PBCI＊100	1.238	－0.167	－0.095	－0.884	－0.314	0.002
实际风险等级	中警 B	无警 B	无警 B	无警 A	无警 A	轻警 A
预测风险等级	无警 A	无警 A	中警 A	无警 A	中警 B	轻警 B
月份	2016－07	2016－08	2016－09	2016－10	2016－11	2016－12
PBCI＊100	0.043	－0.375	－0.267	0.391	－0.580	0.379
实际风险等级	轻警 A	无警 A	无警 B	轻警 B	无警 A	轻警 B
预测风险等级	无警 A	无警 A	无警 A	中警 A	轻警 B	轻警 B

第6章　新常态下中国省域金融风险监管路径

及时有效地防范控制省域金融风险，以维护省域经济金融系统健康平稳的运行发展，在金融开放时代条件下显得尤为重要。当前随着我国金融市场深入扩大对外开放，包括放宽境外投资者对证券、基金、保险公司等持股比例的限制，取消对中资银行和金融资产管理公司的持股比例限制，并深入利率市场化改革和汇率形成机制改革，逐步放松资本项目管制等，将会对我国外汇市场和国内省域金融市场形成较大的风险冲击。在金融市场扩大开放环境的背景下，如何在识别我国省域内外源金融风险传导效应，并对省域系统金融风险进行科学定量监测的基础上，探讨省域金融风险监管防控机制路径是学术界与政府监管部门所关心的共同话题。《“十三五”规划纲要》明确指出要“防止发生系统性、区域性金融风险”。十九大报告提出防范重大风险是全面建成小康社会决胜期三大攻坚战的首要任务，而防范重大风险的重点是防范金融风险，这也是金融工作的根本任务。2008年国际金融危机发生后，美国、英国、法国、欧盟等都进行了一系列金融监管改革，以增强本国金融系统抵抗国际金融风险冲击威胁的能力，而中国在国际金融危机之后也进行了一些重要改革，其中一大重要举措就是于2007年11月成立了金融稳定发展委员会来协调传统的“一行三会”机构监管模式存在的弊端，以加强金融监管协调能力，补齐监管短板。本书立足于我国从中央到地方的集分权监管体制国情和“一委一行三会”的金融监管体制构架安排（2018年3月13日国务院公布了机构改革方案，将原来的银监会与保监会合并，由原来的“一行三会”变成“一行两会”，但考虑到新成立的“中国银行保险监督管理委员会”主要是由原来的中国银监会与中国保监会进行了职责整合，依然行使着原来银行业与保险业的监管职能，本书为了方便分类说明问题，为了与省域“一委一行三局”垂直管理相对应，也为了与一贯传统相衔接，方便读者理解，依然按原来的“一委一行三会”金融监管体制安排来分类分析），对我国中央层面的“一委一行三会”监管模式和地方省域“一办一行三局”的监管模式进行了详细的介绍和特点分析，并在对国际上金融风险监管模式和欧美主要国家金融监管改革实践经验进行介绍和总结的基础上，提出了新时期适合我国国情的省域金融风险监管模式，并对浙江省域金融风险应急监管模式路径和当前及今后一段时期的监管对策进行了深入探讨。

6.1　中国省域与国家总体金融风险协调监管机制分析

6.1.1　中央金融风险监管的“一委一行三会”权力构架安排

中央于 2017 年 7 月 14 日至 15 日在北京召开的全国金融工作会议上宣布将设立国务院金融稳定发展委员会，旨在加强金融监管协调、补齐监管短板。2017 年 11 月，经党中央、国务院批准，国务院金融稳定发展委员会成立，并召开了第一次全体会议，学习贯彻党的十九大精神，研究部署相关工作。至此，我国中央层面对全国金融风险监管负有直接监管权力和责任的“一委一行三会”的直接权力构架正式形成。其中“一委”是指国务院金融稳定发展委员会，“一行”是指中国人民银行，“三会”是指中国银监会、证监会和保监会。其中“一行三会”一直以来履行着我国金融业分业监管的职能，而新近成立的金融稳定发展委员会主要是仿照自 2008 年国际金融危机发生以来，国际上主要发达国家为加强对本国系统性金融风险的监管所改革设立的相关系统协调性综合监管机构，以应对本国横跨各个领域的系统性金融风险的发生、蔓延和深化。同时对于近些年来影子银行的出现、互联网金融风险以及金融市场主体混业多元化经营趋势等传统监管机构之间存在的监管真空问题，传统分业监管下各机构之间权力交叉、利益冲突问题，以及监管滞后、监管套利等重要问题急需进行相应弥补协调。我国设立金融稳定发展委员会的主要目的是：强化人民银行宏观审慎管理和系统性金融风险防范职责，强化金融监管部门监管职责，确保我国金融安全与稳定发展，可以概括为加强监管与协调，补齐风险监管短板。从金融稳定发展委员会的权力定位来分析，作为国务院直属权力机构，由国务院副总理、国务委员马凯兼任委员会主任，并且能够统筹协调其他三个正部级单位的监管协调工作，显然金融稳定发展委员会的权力要凌驾于传统的“一行三会”的监管权力之上，是直属于国务院直接领导的副国级单位。而传统的“一行三会”（即现在的“一行两会”）则都属于国务院直接领导的正部级单位，其中中国人民银行是国务院 26 个组成部门之一，而中国银监会、证监会和保监会则是国务院直属的事业单位，分别履行着各自领域的金融风险分业监管职能。因此，我国中央层面的负有直接金融风险监管职责的“一委一行三会”的构架如图6－1所示。

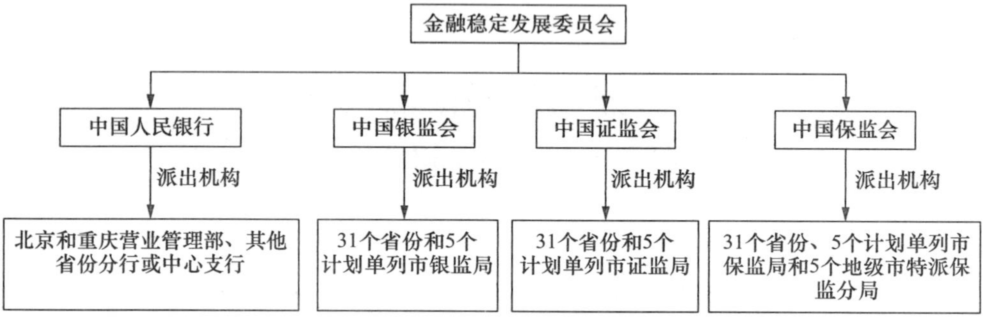

图6－1　中国中央层面金融风险监管的“一委一行三会”构架体制安排

首先是金融稳定发展委员会。金融稳定发展委员会作为在中央层面设立的专门针对我国金融风险监管的最高权力机构，其主要职责体现在：①落实党中央、国务院关于金融工作的决策部署；②审议金融业改革发展重大规划；③统筹金融改革发展与监管，协调货币政策与金融监管相关事项，统筹协调金融监管重大事项，协调金融政策与相关财政政策、产业政策等；④分析研判国际国内金融形势，做好国际金融风险应对，研究系统性金融风险防范处置和维护金融稳定重大政策；⑤指导地方金融改革发展与监管，对金融管理部门和地方政府进行业务监督和履职问责等。

从以上职责可以明确得知，国务院金融稳定发展委员会的主要职责体现在：落实、研判、规划发展、监管协调与问责、指导地方。因此，金融稳定发展委员会在某种程度上是我国金融系统监管的总管家与总智囊，在防范应对影响全国金融系统风险方面具有重要的作用。因此，在今后时期，“一行两会”（即传统的“一行三会”）在我国金融风险监管领域更多的是执行角度。

其次是中国人民银行。中国人民银行作为我国的中央银行，是国务院的26个组成部委之一，而且是正部级单位，一直以来作为我国制定与执行货币政策、代理国库干预外汇市场、对全国金融风险进行审慎监管的权力机关，对维护全国系统性和区域性金融安全稳定起到了重要的作用。从其机构归属、职能权力和对全国经济与金融系统安全的影响分析，中国人民银行的地位要高于“三会”的地位，因此排在第二位。中国人民银行的主要职责如下：

（1）拟定金融业改革和发展战略规划，承担综合研究并协调解决金融运行中的重大问题、促进金融业协调健康发展的责任，参与评估重大金融并购活动对国家金融安全的影响并提出政策建议，促进金融业有序开放；

（2）起草有关法律和行政法规草案，完善有关金融机构运行规则，发布与履行职责有关的命令和规章；

（3）依法制定和执行货币政策；制定和实施宏观信贷指导政策；

（4）完善金融宏观调控体系，负责防范、化解系统性金融风险，维护国家金融稳定与安全；

（5）负责制定和实施人民币汇率政策，不断完善汇率形成机制，维护国际收支平衡，实施外汇管理，负责对国际金融市场的跟踪监测和风险预警，监测和管理跨境资本流动，持有、管理和经营国家外汇储备和黄金储备；

（6）监督管理银行间同业拆借市场、银行间债券市场、银行间票据市场、银行间外汇市场和黄金市场及上述市场的有关衍生产品交易；

（7）负责会同金融监管部门制定金融控股公司的监管规则和交叉性金融业务的标准、规范，负责金融控股公司和交叉性金融工具的监测；

（8）承担最后贷款人的责任，负责对因化解金融风险而使用中央银行资金机构的行为进行检查监督；

（9）制定和组织实施金融业综合统计制度，负责数据汇总和宏观经济分析与预测，统一编制全国金融统计数据、报表，并按国家有关规定予以公布；

（10）组织制定金融业信息化发展规划，负责金融标准化的组织管理协调工作，指导金融业信息安全工作；

（11）发行人民币，管理人民币流通；

（12）制定全国支付体系发展规划，统筹协调全国支付体系建设，会同有关部门制定支付结算规则，负责全国支付、清算系统的正常运行；

（13）经理国库；

（14）承担全国反洗钱工作的组织协调和监督管理的责任，负责涉嫌洗钱及恐怖活动的资金监测；

（15）管理征信业，推动建立社会信用体系；

（16）从事与中国人民银行业务有关的国际金融活动；

（17）按照有关规定从事金融业务活动；

（18）承办国务院交办的其他事项。

与此同时，2018年两会期间新的机构改革方案规定，原来由中国银监会和保监会拟订银行业、保险业重要法律法规草案和审慎监管基本制度的职责划入中国人民银行。

从以上中国人民银行的职责可发现，其中有些职责权力已经划归到金融稳定发展委员会，如第（1）条等。其他大部分职责都是作为一国央行的传统主要职能，如制定与发行货币，实行信贷窗口指导；制定和实行人民币汇率政策，干预外汇市场，维护国际收支平衡；发行人民币，经营国库，管理全国外汇储备；负责统筹监管全国支付清算系统正常运行；充当银行系统最后贷款人角色；代表中国政府参与和央行相关的国际活动等。可以说即使现在成立了金融稳定发展委员会并且权力凌驾于中国人民银行之上，但作为中国的央行，其对全国经济与金融系统的安全稳定依然起着极其重要的作用。

从中国人民银行的内部机构部门安排来看，主要包括内设机构部门、直属机构和地方派出机构，其中内设机构是中国人民银行的直接机关组成部门，共25个，其中负责直接职能部门的司局级有18个，分别负责中国人民银行主要职责权限范围的不同职责领域，如表6－1所示。

表6－1　中国人民银行的机构部门设置

内设机构	直属机构	派出机构
办公室（党委办公室）、条法司、货币政策司、货币政策二司、金融市场司、金融稳定局、调查统计司、会计财务司、支付结算司、科技司、货币金银局、国库局、国际司（港澳台办公室）、内审司、人事司（党委组织部）、研究局、征信管理局、反洗钱局（保卫局）、金融消费权益保护局、党委宣传部（党委群工部）、机关党委、离退休干部局、参事室、工会、团委	中国人民银行机关服务中心、中国人民银行集中采购中心、中国反洗钱监测分析中心、中国人民银行征信中心、中国外汇交易中心（全国银行间同业拆借中心）、中国金融出版社、金融时报社、中国人民银行清算总中心、中国印钞造币总公司、中国金币总公司、中国金融电子化公司、中国人民银行党校、中国金融培训中心、中国人民银行郑州培训学院、中国钱币博物馆、中国人民银行金融信息中心	北京营业管理部、重庆营业管理部； 大区所在省会城市派出分行（上海、天津、沈阳、南京、济南、武汉、广州、成都、西安）； 其他一般省会城市派出中心支行（石家庄、太原、呼和浩特、长春、哈尔滨、杭州、福州、合肥、郑州、长沙、南昌、南宁、海口、昆明、贵阳、拉萨、兰州、西宁、银川、乌鲁木齐）； 重要副省级计划单列市单独派出中心支行（深圳、大连、青岛、宁波、厦门）

从中国人民银行的权力运行机制来看，中国人民银行作为政府行政部门，决策机制是行政部门通常采用的由上至下的金字塔模式，实行行长负责制，并且某些如年度货币供应量、利率、汇率和国务院规定的其他重要事项必须报请国务院核准。目前实行的是1名正行长和4名副行长分管不同领域部门工作，同时配1名行长助理。中国人民银行行长由总理提名，全国人民代表大会决定，中国人民银行的副行长则直接由政府总理任命，因此国务院在中国人民银行的领导层人事任免上有着很大的影响力。

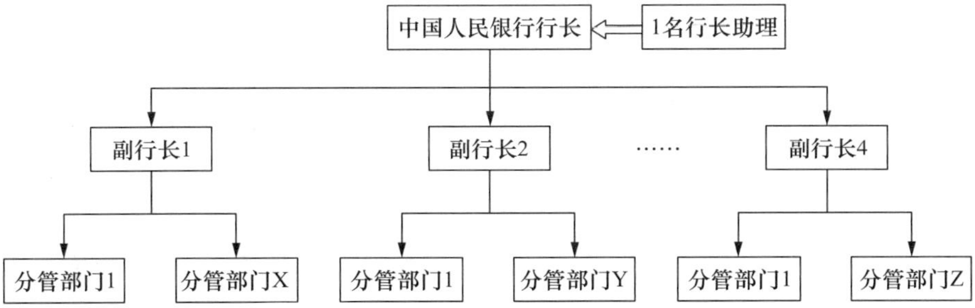

图6-2 中国人民银行领导权力决策机制

再次是中国银行业监督管理委员会（简称“银监会”）。中国银监会作为传统“三会”之一，成立于2003年，是国务院直属的正部级事业单位，接管了中国人民银行原有的银行监管职能，在国务院的授权下统一监督和管理银行、信托投资公司、金融资产公司以及其他存款类金融机构，保证该行业稳健运行。中国银监会（即现在新合并的“银保监会”）在某种程度上可以说是“三会”之首，因为在中国金融市场的主体当中，银行业占据绝对优势的市场份额，不论是银行业金融机构总资产规模、净资产规模、从业人员数还是分支机构数量，因此就目前而言中国金融市场的风险主体主要体现在银行业（如2016年末中国银行业资产占金融业总资产的比重为81%，中央银行资产占比为12%，证券业资产占比为1.56%，保险业资产占比为5.28%），而银行业不会出现大的风险问题，中国金融系统难以出现大的风险问题。当然，随着我国金融市场化开放程度的提高，证券业与保险业在近10多年来快速发展，三者之间的市场差距将会不断缩小，但就未来5~10年这种状况难以发生根本性的变化。而作为专门负责监管我国银行业的中国银监会在“三会”当中的监管职能就变得很重要，尤其是随着我国大型银行机构在传统存贷款业务面临来自影子银行、互联网金融的竞争、中间业务所占的比重不断上升的背景下，给银监会带来的监管压力也更大。

以下是中国银监会的主要职责：

（1）依照法律、行政法规制定并发布对银行业金融机构及其业务活动监督管理的规章、规则；

（2）依照法律、行政法规规定的条件和程序，审查批准银行业金融机构的设立、变更、终止以及业务范围；

（3）对银行业金融机构的董事和高级管理人员实行任职资格管理；

（4）依照法律、行政法规制定银行业金融机构的审慎经营规则；

（5）对银行业金融机构的业务活动及其风险状况进行非现场监管，建立银行业金融机构监督管理信息系统，分析、评价银行业金融机构的风险状况；

（6）对银行业金融机构的业务活动及其风险状况进行现场检查，制定现场检查程序，规范现场检查行为；

（7）对银行业金融机构实行并表监督管理；

（8）会同有关部门建立银行业突发事件处置制度，制定银行业突发事件处置预案，明确处置机构和人员及其职责、处置措施和处置程序，及时、有效地处置银行业突发事件；

（9）负责统一编制全国银行业金融机构的统计数据、报表，并按照国家有关规定予以公布；对银行业自律组织的活动进行指导和监督；

（10）开展与银行业监督管理有关的国际交流、合作活动；

（11）对已经或者可能发生信用危机，严重影响存款人和其他客户合法权益的银行业金融机构实行接管或者促成机构重组；

（12）对有违法经营、经营管理不善等情形的银行业金融机构予以撤销；

（13）对涉嫌金融违法的银行业金融机构及其工作人员以及关联行为人的账户予以查询；对涉嫌转移或者隐匿违法资金的申请司法机关予以冻结；

（14）对擅自设立银行业金融机构或非法从事银行业金融机构业务活动予以取缔；

（15）负责国有重点银行业金融机构监事会的日常管理工作；

（16）承办国务院交办的其他事项。

从银监会的职责我们可以得知，银监会的主要职责包括：制定银行业规章制度，制定银行类机构审慎监管规则，对银行类金融机构实施非现场监管与现场监管，制定银行类机构突发事件处理预案并有效处置突发事件，统一编制全国银行业统计数据并对外公布，开展与银行业监督相关的国际交流活动等。其中对银行业法律法规的草案制定权和审慎监管相关制度权限现已划入央行职权范围。

从中国银监会的内部机构部门安排来看，中国银监会系统在全国有四级组织机构，其中银监会机关在北京市金融街，内设 27 个部门。同时，银监会在 31 个省（自治区、直辖市）的省会城市以及大连、宁波、厦门、青岛、深圳 5 个计划单列市设有 36 家银监局，在全国 306 个地区（地级市、自治州、盟）设有银监分局，在全国 1730 个县（县级市、自治县、旗、自治旗）设有监管办事处，基本覆盖了全国各层级行政区域，全系统参照《中华人民共和国公务员法》管理。

表6-2 中国银监会的机构部门设置

内设机构	直属机构	派出机构
办公厅、政策研究局、审慎规制局、现场检查局、法规部、普惠金融部、信科部、创新部、消保局、政策银行部、大型银行部、股份制银行部、城市银行部、农村金融部、外资银行部、信托部、非银部、处非办、财会部、国际部、监察局、人事部、宣传部、机关党委、党校、系统工会、中央金融团工委（系统团委）	中国银监会设机关服务中心 中国农村金融杂志社	省级层面： 在全国31个省级行政区域设立银监局； 在大连、宁波、厦门、青岛、深圳5个副省级计划单列市银行监管局

资料来源：根据中国银监会网站信息搜集整理。

银监会主要内设机构的职能权限范围如表6-3所示。

表6-3 中国银监会主要内设机构的职能权限范围

银行监管一部	监管对象为大型商业银行。审核相关机构的设立、变更、退出，授权业务经营权，设定业务范围；负责对相关金融企业的现场和非现场稽查任务；制定监管规章条例；审查高级管理人员任职资格；处罚违法违规行为；监测金融机构关于经营状况和风险控制等指标
银行监管二部	监管对象为股份制商业银行、城市商业银行和城市信用社，职能同上
银行监管三部	监管对象为外资银行的监管工作，职能同上
银行监管四部	监管对象为政策性银行及国家开发银行、邮政储蓄银行和金融资产管理公司，职能同上
非银行金融机构监管部	监管对象为非银行金融机构，职能同上
合作金融机构监管部	监管对象为农村存款类合作金融机构、新型农村金融机构，职能同上
创新监管部	负责制定创新审慎监管标准，制定创新监管流程，制定创新业务规则
融资担保部	组织和协调有关部门解决融资担保业务的发展、监管等问题；拟定融资性担保业务监督管理制度；指导地方人民政府对融资性担保业务进行监管和风险处置
国际部	负责与国际同行的交流合作事务；负责银监会外事管理工作
案件稽查局	负责拟定银行业金融机构违法违规案件调查的规则；组织、协调、指导银行业金融机构违法违规案件的调查

续表

法规部	负责起草银行业有关法律法规的草案；拟定银行业监管的规章制度办法；负责对银行业法律法规进行解释；负责应对行政应诉和行政复议工作
研究局	负责银行业监管、银行改革发展、国际国内的宏观经济形势等问题的调查研究
统计部	负责数据收集统计以及向中国人民银行上报
处置办	制定修订非法集资问题的相关政策法规；处置非法集资类型案件等

资料来源：根据银监会网站信息整理。

从中国银监会的权力运行机制来分析：第一，从领导权力运行机制来看，由于银监会是政府行政机构，所以采取的是传统的金字塔式的垂直行政领导机制，主席拥有对决议的最终决定权，数名副主席分管若干部门，并对主席负责，指令由上至下层层传达。同时，我国的银（保）监会是政府行政机构，其唯一的权力来源就是国务院，法律也明确规定了银（保）监会在国务院的授权下行使金融监管职能，领导任命权自然也都在国务院手中，另外银监会和保监会的领导层主要是金融系统专业人士，更主要的是来自人民银行系统（夏梦，2013）①，如图 6－3 所示。第二，从银监会的监管权力分析，银监会和保监会不仅拥有银行业法律法规草案的起草权（现已划入央行职权范围），而且还拥有银行业监管规章制度的制定权。第三，从行政审查与处罚的权力分析（监管机构对被监管企业两项很重要的权力就是监管稽查权和处罚判决权，监管机构先通过现场稽查和非现场稽查的方式对企业进行日常的监管检查，如果发现企业有违反法律法规的行为，再在调查结果的基础上对企业进行处罚），对于中国银监会，这两项权力是不分家的，从两个方面可以看出：其一，从银监会下设监管部门的职能权限可以看出，比如负责监管大型商业银行的银行监管一部其职能就包括现场稽查和非现场稽查的权限、审批设立的权限、设定业务范围的权限、处罚违规行为的权限，也就是说监管稽查权和处罚权皆为该部门掌握，负责其他类型商业银行和保险公司监管的分管部门的职能也是如此设置；其二，银监会和保监会整体的领导决策机制是由上至下的垂直领导体系，因此同时拥有监管稽查权和处罚权的具体分管部门必将听命于主席和分管副主席，而重大事项往往是主席最终拍板决定，所以可以认为银监会的主席同时掌握了这两项权力。而对于银监会的下属职能部门，则拥有与其职能监管范围相对应的上述三项重要权力，即审核机构成立或者变更及设定业务范围的权力、现场稽查和非现场稽查的权力和处罚判决的权力，这三

① 夏梦．国家经济安全视野下的中法金融监管体制的比较研究［D］．中国人民大学博士学位论文，2013.

项权力是由一个下设职能部门集中掌握，但是往往只针对一个特定的监管群体，比如银行监管一部掌握了监管大型商业银行这一特定群体的全部三项权力。

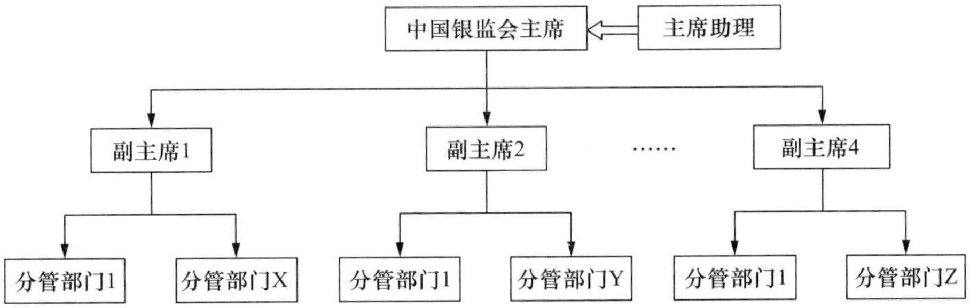

图6-3　中国银监会领导权力决策机制

又次是中国证券业监督管理委员会（简称“证监会”）。中国证监会作为中国传统的“三会”之一，该机构成立于1992年10月，同时成立的还有国务院证券委员会；1995年3月，国务院批准《中国证券监督管理委员会机构编制方案》，确认证监会是国务院直属副部级事业单位，是国务院证券委的执行机构，对中国证券期货市场进行监管；1998年，国务院证券委员会被并入中国证券监督管理委员会，证监会成为国务院直属正部级事业单位，其依照法律、法规和国务院授权，统一监督管理全国证券期货市场，维护证券期货市场秩序，保障其合法运行。其监管的范围包括证券市场上的金融机构与上市公司、各类证券投融资金融工具等，在我国应对防范金融系统风险和维护我国多层次资本市场的健康完善方面起到了非常重要的作用。

根据我国证监会的职责条款，我们可以概括为四类：第一类是对证券市场相关法规和监管规则的制定，包括制定证券期货市场的相关法律法规和证券期货市场监管的相关规章办法，垂直领导全国的证券监管机构，以便对全国实施监管。第二类是监管境内证券市场投融资标的产品（或投融资工具）在证券市场从进入到退出的整个过程活动，如股票、债券、基金、各种金融衍生产品的发行上市、交易、托管、结算等活动。第三类是监管证券市场的各种金融机构和上市公司的金融市场活动，包括对相关机构的审核成立及设定经营业务范围的权力等，可大体划分为四小类：其一是证券期货市场的中介服务机构，有证券公司、期货公司及其他证券服务类机构，比如投资咨询机构、财务顾问机构、资信评级机构、资产评估机构、会计师事务所、律师事务所等；其二是证券期货市场的基础设施，有证券交易所、证券登记结算机构、期货交易所、期货结算所等；其三是机构投资者，主体为证券投资基金，还有合格境外机构投资者（QFII）；其四是境内外上市的中国公司。第四类是履行自身的职能义务活动，如对证券市场上的信息传播活动及其统计活动进行收集、统计整理和监管，并代表中国参与和证券监管相关的国际活动。从以上中国证监会的职能可以看出，随着我国经济社会的发展，多层次资本市场的不断建立和发展，各种投融资活动越来越活跃，尤其是各类金融衍生工具层出不穷和日益复杂化，中国证监会对促进我国资本市场的持续健康发展和防范化解金融市场上的各种金融风险，起到越来越重要的作用。

从中国证监会的内部机构构成和具体职能来看，主要包括20个内部组成部门和36个驻地方派出机构，其中20个内设机构包括办公厅、发行部、非公部、市场部、机构部、上市部、期货部、稽查局、法律部、行政处罚委、会计部、国际部、投保局、债券部、私募部、打非局、内审部、人教部、党委宣传部、机关党委。36个派出机构包括中国31个省份的驻省证监局和深圳、大连、宁波、厦门、青岛5个计划单列市的单独驻市证监局。其中主要内设机构的具体职能权限范围如表6－4所示。

表6－4　中国证监会主要内设机构的职能权限范围

部门	主要职能对象	主要权限
发行监管部	上市公司在境内发行股票及债券事宜	规章制定、审核批准、日常监管
非上市公众公司监管部	股份有限公司公开发行不上市股票	规章制定、发行审核、日常监管
创业板部	创业板发行证券	规章制定、发行审核、日常监管等
上市公司监管部	上市公司及其领导层的证券活动、信息披露	规章制定、日常监管等
市场监管部	证券交易所等证券市场基础设施、证券交易所的上市品种	规章制定、审核成立及产品上市发行批准、日常监管
机构监管部	证券中介服务机构：证券公司、证券投资咨询机构、证券资信评级机构等	规章制定、审核机构成立及设定业务范围、审核从业人员资格、监管公司日常活动
期货监管一部	期货市场基础设施（期货交易所）、上市期货品种	规章制定、审核机构成立及上市期货产品、日常监管
期货监管二部	期货中介服务机构：期货公司、投资咨询机构、中间介绍商、商业银行期货中介业务等	规章制定、审核机构成立及设定业务范围、审核从业人员资格、监管公司日常活动

续表

部门	主要职能对象	主要权限
基金监管部	证券投资基金、合格境外投资者、基金管理公司、基金托管机构	规章制定、审核机构成立及设定业务范围、审核从业人员资格、监管公司日常活动
会计部	证监会内部机构；会计师事务所、资产评估机构及其成员	负责证监会内部的财务审计工作；对会计师事务所、资产评估机构从事证券服务的审批
国际合作部	外事工作、境外发行股票及债券、境外上市公司	规章制定、发行审核、日常监管、外事管理
法律部	法律及规章	拟定证券期货市场的法律、法规、规章及其实施细则，审核会内各部门草拟的规章
稽查局以及稽查总队	违法违规行为	立案调查
投资者保护局	证券市场中的投资者	建立健全投资者保护相关法规政策、统筹完善投资者保护体制机制，侵害权益的救济及国内外交流与合作等
行政处罚委员会及其办公室	违法违规行为	处罚判决
股票发行委员会	股票发行申请	审核证券服务机构及相关人员出具的相关申请材料及意见书，审核有关职能部门出具的初审报告等并提出审核意见

资料来源：根据证监会网站内容整理。

从中国证监会的权力运行机制来分析：首先，从证监会自身的内部权力运行机制来看，证监会完全在国务院的授权下展开工作，是直属国务院的正部级事业单位。证监会正如中国其他政府行政部门一样，采取自上而下的垂直行政领导机制，即政府行政部门通常的“首长负责制”。其次，从其监管权力来看，证监会不仅负责对金融中介服务机构（证券公司、期货公司及其他证券服务类机构）、金融市场基础设施（证券交易所、证券登记结算机构、期货交易所等）以及机构投资者在金融市场上的业务经营，也负责这些机构的审慎监管。证监会拥有对被监管机构的全部监管权：市场行为监督权、审慎监管权、审批核准权以及规章制定权。最后，从行政处罚权来看，证监会要比银监会和保监会的分离程度高，银监会和保监会基本上由各个下属职能部门统一掌握现场和非现场调查权和行政处罚判决两项权力，而证监会是查与处分离，负责立案调查的部门为稽查局（首席稽查办公室）、稽查总队①以及派出机构的稽查力量，专门审理判决的部门为行政处罚委员会及其办公室，行政处罚委员会专门负责审理案件并给出行政处罚决定。但不同于西方的分权制衡机制，证监会的行政处罚委员会是对证监会主席负责的下属职能部门，同时负责立案调查的稽查局以及稽查总队也是对证监会主席负责的下属职能部门，所以证监会的立案稽查权和审理判决权虽然由不同的下属部门掌握，但是在主席这个层面上是没有分离的。

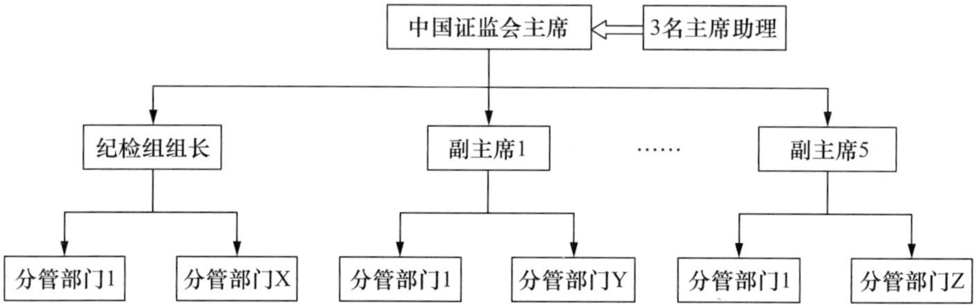

图 6－4 中国证监会领导权力决策机制

最后是中国保险业监督管理委员会（简称“保监会”）。中国保险业监督管理委员会作为传统的“三会”之一，于 1998 年成立，是国务院直属的正部级事业单位，根据国务院授权统一监督和管理全国商业保险市场，依法监管全国保险市场，维护保险业的稳健运行。

我国保监会的具体职责条款可以大体分为四大类：第一类是起草拟定保险行业的法律法规并制定保险行业的监管规则（现已划入央行职权范围）；第二类是对保险行业中各类金融机构主体的成立、分立、合并、变更、解散及破产清算等进行审批监管等，对各类保险机构的偿付能力和市场行为、赔付保证金以及其资产运作等进行监管；第三类是对保险行业的各金融机构推出的保险险种的保险条款和保费率等进行备案监管管理；第四类是履行保监会的职能义务，如对保险行业进行形势判断并进行风险预警分析，统一编制全国保险业相关数据报表等。

从中国保监会的内部机构构成和具体职能来看，中国保险监督管理委员会内设 16 个职能机构和 2 个事业单位，并在全国各省、自治区、直辖市、计划单列

① 根据中央编办批复，2007 年 11 月组建中国证监会稽查总队。稽查总队主要职责为：承办证券期货市场重大、紧急、跨区域案件，以及上级批办的其他案件。

市设有36个保监局，在苏州、烟台、汕头、温州、唐山市设有5个保监分局。其中内设机构包括：办公厅（党委办公室）、发展改革部、政策研究室、财务会计部（偿付能力监管部）、保险消费者权益保护局、财税保险监管部（再保险监管部）、人身保险监管部、保险中介监管部、保险资金运用监管部、国际部（港澳台办公室）、法规部、统计信息部、稽查局、人事教育部（党委组织部）、监察局（纪委）、党委宣传部（党委统战群工作）。2个事业单位中心指培训中心和机关服务中心。其主要内设机构的职责权限范围如表6－5所示。

表6－5　保监会主要内设机构的职责权限范围

内设主要监管机构	主要职责
法规部	拟定有关保险监管规章制度；起草有关法律和行政法规，提出制定或修改的建议；审核会机关各部门草拟的监管规章；监督、协调有关法律法规的执行；开展保险法律咨询服务，组织法制教育和宣传；承办行政复议和行政应诉工作
发展改革部	拟定保险业的行业发展规划以及保险监管等政策；对公司的重组、改制、上市等活动进行监管指导，规范保险公司的法人治理结构和股权结构；归口管理中资保险法人机构、保险资产管理公司等的市场准入和退出
偿付能力监管部（财务会计部）	负责保监会系统的财务预算决算及收支等财务管理活动；拟定保险监管和保险企业会计管理实施办法；制定监管保险公司偿付能力的指标体系
保险资金运用监管部	负责对保险资金运用进行监管。审批保险资金运用机构的市场准入和授权经营范围；处罚违反法律法规的行为；审查高级管理人员任职资格；拟定相关监管规章制度；建立保险资金运用的风险评价、监测和预警体系；负责保险保障基金的征收与管理
财产保险监管部（再保险监管部）	负责对再保险公司和财产保险公司进行监管。审核保险公司的设立、变更、终止及业务范围；监控保险公司风险情况和经营状况；处罚违反法律法规行为；拟定监管规章制度和该领域保险精算制度；审核和备案管理保险条款和保险费率；审查高级管理人员任职资格
人身保险监管部	负责对人身保险公司进行监管，职能同上
保险消费者权益保护局	负责保护保险消费者权益等一系列相关工作
国际部（港澳台办公室）	负责与国际同行的交流合作事务；负责中国保险监督管理委员会的外事管理工作；监管境内保险及非保险机构在境外设立的保险机构；审核和管理境外保险机构在境内设立代表处；审核境内保险机构和非保险机构在境外设立保险机构，和境外保险机构在境内设立保险机构及相关变更事宜

续表

内设主要监管机构	主要职责
保险中介监管部	负责对保险中介机构进行监管，审批市场准入和授权经营范围；处罚违法行为；审查高级管理人员的任职资格；制定保险中介从业人员基本资格标准；拟定相关监管规章制度
统计信息部	负责数据收集统计以及向中国人民银行上报
稽查局	负责拟定保险业案件调查的规则；组织、协调、指导保险业案件的调查；同人民银行共同实施反洗钱案件调查；处置保险业非法集资问题

资料来源：根据中国保监会网站资料整理。

从保监会的权力运行机制分析：第一，从领导权力运行机制来看，保监会同银监会一样，是政府行政机构，所以采取的是传统的金字塔式垂直行政领导机制，主席拥有对决议的最终决定权，数名副主席分管若干部门，并对主席负责，指令由上至下层层传达。同时，我国的保监会由于是政府行政机构，其唯一的权力来源就是国务院，法律也明确规定了保监会在国务院的授权下行使金融监管职能，自然领导任命权也都在国务院手中，另外银监会和保监会的领导层主要是金融系统专业人士，主要来自人民银行系统（夏梦，2013）①，如图 6－5 所示。第二，从监管权力分析，保监会不仅拥有保险业法律法规草案的起草权，而且还拥有保险业监管规章制度的制定权。第三，从行政审查与处罚的权力分析，中国保监会和银监会一样，这两项权力是不分家的，从两个方面可以看出：其一，从保监会下设监管部门的职能权限可以看出，比如负责保险中介监管部的职能就包括了现场稽查和非现场稽查的权限、审批设立的权限、设定业务范围的权限、处罚违规行为的权限，也就是说监管稽查权和处罚权皆为该部门掌握，负责类别险种保险机构监管的其他类型分管部门的职能也是如此设置；其二，银监会和保监会整体的领导决策机制都是由上至下的垂直领导体系，因此同时拥有监管稽查权和处罚权的具体分管部门必将听命于主席和分管副主席，而重大事项往往是主席最终拍板决定，所以可以认为保监会的主席同时掌握了这两项权力。而对于保监会的下属职能部门，则拥有与其职能监管范围相对应的上述三项重要权力，即审核机构成立或者变更及设定业务范围的权力、现场稽查和非现场稽查的权力和处罚判决的权力，这三项权力是由一个下设职能部门集中掌握，但是往往只针对一个特定的监管群体，比如财产保险监管部（再保险监管部）的这三项权力完全由该部所掌握。

---

① 夏梦．国家经济安全视野下的中法金融监管体制的比较研究［D］．中国人民大学博士学位论文，2013.

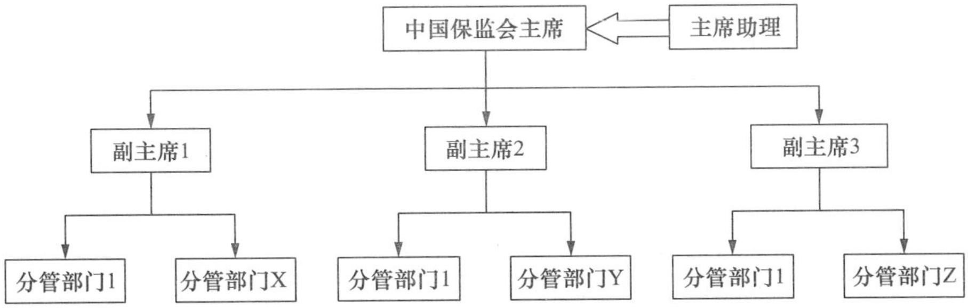

图6-5 中国保监会领导权力决策机制

6.1.2 地方省域金融风险监管的“一办一行三局”权力构架安排

2013年11月党的十八届三中会作出《中共中央关于全面深化改革若干重大问题的决定》，并明确指出“界定中央与地方金融监管职责与风险处置责任”，但在2008年国际金融危机爆发之前，金融业基本上是由中央“一行三会”及在各省域的派出机构进行自上而下的垂直统一监管。2008年国际金融危机之后，国家逐步允许各地政府试点批设地方性金融机构开展业务，由此一大批小型金融机构应运而生，包括小额贷款公司、融资担保公司、典当行等。

2014年8月，《国务院关于界定中央和地方金融监管职责和风险处置责任的意见》进一步明晰地方政府要承担对部分金融活动的监管职责，包括引导和规范民间借贷、新型农村合作金融组织的行为，以防范和打击欺诈、非法集资等行为。2017年7月第五次全国金融工作会议召开，会议指出“地方政府要在坚持金融管理主要是中央事权的前提下，按照中央统一规则，强化属地风险处置责任”，并提出成立“国务院金融稳定发展委员会”，负责指导地方金融改革与监管，对金融管理部门和地方政府进行业务监督和履职问责等。同时，明确地方政府监管的对象包括“7+4”类金融机构，7类金融机构指小额贷款公司、融资担保公司、区域性股权市场、典当行、融资租赁公司、商业保理公司和地方资产管理公司，4类机构指辖区内投资公司、农民专业合作社、社会众筹机构和地方各类交易所。而目前各省城专门负责本省金融风险管理处置的机构主要是各省金融工作办公室（有些省份改称“金融监管局”），以负责对以上“7+4”类地方小型金融监管的准入门槛和金融风险进行监管处置，但中央并未明确确定地方政府对于“7+4”类之外的地方新型金融机构或新兴金融业态的监管权限，容易存在地方金融监管无法可依、监管权力有限、监管能力不足以及监管空白等问题（宁子昂，2018）。

在我国省域层面的金融风险直接监管机构可以概括为“一办一行三局”的监管体制，主要负责监管本省辖区范围内的金融风险发生，防范区域性金融风险蔓延深化，以致集中爆发问题。其中“一办”是指省金融工作办公室，是各省人民政府下属的正厅级行政单位；“一行”是指中国人民银行派出各省的省域分行或中心支行，其中人行上海分行（又称为“上海总部”）为副部级行政机构，而其他30个省份则属于正厅级派出行政单位；人行省域分行或中心支行主要履行中央银行在地方上的相关具体监管职能，并与“三局”一起共同监管防范地区金融风险以维护地区金融稳定，同时还肩负着国家外汇管理局在地方上的相关外汇、外债和国际收支业务职能。“三局”是指中国银监会、证监会和保监会派出各省域的省域监管局，其中直接派出省域的银监局为正厅级事业单位（如中国银监会浙江监管局），而直接派出深圳、青岛、厦门、宁波、大连的监管局为副厅级事业单位。三局之间履行分业多头监管职能，并与人行省域分行或中心支行一起共同防范化解地区金融风险，维护本地区的金融稳定。“一办一行三局”的省域金融系统监管权力构架安排如图6－6所示。下面逐一介绍各省域金融监管机构，以对我国省域金融风险的监管与改进方式有更加深入的了解。

第一是各省人民政府金融工作办公室（简称“省金融办”）。省金融办是直属于省级人民政府领导的正厅级行政单位。省金融办主要负责全省金融协调监管与金融风险防范化解，谋求金融支持实体经济建设和推动地方金融机构改革创新等任务，以浙江省为例，根据浙江省金融办的具体金融职能条款，省金融办的主要职能大体可分为四类：一是落实中央金融业的改革发展政策与金融监管的相关法规制度，并同时研究本省的金融业发展规划与面临的重大问题等；二是协调与中央派驻省域的金融监管机构之间的沟通联系，包括中国人民银行驻省分行或中心运行、驻省银监局、证监局和保监局，并在本省的政府、银行和企业等之间搭建相关的合作平台机制；三是为本省实体经济的发展谋求更多金融资源的支持，并推动本省金融市场体系和金融聚集区建设，防范化解本省的金融风险；四是推进本省银行类和非银行类金融机构的改革发展创新等工作。

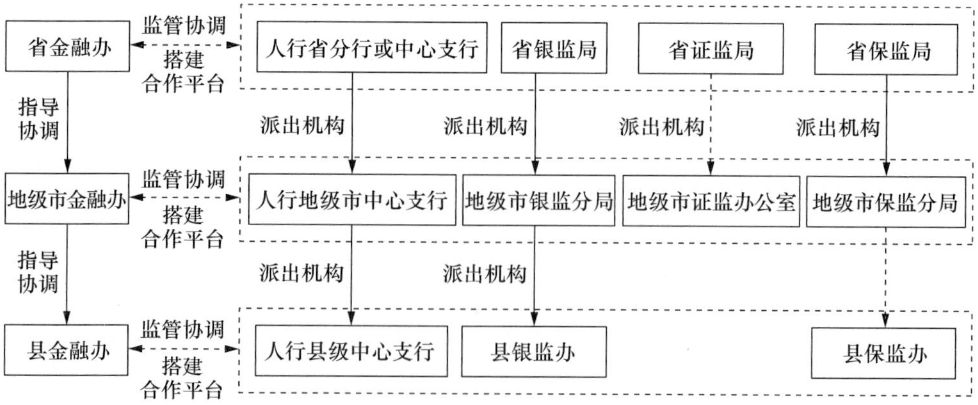

图6－6　中国省域层面金融风险监管的“一办一行三会”构架体制安排

从省金融办的内部机构设置和具体职能上，省金融办内设 8 个职能部门，其中主要职能部门包括综合管理处、金融发展处、证券期货处、地方金融处、非银行市场处、小额贷款公司管理处等，各处的具体监管职能如表 6 –6 所示。

表 6 –6　浙江省金融工作办公室主要内设机构及其职能权限范围

内设机构	主要职能
综合管理处	负责机关的日常运作工作和后勤保障工作，以及新闻信息宣传等综合性工作；负责建立“一行三局一办”（人行杭州中心支行、浙江银监局、浙江证监局、浙江保监局、省金融办）的沟通协调机制，牵头建立全省金融稳定协调机制；承担省金融突发公共事件应急领导小组办公室工作
金融发展处	负责拟定和组织实施本省金融产业发展规划，指导协调地方金融组织体系的规划布局，拟订年度金融工作要点；负责督促落实金融保障工作，具体联系并协调政策性、国有、股份制、外资银行机构为经济社会发展提供金融支持，跟踪督促落实各大银行机构的保障、创新、防范工作；指导和协调杭州、宁波、温州金融集聚区的建设，参与推进长三角地区金融协调发展
证券期货处	负责协调和推进地方证券、期货业金融机构的改革发展，加强对浙商证券、财通证券等证券期货公司的培育发展工作；具体负责全省企业上市合作协调机制的完善和运行；负责组织企业改制上市、上市后备资源培育工作；负责企业上市有关审核确认事项的核实工作；牵头协调上市公司资产重组工作；负责协调推动上市公司再融资工作；配合证券监管部门加强合作监管，督促上市公司规范运作；负责组织证券中介机构的信誉评价工作；协调证券期货业金融机构及上市公司的风险防范和处置工作，承担协调打击非法证券活动工作
地方金融处	负责协调推进地方商业银行业、农村合作金融机构、小额信贷组织等机构的改革与发展工作；制定并组织实施地方银行业金融机构改制和重组方案；协调浙商银行、城市商业银行机构的改制重组、股权变更、风险评估等工作；协调农村合作金融机构深化改革试点工作，组织推进农村金融改革发展工作；负责牵头协调小额贷款公司试点的审核和管理、考核评价工作，指导和管理小额贷款公司行业协会工作；负责推进非存款性创新类信贷机构的试点工作；协调地方银行业金融风险防范和处置工作
非银行市场处	负责协调推进地方保险、信托、金融租赁等非银机构的改革重组和规范管理工作；协调推动保险创新试验区建设工作，组织引进保险资金为地方经济服务；负责股权投资基金发展综合协调的具体工作；指导股权投资管理公司组建行业协会工作；参与融资性担保机构规范发展工作；负责产权交易市场的监督管理工作，牵头协调未上市公司股份转让试点工作；参与推进股权融资、债券融资、租赁融资等直接融资方式的创新工作；协调保险、信托、租赁等非银行金融机构的风险防范和处置工作
小额贷款公司管理处	负责牵头省小额贷款公司试点联席会议成员单位，审核试点组建方案、开展考核评价工作，指导和管理小额贷款公司行业协会工作；负责推进非存款性创新类信贷机构的试点工作；负责制定全省小额贷款公司发展规划、审批规则、监管业务指引、年度监管要点；负责建立和落实全省小额贷款公司现场与非现场监管制度、监管问责和考核制度，指导和督促各地落实风险防范处置，根据实际情况开展重点检查

资料来源：根据浙江省金融办网站信息整理。

从省金融办的权力运行机制来分析，和省域其他类别的行政机构一样，实行的是自上而下的垂直领导体制，而各个部门实行“领导负责制”，如浙江省金融办设1名主任兼党组书记（正厅级）、3名副主任兼党组成员（副厅级）、1名人事与教育处处长兼党组成员（副厅级），分别管理不同领域的工作。

第二是中国人民银行驻省域分行或中心支行。中国人民银行驻省域分行或中心支行是中国人民银行的派出机构，其中人行驻大区所在省会的分行管辖大区覆盖省域的中心支行，如中国人民银行驻南京分行不仅管辖江苏省的人行各分支机构，而且管辖安徽省合肥中心支行。

如中国人民银行驻浙江杭州中心支行是中国人民银行派出机构，1998年底在原浙江省分行和杭州市分行的基础上重新组建，并于1999年1月1日正式运行，同时承接国家外汇管理局浙江省分局职责，负责下辖浙江省各地级市场的中心运行和各县（县级市）的中心运行。根据中央机构编制委员会办公室批复，中国人民银行杭州中心支行和国家外汇管理局浙江省分局为正厅级单位，负责领导和管理全省货币政策、金融稳定、金融服务以及外汇管理等工作。

又如中国人民银行驻南京分行是中国人民银行的派出机构，属于大区级分行，成立于1998年12月18日，主要管辖江苏、安徽两省。下辖1个分行营业管理部、1家省会城市中心支行、28家市中心支行和115个县（市）支行。

以人行南京分行为例，其经中国人民银行授权的主要职责包括如下：

（1）认真贯彻执行国家有关法律、法规、方针、政策及中国人民银行的规章和有关政策规定；

（2）负责在辖区及江苏省贯彻执行中央银行资金、存款准备金、再贴现、利率等有关货币信贷政策，监督管理金融市场；

（3）防范化解辖区及江苏省系统性金融风险，维护地区金融稳定；

（4）分析、研究辖区及江苏省宏观经济金融形势，为中国人民银行的货币政策决策提供政策建议和依据；

（5）负责管理江苏省金融统计工作及信贷征信业务，推动建立社会信用体系；

（6）管理江苏省货币发行、现金管理和反假人民币业务；

（7）管理江苏省人民银行系统的会计财务、支付结算业务，负责对大额资金异常流动的监测；

（8）管理江苏省外汇、外债和国际收支业务；

（9）管理江苏省国库业务、科技和安全保卫工作；

（10）负责辖区人事、内审、党群等工作；

（11）承办中国人民银行交办的其他事项。

以上职责可以大体划归为五类：第一类是贯彻执行国家相关法律法规和中央银行金融监管相关政策规定；第二类是执行中央银行在本辖区的货币信贷政策，包括货币发行、现金管理和人民币打假等；第三类是研判本辖区的经济金融形势，并进行相关的监测统计工作等；第四类是防范化解本辖区的金融风险、维持本辖区的金融稳定；第五类是承担国家外汇管理局在地方的工作，包括管理本辖区的外汇、外债业务和国际收支业务等。

从中国人民银行驻省分行或中心支行的内部机构设置和具体职能上，以人行南京分行为例，内设23个职能部门，分别为：办公室（《金融时报》驻江苏记者站）、法律事务处、货币信贷处、金融稳定处、调查统计处、会计财务处、支付结算处、科技处、货币金银处（含江苏省钱币学会秘书处）、国库处、内审处、人事处、金融研究处（含江苏省金融学会秘书处）、征信管理处、外汇综合处、国际收支处、经常项目管理处、资本项目管理处、外汇检查处、事后监督中心、保卫处、反洗钱处、离退休干部处，7个党群工作机构，分别为：党委办公室（与行政办公室合署办公）、组织部（与人事处合署办公）、宣传部（团委）、纪检监察一处、纪检监察二处、工会办公室、机关党委办公室，以及4个直属单位：清算中心、南京钞票处理中心、后勤服务中心、南京金融培训中心。具体职能如表6－7所示。

表6－7　中国人民银行南京分行主要内设机构职能权限范围

主要内设机构	主要职能
办公室（党委办公室）	负责本单位的日常综合行政工作；负责辖区内金融消费权益保护及法律事务等工作；负责本单位的后勤保障工作
货币信贷统计处	负责辖区内货币信贷政策贯彻执行、金融研究、金融市场业务监督管理工作；负责辖区内金融数据信息的统计、分析、研究与预测；负责南京辖区跨境人民币业务和外汇管理协调联络工作
征信管理处	负责辖区内征信机构、征信业务的监督管理；金融信用信息基础数据库接入机构的监督管理；推进社会信用体系建设；组织推动辖区信用环境建设和各项措施的贯彻落实，开展信用评级活动
金融稳定处	负责与辖区内金融监管部门及有关部门的协调沟通；承担辖区内金融机构开业管理、重大事项报告、综合评价、存款保险等事宜；监测、评估辖区内金融系统风险，研究实施系统性金融风险的防范和化解政策措施；组织开展对辖区内金融机构的综合执法检查工作；负责牵头组织南京辖区平安金融创建工作的开展，推动金融生态建设；负责机关内部保卫工作，负责辖区人民银行守库押运等安全保卫工作
会计财务处	负责辖区内会计财务制度的制订、执行和监督检查；承担财务管理和财务核算工作；承办固定资产管理、大额采购等工作

续表

主要内设机构	主要职能
支付结算处（反洗钱处）	负责维护辖区内支付体系的稳定，监督管理辖区内支付服务市场以及承担辖区内农村支付服务环境建设的组织、协调、推动工作；负责辖区内反洗钱工作的组织协调；监督、检查辖区内金融机构、支付机构及特定非金融机构履行反洗钱义务情况；开展辖内金融机构反洗钱培训和宣传工作；办理辖区内中央银行会计核算等业务；负责行政服务大厅和外包业务的协调管理，并会同征信管理处在办理开户许可证和机构信用代码证时，实行“一次申请、两证同出”
国库处	负责经理所在地国库，办理预算资金的收纳、划分、留解和支付业务；承担国库会计、国库管理、制度建设、统计分析、支行国库监督、国债管理和国库现金管理等各项工作
科技处	负责辖区内人民银行网络管理、信息安全管理、技术支持；指导协调辖区内金融机构信息安全；负责辖区内银行卡与电子支付技术管理，推进金融 IC 卡在公共领域的一卡多应用
货币金银处	负责辖区内货币发行、人民币管理以及反假货币工作
人事处（组织与宣传群工部）	按管理权限负责辖区内人民银行系统的组织人事工作；负责辖区内人民银行系统党的宣传、工会、共青团、群众、离退休干部和机关党务工作
纪委监察室	负责辖区内人民银行系统的纪检监察、内部审计工作
南京金融票据中心	负责办理全市各银行及非银行金融机构的资金清算系统的联网；处理全国电子联行往来业务；负责金融机构、地区间资金划拨和清算及管理南京地区票据交换等工作；主要承担江苏省范围内的集中代收付系统日常运行和管理工作；办理外币清算业务

资料来源：根据中国人民银行南京分行网站整理。

从中国人民银行南京分行内部权力运行机制来分析，人行南京分行是中国人民银行的派出机构，直接受中国人民银行领导和管理，为正厅级行政单位。同时在南京分行内部，和省域其他类别的行政机构一样，实行的是自上而下的垂直领导体制，而各个部门实行“领导负责制”。人行南京分行配 1 名行长兼党委书记，同时还兼任国家外汇管理局江苏分局局长，为正厅级（同样的，中国人民银行杭州中心支行也是正厅级行政单位，配 1 名行长兼党委书记，同时兼任国家外汇管理局浙江分局局长），配 4 名副行长兼党委委员（有些省份配 3 名副行长），1 名分行营业管理部主任兼党委委员，1 名工会主任兼党委委员，1 名纪委书记兼党委委员，均为副厅级，负责南京分行不同职能领域的分管工作。从南京分行的监管权限上来看，在立法层面，南京分行本身没有对本辖区金融机构进行金融立法的权限，而主要是贯彻人民银行总行的相关政策法规制度；在调查权上，南京分行拥有对本辖区金融机构进行综合执法检查的权力，以防范应对本辖区系统性金融风险并维护本辖区金融稳定；在处罚权上，南京分行的机构设置与职能权限上没有直接体现对本辖区违纪违法金融机构等的行政处罚判决，而是上报人行总部并由总部裁定处罚结果。

第三是中国银监会驻省域或计划单列市的银监局。中国银监会省域监管局是中国银监会在各省的派出机构，依据《中华人民共和国银行业监督管理法》和中国银监会的授权，对本辖区内银行业事务实施监管。以浙江省银监局为例，其具体职能包括：

（1）根据中国银监会的授权，制定有关监管法规、制度方面的实施细则和规定；

（2）负责对有关银行业金融机构及其分支机构的设立、变更、终止和业务活动的监督管理；

（3）依法对金融违法、违规行为进行查处；

（4）审查和批准高级管理人员任职资格；

（5）统计有关数据和信息；

（6）负责辖内党的建设、纪检和干部管理工作。

从以上职能可以得知，省银监局的职责分为四类：第一是根据中国银监会授权，对相关监管法规等根据本地区实际情况进行细化；第二是对本辖区银行类金融机构的设立、业务活动、变更、终止等进行监管；第三是可对本辖区银行类金融机构的违法违规活动进行现场与非现场检查与处分；第四是履行与本行政机构相关的义务性职责活动。

从银监局内部机构设置与职能权限上分析。浙江省银监局内设 19 个职能部门，并派出浙江省 10 个一般地级市的银监分局（除宁波市外）。其主要职能部门的监管职责如表 6－8 所示。

表 6－8　中国银监会浙江银监局主要内设监管部门职责权限范围

主要内设监管部门	主要职能
政策法规处	负责拟定辖内有关金融机构监管制度和办法；对行政处罚进行审核把关；承担行政复议和行政应诉工作；根据银监会的授权，组织取缔非法银行业金融机构、非法银行业金融业务和非法集资活动；负责杭州及直辖监管办事处监管协调工作等
国有银行监管一处	负责辖内工商银行、农业银行、交通银行分支机构的监管工作，承办部分全局性监管任务的牵头协调工作
国有银行监管二处	负责辖内中国银行、建设银行分支机构的监管工作，承办部分全局性监管任务的牵头协调工作
股份制银行监管处	负责对浙商银行和辖内股份制银行分支机构的监管工作
城市商业银行监管处	负责对辖内城市商业银行法人机构和分支机构的监管工作
政策性银行和邮政储蓄银行监管处	负责对辖内政策性银行、资产管理公司和邮政储蓄银行分支机构的监管工作

续表

主要内设监管部门	主要职能
非银行金融机构和外资金融机构监管处	承办对辖内非银行金融机构（证券、期货和保险类除外）及分支机构和外资金融机构分支机构的监管工作
农村中小金融机构非现场监管处	负责对辖内农村中小金融机构的现场检查及现场检查系统的相关工作
银行业消费者权益保护处	负责辖内银行业消费者权益保护相关工作

资料来源：根据中国银监会浙江监管局网站信息整理。

从省域银监局的内部权力运行机制来分析，各省域银监局是中国银监会对31个省（市、区）的直属派出机构，属于正厅级行政单位，银监会对其派出机构实行垂直管理，不受各级地方政府辖制，直接向国务院负责。和省域其他行政机构一样实行自上而下的金字塔型领导权力体制。以浙江省银监局为例，配1名局长兼任局党委书记，主持浙江银监局的全面工作，配3名副局长（副厅级）、1名纪委书记（副厅级）、1名巡视员（正厅级）、1名副巡视员（副厅级）分管本局不同监管领域的工作。在立法制定权限上，省银监局没有立法权限，但可以根据银监会相关法规规定制定本辖区内金融机构的相关监管实施细则和规定；在监管检查权上，省银监局对于本辖区的银行业金融机构具有监管其设立、行使业务活动、变更与终止的监管权限，同时拥有组织对本辖区内的银行类金融机构进行现场与非现场检查的权限；在行政处罚权上，省银监局拥有对本辖区内违法违规的银行类金融机构行使行政处罚判决权。从各内部机构的权限制衡上，省银监局各部门根据我国商业银行的一般分类，如大型商业银行（中、农、工、建、交五大行）、股份制商业银行、城市商业银行、农村商业银行、政策性银行和邮储银行、外资银行等各自独立地拥有对机构成立、变更及终止的审核权，现场与非现场监查的权力，以及对其违法违规行为进行行政处罚的权力，但各职能部门又统一在局长的领导下，实现权力的局内统一。

第四是中国证监会驻各省域、计划单列市证监局和特派城市的证监分局。省证监局是中国证监会的派出机构，隶属于中国证监会垂直领导的正厅级行政单位，根据我国证券业监督法规和证监会授权，对本辖区内的证券市场实施监管。以中国证监会浙江监管局为例，浙江证监局负责对浙江省杭州市、嘉兴市、湖州市、绍兴市、舟山市、台州市、金华市、温州市、丽水市、衢州市共10个地市的证券期货市场进行监管。

省证监局或计划单列市场证监局的主要职责包括：

（1）根据中国证监会的授权，对辖区内的上市公司，拟上市企业，证券、期货经营机构，证券期货投资咨询机构和从事证券业务的会计师事务所、律师事务所、资产评估机构等中介机构的证券、期货业务活动进行日常监督管理，防范和处置辖区内有关市场风险；

（2）对证券期货等金融机构的违法违规行为实施调查，并作出行政处罚，保护和教育证券期货投资者；

（3）法律、行政法规规定和中国证监会授权的其他职责。

从省证监局内设机构设置及其职能来分析，如浙江省证监局内设有11个职能处室：办公室（党务工作办公室）、纪检监察办公室、公司监管处、公司检查处、机构监管处、机构检查处、稽查处、法制工作处、信息调研处、综合业务监管处、会计监管处。其主要内设监管部门的具体职能如表6－9所示。

表6－9　中国证监会浙江监管局主要内设监管部门职责权限范围

主要监管部门	主要职责
信息调研处	牵头辖区资本市场的信息收集、统计、分析与发布、报送等工作；牵头辖区市场发展研究等工作；牵头与地方政府涉及资本市场信息数据的协调沟通；负责辖区债券发行人、资产支持证券发行人监管；负责区域性股权交易市场的协调监管工作；协调推动地方金融改革工作
公司监管处	负责辖区主板上市公司日常监管工作和现场检查工作
公司检查处	负责辖区中小板和创业板上市公司日常监管工作和现场检查工作
机构监管处	负责辖区证券经营机构、投资咨询机构、基金管理公司及其子公司、独立基金销售机构等法人主体日常监管和现场检查工作
机构检查处	负责辖区期货经营机构及其子公司等法人主体进行日常监管和现场检查工作
稽查处	负责自立案件及证监会交办案件的立案、报备、调查、复核、执行等工作；负责与辖区公检法等机关的案件调查协调工作；牵头组织协调辖区打击非法证券期货基金活动。牵头承担辖区证券期货行业反洗钱相关协调工作
综合业务监管处	负责辖区拟上市公司辅导监管工作；负责辖区私募基金的日常监管；负责互联网金融、股权众筹等创新业务的研究协调监管和推动工作
法制工作处	负责自办案件的审理、听证并依法作出行政处罚工作；牵头组织辖区普法及诚信建设等相关工作；负责对辖区律师事务所从事证券法律业务进行监管；指导、协调涉及本局的有关行政诉讼和行政复议工作；负责组织开展辖区投资者保护和教育工作；负责公检法等单位来访来函的接待和受理工作
会计监管处	负责辖区会计监管工作，对在辖区注册或设立分支机构的从事证券期货业务的审计评估机构进行监管，对在辖区从事证券期货业务的审计评估机构执业活动进行监管；负责辖区非上市公众公司（新三板）的监管工作

资料来源：根据证监会浙江监管局网站信息整理。

从浙江证监局的内部权力运行机制分析，各省域证监局是中国证监会对31个省（市、区）的直属派出机构，属于正厅级行政单位，证监会对其派出机构实行垂直领导，不受各级地方政府辖制，直接向国务院负责。和省域其他行政机构一样实行自上而下的金字塔型领导权力体制，各机构部门实行“领导负责制”。以浙江省证监局为例，配1名局长兼任党委书记，3名副局长（其中2名兼任党委委员），1名纪委书记兼任党委委员，1名副巡视员。在立法制定权限上，省证监局没有立法权限，但可以根据证监会相关法规规定制定本辖区内证券机构的相关监管实施细则和规定；在监管检查权上，省证监局对于本辖区的证券类金融机构具有审核其设立、行使业务活动、变更与终止的监管权限，并上报证监会备案，同时拥有组织对本辖区内的证券类金融机构进行正式和非正式的市场执法检查权力；从行政处罚权上，省证监局拥有对本辖区内证券机构违法违规事件进行立案调查并上报证监会备案的权力，同时对本局自立案件拥有行使行政处罚判决的权力，以及需配合公检法机构对相关证券机构的相关违法违纪案件进行立案侦查。从各内部机构的权限制衡上，省证监局不同于省银监局和省保监局，省证监局内设稽查处和法制工作处，其中稽查处延续了中国证监会的稽查局以及稽查总队的工作职能，主要负责对本辖区内证券机构的违法违规行为进行立案调查，并协调与本辖区公检法机关的案件调查工作；而法制工作处延续了中国证监会的行政处罚委员会的相关职能，拥有对本局自立案件作出行政处罚的权力，即本局立案调查的权限和作出行政处罚判决的权限在局内是分立的，但又统一在局长的领导下，在省证监局内部实行监管权力的统一。

第五是中国保监会驻各省域、计划单列市保监局和特派市的保监分局。中国保监会省域监局是中国保监会的派出机构，隶属于中国保监会垂直领导的正厅级行政单位，根据我国保险业监督法规和保监会授权，对本辖区内的保险业市场实施监管。如浙江保监局根据中国保监会的授权，负责浙江省范围内（不含宁波市）的保险监管工作。浙江保监局和江苏保监局的主要职责如下：

（1）根据中国保险监督管理委员会的授权，对辖区内保险机构的经营活动进行监督管理；

（2）依法查处辖区内保险违法违规行为，维护保险市场秩序，依法保护被保险人利益；

（3）监测、分析辖区内保险市场运行情况，预警与防范辖区内保险风险，并将有关重大事项及时上报。

从省保监局的内部机构设置和相应职能来分析，浙江省保监局和江苏省保监局都内设10个相应职能部门，以浙江为例，具体如表6－10所示。

表6－10 中国证监会浙江监管局主要内设监管部门职责权限

主要内设监管部门	主要职能
统计研究处	归口管理当地保险业统计资料和数据汇编、报送以及对外发布保险业统计数据工作，负责维护和管理保监局的监管信息系统、办公系统和内部网站；研究、拟定当地保险业的发展规划和政策措施；调研、分析保险市场整体运行情况，研究监管工作和保险业发展中的重要问题等
保险消费者权益保护处	根据国家法律法规及保监会规章，拟定落实本辖区保护消费者权益实施细则等，统一负责辖区内保险信访、投诉受理和登记、转交工作等，督促辖区内保险机构对涉及消费者权益的相关信息披露和保险纠纷的调解与诉讼、仲裁对接机制等
财产保险监管处	承办对辖区内财产保险市场的监管工作。包括承办审批财产保险机构及分支机构准入、变更与退出等；负责辖区内财产保险公司、再保险公司分支机构的非现场监管和风险监测；检查规范财产保险市场行为，对违法违规行为进行调查处理等
人身保险监管处	承办对辖区内财产保险市场的监管工作。包括承办审批人身保险机构及分支机构准入、变更与退出等；负责辖区内人身保险公司、再保险公司分支机构的非现场监管和风险监测；检查规范人身保险市场行为，对违法违规行为进行调查处理等
保险中介监管处	承办对辖区内保险中介市场的监管工作。包括承办审批保险中介机构及分支机构准入、变更与退出等；负责辖区内保险中介公司及其分支机构的非现场监管和风险监测；检查规范保险中介公司市场行为，对违法违规行为进行调查处理等
法制处	对辖区内行政许可事项的合法合规性进行审核，负责保监局行政处罚工作、承办辖区内有关行政诉讼、行政复议工作、协调本地区立法、司法机关和政府部门之间的相关法律事务等
稽查处	组织对辖区内保险业重大风险、案件的调查处理；负责处理辖区内保险业非法集资、反保险欺诈工作，配合人行组织实施反洗钱等案件检查，协调配合公安、司法部门共同打击保险领域违法犯罪活动；负责辖区内保险举报事项的受理和处理工作等

资料来源：根据中国保监会浙江监管局网站信息整理。

从省域保监局的内部权力运行机制来分析，各省域保监局是中国保监会对31个省（市、区）的直属派出机构，属于正厅级行政单位，保监会对其派出机构实行垂直管理，和省域其他行政机构一样实行自上而下的金字塔型领导权力体制。以浙江省保监局为例，配1名局长兼任局党委书记，主持浙江省保监局的全面工作，配1名副局长兼党委委员分管不同监管领域工作。在立法制定权限上，省保监局没有立法权限，但可以根据保监会相关政策法规制定本辖区内保险机构的监管实施细则和规定；在监管检查权上，省保监局对于本辖区的保险类金融机构具有监管审批其设立、日常业务活动、变更与终止的权限，同时拥有组织对本辖区内的保险类金融机构进行现场与非现场检查的权限；从行政处罚权上，省保监局拥有对本辖区内违法违规的银行类金融机构行使行政处罚权力，但行政处罚的判决主要归保监局内设的法制处来进行审核核定。从各内部机构的权限制衡上，省保监局内部各职能部门，如财产保险、人身保险、中介保险等分别拥有各自领域的现场与非现场调查权，在法制处核定判决后可对违法违规行为行使行政处罚权。但省保监局内设稽查处，主要负责对辖区内保险业重大金融风险、案件的调查处理，对辖区内保险业非法集资、反保险欺诈等进行调查。因此省内一般的保险领域违法违规事件由各职能部门进行调查，而对于重大风险事件，非法集资、反欺诈及反洗钱等则由稽查处进行调查以及配合本地区公安、司法机关等进行调查。但各职能部门又统一在局长的领导下，实现局内权力的统一。

6.1.3　基于国际经验的中央到省域金融风险协调监管模式再思考

（1）国际金融风险监管模式介绍。

目前世界各国由于受自身政治体制、经济金融体制、法律体系和经济发展条件阶段等因素影响，各国的金融监管体制也呈现出多样性而没有统一标准。纵观各国曾经实行和现行的金融监管体制，大体可分为以下几种监管模式。

一是机构监管和功能监管。机构监管是指按照不同类型的金融机构来设立和划分监管机构，一种类型的金融机构由一个专门的监管主体来管理，但是该监管主体无权干涉其他类型金融机构的日常运营活动。在这种监管模式下，往往银行业、证券业和保险业分属不同的监管机构，但是监管保险业的机构无权干涉银行业和证券业的经营行为。

机构监管模式核心基础是分业经营体制，因为其优点之一是金融行业内部分工明确，界限明晰，易于监管机构进行专业监管。还有一个优点就是当一家金融机构经营多项业务时，机构监管模式使得监管者可以评价金融机构系列产品的风险，因为不同系列的金融产品是相关联的，风险可以在不同系列之间传播，那么机构监管可以使得监管主体能够评价被监管机构整体性的经营风险。机构监管模式的缺点就是当金融产业组织的界限变得模糊时（即该金融机构是综合性的，机构监管模式不知道该将其划分为哪类传统具体类型），不同金融市场和金融机构之间开始交叉，容易造成监管真空和多重监管的后果；不同类型的金融机构很有可能会提供同种类型的产品，但是它们却要被区别监管，这样可能会导致一定的不公平情况出现；另外，在金融混业经营体制下，监管者则要对被监管金融机构的多种类型业务进行监管（这又涉及功能性监管），对每种类型的业务制定监管细则，加大了监管成本，降低了监管效率（所以对机构的机械划分已经不适应时代发展趋势，而被业务功能监管所取代）。

功能监管是指按照金融体系的基本功能和金融产品的具体性质划分监管权限，即针对特定类型的金融业务（银行业务、证券业务和保险业务）分别进行监管，对于那种交叉性的金融业务同样明确其监管主体。新加坡是世界上第一个确立功能监管体制的国家。在混业经营下，功能监管相比机构监管有明显的优势，可以实现跨市场、跨机构、跨产品的协调，提高管理的协调性、一致性和连续性；根据金融产品功能进行监管可以避免监管真空，减少重复监管带来的效率损失；由于金融产品基本功能比较稳定，功能监管比机构监管更能适应将来金融市场出现的新情况；不同金融机构的同一金融业务适用同一种监管准则保证了公平竞争，避免了机构监管模式下的区别监管。

二是统一监管和分业监管。统一监管是指对于不同的金融业务和金融机构，无论是业务监管还是审慎监管，均由一个主体统一监管。该种模式是典型的混业监管模式，把原来外部各监管机构之间的义务和权利进行内部化，将原来各独立机构之间的关系变为系统内权责利的统筹与协调，这样就不存在外部分工合作的问题，降低了信息处理成本，改善了信息质量，获得了规模效益，提高了效率，在处理跨资本市场和货币市场的综合性问题上，拥有较强的统一协调能力。该种模式于20世纪80年代末期在瑞典、丹麦和挪威开始实施，亚洲金融危机后，韩国和日本也开始采纳这种模式。目前最典型的统一监管模式是英国于1997年金融改革后建立的监管体制，金融服务监管局（FSA）是英国唯一的金融监管机构，具有金融监管所需的全部法律权限。（统一监管适合于国家金融市场规模小、金融机构数量少、从业人员少的小国，不适合像中国这样的大国）

分业监管模式的基本框架是将金融机构分为银行、保险和证券3个领域，每个领域各设立一个专门的监管机构，全面负责该领域的审慎监管和业务监管，该种模式的实质是机构型监管，我国传统的“一行三会”就是这种监管体制。该模式利于促进监管机构之间的竞争，但是协调性差，并会导致重复监管和监管真空的后果，产生较高的监管成本。

三是牵头监管模式。牵头监管模式是对分业监管模式的改进，主要用来解决分业监管协调性差以及交叉监管和监管真空的问题。通过指定一个特定的监管机构作为牵头监管机构，总体负责各个监管机构的协调工作，建立起及时的协调磋商机制，方便各机构之间交换信息，并避免机构之间相互推卸责任。这种模式有两个主要优势：其一是目标明确。目标明确的优势也是分业监管的主要优势，金融监管的目标往往是多重性的，而非单一的。分业监管可以对多重目标进行科学细分，然后各个监管机构在其监管领域针对特定细分目标进行重点和专业化的监管，最终有利于多重监管目标的实现；其二是牵头协调提高了监管效率。监管机构之间的定期磋商协调，可以相互交换信息，加强了合作态势，既促进了监管机构之间的竞争，提高了效率，又避免了对交叉责任的推诿现象。这个模式最大的一个问题就是牵头机构是否应该承担控制整体性金融风险的责任，不同于统一监管体制，统一监管模式只有一个监管机构，负责监管整个金融系统，当然也由其承担控制整体性金融风险的责任，而在牵头监管模式下，具体的监管权力被分配到了各个监管机构，而牵头机构更多的是负责协调磋商，因此是否能够承担控制整体风险的责任值得怀疑。

四是双峰监管模式。"双峰"式监管模式，也叫目标监管模式，根据两个主要监管目标设立两类监管机构，一类负责金融机构的审慎监管，控制金融系统整体性的金融风险；另一类负责对金融市场业务进行监管，从而起到双重保险的效果。这种模式与统一监管相比保持了一定的制衡和分工，保证了监管机构之间一定的竞争度；同分业监管相比，从审慎监管和市场监管两个层面入手可以避免监管交叉和监管真空，也降低了监管机构之间的协调成本。澳大利亚在1998年实行的监管框架就是这种模式的典型代表，原来储备银行对银行业的监管权、保险与退休金委员会对保险和退休金的审慎监管权以及金融机构委员会的审慎监管职责都交给了新成立的澳大利亚审慎监管局；澳大利亚证券与投资委员会则负责金融市场经营方面的监管，制定市场行为准则和退休金、储蓄、投资、保险等金融产品的交易标准，维护信息披露机制，保护客户权益。

五是伞形监管模式。美国的金融监管体系也是一种标志性的模式，这种模式的特点总体可以概括为伞形监管加上功能性监管。美国于1999年颁布了《金融服务现代化法》①，该法案推进了美国的金融自由化进程，允许金融控股公司通过设立子公司跨界经营商业银行、证券、商业保险和投资银行等业务，建立了金融混业经营体系。为了适应金融经营体系的变迁，美国政府改革了原有的分业监管体系，建立了伞形监管和功能监管混合的监管模式②（见图6-7）。

伞形监管主要指的是对同时从事银行、证券、基金、保险等业务的金融控股公司，由美联储作为其伞形监管人，负责大型金融控股公司的综合性监管，限制金融控股公司从事高风险业务；功能监管主要是指金融控股公司旗下的银行类、证券类和保险类子公司分别保持原有的监管模式，即从事银行业的子公司接受银行业监管者的监管，从事证券业的子公司接受证券交易委员会（SEC）的监管，从事保险业的子公司接受州保险监管署（SIC）的监管。可以看出美国的监管体系层次分明，结构严密，从母集团和子公司两个层面分别入手，具有一定的双重

① 《金融服务现代化法》又称《格朗—利奇金融服务现代化法案》（Gramm - Leach Financial Services Modernization）。

② 李变花. 扩大开放下中国金融安全与监管研究［M］. 北京：中国经济出版社，2009.

保险作用，但是为了避免重复和过度监管，一方面要加强伞形监管人和功能监管人之间的协调配合，另一方面美联储作为伞形监管人其权力也要受到一定的限制，美联储必须尊重功能监管当局的权限，尽量采用其检查结果。美联储在未得到功能监管当局同意的情况下，不得要求非银行类附属机构向濒临破产的银行注册资本，但是如果金融控股公司或者其附属机构的行为威胁到美联储下属银行的稳定性时，美联储有权干涉。

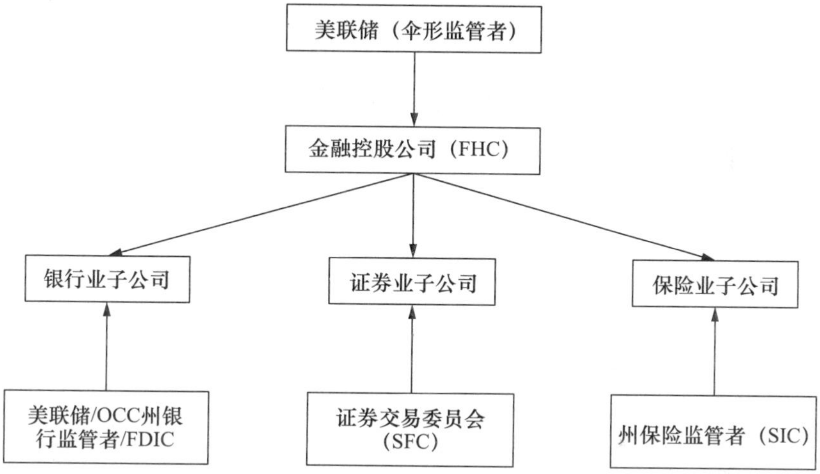

图 6－7　美国伞形金融监管体系

（2）2008 年国际金融危机之后欧美发达国家金融监管改革实践经验。

2008 年美国次贷危机引发的全球金融危机是对发达国家金融监管体制是否有效的试金石，有英国的统一监管体制、美国的伞形监管加功能监管体制、法国的分业多头监管体制以及澳大利亚的双峰监管体制。

美国金融监管体制改革。在 1999 年《金融现代化服务法案》出台之前，美国实行的是严格的分业经营体制，与之相对应的是分业监管体制，分别对商业银行、证券公司和保险公司这 3 种不同机构划分监管权力，再加上美国是联邦与州二级行政体制，因此在同一个行业有多个监管机构，比如银行业，在联邦层面，货币管理署（OCC）负责监管国民银行（联邦注册银行），美联储理事会负责监管美联储州特许银行，联邦存款保险公司（FDIC）负责监管非美联储会员但获得 FDIC 保险的州特许银行，在各州的层面，各州监管部门负责监管州立银行。《金融现代化服务法案》实施之后，美国金融走向混业经营模式，允许以设立金融控股公司的方式实施混业经营，因此美国开始实施功能监管模式，并辅之以伞形监管结构。伞形监管主要指美联储作为伞形监管者综合监管金融控股公司；功能监管主要是指金融控股公司旗下的银行类、证券类和保险类子公司分别保持原有的监管模式，即从事银行业的子公司接受银行业监管者的监管，从事证券业的子公司接受证券交易委员会（SEC）的监管，从事保险业的子公司接受州保险监管署（SIC）的监管。

在次贷危机中，美国的监管体制暴露了严重的缺陷，主要表现为：第一，无法应对系统性的风险。美联储缺乏监控系统性风险的权威，无法应对系统性的突发事件，信息的滞后又妨碍了美联储及时制定出有效的应对措施。另外，众多监管机构之间缺少必要的协调机制；第二，监管区隔造成了监管真空。美国的功能监管体制是由原来的分业监管模式升级而来，并不是另起炉灶的重新设计，没有从根本上动摇分业监管的基本格局，使得监管区域存在隔离现象①，无法实现监管的无缝对接，比如 CDO（债务担保证券）、CDS（信用违约掉期）这样的金融衍生产品，没有在美联储、储蓄管理局、证券交易委员会之间明确监管机构。另外，监管重叠严重影响了监管机构对风险信息的处理速度，降低了处理危机的效率。

次贷危机爆发后，美国政府先后出台了两部改革方案，并于 2010 年 6 月由国会出台了相应的法律。这两部改革方案分别是 2008 年 3 月 31 日布什政府制定的《金融监管架构现代化改革蓝图》（以下简称《蓝图》），以及 2009 年 6 月 17 日公布的《金融监管改革——新基石：重构金融监管与规制》（以下简称《新基石》），这两部改革方案直接导致了“多德弗兰克”法案的出台。这两部改革方案以及最终出台的法案都说明了美国政府的监管改革目标是建立双峰监管体制，即目标监管模式。

《蓝图》共分为八个部分，最终目标是建立以市场稳定监管、审慎监管和金融市场商业行为监管为三大支柱的金融监管体系，具体措施分为短期、中期、长期三个阶段。在长期阶段中，该方案提出：①美联储是金融市场稳定的监管者，负责监控系统性的风险，保证金融市场整体稳定；②设立金融审慎监管机构，把目前五个联邦机构负责的日常银行监管事务合并由金融审慎监管机构统一负责，监控其资金充足率和投资限制、活动限制等事项，并具有现场检查金融机构的权力；③设立市场行为监管机构，合并证券交易委员会、商品期货交易委员会等监管机构的职能，负责商业行为监管，保障投资者和金融消费者的权益。

奥巴马上台后，继承了《蓝图》方案的宗旨，制定了《新基石》方案，并交予国会审批。《新基石》代表了美国此后几年的金融监管改革方向。2010 年 7

---

① 周友苏，廖笑非．金融危机背景下我国金融监管的模式选择［J］．清华法学，2009（2）．

月15日，基于《新基石》提案的“多德弗兰克”法案获得国会通过，为其最终成为法律清除了最后的障碍。该法案完全体现了目标监管的理念，将防范系统性风险和保护金融消费者权益作为监管改革的核心，主要内容有：

第一，设立金融稳定监管委员会（Financial Stability Oversight Council，FSOC）。该委员会的重要任务就是对威胁金融稳定的系统性风险进行监测和及时应对。委员会有10名具有投票权的委员，如果有2/3成员同意，那么FSOC有权拆分、限制可能对整个金融体系造成系统性风险的大型金融机构，有权要求非银行机构接受美联储的监管。这10名具有投票权的委员是：财政部长（担任委员会主席），1名总统任命的保险领域的专家，美联储、联邦存款保险公司、国家信用联邦管理委员会、消费者金融保护局、证券交易委员会、审计局、联邦住房金融局、商品期货交易委员会共8家金融监管机构的代表。

第二，扩大美联储的权力，应对系统性的风险。该法案加强了美联储的监管权力，授权美联储解决系统性的金融风险。美联储的监管范围将从银行控股公司扩大到所有可能威胁金融稳定的金融机构，比如保险公司、对冲基金等非银行机构，而之前美联储对非银行类金融机构是没有监管权限的；针对“去杠杆化”，美联储制定严格的最低资本金要求和其他资本监管标准，关联性强的大型金融集团的监管标准则相对更严格，美联储对银行资本金要求有最终决定权；美联储将限制和监督企业高管薪酬，防止高薪刺激高管追求高风险。

第三，设立金融消费者保护局，保护金融消费者的合法权益。在美联储内部设置独立的金融消费者保护局（Consumer Financial Protection Bureau，CFPB），该局对提供金融产品和服务的银行类金融机构和非银行类机构均拥有监管执法权，可以在信贷类、存款储蓄类以及支付类等金融消费产品中制定消费者保护措施，制定管理金融产品的标准，排除高风险衍生品，审查各类复杂的金融产品，防止产品利用复杂的计算公式侵害消费者权益，独立拥有制定金融消费保护法规的权力，拥有制定消费者最低保护标准的权力，各州的消费者保护标准只能比其更严格。①

第四，建立规范的破产清算机制，破除金融机构“太大而不能倒”的困局。该法案允许拆分陷入困境的大型金融机构，禁止使用纳税人的资金救市；在事前预防方面，美联储将具有系统重要性的银行机构和非银行机构纳入更严密的监管之中；在事后清理方面，大型金融机构被要求事先制定“坟墓计划”，这是一套安全的金融破产清算机制，万一该企业陷入困境，联邦存款保险公司拥有清算授权，负责监督该机构按照“坟墓计划”有序解散，或者被拆分。

---

① 孙晓云．美国金融业的变化与挑战［J］．中国金融，2012（24）．

第五，开始监管场外交易。联邦监管的范围扩大到了金融场外交易市场，把抵押贷款担保证券交易以及复杂衍生产品交易都纳入监管范围，将大部分场外产品移入清算中心和交易所进行场内交易，赋予美联储监督金融市场清算支付系统的权力。

第六，实施沃克尔法则。该规则由奥巴马政府经济复苏顾问委员会主席同时也是美联储前主席保罗·沃克尔提出，主要内容是将商业银行业务与自营业务相分离，禁止银行利用参与联邦存款保险的存款进行自营交易、投资对冲基金和私募基金等。

英国金融监管体制改革。1997 年 5 月，英国成立金融服务管理局（Financial Service Authority，FSA）；1998 年 6 月，英格兰银行将银行监管职能划转给 FSA，英格兰银行负责维护金融系统的全局稳定；根据 2000 年《金融和市场服务法》，2001 年 12 月，证券和期货监督局、投资管理监督组织和私人投资监督局等 8 家监管机构停止工作，职能全部划入金融服务管理局。由此，该局开始统一监管英国的银行、证券期货和保险等全部金融行业。金融服务管理局向财政部负责，因此英国在统一监管的基础之上形成了财政部、央行和金融服务管理局三足鼎立的结构。

美国次贷危机很快传至英国。2007 年 9 月，北岩银行的挤兑危机触发了英国 150 年来最为严重的金融危机。这使得英国认识到现存体制存在的缺陷和漏洞：

第一，财政部是金融系统的最高管理者，相比于英格兰银行和金融服务管理局，它离金融市场却最远，无法及时地做出决策。由于财政部无法及时了解形势，而英格兰银行若要投放救市资金，必须获得财政部授权，因此不利于央行及时发挥最后贷款人角色的作用。①

第二，英格兰银行对金融体系缺乏必要的监管权。英格兰银行负责维护英国金融体系的稳定，而事实上大部分监管权在金融服务管理局手中，因此该行缺乏必要的监管工具和权力来匹配其职责。②

第三，金融服务管理局采取统一监管模式，有助于减少监管重叠和监管真空，提高了监管效率，但是由于其承担的职责过多，过多的资源放在了微观审慎监管层面，而无法对整体系统性的风险状况进行预判和事后应对。

第四，英格兰银行和金融服务管理局之间缺乏必要的沟通，这两个部门虽然都向财政部汇报工作，但负责微观监管的金融服务管理局并不向负责维护全局金融系统稳定的英格兰银行汇报情况，不利于两者合作应对系统性的风险，纵容了

---

① 武迪，武传利．英国金融改革得失与我国金融管理体制的创新［J］．南方金融，2009（11）．

② 陈晨．英国金融监管体制改革述评［J］．中国金融，2011（8）．

银行系统积累大规模的债务，延缓了应对危机的反应速度。①

鉴于上述缺陷，英国政府开始寻求改革。2011 年 6 月 16 日，英国卡梅伦政府公布了《金融监管新方法：改革蓝图》的白皮书，并于 2012 年 1 月 26 日正式提交议会表决。英国政府计划该法案在 2012 年末之前获得议会批准，2013 年初开始运作新的监管机构。该方案新构建的监管架构为（见图 6－8）：撤除原来的统一监管机构——金融服务管理局；设立金融政策委员会，置于英格兰银行内部，作为英格兰银行董事会的委员会，负责监测及处理系统性的金融风险；成立审慎监管局，统一负责金融机构的审慎监管；成立金融行为监管局，负责监管金融机构的金融市场服务行为，保护消费者权益；金融政策委员会对审慎监管局和金融行为监管局有指导建议权。我们可以看出，该改革方案的实质就是双峰监管模式，强化管理系统性的金融风险，并将金融机构的审慎监管同金融机构的市场服务行为分开管理，同时该方案大大加强了英格兰银行在维护金融稳定中的权威性，金融政策委员会、审慎监管局及金融行为监管局都在央行框架内展开工作。新金融监管框架中各机构及主要职能如下：

金融政策委员会。金融政策委员会作为英格兰银行董事会的委员会而建立，共有 11 名成员，包括英格兰银行行长、英格兰银行负责金融稳定的副行长、负责金融稳定和金融市场的执行理事、财政部委派的一名代表、金融行为监管局主席和 4 名外部成员，其中英格兰银行行长担任该委员会主席。金融政策委员会的主要职责是判断识别威胁整个金融部门稳定的系统性金融风险，并可采取相应的必要行动，具体有：针对特定的系统性威胁和金融市场缺陷，有权决定是否应用宏观审慎工具来处理解决；指导审慎监管局如何制定和使用宏观审慎监管工具，如果有必要采取特别监管行动，可以向审慎监管局和金融行为监管局这两个部门发出指令或者建议；就金融系统稳定问题，有权向英格兰银行董事会提出建议；关于改变监管范围和宏观审慎监管工具的问题，有权向财政部提出建议；划分审慎监管局和金融行为管理局的职权范围，协调二者之间的工作；等等。

审慎监管局。该局在央行框架内独立开展工作，负责英国金融机构的审慎监管，监管范围覆盖英国 2000 多家金融机构，包括商业银行及其他存款机构、投资银行在内的经纪商、保险公司、部分投资公司等。审慎监管局既是宏观审慎监管政策的执行者，同时也负责微观审慎监管，通过对金融机构的审慎监管，提升金融机构的稳健性和安全性，使其在开展业务时不会威胁到整体金融系统的稳定，并将破产机构带来的影响降至最低。另外，审慎监管局负责向金融政策委员会提供金融机构的信息。

① 严丽丹．英国宣布扩大央行监管职能［N］．金融时报，2010－06－18（5）．

金融行为监管局。该局在央行框架内独立开展工作，通过监督管理金融机构的市场服务行为来保护金融消费和投资者的合法权益。该局可以采取以下行动：有权对侵害消费者利益的行为采取行动，有权更改金融产品的属性，有权阻止金融产品入场以及监督金融机构的信息披露等。

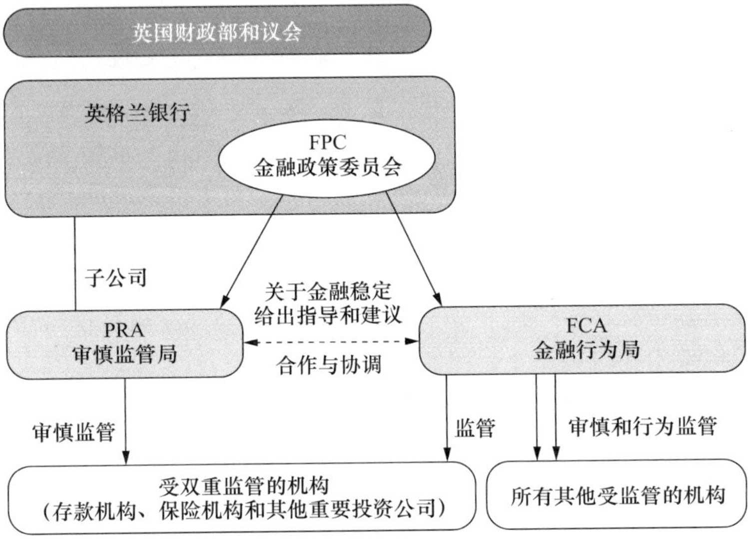

图 6-8　英国新的金融监管体制

法国、比利时及欧盟的金融监管机制改革。次贷危机之后法国于 2010 年实施了全新的金融监管体制，由原来的分业多头监管架构变成了标准的双峰监管架构（见图 6-9）。双峰监管体制中两峰分别为：一是金融审慎监管局（ACP）负责对除了资产管理公司之外所有金融机构进行统一的审慎监管，不仅包括金融控股集团、商业银行和保险公司，还包括证券交易所等金融市场公司和除了资产管理公司之外的各类投资服务公司；二是金融市场管理局（AMF）负责对金融机构及其他金融市场参与者（上市公司和投资经纪人等）的市场行为进行监管，保护金融消费者的权益。金融机构的审慎监管在于监管金融机构的资质、履行合同能力、流动性以及风险控制情况等，保证金融机构稳健运行，不仅仅注重对单个金融机构的微观审慎监管，更注重通过对所有金融机构的统一审慎监管来加强对金融系统的宏观审慎监管，防范系统性的风险；金融市场监管主要在于确保金融市场的透明度，保障投资者对重要信息的知情权，督促金融市场参与者遵守市场秩序，监管金融产品的标准和属性等。

法兰西银行作为法国的中央银行，主要职责为制定和实施货币政策、监管支付系统、经营管理外汇和维护金融系统的稳健运行。金融审慎监管局在法兰西银行的框架内独立开展工作，由法兰西银行提供人员和技术支持。法兰西银行维护金融稳定的重要手段，一方面是通过体系内的金融审慎监管局维护金融稳定，通过监管支付清算系统来评估整体金融局势，并作出应对之策，通过制定相应的货币政策和利率政策来干预金融市场；另一方面法兰西银行行长既是金融审慎监管局的主席，又是金融市场管理局的领导成员之一，具有一定的统筹协调能力。政府的经济财政部是法国金融管理的最高权威机构，但是其无权干涉也不参与具体的金融监管事务，而是主要负责制定监管政策、改革金融监管体制以及起草金融法律草案等，另外经济财政部通过其设立的金融系统风险委员会，负责监测和处理系统性的金融风险，并在必要时指导和协调法兰西银行、金融审慎监管局和金融市场管理局的工作。

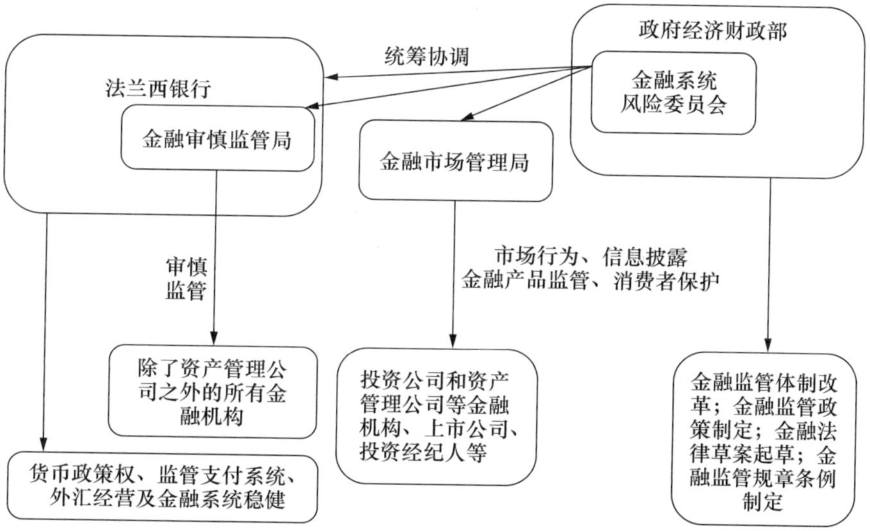

图 6－9　法国金融监管框架

比利时在次贷危机后也进行了金融监管体制改革，新建立的体制同样是双峰监管体制。2010 年 7 月 2 日，比利时出台法律建立双峰监管体制[①]（The "Twin Peaks Law"），2011 年 4 月 1 日，比利时新建立的双峰金融监管体制开始运作，金融机构的审慎监管由比利时中央银行负责（即比利时国家银行，The National Bank of Belgium），既负责宏观金融稳定，又负责对金融机构的微观审慎监管，金融机构的市场行为监管则由新成立的金融市场服务局（The Financial Services and

① 比利时国家银行网站，http://www.nbb.be/pub/01_00_00_00_00/01_01_00_00_00/01_01_05_00_00.htm?l=en。

Markets Authority）负责，该机构的前身是银行金融保险委员会（The Banking, Finance and Insurance Commission），银行金融保险委员会对金融机构的大部分审慎监管权力被移交给比利时国家银行。比利时在2002年金融改革后由银行金融委员会负责银行部门和证券部门的监管，保险监管署负责保险部门的监管，2004年银行金融委员会和保险监管署合并为银行金融保险委员会①，也就是说从2004年到2010年金融改革之前，比利时实行的是统一监管模式。

次贷危机后，欧盟进行了金融监管体制改革（见图6－10），此次改革的核心理念就是加强宏观审慎监管。2010年11月17日，欧盟出台1096/2010号决议，成立欧盟系统风险委员会（European Systemic Risk Board，ESRB）。该委员会主席是欧洲央行行长，其他还具有投票权的委员有欧洲央行副行长、各成员国央行行长、欧洲银行监管局主席、欧洲保险和职业养老金局主席以及欧洲金融市场局主席等。该委员会的主要职责为：可以要求所有监管机构及金融机构递交信息；监测评估一切可能威胁金融系统稳定的因素；向各成员国监管机构发出风险警告，并对其发出指令或者建议；监测和评估各国的反危机措施；等等。欧盟系统风险委员会等级很高，从其委员可以看出，该委员会直接对欧盟的决策机构——欧洲议会和欧洲理事会负责。欧盟系统风险委员会是负责宏观审慎监管的机构，在微观审慎监管层面，此次改革设立了欧洲金融监管组织，下辖欧洲银行监管局、欧洲金融市场局以及欧洲保险和职业养老金局，这3个局前身是3个独立的委员会，即欧洲银行监管委员会、欧洲金融市场委员会以及欧洲保险和职业养老金委员会，改革后则成为欧洲金融监管组织的三个直属部门，负责微观审慎监管。

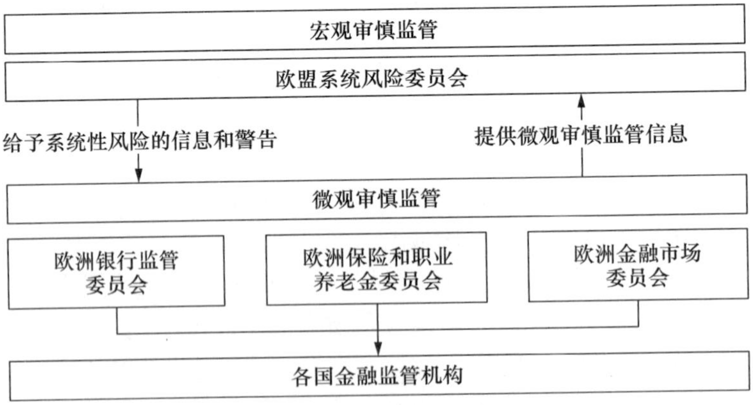

图6－10 改革后的欧盟金融监管框架

① http://fr.wikipedia.org/wiki/Commission_ bancaire_ financi%C3%A8re_ et_ des_ assurances.

澳大利亚金融监管体制。澳大利亚于1998年建立了双峰监管模式，由两大金融监管机构来负责监管国家金融系统安全稳定，其一为澳大利亚审慎监管局，负责对所有金融机构进行审慎监管，其二为澳大利亚证券与投资委员会，负责金融市场秩序和消费者保护。而在本次金融危机中，该国金融体系并没有像其他发达国家那样受到重大的冲击，金融业经营状态稳健，没有出现一家需要政府救援或者濒临倒闭的金融机构。2008年8月，IMF在国别报告中指出：澳大利亚银行业的盈利能力和资本充足率并没有受到金融危机的影响，澳大利亚金融业整体健康①。2009年7月，标准普尔对澳大利亚最大的四家商业银行继续维持“AA/-1+”的高评级。2009年10月6日，澳大利亚央行实施加息，成为金融危机以来G20成员国中第一个实施加息的国家，显示了该国经济和金融稳定向好的局势，这与欧美主要发达国家还处于金融危机的深化冲击影响中形成鲜明的对比。

（3）我国从中央到省域金融风险协调监管模式再思考。

未来一段时期，对我国目前金融风险监管体制的改革思考，必须也只能基于当前我国的国体和政体来展开，而难以基于西方国家三权乃至多权分立的国家政治体制模式展开，同时也须基于中国未来金融发展战略目标的定位、中国金融结构的变化发展趋势和金融风险的变化来展开（巴曙松，2016；吴晓求，2017），因为目前世界范围内还没有一国的金融监管模式被证实具有普适有效性。

要构建良好的国家金融风险监管模式，就要明白国家金融风险监管的目的是什么。通过2008年欧美主要国家金融监管改革的经验教训，基本上都认同国家金融监管的核心问题在于防范系统性金融风险，以保持本国金融机构与金融体系持续健康有序运行，让金融更好地服务于实体经济发展，以创造更多国民财富；同时要监管金融市场上各类市场主体的商业行为，以更好地保护广大投资消费者的合法权益。通过金融宏观审慎监管以防范本国系统性金融风险，同时用微观审慎监管和市场行为监管以保护金融市场上广大消费者的合法权益，创造更多国民财富并让广大金融消费者分享国家经济发展成果。

在中央层面，我国金融领域专家们对2008年国际金融危机冲击教训的思考实践，已经在“一行三会”的基础上成立了更高权力级别的金融监管机构“国务院金融稳定发展委员会”（副国级），来统筹协调传统的“一行三会”（即现在的“一行两会”）（正部级）的分业多头监管模式，以避免出现监管真空、协调性差、风险溢口多（吴晓求，2017）和传统监管机构之间权力交叉、利益冲突的问题，以及监管滞后、监管套利等重要问题；同时，国务院金融稳定发展委员会立足于国家整体系统性金融风险角度和国家经济金融安全高度，来研判影响国家

① 朱小川．在金融危机中立于不败之地——澳大利亚金融审慎监管启示［J］．西南金融，2010（5）．

金融安全的国内外形势，同时统筹协调国家金融改革发展与监管，以及货币政策、财政政策、产业政策和金融监管之间的关系，成为维护国家金融稳定的最高金融监管机构，是国家金融监管的“大脑”。

在此基础上，本书基于我国经济与金融发展中大国国情（全国31个省份，陆地面积世界第三；从中央到地方的五级行政管理体制；金融机构数量和金融从业人员数量位居世界前列；区域经济与金融市场发展极不平衡，广大中西部地区还是欠发达经济水平，而北上广深等一线城市经济发展水平已经向国际前沿看齐；等等），以及快速向经济与金融强国迈进的发展趋势，当前对我国金融监管改革最具有借鉴价值的是美国2008年后的金融监管改革经验（田彪等，2018；刘迎霜，2011；易宪容，2010），同时在参考法国、英国、澳大利亚、欧盟等金融监管改革经验的基础上，我国在未来一段时期宜采用“改进的伞形监管模式”。伞形监管模式是指对同时从事银行、证券、基金、保险等业务的金融控股公司，由中央银行作为其伞形监管人，负责大型金融控股公司的综合性监管，以限制金融控股公司从事高风险业务，而对金融控股公司旗下的银行业、证券业、保险业子公司则分别保持原来的功能监管模式。本书的改进是在伞形监管模式的基础上，根据我国新成立的“一委一行两会”金融监管模式框架而兼具目标监管模式特点，以体现金融风险监管的目的。伞形监管模式本身是对传统的功能监管模式的改进，而功能监管模式又是对传统的分业机构监管模式的改进，因此改进的伞形监管模式是对我国传统的金融机构监管模式的三次改进，在2017年中国成立金融稳定发展委员会之前我国一直是传统的“一行三会”机构监管模式。

笔者认为，我国在未来一段时间选择“改进的伞形监管模式”的理由如下。

首先，2008年国际金融危机以来世界金融业发展日趋国际化，即传统金融机构边界逐渐模糊，并朝着金融多元化控股集团公司的趋势发展。

随着互联网金融的兴起，原来的银行、证券、保险等金融机构不断扩大自己的业务范围，如在利率市场化改革下，传统银行类机构存贷利差不断受挤压，而大量中小银行、民营银行、互联网金融、影子银行的快速兴起，以及外资银行逐渐进入中国本土，使得传统银行存贷款业务面临的竞争压力不断增加，同时也积极与BAT（百度、阿里巴巴和腾讯控股）等互联网巨头寻求合作，扩大中间业务、自营业务等，积极参股其他金融类机构等，如平安、中信、光大等金融集团都拥有银行、证券、保险等全牌照的多元化业务经营资质；与此同时，保险业也朝着集团性、国际化、多元化业务的方向发展，如中国太平集团、安邦保险集团、中国平安集团等，其下控股银行、证券或基金信托、保险等不同类型的子公司，则分别经营着不同金融领域的业务。同时，金融资产创新模糊了金融机构的边界，如新《基金法》颁布之后，银行、证券、保险等金融机构均可开展资产管理类业务，并通过资产管理产品开展类贷款业务等。而金融机构业务交叉和整合也在不断加强，如金融产品的交叉销售，资产管理类产品相互投资以及相互投资基础性金融服务等，使得金融机构之间及金融机构与金融市场之间的联系得到进一步增强。因此，中国传统的将各金融机构简单地划分为银行、证券、保险型机构的做法已经不能适应未来中国金融国际化发展趋势。

其次，2008 年国际金融危机以来不断暴露出我国传统分业机构监管过程中出现的监管盲目、监管真空、交叉监管、缺少必要的协调机制、无法应对系统性金融风险的弊端。

2008 年美国金融危机的导火索是以房地美、房利美为代表的次级房地产贷款巨头的次贷抵押证券恶化，两房公司出现持续巨大亏损。而对于“次级贷款抵押证券化”这种既横跨银行业务又横跨证券投资业务的新型金融投资产品，容易出现传统金融监管范围没有界定涉及的监管盲区或交叉监管领域。不仅如此，近些年快速发展的衍生金融工具也为 2008 年国际金融危机的蔓延和深化起到了推波助澜的作用。如美国房利美与房地美公司将贷款资质低、流动性较差的住房贷款通过资产证券化将其转换成债券在市场上发售，以吸引投资银行等金融机构来购买，而投资银行利用“精湛”的金融工程技术，再将其分割、打包、组合并出售，不断制造出价格被不断放大的复杂的金融衍生产品，将金融交易的链条向更广涉及面和更深处不断延伸，而人性对金钱的贪婪所导致的短期性投机炒作行为则催生了危机的爆发。金融衍生品由于其复杂性、杠杆性和表外性的特征成为了次贷危机的罪魁祸首之一，其容易引发系统性金融风险。如对冲基金、私募股权基金等类似于“影子银行”的金融投资行为在近 20 年来也获得了快速发展，特别是一些资金规模巨大、覆盖网络较广的大型对冲基金、私募股权基金等容易引起系统性金融风险，而目前包括我国传统监管机构在内，对于此类金融投资机构与金融投资产品还基本处于监管真空状态。“影子银行系统”由于其特有的高杠杆、灵活复杂的金融产品和不透明的场外交易，容易累积并放大金融体系的系统性风险，加之对其缺乏资本充足率和存款准备金等约束，我国不仅基本上处于监管真空状态，而且在对这些金融机构进行监管方面还存在较大的难度。同时近 10 年来，特别是自 2013 年以来我国互联网金融呈现快速发展的态势，P2P 互联网借贷融资、互联网众筹、众银财富、移动互联网支付、互联网理财等新型的金融投资机构和新型金融投资产品等大量涌现，不断暴露出风险，对于我国传统的分业监管而言仍存在较大的监管缺乏挑战。

最后，是基于我国金融渐进式改革步调和我国金融业发展创新的需要。

改革分为渐进式改革和激进式改革，一般激进式改革在短期内完成对国家政治、经济或社会文化等领域改革，尤其是一些涉及政治体制、经济体制或社会文化传统等领域的重大改革，因面临很大的社会阻力而容易失败，这是因为人的观念和行为容易接受一直以来的传统观点影响而在短时期内对新的事物产生抵触、抑制心理，尤其是关系到权力分配、利益分配、历史英雄偶像崇拜等方面面临的社会阻力更大。而渐进式改革通过一定时期的过渡，让人们慢慢认识到新的改革为其带来的利益好处，慢慢消除人们心理的阻碍，尤其是在涉及权力和利益分配等问题时，经过一个过程逐步处理这些问题，则改革容易取得成功。

2008 年国际金融危机之后，法国、英国、欧盟、比利时、美国等金融监管逐渐将传统的分业监管改革为“双峰监管”模式，因此国内一些专家学者也大胆提出我国应顺应国外金融监管大趋势，采取统一监管、大央行监管（李波，2016）或双峰监管的模式（吴云等，2016a；吴云等，2016b）。笔者认为我国在短期内不宜采取统一监管模式（即在全国范围内成立一个高度综合性监管主体来负责对各种金融机构和各种金融业务进行统一监管，并集各种监管权力于一身）或双峰监管的模式（即在全国范围内成立独立于政府权力之外的双峰监管机构），考虑到我国的大国国情以及短期内改革的力度和难度较大，选择“改进的伞形监管模式”则更为适宜。因为我国行政体制是自上而下的金字塔集权性领导体制，根据“帕金森定理”[①]，官僚制组织容易走向自我膨胀，而不倾向于精兵简政以提高其运作效率。因此，在官僚性体制中增加行政机构和行政人员容易，但缩减行政机构和行政人员则非常困难。如我国 1978 年改革开放是中华人民共和国成立以来最重要的经济体制改革，将国家的重心由“以阶级斗争为纲”转变到“以经济建设为中心”上来，是决定当代中国命运的历史转折时期。又如我国 1998 年推进的政府机构改革，国务院组成部门由原来的 40 个精减到后来的 29 个，全国各省市也进行了相应的机构改革，全国从中央到地方由于精减党政群机关而精减行政编制人员 100 多万。历次政府机构改革需要国家领导人具有智慧、魄力和推进改革的勇气决心，能够总揽全局，而我国政治与经济体制改革更多时候都是渐进式改革。

我国传统的“一行三会”都是正部级单位，下到全国 31 省、334 个地级市、2850 个县级派出机关，从中央到地方的每个行政监管机构又有多个处室或科室，

① 在官僚体制中，行政机构会像金字塔一样不断增多，行政人员数量会不断膨胀，每个人都很忙，但组织效率越来越低下，这条定律又被称为“金字塔上升”现象。帕金森定理认为官僚体制下机构人员膨胀的原因及后果是：一个不称职的官员，可能有三条出路，第一是申请退职，把位子让给能干的人；第二是让一位能干的人来协助自己工作；第三是任用两个水平比自己更低的人当助手。这第一条路是万万走不得的，因为那样会丧失许多权力；第二条路也不能走，因为那个能干的人会成为自己的对手；看来只有第三条路最适宜。于是，两个平庸的助手分担了他的工作，他自己则高高在上发号施令，他们不会对自己的权力构成威胁。两个助手既然无能，他们就上行下效，再为自己找两个更加无能的助手。如此类推，就形成了一个机构臃肿、人浮于事、相互扯皮、效率低下的领导体系。

行政编制人员众多。前面已经分析过，一般统一监管模式由一个机构负责所有金融机构审慎和市场行为的监管，这主要适合于国家地域面积小和人口数量少的国家（如英国、瑞典、丹麦、挪威等），而我国则不适合。因此我国最有可能选择改革为双峰监管模式，但如果在短期内改革成双峰监管模式，需要将中国人民银行、银监会、证监会和保监会系统自上而下进行合并和职能整合，并精减大量的处室与行政编制人员，这显然会面临很大的阻力；同时，独立于政府权力之外而直接由最高级领导（如国家主席直接任命）的金融审慎监管局（如美国的美联储、法国的法兰西银行等），其分权制衡的模式在我国现行的政治体制下也难以行得通。[①] 笔者认为我国目前还没有做到双峰监管模式，但可以选择改进的伞形监管模式作为未来一段时期较为合适的监管改革选择。因考虑到相比于西方发达国家，我国金融市场真正发展起步较晚，我国国有大型金融机构在2000年以后才相继完成股份制改革上市，而我国证券业和保险业在2000年之前总体规模小且发展缓慢，加入WTO后中国证券业和保险业才得到了快速发展，尤其是近10年来得到了更进一步的发展，但前文已经分析过，国内的证券业与保险业无论是资产规模、机构数还是人员数都无法与银行业相比，目前我国金融系统仍然是银行业为主导；同时相对于欧美发达国家银行业、证券基金业、保险业三足鼎立的金融市场格局，我国目前还有较长一段路要走，因此当前时期，我国既要防范金融风险并加强监管力度，同时也要考虑培育发展壮大我国的证券基金业和保险业，通过培育多层次资本市场以及加强证券类机构和上市公司行为，让广大投资者共享改革发展成果；随着我国中产阶级规模不断壮大，人们消费能力和保险意识的增强，尤其是老龄化时代的来临，我国的保险业还有很大的成长空间。因此在未来一段时期，我国要处理好金融监管与金融创新、维护金融市场稳定和保持金融市场活力之间的关系（陶士贵，2016），既要防范系统性金融风险的发生，又要不断培育壮大本土的银行业、证券业和保险业走向国际化，积极参与国际化市场竞争，建设金融强国，并从根本上增强我国抵御外来金融风险冲击的能力。

我国实施“改进的伞形监管模式”的改革着力点有以下几点：

第一，将目前的机构监管改革为功能监管。保持现行“一委一行两会”的监管格局，但在具体职能和运作模式上有调整。正如前面介绍的，国务院金融稳定发展委员会主要是从最高层面来协调监管传统的“一行三会”，从国家战略角度制定国家金融业发展战略规划，并从国家金融安全的角度来研判国家金融风险的重要问题，对影响系统性金融风险的重要机构的拆分、合并、接管或撤销等进

① 根据《中华人民共和国宪法》，国家主席是由全国人民代表大会和常务委员会决定任命，国务院总理直接由国家主席提名，经全国人民代表大会审议通过，国务院副总理、国务委员、各部部长、各委员会主任等则由总理提名，由国家主席根据全国人大会议决定宣布任命。

行表决裁定等。因此国务院金融稳定发展委员会更多的是担任“总管家”和“总智囊”的角色，而对国家金融安全与稳定防范的具体监管执行工作则落到了“一行两会”头上。“一行三会”是我国传统分业监管的构架，更多的是执行机构监管的工作，即银行类机构由银监会来监管、证券类机构由证监会来监管、保险类金融由保监会来监管，这样造成了金融市场分割、“谁的孩子谁抱走”、金融协调困难等问题（王志成等，2016），这种对金融机构进行机械化的划分方式显然已经不能适应金融机构混业经营的发展趋势，因此需要将原来对“一行三会”的分业机构监管改变为分业功能监管，即不论是银行类机构、证券类机构还是保险类机构，如果其金融产品和业务性质属于银行类和保险类业务性质，则由银保监会来监管；如果其金融产品和业务界定属于证券类业务性质，则由证监会来监管；如果某类业务既带有银行类性质又带有证券类性质，如次级贷款证券化等，则由人民银行牵头进行协作监管。2017 年 7 月第五次全国金融工作会议所强调的“要加强宏观审慎管理制度建设，加强功能监管，更加重视行为监管”则是已经对传统的分业机构监管改革为功能监管发出了政策信号。

第二，确定人民银行为国家宏观审慎监管主要机构，并建立伞形金融监管构架。根据中国人民银行的传统职能性质和其在我国金融系统中所起到的作用，以及 2018 年中央政府机构改革中将原来银监会与证监会拟定法律法规草案与审慎监管制度的职责划归至人民银行的职权范围来分析，中国人民银行在防范国家系统性金融风险的重要性上显然在“两会”之上，其主要承担金融系统宏观审慎监管职责以防范全国系统性金融风险，包括跨市场的风险监管协调能力和系统重要性金融机构风险管控能力（吴晓求等，2017）。

中国人民银行作为我国的中央银行，既负有同世界各国传统央行一样的主要职能，在改进的伞形监管模式下，人民银行同时还负有对全国跨市场、跨地区的金融风险、系统重要金融机构的监管责任，尤其是对全国大型金融控股集团的综合性监管，以限制其从事高风险业务行为，从而防范全国系统性金融风险，包括阻止金融风险、衰减金融风险或防范金融风险外溢等（吴晓求，2017）。而金融控股集团公司旗下的银行类、证券类和保险类子公司则分别由子公司注册经营所在地的银保监会机构和证监会机构来进行履行功能监管职责。

第三，在“一行两会”中确定金融宏观审慎监管与微观审慎监管功能职责分工，负责金融市场监管与金融消费者权益保护，以体现目标监管的作用。

不同于西方国家的双峰监管模式，即在全国层面上成立独立于政府权力之外的金融审慎监管局（负责全国除资产管理机构外的其他所有金融机构的宏微观审慎监管等）和金融市场监管局（负责全国所有具有直接融资作用的金融机构微观审慎性监管和金融工具产品的市场行为监管）的做法，在未来一段时期我国金融市场上的金融机构主体的微观审慎监管主要还是交由银保监会和证监会负责，即由银保监会与证监会来负责执行各自所属业务领域范围内的微观审慎监管等职能，包括审批机构成立及经营范围、市场行为监管、审慎经营监管（包括监管金融机构的资质、履行合同能力、流动性及风险控制情况等）、市场风险监管，以及对不合法规等行为行使行政处罚权，保证金融业务和金融工具产品的有序稳健运行等。

中国人民银行作为“一行两会”中宏观审慎监管的主要机构，更注重对影响全国范围的系统重要金融机构，包括银行类和非银行类金融机构，尤其是全国大型金融控股公司进行宏观审慎监管以防止其从事风险较大的业务活动；以及对跨地区或跨市场的金融风险进行宏观审慎监管，以防止引发潜在的系统性金融风险。同时对于金融市场上消费者权益保护的监管，目前由其设在中国人民银行内部机构（目前正厅级），但升级为人民银行内设的副部级专门职能机构负责，并由分管的副行长担任局长兼书记，以体现金融监管的目的，并从机构等级与职能上加强重视程度。

金融消费者权益保护局的主要职责包括：①综合研究我国金融消费者保护工作的重大问题，并会同各相关方制定金融消费者权益保护的政策法规等；②研究制定交叉性金融业务和交叉性金融投资产品的市场运行规范标准；③及时对交叉性金融业务和产品进行跟踪监测，并对其可能损害金融消费者权益的潜在风险进行评估分析；④下设金融消费者权益侵害投诉处（匿名投诉以防打击报复，但要具体详细描述侵害事件过程），专门负责受理金融消费者的侵害案件；⑤会同“两会”对各自领域内可能侵害消费者权益的金融业务与产品进行监管，并对已经发生的侵害事件进行现场和非现场调查，对自立案件作出判决处罚；⑥配合公检法机构对相关侵害消费者权益的事件进行相关调查等；⑦依法开展金融消费者权益保护的宣传和教育工作等。

第四，金融稳定发展委员会的运作机制。国务院金融稳定发展委员会作为中央层面国家金融监管的“总管家”和“总智囊”，主要职能是“强化人民银行宏观审慎管理和系统性金融风险的防范职责，强化金融监管部门监管职责，确保我国金融安全与稳定发展”（2017 年 7 月第五次全国金融工作会议），即加强监管与协调，补齐风险监管短板。其级别要高于“一行两会”，并由副国级国家领导来担任委员会主任。根据前面所述的委员会职责，其下分设不同的职能部门处理日常性基本事务工作，而对于重大金融发展战略规划的制定、威胁我国金融稳定的系统重要金融风险的防范处置等问题的决定则行使集体委员表决权，集中不同领域专家的智慧来做出决定。其中金融稳定发展委员会实行委员集体投票表决制，委员设定为 10～15 名左右（如果投票委员太少，容易出现投票结果的随机性，不能发挥多领域专家的集体判断智慧，不能协调发挥国务院下不同部属经济金融领域部门的监管协调一致性；而如果投票委员太多，尤其是动辄将所有国务院的组成部门和直属部门等都囊括进去，则不容易展开小范围集体讨论，人太多而每个个体成员所占重要性降低，容易出现个体成员思想懒惰，在投票过程“搭便车”行为，最终投票表决过程可能成了看领导脸色行事的“投票结果高度一致”走形式过程，起不到真正判断表决的作用），其中具有投票权的委员来自对国家经济金融安全稳定有重要影响作用的部委权力机构，笔者认为如果具有投票表决权的委员为 10 名左右，可由中国人民银行、银保监会、证监会、财政部、国家发改委、国资委、中央财经领导小组、商务部、工信部、审计署等部属机构的主要专业代表负责人担任，其中金融稳定发展委员会主任负责召开会议并保证投票表决的公平公正权威性，但自身回避不参与投票过程，以从级别上保证各投票委员都是同一行政级别的平等性，同时整个投票过程全部为匿名投票以消除投票委员的后顾之忧。每人一票，投票结果最终以 2/3 或以上的票数赞同某一方案为集体通过。表决结果一经通过则立即具有法律效力，国务院可以此结果来协调各相关部门采取共同行动以推动国家金融系统重要改革发展规划落实，或应对防范国家系统性金融风险以维护国家金融安全稳定。其中在形成可供选择的投票表决方案之前，国务院金融稳定发展委员会可广泛聘请我国经济金融及司法系统内的多领域专家学者共同出谋划策，拟定相应的投票表决草案或预案以形成委员会讨论稿，显然这个准备过程是非常重要的。

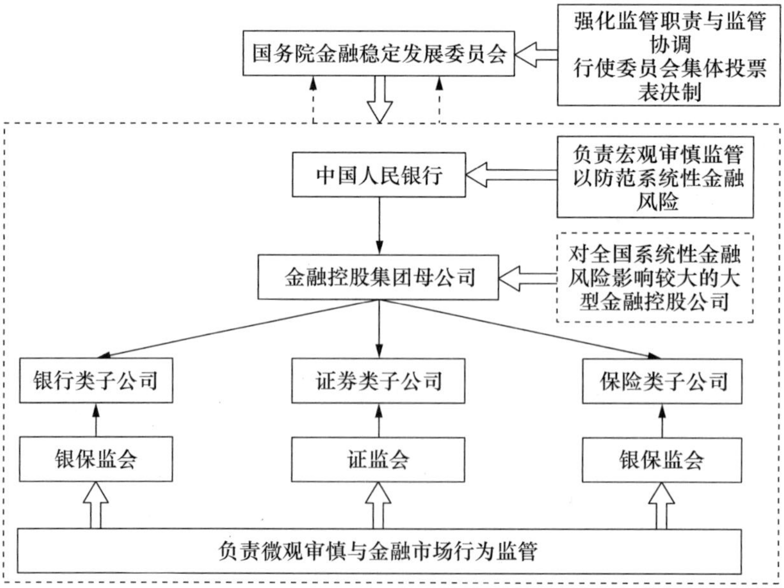

图 6－11　中央层面“改进的伞形监管模式”基本框架

第五，我国省域金融风险监管的改革着力点。当前，我国已经确立了以中央金融监管为主、地方为辅的双层金融监管体制，并成立了国务院金融稳定发展委员会来负责中央与省域地方的监管协调，以及业务监督和履职问责机制等，但目前中央并未就国务院金融稳定发展委员会如何在现有的“一委一行两会”监管构架下协调中央与地方的金融监管关系以防范系统性与区域性金融风险做出明确规定。承接上文内容，本书分析探讨了我国未来一段时期省域地方金融监管模式构架及其与国务院金融稳定发展委员会的协调机制。根据前文分析，我国省域层面金融监管体制，是中央“改进的伞形监管模式”在地方上的延伸，未来一段时期的我国省域层面金融风险监管体制改革的要点包括以下几点：

（1）将大部分省域中心支行改名为省域分行，因为之前按大区来设立省分行是计划经济的产物，且之前设立省域中心支行的省份，如浙江、福建等在20多年来无论是金融机构与从业人员数量，还是省域金融市场活跃水平都获得较大的增长，虽然只改名字没有发生实质性变化，但可以体现中央对省域金融风险的重视。

（2）地方上传统的“一行三局”机构监管改变为功能监管，人行省域分行作为国务院授权地方的宏观审慎监管机构，主要负责省域金融审慎监管，包括对全国系统性金融风险影响较小的地方金融控股集团母公司的监管，以及本省域范围内跨市场或跨区域的金融风险的监管等以防范省域系统性金融风险，而金融控股集团公司的下属银行类、证券类和保险类子公司则分别归属地方银监局、证监局和保监局来负责功能监管。同时“三局”负有对各自所属领域金融业务和金融产品的微观审慎监管和市场商业行为监管职责，而对于交叉性金融业务和金融投资产品工具等则由人行省域分行会同“三局”进行协调监管。

（3）在中国人民银行省域分行内部下设金融消费者权益保护处，以负责省域地方上金融类公司的消费者权益保护相关工作，并由人行省域分行的副行长（副厅级）直接领导，以体现金融监管的目的和对广大金融消费者权利保护的重视。

（4）将省域“金融办”改名升级为省域“金融稳定发展委员会”以体现从中央到省域对区域金融风险与金融稳定的重视程度，而且省域金融发展委员会主任由分管副省长直接担任（副省级），主要目的为协调省域地方“一行三局”可能出现的协调性差、监管真空、监管重叠等问题，以及方便协调省政府下属各厅局级经济金融管理部门采取一致性的金融发展规划和金融风险监管行为。省域金融稳定发展委员会下设金融监管局，主要负责解决本省金融业改革发展过程中面临的重大问题，并谋求金融支持以促进本省实体经济发展壮大；同时负责中央授权地方的金融监管对象，如“7 +4”类地方小型金融机构，以及新兴出现的小型金融机构与金融业态的市场准入与风险监管等。建立大数据共享平台，在金融监管局与人行省域分行内部实现数据共享，以方便人行省域分行内部监测评估辖区内可能出现的系统重要金融风险状况并做出及时预警。同时省域金融稳定发展委员会下设秘书办公室等，以负责其日常具体操作性工作，同时监督落实省域金融稳定发展委员会的表决结果执行情况等。

（5）省域金融稳定发展委员会的运作模式类似于国务院金融稳定发展委员会，实行委员会集体投票表决制（主要投票表决省域重要金融改革发展规划和威胁金融安全稳定的省域系统重要的金融风险防范应对方案，包括可能对省域重要金融机构的拆分、兼并、接管等风险应对方案），每人一票，如具有投票表决权的委员会为10名左右，可来自人行省域分行、省银监局、省证监局、省保监局、省财政厅、省发改委、省国资委、省商务厅、省经信委（有些省叫工信委）、省审计厅等与省域经济金融风险相关的权力机构代表负责人，具体投票表决模式与国务院金融稳定发展委员会相似，在此不再重复。在形成投票表决草案或预案之前，省域金融稳定发展委员会可广泛征求省内外经济金融系统及司法系统专家学者的意见，以形成可供委员会讨论稿，显然这个前期准备过程同样是非常重要的。

（6）几个密切相关的问题：

问题一：由于省域金融稳定发展委员会的委员多来自省内厅级机构代表（如前面10名中有7名来自省属机构），而直属于中央派出机构的“一行三局”委员代表人数少，是否在省域表决时有优势呢？答：省属机构与省域“一行三局”监管的价值取向是一致的，都是维护省域金融安全与稳定，都是保护省内外广大金融消费者的合法权益，省政府和中央“一委一行两会”都是归国务院领导。如果在投票表决前的草案中出现偏保守的监管草案，偏支持本省经济与金融发展的非保守草案，以及快速促进本省经济与金融发展的偏激进但可能面临较大潜在金融风险的草案，省域“一行三局”可能选择偏保守的监管草案（本身只是中央下派至地方，抱有不求有功但求绝对无过的想法）和省里代表大多选择偏支持本地经济金融发展的非保守草案（因为省里代表多，更容易通过）产生利益冲突时，省域“一行三局”可匿名行使上报权上报至国务院金融稳定委员会来审核明显不合规、不合理的草案，并对剩下的草案由地方金融稳定发展委员会行使最终投票表决权（这时候，激进的草案可能事先被淘汰，但非保守的草案因没有明显的非合规、非合理性问题而被保留下来，并最终被省属代表投票表决通过，笔者认为这可以理解并被接受，全国各个省份都在竞争发展，尤其是建设成为经济与金融强省是各省的心愿）。

问题二：如果省域金融稳定发展委员会的投票表决草案中存在“以邻为壑”的损人利己的问题时（比如以牺牲邻省或国家整体利益来谋求本省的经济发展），省属代表们心里清楚草案中可能存在损人利己的疑点但因为对本省发展有巨大的好处，所以省属代表们都闷不作声，应该怎么办？答：这时省域“一行三局”对存在这种情况疑点的草案行使集体权力匿名上报至国务院金融稳定委员会讨论审核草案的合规正当性（因为“一行三局”直属国务院派出机构，地方政府无权干预他们履行职权义务；同时是集体匿名上报，不涉及个人，不会牵涉个人政治报复或人身攻击报复等；而且“一行三局”还要行使其他职能，地方政府为了获得地方金融支持，搭建银政企合作平台，还有利益诉求于“一行三局”，一般不会造成中央派出机构与地方政府非常紧张的氛围）。

问题三：如果省域金融稳定委员会对全国系统重要性金融控股集团公司下属的地方子公司的投票表决草案中存在与中央已经通过的投票表决结果监管取向不一致的情况时，该怎么办？答：由省域“一行三局”行使集体匿名上报权上报至国务院金融稳定委员会讨论审核草案的合规正当性（因为国务院金融稳定发展委员会是站在全国金融系统安全稳定的角度，地方利益一般要服从国家整体利益），之后再反馈到省域金融稳定委员会进行投票表决。

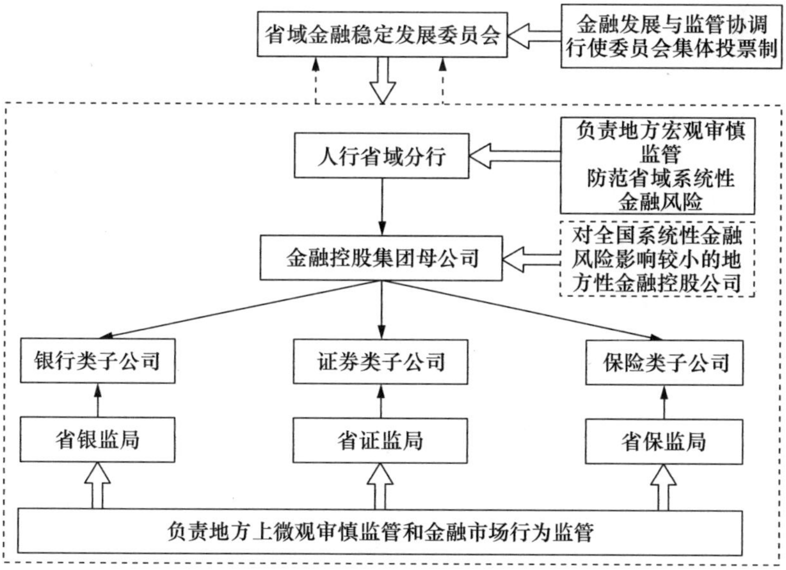

图 6－12　省域层面“改进的牵头监管模式”基本框架

6.2 中国省域金融风险监管防范路径分析

6.2.1 省域金融风险警情监管响应的一般路径

（1）省域金融风险警情监管响应的理论分析。

由于金融活动在交易过程中具有内在的不确定性风险，为了规范交易主体的行为，以维护市场秩序，保护其他市场参与者的利益，达到政府职能的需要，更好地提升本国或地区的国际竞争力，各国政府金融管理部门纷纷出台了一系列法律法规来实施金融监管活动。金融监管活动是市场经济条件下政府等监管机构为弥补市场失灵，保护市场自由竞争与金融市场各方参与者的利益而进行的有目的的干预活动。金融监管是为了实现经济金融自由而进行必要限制的措施。金融风险监管的目的是控制金融风险，维护本国金融安全与稳定。金融监管的核心要点是处理好金融监管与金融创新、市场活力与市场稳定之间的关系。安全性是金融监管过程中的保守性因素，创新活力是金融监管中的积极性因素，正如事物矛盾的两个方面相互作用、相互制约、相互影响，共同维持金融体系的动态平衡。因此金融风险监管要把握好在防范金融风险过程中如何提升并促进金融效率与创新活力，在促进金融发展活力与提升金融效率的同时注意如何防范金融风险，两者互为约束条件，共生共长。

金融风险的警情监管包括常规性监管与突发应急监管，常规性监管是指对金融市场与金融机构中出现的常规性风险的监管，其风险变化程度一般在可预料范围内，该监管过程是由常设监管机构（如人民银行省域分行内设的金融稳定处等）来负责日常监测分析与常规预警；而突发应急监管是指对金融市场与金融机构中出现的非常规性风险，或即使是常规性风险但其风险波动程度明显超出了日常预警的承受范围的监管。一般常规性监管过程中对特定金融市场、金融机构或金融投资工具的一般风险来源，具体监测预警警素指标，以及要重点关注的指标等都比较清楚，这也和金融审慎管理的内在要求是一致的；但对于突发性警情，其风险来源在预料之外，或虽然其风险来源在预料之内但其风险程度却在预料之外。如对商业银行进行常规性风险监测，有美国的骆驼评价指标体系和《巴塞尔协议Ⅲ》为世界各国审慎监管部门所接受，而中国也制定了中国版《巴塞尔协议Ⅲ新资本协议》的资本监管新规（巴曙松，2012），以及中国银行业监管还引入了杠杆率、拨备率和流动性监管指标等，并能较好地应对商业银行的常规性金融风险。

常规性金融风险是与金融市场或金融机构日常经营行为过程相伴相生的，其风险形式与风险状态在预测范围之内，因为金融风险是指由于金融活动的不确定性而使金融资产或收益遭受损失的可能性，这种不确定性与金融活动本身密切相关，且伴随在一切金融活动之中，只要有金融活动，就必然存在金融风险，常规性金融活动多伴随常规性金融风险，它源于金融风险必要的时间与空间的差异；而突出性金融风险主要出现在以下几种情况：

第一，新兴复杂的金融衍生产品，如次级贷款不断打包证券化；

第二，新兴的金融业务模式，如各种形式的互联网金融模式；

第三，对于老的金融投资产品或金融业务模式，对其可能产生的危害认识不足，如大型跨国或跨地区对冲基金、大型私募股权基金、卖空机制在资本市场下行过程中的潜在放大影响等；

第四，系统重要性金融机构或金融市场的内部自身经营管理出现了极大漏洞，如权钱交易、内幕交易、关联交易、做庄操作等，例如巴林银行是历史显赫的英国贵族银行，因其长期较好的理财水准而受到客户青睐，但因其派驻新加坡首席交易员尼克·李森的大量投机操作、监管不善等导致巴林银行巨亏倒闭①；

第五，外部国际金融市场输入性风险冲击影响，如1998年东南亚金融危机对东南亚国家金融市场的冲击影响，2008年国际金融危机对世界主要金融市场带来的巨大冲击影响等。

第六，由于本国金融体系存在很大的缺陷（如本国没有达到金融自由化的条件而贸然实行自由化，或已经达到了部分自由化而过度金融抑制因此错过了融入国际金融市场的时机），或金融监管体制存在较大缺陷，如没有建立起金融风险警情应对机制程序，或监管机构人浮于事、形同虚设等。

金融风险监管按其监管的主要内容可以分为金融经济风险监管、银行证券保险等金融机构监管、利率监管、汇率监管、内债监管、外债监管等，金融风险监管的原则包括依法监管的原则、适度监管的原则、动态监管的原则、国际协调的原则②，在此不再重述。

按照金融风险事件监管的时间逻辑顺序，可将国家或区域金融风险警情的危机监管分为事前监管、事中监管和事后监管。

---

① 在英国具有230多年显赫历史的巴林银行一向以稳健理财著称，但内部监管存在极大漏洞，1995年巴林银行派驻新加坡首席交易员尼克·李森进行赌徒性期货与期权合约操作，对经济衰退后的日本经济看好并大量购买了日经指数期货合约与期权头寸，但形势急剧直下出现巨亏，导致巴林银行宣布倒闭，并给英国和东南亚金融市场带来了很大的市场动荡影响。

② 张安军．中国金融安全监测预警研究［M］．北京：中国社会科学出版社，2015.

事前监管是本着防患于未然的准备，基于金融市场与金融机构审慎监管的内在要求，对各金融市场交易行为与金融机构的日常经营行为进行日常常规性监测分析，尤其是对影响国家或区域系统性金融风险的金融机构等进行日常动态监测，并对可能出现的警情作出及时发现、上报讨论与监管应对处置的常规过程。在这种情况下，由于对警情发现较早，对金融风险源处置及时，将潜在的风险消灭于萌芽状态，一般不会导致更大的金融风险发生。正如对于一个人的身体状态，在身体没有出现任何症状的情况下进行定时检查，如果发现有病症苗头，立即医治处理，可确保个人身体健康无恙。一般高明的金融监管体制是将金融风险消灭于萌芽状态，在外人看来前期监管过程看似微风细雨悄无声，却胜似事后监管的狂风骤雨惊梦人，我们称事前监管为有备无患。

事中监管是本着有病就医的态度，基于金融市场与金融机构审慎监管的内在要求，对各金融市场交易行为与金融机构的日常经营行为中出现的已然明显是金融风险的事件，特别是对影响国家或区域系统性金融机构的重要事件进行上报讨论与监管处置的常规过程。在这种情况下，由于风险警情已经比较明显，需要及时作出金融监管处置，否则就会导致金融风险进一步蔓延深化并可能引发更严重的后果。正如一个人的身体已经出现了不舒服的病症，需要去医院进行及时医治以消除病症，才能重新换来身体的健康，当然这个时候应当及时就医，虽然医治过程可能有些困难但基本上都能痊愈；如果不及时治疗而让病症拖延下去将会进一步加重病情，后果未知。一般中智之做法会对已然之险情进行及时监管应对处置以防止进一步蔓延恶化，事中监管好似穿林打叶之风雨，却胜似事后监管的疾风骤雨错无妨，我们称事中监管为有备有患。

事后监管是指由于事前、事中疏忽麻痹，对各金融市场交易行为或金融机构的经营行为过程中已经出现的重要风险事件，特别是对影响国家或区域系统性金融机构的重大金融风险事件的事后上报讨论与应急监管处置的过程。在这种情况下，由于对警情发现较晚，对前期金融风险源处置不及时或不适当，前期较小的金融风险已经蔓延深化为重大的金融风险或者已经衍变为金融危机事件，如果此时不及时紧急监管应对处理，将会衍变为金融危机的爆发或更大规模金融危机的爆发。正如一个人的身体状态已经出现了重大病情，如果此时紧急医治（如通过做重大手术等），将不会直接危及生命安全。一般下智之做法会对已经出现重大险情的事件进行应急处理以防更大损失的发生，此时事后监管有似疾风骤雨，短快急促却摧残花朵，我们称事后应急监管为无备重患。

（2）省域金融风险警情监管响应的一般路径分析。

前面已经对金融风险应急监管的相关理论进行了分析，再好的理论只有应用到实践中才能体现出它的价值，而理论的优劣也只有通过实践才能得到更好的检验。根据前面的分析，金融风险监管包括事前、事中与事后监管，其中事前与事中监管重在积极预防与防范应对，而事后监管则主要是消极应对、减损弥补。在实践金融监管过程中，2008年国际金融危机之后，各主要国家都积极进行金融监管改革，积极防范本国系统性金融危机的发生，因此实践中事前监管和事中监管占主导，而对本国金融系统可能出现的金融风险警情进行准确的预警分析，就成了其中的关键。根据本书前面的分析，金融风险预警一般包括明确警情、寻找警源、分析警兆与预报警度四个阶段，其中明确警情即明确金融风险预警的对象是什么，警情包括警素与警度，警素是构建警情的指标，警度是指警情的程度；寻找警源是指寻找导致警情发生变化的内在原因；分析警兆是进行预警的关键环节，是对进行预警的警素指标进行分析，这需要进一步分析警兆与警素之间的数量关系，找出与警素中的警限相对应的警兆区间，然后借助警兆的警区进行警素的警度预报；预报警度是预警的目的所在，即对国家金融安全状况可能发生变化之前发出预警信息。在这四个阶段中，明确常规警情早已被金融监管当局所接纳，即要对本国或本区域重要的金融市场和金融机构进行监测预警分析，以防范可能出现的系统性金融风险；寻找警源，即对引起金融风险上升的一般可能的内在原因进行梳理分析，查找警源是对金融风险进行监管防范的重要阶段，如果只是常规性警源一般都能及时排查发现，如果是非常规性警源，则不容易被发现或即使被发现也不知该如何合理处置；分析警兆即对警情的警素指标进行定量分析，显然这个环节是进行预警的关键环节，一般由金融监管当局的常设机构部门（如我国国家层面的中国人民银行内设的金融稳定局等，而省域层面则是负责金融审慎监管的人民银行省域分行内设的金融稳定处等）进行日常监测预警定量分析；预报警度则是根据警兆分析结果，依其程度大小确定此次的金融风险危害等级并启动相应的监管响应预案。

根据以上分析，我国省域金融风险警情应急监管程序如下：首先由人民银行省域分行的内设机构（如人行杭州中心支行内设的金融稳定处）对浙江省域常规金融风险的主要警素指标进行常规定量监测预警分析，并根据综合系统性金融风险程度结果（一般可分为特别严重、严重、较重、一般四种结果）反馈到省金融稳定委员会（尤其是特别严重和严重的预警结果），然后由省金融稳定委员会通过开会讨论其可能的风险来源（包括宏观经济领域风险、金融市场风险、金融机构风险、政府内外债风险、外源性金融风险冲击等），并与各风险所对应的相应经济管理部门进行密切沟通协调，拟定具体有针对性的风险应对方案，通过行使集体投票表决权形成最终风险响应方案，最后共同应对防范处置金融风险源，以维护本区域金融系统安全与稳定。一般过程如图6－13所示。

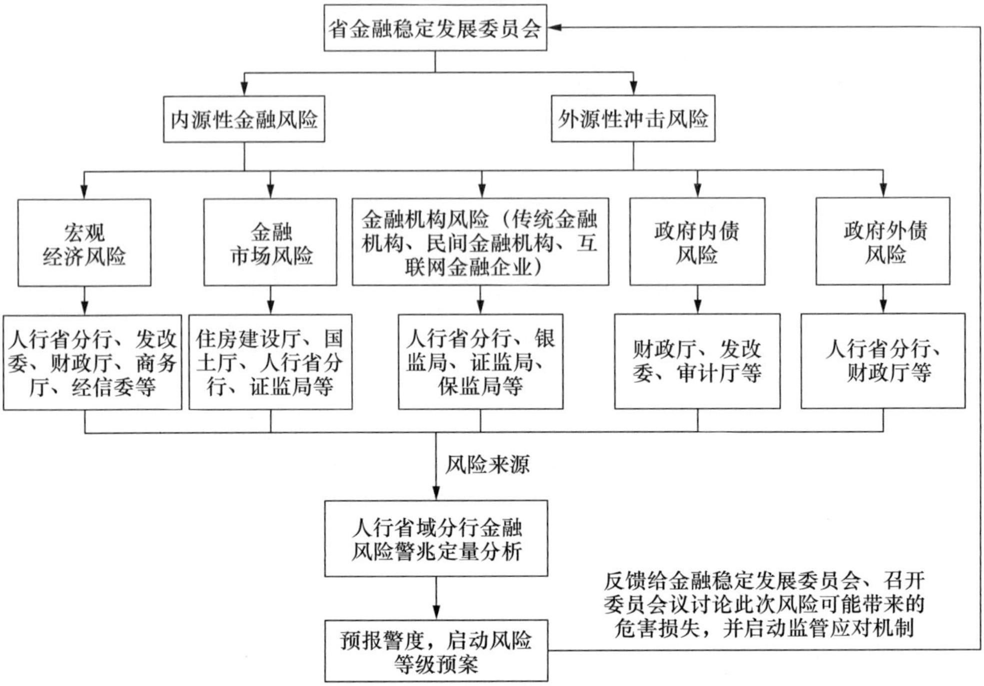

图6-13　省域金融风险警情监管响应的一般路径流程

依据以上流程，并根据金融风险预报警度的风险程度大小，可以将我国省域金融风险监管响应预案分为4个等级，各等级可以用不同的颜色来分别表示，具体如表6-11所示。

表6-11　省域金融风险警情的应急监管响应方案等级对照表

风险响应等级	颜色标识	预警程度	具体解释
四级响应预案	蓝色	轻警	省域金融系统内部某些关键领域或环节存在一定风险隐患，需要及时处理，否则风险会上升
三级响应预案	黄色	中警	省域金融系统内部某些关键领域或环节存在明显的风险威胁，此时需要及时防范处置，以防风险蔓延深化
二级响应预案	橙色	重警	省域金融系统面临很大的风险威胁，需要采取紧急监管响应方案，否则可能导致风险恶化或引发省域系统金融危机
一级响应预案	红色	巨警	省域即将或已经爆发金融危机，短期内难以自我调节恢复，此时应立即采取紧急监管响应方案，以避免危机发生或将已发生的危机范围和损失尽可能减少

6.2.2　浙江省域金融风险监管防范的对策建议

（1）国际开放格局下保持实体经济健康稳定发展，防范经济过冷或过热。

实体经济最终决定虚拟经济，地区实体经济的持续健康发展是本地金融业健康稳定发展的最终保障。浙江省是进出口贸易大省，与国际市场联系密切，进出口贸易额与贸易顺差走在全国前列，因此在我国深度扩大对外开放的格局下如何保持浙江省域实体经济健康稳定发展态势是监管当局着重思考的议题。根据本书第 3 章和第 4 章对浙江省域金融风险监测预警实证结果可以发现，浙江省对外经济与对内宏观经济运行都对本省的实体经济风险产生较大的影响。在对外宏观经济风险领域，2001～2016 年期间浙江省对外贸易综合依存度总体表现出持续的对外依赖，2011 年最高为 39.7%，已经接近 40% 的重度不安全警戒线，2016 年观测值为 31%，也处于轻度不安全状态，影响到省域经济安全性。与此同时，实证表明浙江省域进出口贸易月度增长率与浙江省域金融机构风险显著正相关，而出口贸易月度增长率则与金融机构风险负相关，因此浙江省需要在积极扩大对外出口贸易的同时，减少对外进口贸易的依赖，减少“两头在外”的传统贸易方式，不断增强自身的自主产品创新性、增加产品的技术和品牌附加值，从根本上增强国际竞争力。从浙江省域出口集中度方面来看，2001～2016 年浙江省对世界前七大国家或地区的贸易出口过度集中，2016 年贸易出口综合集中度为 57%，严重超过了 20% 的重度不安全警戒线，处于危机状态；而在进口集中度方面，2001～2016 年浙江省对世界前七大国家或地区的进口集中度亦严重超出了 20% 的重度不安全警戒线，处于危机状态。因此需要在积极扩大对外贸易出口的同时，积极开拓新的国际市场领域，避免对外贸易过度集中而容易受到海外市场外源性经济冲击的影响。通过季度预警分析发现，浙江省域主要宏观经济预警指标的季节性冷热波动明显（已经剔除了原始观测值季度性波动因素），尤其是对省域金融安全影响显著的进出口增长率、固定资产投资增长率、消费增长率等重要经济指标，从而造成省域宏观经济季节性金融风险预警信号波动明显，这包括经济运行本身内在波动性，也包括政策干预因素的影响等。政府当局在制定省域经济政策和对经济领域进行干预过程中，应着眼未来谋划长远，尽量减少短期经济刺激或抑制政策，并对市场释放经济政策长期利好信号，以避免经济短期剧烈波动对省域经济与金融稳定带来的较强冲击影响。通过 5.2.1 节对省域金融风险应急监管机制的分析，要保持省域经济长期持续安全稳定发展，除了在国家层面要集思广益，制定好每五年的“十二五”、“十三五”中长期发展规划等，也要在每年的中央经济工作会议与全国两会期间的《国务院政府工作报告》的经济导向中做好各省域制定宏观经济政策的重要参考来源。与此同时，包括浙江省在内的全国各省域也要充分认识到本地区的经济发展优势与国际市场未来发展趋势，制定好适合本省的五年规划纲要和每年省域经济工作会议传达的经济政策发展目标动向，由于五年规划纲要在时效性上也仅是中长期规划，而每年的经济政策则要以保持稳定为主基调，在此基础上谋求其他发展，这样才能持续推动本省经济不断向前持续稳定发展。

（2）合理引导贸易中的国际热钱流入，防范外源流动性冲击风险。

国际热钱具有逐利的本性，投机性很强，其特点表现为以中短期为主，资本流动快进快出，且没有固定投资场所，容易对一国的外汇市场、资本市场、房地产市场等形成风险冲击。而近些年国际热钱流入我国的途径较多，主要表现为：一是通过资本账户输入，包括利用地方政府招商引资政策进行虚假投资，将无实体资产投资资本投向房地产和有价证券等，还有国内投资者在国外以成立公司为名筹集境外资金进行返程投资，另外还有一些国际投资机构或跨国公司等从内部调集资金或短期借贷等，将境外转来的资金投向高利润行业；二是通过贸易账户输入，包括与国外公司签订虚假合同，向境内输入无实体交货款或预付货款，或以高报出口或低报进口的方式，将超额货款用于国内投机；三是通过个人项目输入，包括利用个人申报金额小、大量分散等真伪难辨、混夹热钱流入，或是以国内投机机构或个人签订虚假合同，还有通过贸易中介佣金形式流入，还有通过职工报酬、赡养费等形式流入；四是通过地下钱庄的国内外分支机构转移资金流入等。浙江省是我国对外贸易大省，在出口创汇与对外投资、引进外资方面位居全国前列，而其中不乏大量国际热钱混杂其中流入浙江境内，尤其是2013～2016年数据显示浙江省内以杭州市、舟山市为代表的主要地级市普遍固定资产投资中对房地产投资依赖严重，房价短期内上涨过快，容易吸引外省及国外热钱流入浙江省内从事房地产投机炒作等行为，而根据前文测算发现浙江省房价收入比明显过高，房地产经济泡沫化将加大经济金融风险，损害省域实体经济的中长期发展。要抑制国际热钱流入需要中央到地方的共同努力：第一，我国资本账户要坚持稳定有序开放，既要避免过度保守而错过积极融入国际金融市场的时机，又不能短期内开放过快导致过度自由化风险；第二，要加快人民币走向国际化，不断扩大人民币在对外贸易中的使用范围并做好相应的国际交易结算支付系统支持等；第三，从中央到地方要营造来华投资创业的良好体制机制与生活环境氛围，让世界更多地了解中国的实际经济发展情况，多鼓励国外的企业和投资者真正来华投资创业和生活；第四，从中央到省域政府监管当局要严格审查贸易进出口合同与引进外资中可能存在的虚假交易及可能存在的热钱流入现象，防止国际热钱大量流入中国境内对国内的股市和房市造成较大的投机性冲击影响，尤其要注意沪港通和深港通开通以后，北上资金对我国股票市场等投机行为所带来的冲击影响；第五，浙江省是我国东部发达省份，无论是经济发展程度、投资创业机遇，还是自然人文环境等方面都走在全国前列，也是近些年中国吸引海外归国人员最多的省份之一，浙江省可以充分利用好自身的良好优势基础，吸引更多的海外企业和人才来浙江投资创业与居住生活，尤其是建设世界级杭州湾大湾区则需要更多的国内外企业与人才共同经营建设，而不是来浙从事短期性投机炒作行为；第六，浙江省民间金融活跃，以温州为代表的私人融资机构、地下钱庄等是民间短期资本躲避政府金融监管的重要渠道，浙江省要不断创新中小企业融资机制，支持发展民营银行和私人银行，让更多真正有前景的中小微企业能方便融到资金，减少对以高利贷为特征的私人高风险的借贷行为，让更多的私人融资机构阳光化；第七，浙江省互联网金融走在全国前列，尤其是以P2P为代表的互联网融资机构，以其目前的脆弱性容易成为金融风险的来源，省人行分行和省证监局等一方面要积极鼓励浙江省互联网金融业的发展，另一方面对于通过各种互联网金融机构流入国际热钱的倾向行为进行严格监管，让互联网金融机构健康阳光运行。

（3）不断增强本地企业的竞争价值，防止房地产市场价格泡沫风险。

根据第3章浙江省域金融风险监测分析结果发现，1993～2016年浙江省域上市公司的综合平均市盈率除了2000～2002年、2007年与2015年处于中度不安全到轻度不安全外，其余各年的综合市盈率均处于高度安全的合理范围之内，2007年与2015年主要是受到我国股票市场的整体一轮牛市行情的市场情绪推动所引起。但通过季度预警发现，2004～2016年期间浙江省部分年份股票市场存在季度性风险现象，如2007年四个季度的沪深股市市值占浙江省GDP的比重接近或明显超过125%的警戒线，处于重度不安全到危机状态。而2009年第二季度到2012年第一季度，除了2010年第二季度外均处于危机状态，表明期间浙江省域股票市场存在明显的股市金融风险，这与2008年11月国际金融危机之后我国总体股市从上证指数1664.9点进行触底后反弹上升并在2009年7月份达到3405点并维持在3000点左右震荡相关（到2017年底我国上证指数也才在3100点左右震荡），同时与国际金融危机后中央政府4万亿投资刺激计划的巨大利好消息影响也相关。浙江省作为外向型经济大省，在2008年国际金融危机中受到较大的冲击影响，而我国在2010年后率先在国际市场上走出了金融危机的阴霾，其中浙江省作为中小企业众多的民营经济大省也表现出了较大的经济韧性和回旋弹性，股票市场投资者对浙江省上市公司看好。自2014年下半年以来浙江省域上市公司成交额趋势活跃，2014年下半年到2017年下半年浙江省域季度性股市市值占浙江省域季度GDP的比重明显超出警戒线而面临新一轮股市偏热风险，其中尤其是2014年第4季度到2015年第2季度的新一轮中国股市牛市行情过程中浙江省域股票市场面临过热金融风险。

2001～2016 年期间，浙江省域城镇地区房价收入比的经济风险程度呈现出从高度安全到危机状态的不断恶化过程，特别是从 2007 年开始，城镇地区房价收入比持续扩大，房地产价格风险持续上升，2016 年为 9.82 倍，明显超过国际上规定的 7 倍重度不安全警戒线，处于危机状态。通过前文分析，2013～2015 年以来浙江省包括杭州、舟山、温州等在内的主要地级城市固定资产投资对房地产投资依赖严重，房地产投资快速增长的同时，房地产市场空房率较高且市场投机炒作风气盛行，容易助推房地产价格泡沫风险。而通过第 4 章的季度预警分析发现，2003～2016 年浙江省城镇商品房单位面积售价持续上升，尤其是 2008 年下半年到 2009 年上半年期间房价增速波动幅度较大，而 2010 年第 2 季度、2011 年第 4 季度、2012 年第 2 季度亦出现了房价增速波幅较大的情况，显然不利于浙江省域房地产市场的安全与稳定。

政府金融监管当局如何防止股市与房市过热的金融风险，笔者认为对于股市市场而言，首先，要从根本上提升包括浙江省在内的我国省域上市公司的国际市场竞争力，如浙江省在近些年出现了一批在国内与国际市场具有较大竞争力且公司内在价值持续提升的优秀上市公司，这些公司市值在合理的范围之内且没有较大的股市泡沫，因此通过培育一批有实力有发展前景的优秀公司上市是发展壮大浙江省域整体公司竞争力的优良选择。其次，我国目前资本市场在运行机制和市场监管方面与欧美发达国家成熟的资本市场相比还存在较大的不完善之处，我国股市价格波动频繁，国内股市投机炒作盛行，短期内难以体现优秀上市公司的真正价值，因此要倡导理性投资而不是投机，让更多的国内外投资者分享浙江省优秀企业的发展所带来的经济成果。再次，浙江省证监局等要严格监管浙江省域上市公司的内部交易、关联交易、投资炒作等市场行为，为包括浙江省上市公司在内的市场营造一个良好的投资环境。最后，完善浙江省内的区域金融交易市场，在借鉴欧美国家成熟的经验基础上和在合理管控风险的前提下进行大胆先行创新试验，为更多的优秀中小企业提供投融资的优良土壤。而对于目前浙江省房地产市场存在的价格泡沫风险，笔者认为，第一，要从浙江省中长期发展战略的角度进行合理城市规划与布局，围绕未来有发展潜力的战略性新兴产业进行布局，而不是盲目大规模投资房地产，以防止产业空心化。第二，严格信贷审批，特别是对于没有经济实力基础的中小型房地产企业，防止其空手套白狼，以防止房地产投资规划定位不当而面临资金链断裂跑路风险。第三，坚持“房子是用来住的不是用来炒的”定位，联合多部门出台土地、租赁、过渡保障房等政策措施，使来浙投资创业和稳定工作的居民能安居乐业。第四，严格监测外来炒房团集体来杭州等城市炒房的行为，并制定严格政策以遏止外来团体和具有明显倾向的个体进行非居住式大批量炒房的投机炒作行为。

（4）保持财政赤字在合理运行范围内，管控好政府内债风险。

根据本书第3章的监测分析发现，2005~2016年间浙江省域财政风险一直处于中度不安全到危机状态，其中2009年以来浙江省财政赤字率一直接近3%的重度不安全警戒线，2015年最高达到了4.28%，处于危机状态，而3类汇总的国债负担率在近10年来处于低度不安全到高度安全状态。但值得注意的是2014~2016年财政风险出现了上行态势，处于中度安全向低度不安全转化状态，尤其是国债债务率，无论是政府负有直接偿还义务的债务还是负有隐性担保与救助义务的3类汇总债务，在2005~2016年期间均高于100%的重度不安全警戒线，处于危机状态。其中近6年来第一类国债债务率最高值出现在2015年，为216.87%，大大高于100%的重度不安全警戒线，处于危机状态。而根据季度预警分析发现，浙江省域财政收入增长率的季度性波幅较大（已对原始观测值剔除季节性因素影响），财政支出对财政收入的增长弹性亦呈现季度性明显变化，浙江省域财政赤字率金融安全自2012年第一季度以来则呈现季度性持续下降的态势。综合因素导致此期间的浙江省域财政运行处于中度不安全到危机状态。

如何让浙江省域财政保持在安全合理的范围内平稳运行？第一，包括浙江省在内的我国许多省份要减少存量债务负担，从根本上增强本省实体企业的发展竞争力以增加政府财源收入；第二，要实行结构性关税，帮助有实力基础、有创新性、有良好发展前景的中小企业减轻负担，让企业在短期内快速发展壮大，这在短期来看是减少了政府的财政收入，但从中长期来看是实现了企业发展壮大与政府财政收入持续增收的双赢；第三，政府在进行财政支出过程中要考虑到短期支出过大或过缓所带来的不利影响，取而代之的是基于中长期考虑的平稳性财政支出政策，尽量减少短期财政运行波动风险；第四，要精兵简政，减少政府机构运行成本费用负担，创造精简、高效、廉洁的现代服务型政府；第五，减除一些依靠政府隐形担保的利益链条的隐形债务行为，让这些利益组织在思想和行为上"断奶"，以减轻政府的隐形债务负担；第六，通过政府与企业合作等市场化机制来完成一些公益性的投资项目，减少政府融资等通过大量举债来完成公共性投资项目；第七，要加大反腐力度，对于政治官员私下权钱交易、以权谋私、违反八项规定等行为要坚决查处制止，把权力关进制度的牢笼里。根据5.2.1节的监管机制分析，对于省域层面的财政运行风险监管协调，首先是通过人行省域分行的定量监管预警来发现风险，并及时反馈到省域金融稳定发展委员会，通过委员会讨论商议监管应对方案，其次下达到与财政运行相关的厅局级相关机构如财政厅、发改委、省审计厅等，最后依据监管方案采取联合行动来进行监管防范财政运行金融风险。

（5）加强金融机构审慎监管，评估新兴金融业态商业行为的潜在风险。

金融机构风险是省域系统性金融风险的重点监管领域，维护省域系统重要性金融机构的安全稳定是维护省域金融系统安全稳定的关键环节。根据本书第3章与第4章的监测预警分析，2005～2016年浙江省域金融机构经历了从中度安全到高度安全再到低度不安全的状态变化过程。其中传统银行类金融机构在此期间处于高度安全状态，总体安全状态保持良好而且相对比较稳定，此期间引起省域金融机构金融安全程度从2009年开始缓慢下降的主要原因在于民间金融和互联网金融的风险上升。而对于传统银行类金融机构而言，2005～2016年制约其金融安全程度提升的主要因素不是一般所普遍关注的不良贷款率与资本充足率（此期间主要商业银行的不良贷款率与资本充足率都保持在合理安全范围之内，基本上达到了极高度安全状态），而是省域商业银行的资产流动性水平和盈利能力。2005～2016年浙江省域银行类金融机构的整体存贷款比率一直高于80%的重度不安全警戒线，处于重度不安全到危机状态；而此期间自2009年以来浙江省域主要商业银行的盈利能力呈现缓慢下降的态势，处于中度安全到低度不安全态势。这与商业银行之间竞争加剧，以及来自互联网金融等方面的冲击相关。因此，对于传统银行类金融机构，在加强对银行机构不良贷款风险的管理与资本充足要求的同时，亦要鼓励本省商业银行机构加强内部治理、提高经营效率与客户服务水平、积极拓展中间业务等，在传统存贷款利差收窄、收入下降的背景环境下积极扩展新的业务收入来源，以避免对传统存贷款业务依赖过重，而导致盈利能力下降的风险。

在民间金融方面，2005～2016年浙江省域民间金融领域处于重度不安全到危机状态，其中自2009年以来基本上处于危机状态。而在民间借贷规模方面，自2007年以来单位案例民间借贷规模呈不断上升的态势，超出了一般家庭全年收入合理倍数的偿还能力，2007～2016年基本上处于重度不安全到危机状态。而在民间借贷利率方面，2005～2016年期间，除2008年受国际金融危机影响外，基本上处于重度不安全到危机状态；此期间民间借贷利率与传统正规金融机构借贷利率之差平均在13.7个百分点，处于重度不安全状态。

在互联网金融风险方面，2005～2012年包括浙江省在内的我国互联网金融业处于缓慢发展阶段，处于相对封闭探索发展的安全状态，而自2013年以来我国互联网金融呈现快速发展态势（本书2.2.2节已经进行了相关分析），其中以P2P为代表的互联网借贷融资机构规模与数量持续增长，2013～2016年呈现出网络借贷平台的问题平台率较高、网贷借贷利率普遍偏高、网贷金融机构单位平台成交额增长过快等金融风险，综合导致近4年来互联网金融风险处于持续上升态势。

如何做好金融监管以维护省域金融机构长期稳定发展？目前在各省域银行、证券基金、保险类金融机构当中，银行类机构无论是总资产还是净资产规模，以及金融机构数量和从业人员数都占据绝对优势地位，是省域系统性金融风险监管的核心领域，因此维护银行类金融机构的安全稳定是防范应对省域金融风险的关键。第一，在2008年国际金融危机之后各主要国家相继通过金融监管改革以加强本国系统性金融风险监管的趋势背景下，我国宜顺应时代趋势加强对传统银行类金融机构的微观审慎监管，包括非现场监管与现场监管，尤其是要通过事前监管与事中监管，及时发现商业银行市场行为中可能存在的潜在金融风险。第二，当前浙江省域银行类机构主要的风险在于自身流动性与盈利能力不足，在我国稳步推进利率市场化改革和新兴互联网金融渗透冲击传统银行业务的趋势背景下，要积极鼓励传统商业银行机构扩大中间业务收入来源，不断提升商业银行经营管理效率和风险防范能力以不断增强省域银行的国际竞争力。第三，积极稳妥推进利率市场化改革，不断降低大量中小企业的融资成本，同时积极支持民营银行机构和网商银行的成立和快速发展，改变传统银行机构在区域形成垄断并坐吃垄断利润的传统经营模式，不断增强本省银行业的良性竞争，从根本上提升银行机构的国际竞争。第四，积极发展多种融资渠道，不断提升直接融资比重，以避免融资风险过度集中于省域银行业。如积极培育鼓励实力雄厚、业绩优良的企业通过IPO上市融资，同时培育发展多层次的融资市场，积极鼓励风险投资或产业基金来支持有创新潜力的大量优秀中小企业快速融资发展壮大。第五，浙江省外资类金融机构目前无论是机构数量还是从业人员数量都较少，在我国建设国际化金融强国的过程中，浙江省要抓住机遇，坚持引进来与走出去相结合，积极引进外资类金融机构来参与本省金融业务竞争，营造良性国际竞争环境，以提升本土金融机构的国际竞争力。

在监管防范民间金融领域，一方面要不断增加中小企业融资渠道，降低中小企业融资成本，让更多之前通过正规渠道难以融到资金的大量优秀中小企业能顺利融到所需资金，以减少对民间高利贷融资的需求；另一方面要从法律层面制定更加细致的民间融资利率与规模规范，以及借贷利率与资金规模的法律保护区间适用范围，让更多民间借贷者知晓自身的民间借贷行为可能面临的法律保护与非保护风险界限，以谨慎自身的民间借贷行为；除此之外，要加强对包括私人钱庄、民间财富管理组织等在内的各种大规模的资金账户流动监测，尤其是对跨境资金流动的监测分析，以防止国际热钱通过民间渠道在短期内大量进入并对本省域金融市场产生冲击影响。在互联网金融领域，首先，要积研究制定新兴互联网金融业务与金融投资理财产品的监管规则，以防止出现监管真空、交叉监管等现象；其次，对于类似“影子银行”的金融业务与金融理财产品，尤其是资金量大的金融投资产品要加强微观审慎监管，以防止其存在的潜在风险对省域金融系统可能带来的传染冲击影响；最后，省银监局、证监局和保监局要加强对各类投资理财产品，尤其是复杂金融衍生工具的市场行为监管，以防止其可能存在的侵害消费者合法权益现象和杠杆放大风险效应影响等。

附录1　民间借贷强度风险指数

该指数主要从两方面来衡量:

一是民间借贷宽度方面，单位时期内民间借贷的案例数越多，则借贷案例所波及的社会层面越广，风险覆盖影响程度越大;

二是民间借贷深度方面，单位时期内民间借贷的资金数量越多，则借贷案例所涉及的借贷深度越深，借贷案例内部风险影响程度越大。

通过综合民间借贷案例宽度与深度两个维度，本书提出民间借贷的强度风险指数，即单位案例借贷资金额所蕴含的风险大小，单位案例借贷资金量越大，则所蕴含的借贷风险越大，民间金融风险就越大，反之则越小。

假设浙江省涉及借贷资金的家庭平均为三口之家（2001～2016年浙江省城镇家庭平均人口约为三人），则考虑到每个家庭对当期所借贷资金的承受程度，单位借贷资金收入比即单位借贷资金与单位家庭平均年收入之比，收入比越大则单位家庭因发生民间资金借贷所承接的风险越大，反之则越小。

考虑到包括浙江省在内的大量中小微企业通过正规金融机构渠道难以有效借到所需资金，民间借贷一定程度上解决了大量中小微企业融资难的问题，因此民间借贷的存在有其合理性，而且只要控制在一定规模与利率范围内就可以受到法律保护（如全国最高法院规定民间借贷的司法保护线是年利率24%；24%～36%属于自然债务区，法院不支持也不反对；超过36%的，则法律不保护）。因此，民间借贷强度风险指数并非负向指标（即指标观测值越大则风险越大）而是中性指标（即并非指标观测值越大越好或越小越好，而是存在一定的合理的安全区间），对于民间借贷强度指数，在一定范围内，单位安全借贷资金越多则越有利于弥补地区经济发展对资金的需求，风险程度越低而安全程度越高。

笔者参考我国省域房价收入比的安全警限标准（张安军，2015）并综合专家学者们对近10多年来浙江省民间借贷风险的判断，将单位借贷资金收入比的警限区间划分为1.5～3.5倍的标准。

附表1-1 浙江省民间借贷强度指数金融安全指数得分

年份	案例数：件	金额数：亿元	单位案例借贷金额：万元	浙江城镇人均全部年收入：元	单位借贷金额收入比	安全得分
2005	—	—	15.53	17877	2.90	58.13
2006	24894	38.66	15.53	19954	2.59	67.17
2007	45050	56.60	12.56	20572	2.04	83.93
2008	72332	178.60	24.69	22727	3.62	36.36
2009	88925	307.70	34.60	24611	4.69	4.40
2010	87741	275.40	31.39	27359	3.82	30.27
2011	93067	318.00	34.17	30971	3.68	34.67
2012	105502	567.80	53.82	34550	5.19	0.00
2013	110359	627.04	56.82	37851	5.00	0.00
2014	127759	752.95	58.93	40393	4.86	0.00
2015	168332	889.32	52.83	43714	4.03	24.14
2016	172855	1036.16	59.94	47237	4.23	18.10

数据来源：根据浙江省统计年鉴、浙江省民间借贷审判报告信息整理。

附录 2　民间借贷利率风险

民间借贷利率是相对于官方正规银行机构的贷款利率而言。根据《浙江法院民间借贷审判报告》，2012 年 4 月温州民间借贷综合利率平均水平为 21.58%，超出了同期正规银行机构的贷款利率（6.56%）15 个百分点。

民间借贷利率如此之高，其原因主要有以下两点：一是民间借贷利率不仅包括反映市场资金供求关系的利率，还包括缺少法律保护的风险补偿成本；二是因不能通过正规金融渠道借到资金的隐性寻租成本。如果我国放开利率管制，银行业竞争加剧，大量私人或中小企业将更容易从正规银行机构获得贷款，进而降低各种隐性成本。而利率市场化的结果也使得大量民间地下借贷机构得以"阳光化"，减少了部分冒险寻租等隐性成本支出，这也会使民间资金的提供方降低利率。

本书的民间借贷利率风险是指单位时期浙江省民间金融的平均借贷利率与正规官方银行机构真实借贷利率之差。这里的银行机构真实借贷利率不仅包括官方名义利率，还包括贷款相关手续费和抵押资产评估等交易费用及相关的公关费用等。根据笔者之前的研究结果，一般实际利率大体要高出名义利率 1 个百分点，即：

民间借贷利率风险 = 民间平均借贷利率 -（官方名义借贷利率 +1%）。

利差绝对值越大，说明民间借贷的利率风险越大，反之则越小。但在度量利差风险大小的时候，考虑到如果我国实行利率市场化，民间借贷利率将会降低到 15% 左右（顾海兵，夏梦，张安军，2013），所以将其作为利差风险评估的分数参照点。具体计算结果如附表 2－1 所示。

附表 2－1　浙江省民间借贷利率金融安全得分

年份	民间借贷利率%	利率市场化后的民间借贷利率%	正规金融机构短期贷款利率%	正规金融利率 +1%	民间借贷利差%	利率市场化后利差%	安全得分
2005	19.12	15	5.58	6.58	12.54	8.42	42.12

续表

年份	民间借贷利率%	利率市场化后的民间借贷利率%	正规金融机构短期贷款利率%	正规金融利率 +1%	民间借贷利差%	利率市场化后利差%	安全得分
2006	20.18	15	5.91	6.91	13.27	8.09	38.75
2007	21.00	15	6.71	7.71	13.29	7.29	38.68
2008	17.17	15	7.20	8.20	8.97	6.80	58.61
2009	21.83	15	5.31	6.31	15.52	8.69	28.36
2010	22.08	15	5.36	6.36	15.72	8.64	27.43
2011	22.17	15	6.28	7.28	14.88	7.72	31.30
2012	21.59	15	6.27	7.27	14.32	7.73	33.90
2013	20.30	15	5.60	6.60	13.70	8.40	36.79
2014	20.20	15	5.96	6.96	13.24	8.04	38.88
2015	19.22	15	4.97	5.97	13.25	9.03	38.84
2016	17.45	15	4.35	5.35	12.10	9.65	44.16

数据来源：根据中国统计年鉴、浙江省民间借贷审判报告信息整理。

附录3　美国金融监管的骆驼评级体系

骆驼评级体系（CAMELS）由美国金融管理当局于20世纪70年代提出，旨在对商业银行及其他金融机构的业务经营、信用状况等进行一整套规范化、制度化和指标化的综合等级评定。该体系产生之初从5个方面来衡量商业银行综合运营风险状况，即资本充足性（Capital Adequacy）、资产质量（Asset Quality）、管理水平（Management）、盈利水平（Earnings）和流动性水平（Liquidity），由于其英文首字母组合起来为CAMELS，正好与骆驼的英文名字相同而得名。从1991年开始，美国联邦储备委员会及其他监管部门对骆驼评价体系进行了重新修订，增加了第6个评估内容，即市场风险敏感度，主要考查利率、汇率、商品价格及股票价格的变化，对金融机构的收益或资本可能产生不良影响的程度。市场风险敏感度（Sensitivity of Market Risk），以S为代表，增加第6个评估内容后的新体系为CAMELS Rating System，具体如附表3－1所示。

当前国际上对商业银行评价考察的主要内容包括资本充足水平、资产质量、存款结构及偿付保证、盈利状况，以及人力资源情况等方面内容，基本上未跳出美国骆驼评级体系的主要框架，目前该体系依然是国际上对本国商业银行经营风险进行审慎监管的重要参考。

附表3－1　美国金融监管的骆驼评级体系（CAMELS）

评价方面	具体指标	指标性质
资本充足性	资本充足率	正
	核心资本充足率	正
资产质量	拨备覆盖率	中
	不良贷款率	负
管理质量	品牌价值	正
	成本收入比	负

续表

评价方面	具体指标	指标性质
盈利性	加权平均资产收益率	正
	净利润增长率	正
流动性	流动性缺口率	正
	最大十家客户贷款占比	负
风险敏感度	利率敏感度	负
	汇率敏感度	负

参考文献

[1] Andrew Berg, Catherine Pattillo. Predicting Currency Crises: The Indicators Approach and an Alternative [J]. Journal of International Money and Finance, 1999, 18 (4): 561 -586.

[2] Bussiere, Matthieu, Marcel Fratzscher. Towards a New Early Warning System of Financial Crises [J]. Journal of International Money and Finance, 2006, (25): 953 -973.

[3] Sevim Cuneyt, Asil Oztekin, Ozkan Bali, Serkan Gumus, Erkam Guresen. Developing an Early Warning System to Predict Currency Crises [J]. European Journal of Operational Research, 2014 (237): 1095 -1104.

[4] Feng Zheng, Feng Ye. Early Warning Model of Local Governments' Debt Risk in China Based on the Financial Perspective [J]. Business and Management Research, 2013, 2 (4): 129 -135.

[5] Jeffrey A. Frankel, Andrew K. Rose. Currency Crashes in Emerging Markets: An Empirical Treatment [J]. International Finance Discussion Papers, 1996 (41): 351 -366.

[6] Kaminsky G., Lizondo S., C. Reinhart. Leading Indicators of Currency Crises [J]. Staff Papers, 1998, 45 (1): 1 -48.

[7] Kaminsky G., C. Reinhart. Financial Crises in Asia and Latin America: Then and Now [J]. American Economic Review, 1999, 88 (2): 444 -448.

[8] Krugman Paul. Balance Sheets, the Transfer Problem, and Financial Crisis [J]. Springer Journal, 1999, 6 (4): 459 -472.

[9] Krugman Paul. Boom, Crash: Theoretical Notes on Asia's Crisis [R]. MIT Working Paper, 1998.

[10] Krugman Paul. Crises: The Next Generation? In Economic Policy in the International Economy: Essays in Honor of Assaf Razin [M]. Cambridge University

Press, 2003.

[11] Krugman Paul. What Happened to Asia? [M]. Global Competition and Integration, Springer US, 1999: 315 – 327.

[12] Krugman Paul. A Model of Balance – of – Payments Crises [J]. Journal of Money, Credit, and Banking, 1979, 11 (3): 311 – 325.

[13] Kumara M., Moorthy U., Perraudin W. Predicting Emerging Market Currency Crashes [J]. Journal of Empirical Finance, 2003, 4 (10): 427 – 454.

[14] Oet Mikhail V., Bianco Timothy, Gramlich Dieter, Stephen J. Ong. SAFE: An Early Warning System for Systemic Hanking Risk [J]. Journal of Banking and Finance, 2013, 37 (11): 4510 – 4533.

[15] Nag Ashok, Amit Mitra. Neural Networks and Early Warning Indictors of Currency Crisis [J]. Reserve Bank of India Occasional Papers, 1999, 20 (3): 183 – 222.

[16] Obstfeld Maurice. The Logic of Currency Crises [M]. Monetary and Fiscal Policy in an Integrated Europe, Springer Berlin Heidelberg, 1988.

[17] Dziekanski Pawel. Financial Synthetic Index and the Economic Security of the Region in the Context of Local Government Efficiency [J]. Research Papers of the Wroclaw University of Economics, 2013: 16.

[18] Stenkat, J., Krautwald – Junghanns M. E., Schmidt V. Financial Crises in Emerging Markets: The lesson from 1995 [J]. Brookings Papers on Economic Activity, 1996, 27 (1): 147 – 215.

[19] 安康．区域金融发展水平的时空特征及影响因素——以广东省为例 [J]．武汉金融，2016 (4): 26 – 30.

[20] 巴曙松．巴塞尔协议Ⅲ在中国的实施：差别与优势 [J]．中国证券期货，2012 (12)．

[21] 巴曙松，沈长征．从金融结构角度探讨金融监管体制改革 [J]．当代财经，2016 (9): 43 – 51.

[22] 蔡则祥．建立金融安全区，防范区域金融风险 [J]．当代财经，1999 (7): 21 – 25.

[23] 曹源芳，蔡则祥．基于 VAR 模型的区域金融风险传染效应与实证分析——以金融危机前后数据为例 [J]．经济问题，2013 (10): 59 – 64.

[24] 陈守东，马辉，穆春舟．中国金融风险预警的 MS – VAR 模型与区制状态研究 [J]．吉林大学社会科学学报，2009, 49 (1): 110 – 119.

[25] 陈守东，杨莹，马辉．中国金融风险预警研究 [J]．数量经济技术经

济研究，2006，23（7）：36－48.

［26］陈松林．区域金融安全及监管目标模式［J］．中国金融，2000（2）：25－26.

［27］程建伟．区域金融稳定的影响因素分析［J］．投资研究，2007（7）：7－10.

［28］崔远淼，李昌克．区域金融发展的经济增长效应及作用渠道——基于浙江县域面板数据的经验分析［J］．浙江金融，2013（1）：23－26.

［29］戴志敏，王海伦．外资参股国内银行及其对金融安全的影响［J］．浙江大学学报（人文社会科学版），2008，38（2）：108－115.

［30］董青马，卢满生．金融开放度与发展程度差异对银行危机生成机制影响的实证分析［J］．国际金融研究，2010（6）：79－85.

［31］冯艳．塞浦路斯主权债务危机的启示［J］．生产力研究，2013（9）：103－120.

［32］付俊文．我国信用评级业发展与国家金融安全研究［J］．经济问题探索，2010（11）：7－11.

［33］宫晓琳．未定权益分析方法与中国宏观金融风险的测度分析［J］．经济研究，2012（3）：76－87.

［34］顾海兵，夏梦，张安军．1996－2010年中国利率市场化程度的测定［J］．价格理论与实践，2013（2）：27－28.

［35］顾海兵，俞丽亚．未雨绸缪——宏观经济问题预警研究［M］．北京：经济日报出版社，1993.

［36］顾海兵，张安军，李彬．中国金融安全指数动态监测分析［J］．福建论坛（人文社会科学版），2012（3）：11－17.

［37］顾海兵，张安军．科学分析中国经济问题之三大障碍：指标、数据、胆识［J］．南京社会科学，2011（9）：11－15.

［38］顾海兵，张安军．我国区域金融安全动态监测分析［J］．经济理论与经济管理，2012（7）：95－103.

［39］郭明琦．资源型经济区域经济金融特征与股市发展前景［J］．金融研究，1992（9）：49－53.

［40］侯景新，伊卫红．区域经济分析方法［M］．北京：商务印书馆，2004.

［41］胡经生．关于完善中央与地方金融监管职责与风险处置体系的思考［J］．证券市场导报，2017（7）：11－15.

［42］黄国平，刘煜辉．中国金融生态环境评价体系设计与分析［J］．系统

工程理论与实践，2007，27（6）：7－14.

［43］姜洪，焦津强．国家金融安全指标体系研究［J］．世界经济，1999（7）：9－16.

［44］姜建华，秦志宏．非均衡发展格局下的区域金融风险与宏观金融运行［J］．国际金融研究，1999（9）：44－50.

［45］李波．以宏观审慎为核心　推进金融监管体制改革［N］．第一财经日报，2016－02－05（A10）.

［46］李成．区域金融风险控制：中央银行监管系统的轴心［J］．西安财经学院学报，2003，16（1）：21－27.

［47］李建军，卢少红．区域民间金融风险预警方法与实证分析——以浙江省为例［J］．金融监管研究，2013（2）：81－96.

［48］林伯强．外债风险预警模型及中国金融安全状况评估［J］．经济研究，2002（7）：14－23.

［49］刘骅，卢亚娟．金融机构非系统性风险集成评价与监测研究——后危机时代的新思考［J］．财贸经济，2012（2）：66－72.

［50］刘清江，张晓田．金融安全区问题研究［J］．当代财经，2001（2）：9－12.

［51］刘锡良，孙磊．我国政府对金融安全的影响和维护［J］．财经科学，2004（3）：1－5.

［52］刘锡良，孙磊．金融结构视角中的金融安全论［J］．经济学动态，2004（8）：78－82.

［53］刘迎霜．我国金融消费者权益保护路径探析——兼论对美国金融监管改革中金融消费者保护的借鉴［J］．现代法学，2011，33（3）：91－98.

［54］刘志强．金融危机预警指标体系研究［J］．世界经济，1999（4）：17－23.

［55］陆妙燕．基于长三角区域经济一体化的浙江金融业发展战略研究［J］．浙江金融，2012（2）：24，45－47.

［56］那明，戴振亚，刘可．基于OECD国家面板数据的金融风险影响因素研究［J］．国际商务研究，2017（4）：80－88.

［57］聂富强．中国国家安全预警系统研究［M］．北京：中国统计出版社，2005.

［58］宁子昂．中央与地方双层金融监管体制的形成及完善［J］．经济纵横，2018（5）：123－128.

［59］钱文珲，宋海林．我国金融风险预警系统设计及监测分析［J］．经济

社会体制比较，2002（1）：70－76.

［60］石柱鲜，牟晓云．关于中国外汇风险预警研究——利用三元 Logit 模型［J］．金融研究，2005（7）：24－32.

［61］宋海林，巴威．对我国金融风险状况的总体监测与政策建议［J］．管理世界，2001（2）：131－136.

［62］宋凌峰，叶永刚．中国区域金融风险部门间传递研究［J］．管理世界，2011（9）：172－173.

［63］苏冬蔚，肖志兴．基于亚洲六国宏观数据的我国金融危机预警系统研究［J］．国际金融研究，2011（6）：14－24.

［64］孙立行．开放条件下中国金融风险预警指标体系研究［J］．世界经济研究，2012（12）：30－37.

［65］孙清，蔡则祥．“长三角”区域金融风险分析［J］．审计与经济研究，2008，23（1）：76－80.

［66］谭中明．区域金融风险预警系统的设计和综合度量［J］．软科学，2010，24（3）：69－74.

［67］陶玲，朱迎．系统性金融风险的监测和度量——基于中国金融体系的研究［J］．金融研究，2016（6）：18－36.

［68］陶士贵．制度惯性中的金融监管体制改革［J］．探索与争鸣，2016（10）：106－110.

［69］田彪，朴英爱．美国宏观审慎金融监管改革：效率与安全［J］．重庆社会科学，2018（7）：5－14.

［70］汪祖杰，吴江．区域金融安全指标体系及其计量模型的构建［J］．经济理论与经济管理，2006（3）：42－48.

［71］王春丽，胡玲．基于马尔科夫区制转移模型的中国金融风险预警研究［J］．金融研究，2014（9）：99－114.

［72］王国实．对金融风险统计监测预警指标体系的思考［J］．管理世界，2000（2）：199－200.

［73］王立平，陈瑶．区域金融稳定预警指标体系研究［J］．金融理论与实践，2007（9）：30－32.

［74］王荫林，张海霞，张东生．经济波动、区域产业结构调整与金融风险实证研究——临汾市区域经济个案分析［J］．金融研究，2004（11）：120－127.

［75］王志成，徐权，赵文发．对中国金融监管体制改革的几点思考［J］．国际金融研究，2016（7）：33－40.

［76］文洪武．区域金融稳定宏观预警模型研究——基于河北省的实证分析

[J]．上海金融，2011（1）：107－112.

[77] 吴晓求．中国金融监管改革：逻辑与选择 [J]．财贸经济，2017，38（7）：33－48.

[78] 吴云，史岩．监管割据与审慎不足：中国金融监管体制的问题与改革 [J]．经济问题，2016（5）：30－35.

[79] 吴云，张涛．危机后的金融监管改革：二元结构的“双峰监管”模式 [J]．华东政法大学学报，2016，19（3）：106－121.

[80] 吴志明，王大生．区域金融安全框架下地方政府角色探析 [J]．学术论坛，2010，33（6）：35－38，60.

[81] 徐小林．区域金融生态环境评价方法 [J]．金融研究，2005（11）：39－45.

[82] 姚星垣，郭福春．构建浙江省区域金融风险预警体系研究 [J]．浙江金融，2008（5）：17－19.

[83] 姚星垣．金融地理学视角：浙江金融业发展思考 [J]．浙江金融，2005（11）：20－21.

[84] 叶莉，陈立文，王树强．河北省金融安全监测预警系统的构建 [J]．统计与决策，2007（20）：119－121.

[85] 易传和，安庆卫．建立区域金融稳定评价指标体系研究 [J]．财经理论与实践，2005，26（5）：54－59.

[86] 易宪容．美国金融监管体系改革中几个重大理论问题 [J]．江苏社会科学，2010（1）：51－58.

[87] 殷仲民，秦华丽，王宇娟．区域金融产业成长的时序特征研究——以西安为例 [J]．开发研究，2008（1）：133－136.

[88] 张安军．国家金融安全动态监测分析（1992－2012年）[J]．国际金融研究，2014（9）：89－96.

[89] 张安军．中国金融安全监测预警研究 [M]．北京：中国社会科学出版社，2015.

[90] 张安军．国家金融安全动态预警比较分析（1992－2011年）[J]．国际金融研究，2014（9）：89－96.

[91] 张波．四大经济区域金融发展水平的变动特征 [J]．改革，2009（3）：136－139.

[92] 张汉飞，徐沈．国家金融安全面临的突出问题及其对策 [J]．理论视野，2010（12）：30－32.

[93] 张珩．我国转型体制下的区域金融安全：政府作用探析 [D]．厦门

大学，2007.

［94］张建政，王爽爽．“高增长”下的“低发展”——东北区域金融发展特征的数据分析［J］．当代经济研究，2006（3）：61－64.

［95］张培，叶永刚．区域的宏观金融风险——基于东亚及东南亚国家（地区）的实证分析［J］．经济管理，2011，33（8）：1－6.

［96］张雪兰，何德旭．次贷危机之后全球金融监管改革的趋势与挑战［J］．国外社会科学，2016（1）：94－113.

［97］张瑜，李书华．金融开放度与宏观经济波动——基于发达国家与发展中国家和地区的实证研究［J］．财经论丛，2011（5）：52－57.

［98］张元萍，孙刚．金融危机预警系统的理论透析与实证分析［J］．国际金融研究，2003（10）：32－38.

［99］浙江省重大金融风险防范机制研究课题组，潘广恩，谭波，陶永诚，姚星垣．金融强省视角下的浙江区域性金融风险防范机制研究［J］．浙江金融，2008（7）：8－10.

［100］郑振龙．构建金融危机预警系统［J］．金融研究，1998（8）：29－33.

［101］中国人民银行上海总部金融稳定分析小组．中国区域金融稳定报告（2015）［M］．北京：中国金融出版社，2010.

［102］中国人民银行．宏观审慎评估体系（MPA）［R］．北京：中国人民银行，2016.

［103］中国银行国际金融研究所课题组．金融危机监测指标体系研究［J］．国际金融研究，2010（3）：73－82.

［104］仲彬，刘念，毕顺荣．区域金融风险预警系统的理论与实践［J］．金融研究，2002（7）：105－111.

［105］周才云．区域金融稳定预警指标体系与风险防范［J］．商业研究，2006（4）：146－148.

［106］周新辉．金融危机预警系统研究［J］．金融研究，1999（2）：65－70.

后　记

经过近3年的研究，本书终于要完稿了，3年的时光对于人生旅程来说并不算长，但对于我而言却经历了许多，这期间除了负责繁杂的教学任务外，相识相恋、结婚生子、买房装修、出国交流等人生中许多重要的事情都集中在这段时期，其中付出的辛劳汗水与收获到的点滴幸福喜悦，也许只有我自己最清楚。其间该书的研究工作经常被迫中断，而后又抽空继续未竟之事业。

本书的研究初衷源于我在人民大学读博期间对我国区域或省域经济与金融安全问题的思考和前期研究课题中的资料素材的积累整理，也得益于师门平常的学术讨论中所迸发的火花灵感；同时2008年国际金融危机爆发后世界主要国家先后进行金融监管改革以防范应对本国系统性金融风险发生，10多年来我国省域经济实力的不断增强和部分省份已达到“富可敌国”的国际影响力，以及我国区域之间发展的极不平衡性等，也不断引发我对于我国省域金融安全问题的思考探索，并最终促成了对本课题的申请研究工作。

在本书的研究和出版过程中，我得到了许多的支持和帮助！首先要感谢浙江财经大学中国政府管制研究院的专家学者对本书研究内容的审阅和对付梓出版的大力支持，特别要感谢王俊豪教授、李云雁教授、王岭教授等对本书研究内容的审阅，特别感谢杨红伟老师对本书的评阅与出版工作等多次不辞辛劳的帮助与支持！感谢浙江财经大学会计学院李连华院长、张红英书记、汪祥耀老师、杨忠智老师、吕岩老师等在本课题的研究过程中给予的鼓励和支持，以及平常一起工作的同事朋友们，是你们平时的欢声笑语为本课题工作过程创造了温暖宽松的氛围！

我要感谢我的家人在整个研究工作中所给予的极大支持与帮助。感谢我的爱人方敏女士分担了大量的家庭劳务和在研究过程中给予我很大的鼓励和支持。我的岳父方保松先生与岳母张智慧女士不辞辛劳地帮助我们带好小孩，看到小陶陶一天天健康快乐地成长，就是我努力工作的最大动力。感谢我的父母和兄弟姊妹在这3年期间所给予的许多帮助和付出。有了家庭所构建的坚强后盾，才使得本书得以顺利完成！

特别感谢中国社科院经济管理出版社杨世伟社长、张艳编辑、乔倩颖编辑等对本书内容所提出的宝贵意见和编辑出版工作者的辛勤付出及支持，本书的顺利出版与你们的耐心和热情是分不开的！

路漫漫其修远兮，吾将上下而求索！

张安军

2018 年 6 月 20 日于杭州晨光国际书舍